第七届全国语言文字应用学术研讨会论文集

中国应用语言学会 编

湘潭大學出版社

本书获湖南省语言文字工作委员会、湘潭大学文学与新闻学院资助出版

目　录

新媒体背景下的广播电视语言研究

姚喜双

（教育部语言文字应用研究所）

随着时代的发展和科技的进步，当今媒体已从报刊、广播、电视等传统媒体发展到网络及其他新媒体。媒体是交流和传播信息的工具，无论是传统媒体，还是新媒体，都离不开语言。新媒体的出现与发展，形成了新的媒体格局，使传媒业态发生了新的变化。

一

什么是新媒体？新媒体是新的技术支撑下出现的媒体形态。进入20世纪90年代，网络信息技术引发了大众传媒的第四次革命，被公认为继报刊、广播、电视之后的第四媒体。我国自1994年接入互联网以来，也迅速踏上了全球的信息高速公路。目前，我国网民的数量已经超过4亿。网络传播是一种集声光电于一身、聚音字像于一体、汇采传受于一线的新型传播模式。进入21世纪，科技的进一步发展，尤其是数字技术的繁荣，催生了较网络媒体更新的一代媒体，它们在数字技术和网络技术的基础之上延伸出来，衍生出多种形式，如手机媒体、数字电视、移动电视等。新媒体的“新”最根本体现在技术上，同时也体现在形式上，有的则是在传统媒体基础上引进新技术后形成的新旧结合的媒体形式，如电子报纸、网络电视等。以网络为代表的新媒体与报刊、广播、电视为代表的传统媒体形成了互动的局面。

一种新的媒体的产生使传媒业态的形式、内容发生革命性的变化，促使新的传播格局的产生，是历史上的一个规律。从历史上看，报纸作为传播工具，在诞生之初一直占据大众传媒的主导地位，并称霸了几百年的历史，是最主要的信息传播渠道，也是最重要的大众媒体和公共媒体。广播出现以后，报纸一统天下的传播格局发生了变化，受众接收信息的渠道得以拓展。人们若想反复地了解信息，依然是通过报纸这种渠道；若要及时地接收信息，则可以选择收听广播，因为广播突破了时间和空间的局限，比报纸的时效性更强，传播范围更广泛。广播和报纸之间既有竞争，又有融合，既有继承，又有创新。广播诞生之初，很多话语都是照搬报纸，按照报纸来念的，就连后来出现的电视也有报纸摘要节目，所以说模仿和效仿传统媒体是新媒体传播的一种方式。当然，新媒体也会影响到传统媒体，广播成熟以后，报纸借鉴广播更为通俗的语言，更加直白、自然，甚至许多口语表达方式、一些大白话也出现在了报纸上。当时，广播作为一种新媒体对报纸这种传统媒体有影响，既继承了它，又对它进行了创新。近半个世纪以来，应该说是电视称霸了传媒界，现在即使出现了新媒体，电视仍然是主流媒体。电视的产生在很大程度上继承了广播和报纸的报道方式，同时，电视又有自己的特点，增添了画面，传播方式更直观、亲切、自然，语速更快。电视这种新媒体的产生又使传播格局发生了很大变化，一部分受众继续忠实地通过报纸和广播获取信息，一部分被电视吸引，然而，受众群体并不是完全割裂开的，大多数的受众并不只依赖一种媒介，报纸、广播和电视的受众出现融合的现象。目前，以网络为代表的新媒体的产生，使报纸、广播、电视三足鼎立的格局发生了变化。以网络为代表的新媒体继承了传统媒体新闻性的特征，继承了时效性和真实性的新闻特点，同时又有创新，时效性更强，传播主体、传播内容、传播形式和受众更广泛，互动性更强，比如说以微博为代表的自媒体可以互动，具有即时性、平民化、广泛性的特征。新媒体的语言更自然，更随意，更平易，但是语言的规范性减弱了，没有像报纸等传统媒体那样在用词上进行反复琢磨。同时，新媒体语言作用于报纸和广播电视，很多网络用词被用到了报纸和广播电视当中，丰富了传统媒体的语言，使其内容更加活泼，也在一定程度上影响了传统媒体语言的规范性。网络的形式也被借鉴到了传统媒体中，比如说有网络版主，在报纸等传统媒体上也有版主。传统媒体和新媒体的传播内容和形式在相互演变和影响。

新媒体的产生使传播业态发生改变，各种媒体互动形成新的传播格局，是一种规律。当前形势下的报刊、广播、电视和网络分属于传统媒体和新媒体，你中有我，我中有你。网站的标题和版面在很大程度上借鉴报纸标题和版面的设置；网络音频的传播实际上就是广播电台的翻版；网站视频的传播类似于电视台节目的传播。网络媒体模仿报纸、广播和电视，是因为有传播的诉求，不光有点对点的传播也有点对面的大众传播的诉求，不光有一对一的传播也有一对众的传播诉求。在这种传播格局的形式下，就有规范性的诉求，不规范就传播得不远，传播得不宽，不像报纸、不像广播、不像电视。你中有我，就是要像报纸、广播和电视等传统媒体学习，有规范性的诉求。同时，还有我中有你，许多传统媒体比如报社、电台和电视台很多都建立了网站。建立网站就要遵循网络传播的规律，传播的时效性要强，语言要生动、平民化，有互动性。

研究新媒体背景下的广播电视语言，从上面的分析中看到：第一，是对规范性的诉求，无论是传统媒体还是新媒体，只要面向大众传播，就有规范性的诉求。不能说传统媒体都是规范的，新媒体都是不规范的，不能被表面现象迷惑。第二，无论是新媒体还是传统媒体，在历史发展的进程中，在几次媒介高峰中，各领风骚百十年，在这个过程中，他们的语言和形态相互渗透，相互交流，相互补充，这都是正常的、必然的。第三，语言的选择。无论是新媒体还是传统媒体，当然，新媒体更明显一些，在语言使用方面都在不断地更新。新词新语的产生，都有一个受时间和实践检验的过程。有些词语如流星一样，当时很时髦，一闪而过，抢眼之后消失在遥远的银河。有些，经过时间的检验，不光是留在新媒体发挥作用，也贡献给了传统媒体。这就要加强新媒体背景下的语言研究，研究其产生、发展和消失的规律，顺应媒体语言发展的规律。

二

认识把握新媒体背景下的传播规律，做好广播电视语言规划。

广播电视语言规划要充分认识媒体的地位、作用和融合。当前报纸、广播、电视等传统媒体和以网络为代表的新媒体并存，在现实情况下，尽管各领风骚，但还是有主有次。报纸有报纸的一席之地，广播有广播的特殊地位，电视又有主流媒体的作用，网络有新媒体的新型特点。在日常的传播过程中，电视还是占主导地位，所以新媒体背景下的广播电视语言研究，主要是研讨新媒体背景下的电视，包括我中有你的内容，电视中的网络，应该把它看成是一个综合体。新媒体背景下的电视不是过去的纯电视，应该把网络传播的功能包括进来，也应该关照你中有我的内容，我们通过网络观看的视频，比如网络春晚，都应该在研究范围之内。进而言之，也应该考虑到媒体语言规划方面的问题。在我国，媒体语言是面对全国各族人民进行传播的，《国家通用语言文字法》已经明确规定以国家通用语言文字为基本用语用字。同时，民族地区和方言地区经省级和省级以上广播电视主管部门批准，也可以用民族语言和方言进行传播，这是考虑媒体语言规划的一个法律依据。另外，还应该考虑到我国新时期改革开放的形势，一些广播电视有外语广播，以适应对外传播的需求、文化走出去战略的需求。就语种的规划来说，要贯彻《国家通用语言文字法》，要进行大量调研、调查，根据现实情况来规划。要加强对广播电视语种使用情况的普查和调查，制定具体的政策。方言地区对方言节目的需求是多少，什么节目适合用方言播出，方言节目播出的时间有多长，占用黄金时间段和非黄金时间段分别是多长，方言和普通话的比例是多少，都需要研究。我国幅员辽阔，人口众多，经济社会发展不平衡，仍处于社会主义初级阶段。不平衡是初级阶段明显的特征，所以，在制定政策的时候既要有大的方面统一，又不能一刀切，要根据各地具体情况，进行规划。我们认为各地广播电视管理部门应根据当地的实际需求，制定规划，使传播更符合实际，更符合大众的需求。没有区别就没有政策，要注意到区分性，广播、电视、网络等媒体语言都有规范的需求，但也不应一刀切。中央电视台《新闻联播》的播音员和网站《大鹏嘚吧嘚》的主持人，其语言的规范性要求应该有区别，这些都需要从语言规划上研究。从语种、地区和媒体的角度来看，政策规划不能一刀切，从传播的内容来看也不能一刀切。比如说湖南卫视的综艺节目和中央人民广播电台的新闻节目，所使用的语言样态是不一样的，这边可能是聊天式的，那边可能是播报式的、宣读式的。从语言使用者的角度来讲，也不能一刀切，记者的语言和播音员、主持人的语言，和嘉宾主持的语言，和《新闻联播》播音员的语言，其规范应该是不一样的，这样才符合实际，才更能够服务于我们媒体语言的现状，体现出政策服务和语言规划服务。从用词来讲，主流媒体应该是语言规范的榜样，尤其是播报样式的新闻节目应该是语言规范榜样的主体。从实际情况看，并不是所有的媒体都是榜样，也并不是所有的媒体从业人员的语言都是榜样，应区别对待。

三

新媒体背景下出现的问题及解决方法。

第一，对新媒体背景下广播电视业态情况认识不清，说起广播电视就认为都是规范的，说起网络就认为都是不规范的，实际上传统媒体与新媒体是你中有我、我中有你的关系，要加强对媒体业态地位、作用、影响和融合的认识。

第二，对新媒体背景下的广播电视语言应加强语言规划，对不同地区、不同的人、不同的媒体、不同的节目、不同的时间段区别对待，在制定政策和语言规划上应该更细一些，更科学一些。既要有统一的规划，按照法律统一地执行，又不能一刀切。有些法律制定得比较粗，还需要细化，有些法律当时对新媒体现象还没有认识到，应该增加对这方面的语言规范的规划，从语言规划的角度应该提出语言的立法、新媒体网络语言的立法。媒体语言规划应该从实际出发，分层次地科学规划。在媒体中，电台的语言规范化程度较高，电视处于中间层，网络媒体语言规范化程度最低，因此应该对网络媒体进行重点规划。从播音员来看，老一辈播音员语言规范化程度较高，而一些年轻同志则较低，因此，对新入行的媒体从业人员应加强国家通用语言文字培训，可以采取以老带新的方式。此外，在规划时还应细化到播音员、主持人、出镜记者，根据需要灵活作出规定。

第三，从语言表达的现实情况来看，新媒体的出现一方面给语言表达增添了活力，一方面使语言表达不规范现象屡屡发生。在传统媒体和新媒体还没有很好地融合的过程中，一些网络语言、方言、外来词语的滥用现象比较多。比如，有的央视主持人在主持央视网络春晚时，大量使用网络词语来显示自己懂网络语言。然而所使用的网络词汇既有旧的网络词汇，又有新的网络词汇，该用的时候用，不该用的时候还用，甚至还使用网民已经淘汰的词语。统计显示中央电视台网络春晚用的网络词语比网络节目《大鹏嘚吧嘚》多得多，央视主持人的语音规范比较好，但在使用网络词汇方面还存在欠缺。《大鹏嘚吧嘚》的主持人不用通过使用网络词汇来标榜自己是网络主持人，只使用比较新颖的网络词汇、一些外来语和方言，显得俏皮活泼。在传统媒体和网络媒体还没有很好地融合的情况下、没有深度地融合的情况下，这是必然现象。针对这种现象，我们应该加强对语言内容的研究，使其更规范，更合理。解决这一问题，可以通过培训和轮岗的形式增强双方的融合。网络主持人，如果要上电视的话，需要加强吐字发音的练习，增加培训，并不是说网络主持就没有规范性的诉求。要规范网络词汇的使用，对电视节目主持人在主持网络节目时怎样使用网络词汇、避免过度使用进行培训。如轮岗的方法，电视节目主持人多去网络媒体主持，语言就更自然了，网络媒体主持人多去电视节目主持，语言就更规范了。比如网络节目主持人小白进入央视后，语言规范性得到了加强。另外，主管部门应及时推荐新词新语，及时公布哪些词能用哪些词不能用，统一外来语的使用，如PM2.5怎么念，“脸书”还是“面书”，要尽快统一，及时跟进。目前，我国的网民数量已经达到4亿多，但相对于13亿人口而言，大部分群众还没有接触到网络，对网络词汇的认知还比较低，而广播电视的普及率已经达到95%以上。很多词汇在网络上使用适合，可以网来网去，但是应用到传统媒体上很可能会造成语义不明。主流媒体在选择新词新语方面，应加以规范，尽量使用已经成熟的词汇，避免部分受众不明白，产生歧义。

第四，普通话普及情况调查显示，普通话普及程度提高了，但普及的质量还有待进一步提高。2010 年 8 月，为落实《国家中长期教育发展和改革规划纲要》，制定《语言文字规划纲要》，总结分析我国普通话普及的总体情况和特点以及阶段性规律和特征，普通话普及情况调查项目组对河北、江苏、广西三省（区）做了普通话普及情况调查。结果显示，与 2000 年调查数据 53.6% 相比，此次三个省（区）普通话普及程度均在 70% 以上。调查结果证明，经过十年的推广，普通话工作富有成效。然而，普及程度提高了，普及质量还有待进一步提高，能真正达到普通话水平测试标准的人群低于 30%。大多数被调查者的普通话水平限于能听懂状态，普通话的表达有困难，规范化程度较低。媒体是推普工作的榜样，尤其是广播电视媒体。2010 年的普通话普及情况调查结果显示，广播电视媒体对普通话学习的影响力上升明显，看电视听广播是被调查者学习普通话的主要途径。媒体对于社会语言文字应用能力起到了示范、促进和引领作用，媒体语言使用的规范化对社会影响巨大。《国家通用语言文字法》规定："广播、电影、电视用语用字应当以国家通用语言文字为基本的用语用字；广播电台、电视台以普通话为基本的播音用语。"目前的广播电视媒体语言存在很多问题，如方言在节目中大量使用，普通话语音问题频出，网络语言、外来词及缩略语滥用，以及电视字幕中错别字频出等。造成这些不规范现象的原因有很多，首先是媒体从业者主观上对媒体语言规范的重要性和必要性缺乏深刻认识；其次是知识素养、文化素养不高；再次是节目量大，高科技的现代化手段等客观上使得工作难度增加；缺乏必要的监管体制也是一个重要原因，如缺乏针对字幕管理的相关法规，许多电视台也缺少对字幕管理的监督机制。因此我们要进一步加强对媒体语言的科学研究，加快这一领域相关条例规章的建设，根据新情况科学规划媒体语言。

参考文献：

[1] 姚喜双．大力推广和规范使用国家通用语言文字［J］．语言文字应用，2012（2）．

[2] 姚喜双，郭龙生．媒体语言大家谈［M］．北京：经济科学出版社，2004.

[3] 姚喜双，郭龙生．媒体与语言：来自专家与明星的声音［M］．北京：经济科学出版社，2002.

论语言生活的层级*

李宇明

（教育部语言文字信息管理司）

一、宏观语言生活

宏观语言生活是指与国家直接相关、需要国家直接规划的语言生活，主要包括两个方面：一是国家层面的语言生活；二是超国家层面的语言生活。

（一）国家层面的语言生活

国家层面的语言生活也可以称为国家语言生活，是语言与国家关系的现实展现。具体说来，主要包括以下内容：

1. 保障国家语言交际的通畅

语言是人类最为重要的交际工具，社会须臾不能离开。国家的管理，公民的生活、学习和生产，都要求语言交际的畅通。为保证国家语言交际的畅通，特别是要保证高层次、跨地区、跨民族、大范围交际的快捷通畅，必须大力推广和规范使用国家通用语言文字。与此同时，还必须充分尊重那些不懂普通话的人群，为他们保留合适的语言交际空间，并尽可能为他们提供民族语、汉语方言、外语等方面的语言服务。

2. 不断提升国家的语言能力

国家管理及海外事务的处理，都需要有可用且可靠的各种语言人才，也就是说国家必须具有足够的语言能力。许多国家，特别是国际事务繁多的国家，无不重视国家语言能力的蓄

---

* 本文内容曾经以《科学管理语言生活》为题，分别在“第七届全国语言文字应用学术研讨会”（2011 年 10 月 23 日，湘潭）、北京外国语大学语言研究所召开的“首届语言管理、文化认同及社会秩序学术论坛”（2011 年 11 月 4 日，北京）、“第九届城市语言调查国际学术研讨会”（2011 年 11 月 20 日，厦门）和“2012 年度全国语言文字工作会议”（2012 年 2 月 17 日，北京）等会议上作过报告。

养，近些年来我们也不断看到一些国家因语言能力不足而造成国家损失、丢失国家利益的案例。公民语言能力是国家语言能力的基础，注意提升公民的语言能力，有利于提升国家的语言能力。但是，公民语言能力的提升主要是市场机制在发挥作用，语言学习的成本投入与语言利益获取的比值，影响着公民的语种学习选择。中国公民愿意学习国家通用语言、愿意学习英语等较有影响的外语，是因为这些语言的“学习效益”高。而国家所需要的语言人才是多种多样的，仅凭公民自由的语种选择并不能满足国家需求。必须认识到，国家语言能力的提升需要采用一定的“计划经济”手段。

3. 通过语言促进文化传承和文化认同，维护国家的团结统一

语言并不仅仅是交际工具，它还具有文化的属性。语言（包括文字）既是文化的有机组成部分，又是文化纵向传承、横向传播的最为重要的载体。在一般情况下，语言还是民族的“图腾”，具有文化认同的重要作用。在多方言的民族中，在多民族的国家中，在领土尚未统一的国度里，妥善处理民族共同语与方言的关系，妥善处理各民族语言间的关系，特别是妥善处理国家通用语言文字与少数民族语言文字的关系，至关重要。实践表明，培养双言双语人，实行双言双语制度，提倡主体性与多样性辩证统一的语言秩序，构建和谐的语言生活等，是促进文化传承、有效处理语言矛盾、维护国家团结统一的重要方略。

4. 获取语言的经济红利

语言与经济的关系十分密切。劳动者的语言文字水平直接关系到社会生产力的水平，因此，扫除文盲是世界各国追求的教育目标。语言教育、培训和语言翻译等，是社会较早认识的语言产业；而随着计算机和互联网的发展，一批与信息技术相关的语言产业迅速兴起，并为社会带来了巨大的经济效益。过去，人们常把语言看做国家的软实力，而今语言已经进入国家的硬实力范畴。建立语言经济学，促进语言职业和语言产业的发展，最大限度地获取语言的经济红利，已经成为国家语言生活的重要内容。

5. 向社会提供语言服务

随着国人活动半径的加大，人口流动规模和频率的增加，交通、通讯和大众传媒的质变性的发展，教育、科技，特别是现代语言技术的普及，人们对语言服务的需求越来越迫切，需求的内容越来越多样，对语言服务质量的要求越来越高。语言教学是最为基本、最为重要的语言服务，母语教学、民族地区的双语教学和外语教学的质量，直接关系到公民的收入水平和生活品位。对社会团体和公民的语言生活给予指导、对他们遇到的语言方面的困难给予援助、对他们进行语言技术方面的支持等，已是重要的语言服务内容。政府是社会公共产品的主要提供者，向社会提供语言服务是政府的职责。当然，语言服务不一定完全由政府提供，也不一定都是免费的。

国家层面的语言生活主要通过三种方式来管理：一是制定语言政策；二是制定语言文字规范标准；三是采取各种举措。

1. 制定语言政策

语言政策是用法律、法规、规章等方式体现出来的国家语言意识。国家语言意识与国家的意识形态密切相关，也与国家的历史文化传统，特别是语言规划的历史传统密切相关。现实语言生活既是语言政策的实施对象，也是语言政策不断调适的依据。语言意识的发展变化，语言生活的发展变化，都会促使语言政策做出与之相应的发展变化。当前我国语言政策

的核心理念，是“大力推广和规范使用国家通用语言文字，科学保护各民族语言文字”。“大力推广和规范使用国家通用语言文字”，是对现行语言政策的高度概括；“科学保护各民族语言文字”，包含有新世纪国家语言意识的新发展。

2. 制定语言文字规范标准

语言文字规范标准是语言研究成果的物化，是对符合语言发展规律和运用规律的语言现象的肯定，是对语言歧异现象的科学选择。语言文字规范标准是语言本体规划的重要内容，其目标是保证语言文字的健康发展，保障语言文字运用的高效有序。在过去，语言文字规范标准主要是面向人的，而随着计算机语言处理的进展和互联网的普及，语言文字规范标准更重要的是要面向计算机，并发展成为工业标准的一部分。语言文字的标准化工作如何满足信息时代的要求，仍是国家语言规划的新课题。

3. 采取各种举措

语言政策和语言规范标准，需要一系列行之有效的举措才能贯彻落实，才能将纸面上的内容转化为语言实践。这些举措包括语言文字工作的机构设置及工作体制、工作机制的设计，一些波及面广、影响深远的重要行动，如广播电视和新闻出版的语言管理制度、辞书编纂资格审查制度、普通话水平的培训测试制度、城市语言文字评估制度、“中国语言资源有声数据库”的建设等等。

（二）超国家层面的语言生活

超国家层面的语言生活也可称为国际语言生活，主要有两方面的内容：一是国际社会的语言交际；二是国际社会共同面临的语言问题。

1. 国际社会的语言交际

国际社会的语言交际，不仅存在于国与国的双边交往中，更重要的是在国际多边关系中。世界有6000来种语言，只有极少数语言用于国际组织（包括跨国的地区组织）和各种国际会议。国际组织和国际会议，多是选取一些语言作为官方或工作语言，如联合国的官方语言是阿拉伯语、汉语、英语、法语、俄语、西班牙语，其秘书处日常使用的工作语言是英语和法语；奥林匹克运动会的官方工作语言是英语、法语和主办国语言；一些跨国的地区组织则将所有成员国的语言作为工作语言，如欧盟。由于国际合作交流的需要，还会产生一些新的国际组织，召开新的国际会议，它们的工作语言需要新规划。值得注意的是，互联网是新发展起来的“国际社会”，需要建立互联网的合理的语言文字秩序。

2. 国际社会共同面临的语言问题

国际社会面临一些共同的语言问题，需要国际社会共同解决。当前讨论较多的全球性语言问题有：在全球化背景下语言霸权及维护语言多样性的问题；世界性的语言濒危问题；移民、少数族裔等弱势群体的语言权利问题等。

国际语言生活对走上世界舞台的开放的中国影响巨大，应该也必须纳入国家语言规划的视野。我国须对国际语言生活进行全面深入的了解，履行语言方面的国际义务，力所能及地向国际社会提供语言方面的公共产品，不断增加影响力。有两方面的问题应当积极考虑、积极谋划：

一是履行语言“原生地”的责任和义务。

汉语在国际语言生活中已经具有一定的地位，而且这种地位还在不断提升。作为汉语的原生地，中国有责任、有义务向国际社会提供汉语服务，保证国际组织、国际会议的汉语运用；支持汉语国际教育，满足世界不断增长的汉语学习需求；与世界华人社区一同做好华语发展规划，保持华人社区的语言沟通，促进华语的健康发展，协调汉语国际传播的步伐；汉字在东亚具有特殊的地位，也应重视汉字使用国的相互沟通，特别是推进汉字计算机编码的国际标准化工作。

此外，中国还有上百种少数民族语言，国际上对其中的一些语言有学习和研究的兴趣，我国也应主动满足国际社会的这种需求。有些少数民族语言是跨境语言，需要进行跨境的语言协调。

二是充分关注国际社会共同面临的语言问题。

鼓励政界、学界通力合作，深入研究国际语言生活，形成与世界与中国、与现在与将来利益兼顾的"中国主张"，并通过国际会议、国际协议、国际倡议等宣传、实施这些主张，通过提供语言利益和语言帮助、设立相关的国际研究基金和国际奖项等方式，来扩大对国际社会的影响，赢取越来越多的国际话语权，为建立健全国际语言秩序、化解语言矛盾、帮助世界人民过好语言生活而做出中国人的贡献。

二、中观语言生活

中观语言生活，上接宏观，下连微观，是各行业、各地区的语言生活。考察中观语言生活，可以纵看也可以横看。纵看是"条条"，是社会各领域的语言生活；横看是"块块"，是各地域的语言生活。

（一）领域语言生活

领域语言生活，具体体现为各行业的语言生活。不同行业从事不同的社会活动，需要关注和解决的语言问题有所不同，对从业者的语言水平要求有所不同，因此各行业的语言生活有各自的特点，各行业的语言规划也各有特点。

行业语言规划的主体是行业主管部门，国家在行业语言规划中的作用，主要是语言政策的指导和监督。行业语言规划起码需考虑三方面：

1. 行业的语言政策与发展方略

行业语言政策和发展方略的制定目标，主要是保证行业的工作质量，同时也要履行社会职责，为国家语言事业做贡献，为健康的社会语言生活做贡献。比如广播电视是与语言文字关系最为密切的行业之一，播音用语的状况、屏幕用字的状况，直接关乎行业的工作质量，同时也关乎语言文字运用的社会导向。

2. 对从业人员的语言文字能力的要求

不同职业、不同岗位，对从业人员语言文字能力的要求不同。体力劳动者，比如环卫工人、一线建筑工人等，只需要一般的语言文字能力，而脑力劳动者，比如教师、作家、法官、律师、记者、节目主持人等，就需要较高的语言文字水平。同是教师，语文课教师与体育课教师，幼儿教师、小学教师与中学教师、大学教师，对其语言文字能力、口语水平和语言教学知识等的要求也不相同，甚至是很不相同。

不同时代对从业人员的语言文字能力的要求也有变化。比如过去的商店营业员，只需要一般的语言文字能力，而今顾客购买物品时，“语言消费”的水平提高了，营业员不能够使用合适的语言介绍商品，成交率就比较低。与此相似，家电等家庭用品的售后服务业，其“语言服务”水平与用户的满意度具有极大的相关性。

随着信息产业、文化产业的发展，一批新时代的语言职业、语言产业也迅速发展起来。这些新时代的语言职业、语言产业，不仅对从业人员的语言文字能力有一定要求，甚至对语言文字知识也有特殊的要求。比如键盘编码人员需要懂得语音学、文字学的知识；计算机字库设计人员需要有文字学、书法学等方面的知识；计算机信息搜索的技术人员需要有语言学的多方面知识。

对从业人员语言能力（包括语言文字知识）的培养与考察，首先需要制定行业标准，并依据标准进行培训、测试，给予资格认证。当前我国的语言培训、测试和资格认证，离“行业化”的要求还有很大距离，一般的“水平认证”较多，具体的“岗位认证”较少。及时补上这一课，才能将语言能力有效地转化为劳动力，有效地转化为各行业的产品。

3. 行业需要解决的主要的语言文字问题

各行业都会遇到一些语言文字问题，这些语言文字问题或是相同相近的，或是各不相同的。比如：广播电视中方言节目的合理比例；人名管理中，汉族取名是否一定要有姓有名，姓名用字是否要有所限制，汉族姓名拉丁化的标准，少数民族人名如何拉丁化；地名管理中，地名用字要不要限定范围，地名读音如何规范，中国地名拉丁化的转写规范；医疗行业中，疾病的学名与其俗名的对照，医疗说明书的汉外翻译；等等。这些问题常常关系到行业的工作质量和事业发展，但也常常被忽视，或是因不易解决而被搁置。行业的语言问题，需要行业管理者与语言学家、行业专家一起梳理，寻求解决方案。

行业的语言生活管理，是国家语言文字工作的重要内容。国家语委有近20个成员单位，这些成员单位多是行业的主管部门，地方语委的成员单位也多是各地的行业主管部门。实践表明，语委的构成体制是合理的，关键是要充分发挥成员单位的作用，要支持行业主管部门做好行业的语言规划，管好各行业的语言生活。国家语委长期重点关注了四大领域的语言生活：行政、教育、新闻出版、窗口服务行业。实践表明，这四大领域确实是语言生活的重要领域，管好这四大领域，就基本掌控了语言生活的大局。现在看来，在以往工作的基础上，这四大领域的工作要更深入更科学，同时也要横向延伸到其他领域、其他行业。特别是要动员学界加强领域语言生活研究，发展领域语言学，为领域的语言规划提供学术支撑。

（二）地域语言生活

我国的基本国情可以表述为：文化悠久深厚，社会发展不平衡。方言复杂，民族语言众多，城乡之间、东西部之间在经济社会发展中存在各种发展梯度；这就是所谓的“纵着看是几千年，横着看也是几千年”。由此决定了各地语言生活的差异性，也由此决定了各地语言生活管理的特殊性。举几个例子：

1. 上海

上海是我国东部发达的大都市，处在改革发展的前列，处理好语言关系对上海的经济社会发展尤其重要。推广普通话是上海语言规划几十年来的主旋律，但是围绕着这一主旋律还应有各种变奏曲。上海话具有重要的文化价值，需要合理传承；外地和台湾同胞不断进入上海，需要对他们提供语言服务。外国商贾友人也看好上海，未来可能形成对世界经济具有较大影响的“总部经济”，因此上海需要大量的外语人才，需要向外国友人提供语言服务。

2. 福建

福建是闽方言的故乡，闽方言内部分歧严重，文化灿烂纷呈。推广普通话以利交际与发展、传承闽方言以延续其所负载的文化，是福建语言生活管理的两大基本内容。同时，我国台湾和海外也有不少同胞操闽南方言，通过闽南方言沟通台湾和海外同胞的感情事关民族大业，也应纳入福建语言规划。

3. 内蒙古

内蒙古自治区主要有蒙古语、汉语、达斡尔语、鄂温克语、鄂伦春语等五种语言。蒙古语分布在我国的内蒙古、新疆、青海、甘肃、辽宁、吉林、黑龙江、河北等八省区，蒙古国、俄罗斯的布里亚特共和国和卡尔梅克共和国、哈萨克斯坦等国也在使用。处理好我国蒙古语的标准语[①]与蒙古语各方言的关系，做好国内八省区蒙古语的协调工作，做好与国外蒙古语的协调工作，是内蒙古语言规划的重要内容。内蒙古的达斡尔语、鄂温克语、鄂伦春语也是跨区跨国的语言；保护“三小民族”[②] 的语言，做好与自治区之外的乃至国外的达斡尔语、鄂温克语、鄂伦春语的协调，也是内蒙古语言规划不应忽视的内容。同时，大力推广普通话，处理好普通话与内蒙古汉语方言的关系，处理好汉语普通话与蒙古语、达斡尔语、鄂温克语、鄂伦春语的关系，当然也是内蒙古语言规划的必有内容。

4. 凉山彝族自治州和察布查尔锡伯自治县

许多民族自治州、自治县（包括旗）的语言生活也很有特点，例如四川凉山彝族自治州。1980 年 8 月国务院批准实施《彝文规范方案》，凉山语言生活管理的任务之一，就是在双语教育等语言实践中执行并完善彝文方案。彝族还分布在四川其他地方和云南、贵州、广西等地，与这些地区的彝文沟通，自然也应成为凉山语言规划的内容。

再如新疆察布查尔锡伯自治县，是全国唯一的以锡伯族为主体民族的自治县，县政府很重视对年轻人进行锡伯语文教育。锡伯族原籍沈阳一带，乾隆二十九年（1764），清政府抽调锡伯族官兵 1018 人，连同其家属 3275 人到新疆戍边，形成了今日的察布查尔县。[③] 锡伯语言文字与满族的语言文字十分接近，在当今懂得满语满文的人越来越少的情况下，锡伯语文的教育传承就显得尤为有意义。

这些例子说明，地域语言生活是各有特色的，各地需要根据国家的语言政策和当地语言实际，创造性地做好语言文字工作。其主要任务有：推广国家通用语言文字；处理好普通话与汉语方言的关系、国家通用语言与民族语言的关系，预防语言冲突，促进语言生活和谐；科学保护本地的语言资源；做好语言服务，为本地的经济社会发展做贡献。民族自治地方，还有做好民族语言文字工作的重要任务。

我国绝大多数省份都有语言文字工作委员会，颁布有语言文字方面的地方法律法规和规

---

① 内蒙古自治区以正蓝旗的察哈尔蒙古语音为标准音。蒙古国以位于首都乌兰巴托的喀尔喀蒙古语音为标准音。喀尔喀方言和察哈尔方言同属中部方言，较为接近。布里亚特共和国以布里亚特蒙古语音为标准音，布里亚特方言属于北部方言。卡尔梅克共和国以卡尔梅克蒙古语音为标准音，卡尔梅克方言属于西部方言。

② 达斡尔、鄂温克、鄂伦春，在内蒙古被俗称为“三小民族”。

③ 这批来疆的锡伯人还居住在新疆的霍城、巩留、塔城等地。锡伯语的使用人口约 3 万，国外有人把锡伯语视作满语的一个方言。

章制度；但总体上看，还没有担当起全面管理当地语言生活的职责，对本地语言生活缺乏全面了解和深入分析，缺乏自觉的语言规划，对大众的语言生活也指导不够、服务不够。学界已有一些地域语言规划的讨论，但研究成果不多，学术影响不大，亟须要加强。

三、微观语言生活

个人和社会的终端组织处在社会的微观层面。微观层面的语言生活，同个人的生存、发展息息相关，同社会基本细胞组织的正常运作息息有关，应当受到关注，得到指导，得到帮助。[①]

（一）个人语言生活

有了语言人类才最终告别动物界，有了文字人类才告别野蛮步入文明时代。语言文字对于人类的重要性，如何评说都不为过。语言生活对于个人的生存质量、生活质量和人生发展，具有不容忽视的重要性。

中国正在形成“多言多语”社会，儿童刚一出生，父母也许就要考虑是让孩子学习普通话，还是方言，还是民族语，考虑让孩子何时接触外语，开始制定家庭语言规划。而许多家长其实并不具备合理规划孩子的语言发展的能力。儿童长到一定的年龄，就需要判定何为规范的、有修养的语言表达方式，且常常需要做出决定：是遵从家长、教师和社会认同的语言规范，还是要叛逆这些规范？许多研究表明，语言能力常常同个人的发展相关联，同收入高低呈正相关，在信息化时代，在知识经济时代，更是如此。因此得到合适的语言能力发展，是人生规划中最为重要的内容之一。

人生中经常会遇到语言困难，需要及时得到帮助。关于“语言困难”，尚未见到系统的研究成果，感性而言大致有这么几种情况：

第一，语言使用困难。比如，到另外的方言区或语言区而发生自然语言的交际困难，因文化水平低而发生的阅读困难，因在某种场合而不知道该怎么说话的表达困难等。

第二，语言知识困难。比如，在学习、考试、教学等活动中，不能正确理解、讲授某种语言知识；在翻阅辞书时遇到的部首检索、笔画数、笔顺、拼音等方面困难；在写作时，“的、地、得”混用，“象、像”和“做、作”错用，将表尊称的量词“位”误用到小偷或嫌疑犯的身上等。

第三，语言技术困难。一些常用的语言信息技术，在今天几乎成为公民的素养，但是有些人因各种原因可能被“信息边缘化”。比如，不会用电脑处理文字，不会收发电子邮件，不会使用手机的短信功能，不会制作 PPT 等。

第四，语言决策困难。语言决策不只是国家或组织的专利，个人生活中也常常需要语言决策。比如，雇用保姆照顾幼童，是否要求保姆必须会说普通话；读研究生选择哪种语言作为学习的第二外语；要不要使用较多的字母词和网络新词语，等等。许多人在语言决策时会碰到困难。

---

① 伯纳德·斯波斯基（2011）、周庆生（2010）都曾经涉及微观语言生活问题研究，可参考。

还有具有语言困难的特殊人群。比如：视觉障碍者，对量词、颜色词、描写事物形态的词语等，掌握起来比较困难；我国现行盲文存在双拼和全拼两套系统，给盲文学习带来不便；盲人出门、上网都会遇到不能阅读汉字的问题。听觉障碍者因聋而哑，不能获得口语或不能正常获得口语，学习书面语会有更多困难；手语只能在聋人社会中使用，电视节目、会议讨论等基本不配手语翻译，他们的信息获取和社会交流很不方便。语言发展迟缓的儿童、失语症、口吃、假喉、唇裂等语言疾病患者，更是各有各的语言困难。对于一般人群的语言困难，需要通过语言教育和语言指导来帮助解决，对于视障、听障和语言疾病患者，需要特殊教育的支持，需要病理语言学的支持，需要进行语言补偿和语言治疗。

一些人与语言的关系特别密切，他们从事的职业是语言职业，或者是以语言为主要凭借的职业，比如翻译、教师、播音员、节目主持人、作家、诗人、编剧、文字记者、编辑、校对、广告文案创作者、律师、法官、书记员、民事调解员、医生、心理咨询师、语言治疗师、书法家、语言艺术工作者、报幕员、司仪、话务员、导游、解说员、印章制作者、文字速录员、打字员、语言软件设计者、字库设计者等等。语言能力、语言知识、语言艺术修养和语言技术水平等，对他们具有特殊的意义，需要得到特别的语言教育、语言指导和发挥语言才能的环境。

个人语言生活，在人生早期主要是教师、家长指导；踏入社会主要靠行业要求和同仁互助；具有语言障碍和语言疾病的人，多依靠特殊教育机构和语言康复机构提供帮助。但是总体上看，个人对语言生活的规划还不自觉，社会对语言生活的指导还不系统，特别是缺乏专司此职的社会机构，缺乏有效的社会举措，也缺乏有分量的学术研究。

（二）社会终端组织的语言生活

家庭、乡村、农场、工厂、矿山、商店、医院、车站、法庭、连队、机关、学校、科研院所、广播电台、电视台、出版社、报社、杂志社、剧团、影剧院等单位，是社会的终端组织。这些组织名目繁多，种类繁多，大致可以分为社会型和行业型两种。

1. 家庭和乡村

家庭、乡村是典型的社会终端组织，其语言生活主要是生活中的语言交际。家庭是社会最基本的细胞组织，传统的家庭都是大家庭，几代同堂，家庭话语权主要在成年人甚至老年人手中。现代家庭基本上都是两代人的，如果家有中小学生，家庭语言明显向孩子靠拢，特别是同孩子讲话时，一般都用孩子常用的语言，如普通话。家庭，特别是城市家庭，也会常常遇到语言问题，例如：雇主对保姆的语言要求，父母与孩子的语言沟通方式，临时来家居住的老年人引发的语言问题，家庭对待新词语、网络词语、方言、外语的态度等等。家庭语言问题直接关系到家人情感，需要有人专门研究家庭语言学，需要社会提供家庭语言指导。

乡村语言生活传统上一直是以自然方式运行，地方语言（汉语方言、民族语言）是乡村交际的基本用语。而今乡村语言生活正在发生巨大变化。村村通公路，村村通电视，多数家庭都有电话或手机，这使得城乡沟通频繁而广泛，城市对乡村的影响，包括语言生活的影响，巨大而深远。成批农村子弟进城务工，他们的语言观念和语言实践都在发生深刻变化。农村建立中心学校，许多儿童和青少年离家到乡镇或县城求学，他们的语言观念和语言实践已不同于祖辈和父辈，并且会对祖辈、父辈发生影响。以上这些因素使得乡村语言生活正在脱离传统的自然延续的轨道，逐步向城镇靠拢，向普通话靠拢；乡土语言中的文化内涵正在年轻人身上褪色，文化词汇被逐步淡忘。这种变化关系到国家语言资源的安危，关系到上亿的农村流出人口，也影响到城市语言生活。

2. 行业终端组织

机关、学校、科研院所、广播电台、电视台、出版社、报社、杂志社、剧团、影院、法庭、医院、车站、商店、工厂、矿山等，是行业终端组织。它们的语言生活受行业语言规划的影响，所属行业不同，其语言生活便有不同。比如工厂、学校、电视台、出版社、影剧院的语言生活，相互之间就有所不同。

行业终端组织的语言生活都有两个方面：生活中的语言交际；工作中的语言规范，如学校教学、电台电视台播音、法庭审判使用什么样的语言，图书出版、机关公告、影院海报、商店匾额使用什么文字等。这两方面的语言生活相互区别又相互关联：一般说来，工作中的语言行为比日常交际更符合行业规范，如电台电视台播音以普通话为主，但在内部会议、日常交际中可能会使用方言，或是不标准的普通话。但另一方面，工作语言规范对日常交际也有较大影响，比如电台电视台即使是日常交际也会主要使用普通话，报社、出版社、杂志社、辞书社等讲究文字规范的单位，平时的文书运行也可能更讲究，更规范。这种情况给人两点启示：第一，行业终端组织的日常交际仍然需要监督管理，不能用工作语言规范代替日常交际规范；第二，通过抓工作语言规范，促进日常语言生活水平的提升。

行业终端组织在工作中也可能进行语言决策，也需要得到语言决策方面的指导。例如，某医院是否收治需要心脏手术但语言不通的患者，某饭店是否要把外语作为工作语言，某电话公司接待用户时首先使用普通话还是外语，某商店在标明商品过期日期时是否要求显著醒目，等等。

社会终端组织的语言生活，关系到国家、地区和行业语言规划的实现，亦关系到这些组织的生存与发展。显然，社会终端组织做好自己的语言规划是十分重要的，国家、地区和行业帮助这些组织做好语言规划也是十分重要的。在这方面，过去主要用“管”的办法，今后更多地需要通过语言服务机构去指导。

四、结语

本文将语言生活划分为宏观、中观、微观三个层级，每个层级又根据中国的实际情况做了进一步区分。其实本文的主要目标，是为深入观察语言生活状况、全面而合理地进行语言规划提供一个学术框架。

通过考察分析可以看到，我国的语言规划经过几十年努力，已形成基本格局：国家有较为合适的语言政策，一些重要领域有基本的语言规划，国家和地方都有了基本的组织架构。但是语言规划也有薄弱点和空缺处，例如：

1. 对国际语言生活的研究较少，规划不够，举措不力。

2. 重点抓了四大领域的语言文字工作，很有成效，但目标不全面，工作待深入。下一步需要向其他领域延伸，把工作任务落实到各行各业，并要明确行业语言规划的主体，调动行业语言规划的主动性。

3. 地域语言规划有所触及，但尚未真正开始。

4. 微观层面的语言规划还没有真正纳入国家语言规划的视野。过去基本上是自然发展，或是用简单的“管”的办法，没有形成合理的工作机制，社会语言服务的组织不健全，是语言规划中最为薄弱的环节。

这些问题的发现，说明本文所提供的框架是有效的。利用这一框架深入观察我国各层面的语言生活，并根据各层面的语言生活特点进行合理的语言规划，以政策、指导、服务等多种方式来管理语言生活，以论坛、协议、援助等来影响国际语言生活，尽力满足国家、地区、行业及个人的方方面面的语言需求，努力形成新时代较为完善、更为有效的语言规划体系。

参考文献：

[1] 伯纳德·斯波斯基．语言政策——社会语言学中的重要论题（张治国译），商务印书馆，2011.

[2] 陈章太．语言资源与语言问题，云南师范大学学报，2009（04）．

[3] 戴曼纯．国家语言能力、语言规划与国家安全，语言文字应用，2011（04）．

[4] 戴庆厦主编．跨境语言研究，中央民族学院出版社，1993.

[5] 戴庆厦．语言关系与国家安全，云南师范大学学报，2010（02）．

[6] 杜永道．缺失的语文课，人民日报出版社，2011.

[7] 郭龙生．中国当代语言规划的理论与实践，广东教育出版社，2008.

[8] 郭熙．华语规划论略，语言文字应用，2009（04）．

[9] 何俊芳、周庆生．语言冲突研究，中央民族大学出版社，2010.

[10] 贺宏志主编．语言产业导论，首都师范大学出版社，2012.

[11] 李现乐．语言资源和语言问题视角下的语言服务研究，云南师范大学学报，2010（05）．

[12] 李宇明．努力培养双言双语人，长江学术，2003（04）．

[13] 李宇明．论中国语言资源有声数据库的建设，中国语文，2010（04）．

[14] 李宇明．提升国家语言能力的若干思考，南开语言学刊，2011a（01）．

[15] 李宇明．语言也是“硬实力”，华中师大学报，2011b（05）．

[16] 陆俭明．在探索中前进——21 世纪现代汉语本体研究和应用研究，北京师范大学出版社，2011.

[17] 屈哨兵．关于《中国语言生活状况报告》中语言服务问题的观察与思考，云南师范大学学报，2010（05）．

[18] 王建勤．美国“关键语言”战略与我国国家安全语言战略，云南师范大学学报，2010（02）．

[19] 文秋芳．国家外语能力的理论构建与应用尝试，中国外语，2011（03）．

[20] 谢俊英．城市化进程中的农民工语言问题，云南师范大学学报，2011（03）．

[21] 张民选、张日培．多样与和谐：上海城市发展中的语言规划构想，云南师范大学学报，2011（03）．

[22] 张卫国．语言政策与语言规划：经济学与语言学比较的视角，云南师范大学学报，2011（05）．

[23] 张西平、柳若梅．世界主要国家语言推广政策概览，外语教学与研究出版社，2008.

[24] 中国工运研究所．新生代农民工：问题·研判·对策建议，中国工人出版社，2011.

[25] 周庆生主编．中国语言人类学百年文选，知识产权出版社，2009.

[26] 周庆生．语言规划发展及微观语言规划，北华大学学报（社会科学版），2010（06）．

浅议汉语的发展与规范

魏 晖

（教育部语言文字应用研究所）

汉语的发展（有人称为“变异”或“演变”等，笔者倾向于“发展”）与规范问题是个传统话题，历史上讨论了很多，也是个很复杂的问题。现在又提出来讨论，是因为在当今互联网时代，汉语发展“速度惊人”，出现了一些新的现象，甚至影响到人们的交流与沟通。本文试图从汉语发展的一些新现象出发，讨论汉语要不要规范以及如何规范的问题。

一、汉语发展速度惊人

语言是发展变化的，甚至无时无刻不在变化，只是变化的速度缓慢，不被普通老百姓感觉到罢了。但在当今互联网时代，语言发展演变的速度超过历史上任何时候，可谓“速度惊人”。英国语言学家大卫·克里斯特尔甚至认为互联网发展将给语言发展带来“革命性”的变化。[1]

当今汉语发展的速度同样惊人，汉语的发展包括结构变化和功能发展两方面。

汉语结构变化包括词汇、语法、语音等方面的变化。

词汇变化是最主要的方面。据国家语委历年发布的《中国语言生活状况报告》绿皮书显示，2006年新出现词语171条，2007年254条，2008年359条，2009年396条，2010年500条，每年都在快速递增。这些新词语包括网络词、外来词、社区词、方言词等。还有大量新术语，尤其在信息技术领域，新术语不断涌现。此外，还不断增加新的语义。如2011年《新华字典》第11版为一些常用字增加了新的义项，例如“门”（负面的事件）、“晒”（曝露、展示）、“奴”（为偿还贷款等而拼命工作的人）、“族”（具有某些共同特点的一类人）、“秀”（表演、展示）等。近年出现的词媒体，是语义极大丰富的表现。

语法相对比较稳定，但也出现了一些变化。比如名词一般不可以受副词修饰，但现在却出现了很多例外，如“很阳光”、“很传统”等。“被”多用来表示被动的意义，与及物动词搭配，而新兴的“被×”打破了传统，发生了变异，可以跟不及物动词、名词、形容词搭配使用，如“被就业”、“被自杀”、“被代表”，它表达出的不仅仅是单纯的被动意义，还带有主动非自愿的语义色彩。

语音也有一些变化。比如“拜拜”，《新华字典》第10版只有一个读音 bài，第11版增加了新的读音 bái。

汉语功能发展主要表现在三个方面：(1) 普通话的普及率迅速提高，功能增强，由汉民族共同语提升为国家通用语。(2) 汉语国际传播取得明显进展，逐渐改变国际语言格局，汉语国际地位增强。据美国彭博社8月31日报道，从商务实用性来看，汉语成为仅次于英语的全球第二大商务语言。[2] (3) 汉语拼音成为国际标准，是中国文化走向世界的特殊表现符号，为汉语走向世界发挥了独特作用，并将发挥更大作用。如一些汉语拼音 gongfu（功夫）、gelivable（给力）、taikonaut（中国航天员）等逐渐被英语词汇所吸收。

引发汉语快速发展的主要原因是：(1) 互联网、全球化、通信技术、交通便捷等为社会、人际交流创造了有利条件，而社会发展、人际交流是语言发展演变的基本条件。(2) 语言接触的深度和广度发生变化。(3) 使用国家通用语的需求扩大。

二、汉语要不要规范

汉语的快速发展表明汉语是非常有生命力的语言，但快速发展也引发了一些问题。主要表现为：(1) 外语词来不及汉化，直接进入汉语，与汉语混杂使用。有不少语言学家担心汉语的纯洁和发展将受到影响。(2) 网络语言的发展超乎想象并开始进入公众生活，中小学作文中涉及网络语言的现象时有发生。(3) 词汇的快速变化、不同语言的混杂使用导致部分人群阅读、交流产生困难，对学生的语言文字应用能力也产生影响。

历史上曾发生过汉语要不要规范的讨论和争论，当今汉语的快速发展再次引发汉语究竟要不要规范的讨论和争论。

1951年6月6日《人民日报》发表社论《正确地使用祖国的语言，为语言的纯洁和健康而斗争!》，社论针对书面语言中不注意词汇和语法规范的问题进行了批评。例如不加选择地滥用文言、土语和外来词，以及生造词语和不正确地省略两个音节以上的名称而造成含混不清的简缩语；在语法方面，文理不通以及半文不白的语句比较普遍地存在，致使语言的混乱现象相当严重。社论号召学习好祖国的语言，正确地使用祖国的语言，反对破坏祖国语言的纯洁和健康，并为之而斗争。在发表社论的同时，为帮助纠正语言文字应用中的缺点，在《人民日报》上连载了吕叔湘、朱德熙的《语法修辞讲话》。此后，发生了关于标准语和规范化的讨论，1955年召开了现代汉语规范问题学术会议，先后发表了林焘的《关于汉语规范化问题》、罗常培的《略论汉语规范化》、王力的《论汉语规范化》等文章。通过讨论，对于汉语规范化的必要性和意义、汉语规范化的对象和内容、规范化的原则等问题，有了比较明确和一致的认识。[3]

20世纪八九十年代，在中国，关于“语言规划的重要组成部分”——语言规范化，语言学界进行了一场深入的讨论甚至争论。这次讨论不仅涉及规范化的理论，更涉及方法论，讨论了很多问题，如变化与规范的关系是辩证的，语言的规范化与非规范化的对立统一，语言规范化工作的性质应当是对语言变化的评价和抉择，约定俗成对于语言规范化的作用，约定俗成和语言控制的统一。[4]反对进行语言规范化的主要观点是认为语言具有自我调节机制或自我完善功能。

笔者认为：语言是发展变化的，语言变化之中有稳定，稳定之中有变化，存在语言稳态与语言动态的平衡。语言稳态是语言的常态，也是语言的健康态。语言发展变化的过程确实具有自我调节的机制，但仅靠自我调节是不够的，还应有规范。特别是当今互联网时代，语言发展速度惊人，语言规范是保持语言发挥交际功能的重要保证，是促进语言沟通顺畅、维持语言稳态的基本手段之一。语言规范是必要的，关键问题是明确哪些该规范，哪些能规范，如何规范。

三、汉语如何规范

对汉语进行规范，首先须清楚认识到，汉语规范是非常复杂的。主要表现在：

（1）语言发展和语言规范是矛盾的统一，没有发展就没有规范，没有规范也不能很好发展。规范是发展中的规范，规范不可能一劳永逸。对于如何具体规范，即对语言的变化和抉择，学术界时常争议很大。

（2）制定语言规范必须符合语言发展的规律，符合学理，但更要从俗、从众。正如许嘉璐先生所说，约定俗成是基础，因为它来自使用语言文字的千千万万人，是一种习惯，制定和推广规范是归纳性行为：从社会习惯里择优并推而广之。如果自上而下的运动不理睬自下而上的运动，制定的规范将是无效的；反之，社会的习惯要靠规范的制定和推广加以引导，无序的运动将给约定俗成者（社会及其成员）造成不便，而这“不便”才是促进社会规范的最大的动力。[5]规范既要尊重科学性，也要考虑社会性。但科学性和社会性往往很难统一。

（3）语言规范具有刚性与柔性之分。刚性即强制性，一般强制遵守。柔性即推荐性、灵活性，主要是通过宣传、提倡、争鸣的形式，引导人们自觉遵守。刚性、柔性的“度”有时比较难把握。

（4）汉语的发展与规范实际是社会管理问题，反映的是公平与效率的矛盾。有的强调公平，有的强调效率，有时很难平衡。我国民众规范意识总体来说不强，由于受后现代主义思潮和多元文化影响，再加上政府公信力下降，规范工作变得愈加困难。但是，即便如此，为了更好地促进汉语发展，还是应该有所作为，稳妥地开展汉语规范化工作。

考虑到规范的复杂性，本文主要讨论了规范原则、重点规范领域、实施规范的关键等方面内容。

（一）规范原则

（1）促进发展的原则。制定规范应当促进语言的发展，而不能制约语言发展。语言规范滞后于语言发展，试图超越、超前发展是不现实的，也是要犯错误的。规范不能强求完美，不能强求统一，不搞一刀切，应允许特殊性存在。强调因势利导，尊重约定俗成，正确处理语言科学性与社会性的关系。

（2）“严”“松”有度原则。有些规范可刚性强些，有些规范可柔性强些，切不可过分强调刚性，也不可一律柔性。

（3）动态规范原则。规范是一个长期的过程，不可能一次制定、颁布就长期有效，应经常评价，适时调整。不能用现在的眼光去批评过去的规范，要用发展的眼光看问题，需要调整的认真调研，权衡利弊，允许调整。制定规范不能望而生畏，无所作为，也不能搞运动，求快求全。

（二）重点规范领域

需要规范的方面非常多，因精力有限、财力有限、复杂性高，笔者认为应对教育、信息及新闻出版、国家机构三个重点领域进行重点规范，再逐步扩展到其他领域。

（1）教育领域。国家不再统编中小学教材，各科教材频频出错并且往往是常识性的错误，这并不鲜见，[6]教材质量堪忧。应实施教材准入制度，对教材的语言文字进行规范标准符合性测查认证。语文教材字量也是个大问题。有调查表明，人教版、苏教版和上教版三套识字教材在共用字的选用上差异显著，各版本教材字种的选择随意性较大。应研制科学规范的《小学生常用字表》。[7]近年来，高考作文中使用网络词语的现象时有发生，各省教育管理部门态度不一，有的认可甚至鼓励，有的建议慎用，也有态度模棱两可的，应有明确规定。教育部日前出台的《2012 年高等学校招生全国统一考试考务工作规定》中明确要求"一律用现行规范汉语言文字答卷"，意味着高考作文禁用繁体字甲骨文，[8]值得肯定。

（2）信息及新闻出版领域。目前国家缺乏计算机字库标准，有些字库的字形、字体存在很多问题，甚至不是国家规范汉字。信息技术产品只有外文无中文的现象普遍存在，给人们的生活带来很多不便。媒体及辞书中语言文字不规范的现象大量存在。信息及新闻出版领域与人们的日常生活、工作密切相关，所有这些现象与大力推行和规范使用国家通用语言文字政策明显不符。

（3）国家机构。首先应抓公文，国家公文应成为书面语规范的表率，应减少甚至杜绝外语字母与汉语混杂使用。国家机关的各种标志、标牌应禁止使用外文（如 Toilet，No Smoking 等）。领导讲话应简洁明了，通俗易懂，避免官话套话。

（三）实施规范的关键

能否做好规范化工作，首先要加强语言教育，提高语言规范意识；其次，要加强媒体监测，提高媒体引导作用；再次，要加强辞典建设，提高辞典示范作用。

（1）加强语言教育，提高语言规范意识。各级领导干部、教育工作者、新闻出版工作者、语言工作者如果缺乏规范意识、缺乏自觉规范使用的意识，再多的语言文字规范也是枉然，甚至是浪费。

（2）加强媒体监测，提高媒体引导作用。电视、报纸、广播、手机等媒体的作用不可小觑。2010 年普通话普及情况调查，与 2000 年数据相比，通过广播电视学说普通话的人数比例明显上升，成为仅次于"学校学习"的第二途径。[9]2010 年 11 月 10 日《人民日报》头条使用网络词语"给力"，引发了"给力"的全面流行。近年来，媒体市场竞争压力大，求新求异成为多数媒体的必然选择，语言上求新求异也是其考虑因素之一。有像"给力"流行的；也有像《人民法院报》2011 年 5 月 22 日头条《到处都是活跃跃的创造》，引发"活跃跃"是否合适的争论；更有像某著名报刊都市生活版的头条标题《手持创意杯具，咂摸讲究滋味》，让人看不懂。因此，光靠媒体自觉不行，应对重要媒体的语言文字使用情况进行监测，定期发布媒体语言状况报告，促进规范使用，提高应用能力。

（3）加强辞典建设，提高辞典示范作用。一方面，要建立现代汉语“大”词典，尤其是网络词典，尽可能收集全面各类汉语词汇，加强汉语词汇变化研究。另一方面，应加强字词典质量建设。《新华字典》第 11 版被曝有多处错。[10]修订组接受两处纠错意见。[11]一处是“楯”字释文中的“阑干”二字，有网民认为应改为“栏杆”。修订组表示，“阑干”虽然并没错，但确实不如“栏杆”好。还有一处是把“加以适当的整理、加工”改作“加以适当地整理、加工”。有网民提出“的”不应改为“地”，修订组方面表示同意。《新华字典》质量是比较高的，其他字词典的问题更多，甚至错误百出。此外，纸质字词典将向网络、移动字词典发展，更应加强规范，提高准入门槛。

参考文献：

［1］D. Crystal. Language and the Internet［M］. Cambridge：Cambridge University Press，2001.

［2］汉语成全球第二大商务语言［EB/OL］. http：//finance. qq. com/a/20110901/005793. htm.

［3］王均主编．当代中国的文字改革［M］．北京：当代中国出版社，1995.

［4］张普．关于网络时代语言规划的思考．动态语言知识更新研究［M］．北京：商务印书馆，2009.

［5］许嘉璐．关于语言文字规范问题的若干思考［J］．语言文字应用．1998（4）.

［6］张贵峰．谁对教材错误视而不见［EB/OL］．http：//zqb. cyol. com/content/2009－09/11/content_2847786. htm.

［7］曹建召、陶本一．三套小学低年级语文教材用字研究［EB/OL］．http：//www. pep. com. cn/xiaoyu/jiaoshi/xueshu/kcyj/jcpj/201008/t20100824_ 719651. htm.

［8］高考作文禁用繁体字甲骨文［N］．北京日报．2012. 5. 17.

［9］谢俊英．普通话普及情况调查分析［J］．语言文字应用．2011（3）.

［10］魏克．《新华字典》出错怎可原谅？［EB/OL］．http：//roll. sohu. com/20110804/n315429865. shtml.

［11］新版《新华字典》被揭 18 错［N］．星岛日报．2011. 8. 7.

现代汉语虚词用法知识库介绍*

昝红英[1] 张坤丽[1] 朱学锋[2] 俞士汶[2]

(1. 郑州大学信息工程学院 2. 北京大学计算语言学教育部重点实验室)

一、引言

词是具有独立意义的最小语法单位。因此，在大多数的自然语言处理技术及应用系统中，对语言的理解或生成一般是以词作为信息处理的基本单位。实词（Content word）是具有实在意义的词，例如名词、动词、形容词等，它们承载句子中主要语义的描述，也称实义词；相对实词而言，虚词（Function word）的意义比较空灵且用法多变，例如介词、连词、助词等，它们主要承担句子中语法特征以及相关实词间语义关系的描述，也称功能词。与其他语言类似，在汉语中，词也有虚实之分。汉语词类的虚实划分历来就是一个颇受关注和争辩的问题。从《马氏文通》开始，一直到吕叔湘[1]、王力[2]、朱德熙[3]等语言学家，都对汉语词类的虚实划分以及虚词用法等问题有过深入的研究。本文在语言学家相关研究成果的基础上，面向自然语言处理技术及应用研究的实际需要，将汉语中的副词、介词、连词、助词、语气词、方位词等归为虚词，通过考察虚词在大规模语料中的用法特征，构建了包括现代汉语虚词用法词典、现代汉语虚词用法规则库以及现代汉语虚词用法标注语料库的“三位一体”的现代汉语虚词用法知识库（The Chinese Function Word Usage Knowledge Base, CFKB）。

虚词在各种自然语言中占有重要的地位，在现代汉语中虚词的作用尤其重要。就语法类型来讲，汉语属于分析型语言，缺少严格意义上的形态变化。汉语既没有俄、英、法等语言

* 基金项目：本文的研究工作受到国家自然科学基金项目（60970083）、北京大学计算语言学教育部重点实验室开放课题基金项目（KLCL－1004）、中国科学院自动化研究所模式识别国家重点实验室开放课题基金项目、河南省科技创新人才杰出青年基金项目（104100510026）及蒋经国国际学术交流基金“历代语言知识库建置”计划（2009）的资助。

的形态标记和屈折变化，也没有日、朝、蒙等语言的粘着形式。[4]与其他语言相比，汉语虚词则要担负更为繁重的语法任务，进而也具有更为重要的语义作用。因此，虚词是现代汉语重要的语法标记，虚词用法的正确辨析对汉语文本的自动理解和生成有着极其重要的指导意义。有时，在相同或类似的语境中，因为虚词使用的位置或搭配不同，语义就会有所变化。例如：

<1>妻子："嘿，过了一年 才 坏。"

<2> 丈夫："什么呀，才 一年就坏了。"

<1>句中副词"才"用在数量词后，表示时间久，<2> 句中副词"才"用在数量词前，表示时间短。

而在相同的语境中，用不同的虚词，也会使语义大相径庭，例如：

<3>他四年才 拿到博士学位。

<4>他四年就 拿到博士学位。

<3>中用副词"才"表示时间久，<4> 中用副词"就"表示时间短。

本文对现代汉语虚词用法的研究，主要参考俞士汶等《现代汉语语法信息词典》、吕叔湘《现代汉语八百词》、张斌《现代汉语虚词词典》以及《现代汉语词典》（第5版）等语言资源，并基于《人民日报》1998年1月及2000年1—6月语料中汉语虚词的实际用例，对现代汉语虚词用法进行了深入细致的考察和描述，构建了基于大规模语料库的现代汉语虚词用法知识库。[5][6][7]

二、相关研究

语言知识库是自然语言处理系统中的重要组成部分，汉语语言知识库更是中文信息处理以及机器翻译、跨语言检索、问题回答、文档摘要等汉语相关的自然语言处理中不可或缺的数据基础。

近30年来，我国学者构建了诸多的语言知识库资源。[8]这里只介绍与本文密切相关的《现代汉语语法信息词典》（The Grammatical Knowledge Base of Contemporary Chinese，GKB），它是获2011年度中国国家科学技术进步奖二等奖的"综合型语言知识库"[9]（Comprehensive Language Knowledge Base，CLKB）的第一块基石，在中文分词与词性标注、中文音字转换、面向新闻领域的汉英机器翻译等诸多自然语言处理系统中有着广泛的应用。随后，面向汉英机器翻译的汉语语义词典（The Semantic Knowledge - base of Contemporary Chinese，SKCC）[10]以及类WordNet[11][12]的中英文概念词典（Chinese Concept Dictionary，CCD）[13]等语言知识资源相继出现。

根据中文信息处理的实际需求，GBK处于不断地完善修正中，2011年5月版本的GKB中收录80253个词条（义项），为名词、动词、形容词等实词类提供了丰富的语法属性信息。然而它在汉语虚词信息收录方面则较为薄弱。[14]GKB目前收录的副词有1236个词条，介词有114个词条，连词有257个词条，助词有42个词条，语气词有58个词条，并且针对各类虚词词条仅做了相应义项的总体描述。例如，GBK对于副词"就"仅收录一条，其义项描述为"只，只有；立刻；一定"。相关例句有"～班长没来/我～来/没有共产党～没有新中国/还没进屋，～被坏人抓走了/～两人/我～不相信/一有空～学习/才来～走”。GKB没有对同一虚词在不同的上下文中具体的义项或语法特征进行区分，因此不利于虚词在语言理解中的用法判断，从而影响汉语文本自动分析的质量。

为了加强汉语文本内容的语法分析及深层语义的自动理解，同时为加强GKB在汉语虚词语法属性信息方面的薄弱环节，俞士汶在2003年提出了构建三位一体的现代汉语广义虚词知识库的研究。[15]随后，刘云构建了汉语虚词词典的基本框架，为副词、连词、介词和语气词等设计了相应的描述属性，对常用虚词进行了归类的总结；[16]彭爽研究了现代汉语介词的语法特点和语法功能，构建了初步的介词机器词典和介词规则库。[17]以上成果为现代汉语虚词用法知识库的研究提供了重要的工作基础。

三、三位一体的现代汉语虚词用法知识库

与实词相比，现代汉语虚词是一个相对封闭的集合，数量有限。但是，由于虚词在汉语文本中大都是非常高频的，而且每个虚词特别是常用虚词在不同的上下文中的用法灵活，语法和语义特征变化多样，因此，面对大规模中文信息处理的应用需求，必须对汉语虚词用法有一个全面的考察。

（一）现代汉语虚词用法词典及虚词用法语义的分布考察

在语言学家对虚词用法研究成果的基础上，参考各个虚词在大规模真实文本语料中的用法规律，经过五年多的详细研究，笔者对虚词用法进行了反复的调整和修正，目前现代汉语虚词用法词典中共收录虚词2401个，用法共计4337个，语义共计2982个。表1为现代汉语虚词用法词典中虚词用法分布情况；表2为现代汉语虚词用法词典中虚词语义分布情况。

表1 现代汉语虚词用法词典中虚词用法分布

词类＼用法＼词数	1	2	3	4	5	6	7	8	9	10	10以上	词语共计	用法共计
副词	1214	179	84	38	21	12	4	3	2	1	8	1566	2356
介词	66	30	23	7	4	5	7	0	1	1	2	141	331
连词	156	50	55	24	16	7	4	0	1	2	0	315	696
助词	30	4	3	1	0	1	2	0	0	0	1	45	144
语气词	30	7	7	4	2	0	1	4	0	0	2	58	169
方位词	164	34	11	24	19	6	6	4	6	1	1	276	641
总计												2401	4337

表 2 现代汉语虚词用法词典中虚词语义分布

语义 词数 词类	1	2	3	4	5	6—10	词语共计	语义共计
副词	1375	134	37	12	4	4	1566	1848
介词	97	31	6	4	1	2	141	213
连词	273	31	8	3	0	0	315	371
助词	32	5	5	2	0	11	45	71
语气词	30	11	6	4	3	4	58	131
方位词	224	39	8	4	0	1	276	348
总计							2401	2982

现代汉语虚词用法词典中对每个虚词相关的用法描述及用法分割进行了细致的整理，给出了虚词用法定义及划分原则。例如，现代汉语虚词用法词典的目前版本中对副词“就”收录了 7 个语义，涉及 21 个用法。[7]

（二）现代汉语虚词用法规则库及基于规则的虚词用法自动识别研究

在现代汉语虚词用法词典的基础上，为了便于机器理解，根据虚词用法特征的不同表现，抽取可操作的判断条件特征，包括句首（F）、左搭配（M）、左紧邻（L）、右紧邻（R）、右搭配（N）以及句末（E），构建了现代汉语虚词用法规则库。[5] 虚词的一个用法可以由一条或多条规则描述，因此规则的数目大于用法的数目，已建立的虚词用法规则库对 4337 个用法共计有 4696 条规则。目前现代汉语虚词用法规则库各个词类用法规则的具体数目为：

■ 副词：共有 2456 条规则，涉及 2356 个用法；

■ 介词：共有 385 条规则，涉及 331 个用法；

■ 连词：共有 747 条规则，涉及 696 个用法；

■ 助词：共有 165 条规则，涉及 144 个用法；

■ 语气词：共有 182 条规则，涉及 169 个用法；

■ 方位词：共有 761 条规则，涉及 641 个用法。

例如，副词“就”共有 7 个语义，涉及 21 个用法。其第三个语义的三个用法 3a、3b 和 3c 分别是：用法 3a 表示两个连续的动作，即左搭配（M）动词，右搭配（N）动词；用法 3b 表示左搭配动词，右搭配形容词；用法 3c 表示右搭配“一｜刚｜才｜当”等词。相应的用法规则描述如下：

@ <d_ jiu4_ 3a >→MN ^M→v * ［,］^N→v

@ <d_ jiu4_ 3b >→MN ^M→v ［#,］^N→a

@ <d_ jiu4_ 3c >→M ^M→（一｜刚｜才｜当）* ［,］

在现代汉语虚词用法规则库的基础上，笔者设计并实现了基于规则的现代汉语虚词用法自动识别算法。[18][19] 目前，利用虚词用法规则库，对《人民日报》1998 年 1 月及 2000 年 1

月至6月的分词与词性标注语料中，各类虚词用法自动识别的准确率分别为：副词84.36%，介词71.71%，连词83.68%，助词40.71%，语气词78.85%，方位词88.14%。

（三）现代汉语虚词用法标注语料库及基于统计的现代汉语虚词用法自动识别研究

在现代汉语虚词用法词典和用法规则库的基础上，笔者首先利用虚词规则库中的规则对《人民日报》1998年1月及2000年1—6月的分词与词性标注语料中的虚词进行了用法的自动标注，然后进行背靠背双盲的人工校对（双方人员分别来自语言学专业和计算机专业的），对语料中出现的虚词用法标注进行确认和修改，最后再对双方不一致的标记进行第三方讨论裁决。在目前的虚词用法标注语料库中，共有副词385 091频次，介词314 329频次，连词205 485频次，助词267 773频次，语气词12 309频次，方位词132 385频次。标注的结果是在相应的虚词后标上用法编码，如例句 <5> 所示。

<5> *在/p < p_ zai4_ 1a >* 去年/t 香港/ns 回归/v 祖国/n *之际/f < f_ zhi1ji4 >* ，/wd *就/d < d_ jiu4_ 4a >* 是/vl 他们/rr 顶住/v 来自/v 台湾/ns 当局/n *的/ud < u_ de5_ t2_ 1ba >* 压力/n ，/wd 亲手/d *< d_ qin1shou3 >* 缝制/v *了/ul < u_ le5_ 1c >* 一/m 面/qe 祖国/n *的/ud < u_ de5_ t2_ 1a >* 五星红旗/n *以/c < c_ yi3_ 1b >* 示/Vg 庆祝/vn 。/wj

以经过人工校对后的虚词用法标注语料库作为训练语料，笔者采用了最大熵（ME）、支持向量机（SVM）以及条件随机场（CRF）等统计模型，对部分高频虚词的常用用法进行了基于统计的自动识别算法研究，使部分常用虚词用法自动识别的准确率有了较大的提高。例如，副词“就”基于规则的自动识别，微平均准确率为54.98%，采用CRF统计模型后可达到85.49%。通过对标注结果的分析，进而发现统计和规则在一定程度上有互补性，因此目前正在进行的研究工作还包括规则与统计相结合的虚词用法自动识别算法。

四、基于大规模语料库的现代汉语虚词用法知识库的应用研究探讨

“三位一体”的现代汉语虚词用法知识库可以直接服务于现代汉语的自动处理和自动理解。例如，汉语中的介词对句法分析有着重要作用，笔者抽取了语料库中介词出现频次最高的“在”进行了初步的研究。

采用哈尔滨工业大学语言技术平台LTP[20]对“在南非的中国侨民同当地广大黑人一样长期遭受种族隔离的摧残”进行依存句法分析，分析结果如图1所示。

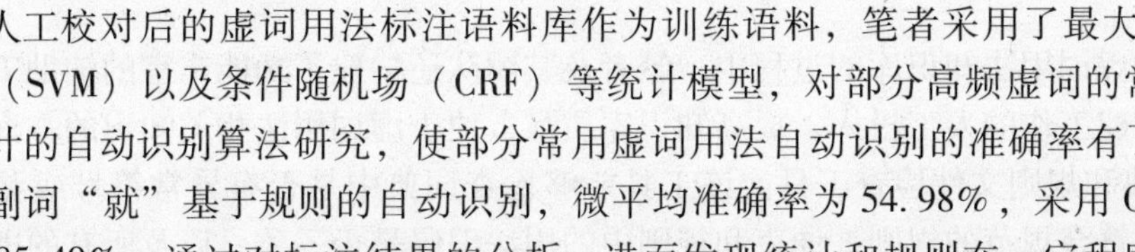

图1 依存句法分析结果1

句法分析的结果将“在南非的中国侨民”作为介词短语，而导致句子无主语。“侨民”

的词分类为 Ad01，表示居民—侨民，“在”在虚词用法词典中，有五种语义：表时间、处所、范围、条件以及行为主体。而 Ad01 是不能表上述五种语义类的，所以判断出错。利用虚词用法知识库，预先对介词“在”进行用法标注，确认为表示“处所”，再将“在南非的”和“中国侨民同当地广大黑人一样长期遭受种族隔离的摧残”重新进行句法分析，结果如图 2 所示。

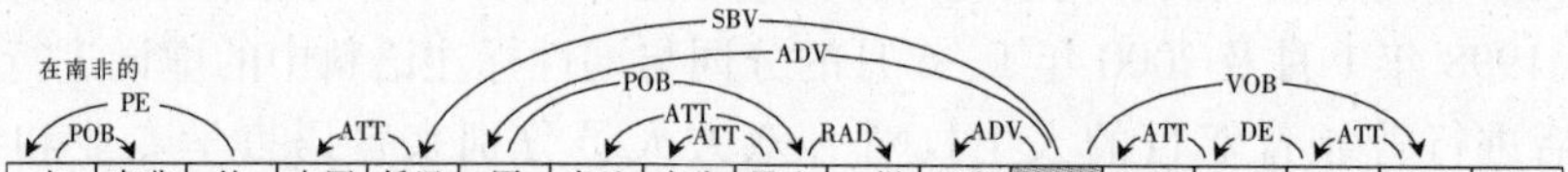

在	南非	的	中国	侨民	同	当地	广大	黑人	一样	长期	遭受	种族	隔离	的	摧残	。
p	ns	u	ns	n	p	nl	b	n	u	d	v	n	v	u	v	wp
Kb01	Di02	Kd01	Di02	Ad01	Kc01	Cb15	Ed38	Aa01	Jb01	Eb24	Je13	Di04	Ie02	Kd01	Je10	-1

图 2 依存句法分析结果 2

另外，汉语虚词用法还可以在机器翻译、跨语言检索、问题回答、文档摘要等汉语相关的自然语言处理中发挥作用，同时也可以在对外汉语教学中针对汉语虚词的语义理解、同义近义虚词的辨析等方面起到一定的辅助作用。

五、基于大规模语料库的现代汉语虚词用法知识库构建辅助工具包

在构建虚词用法知识库的过程中，笔者及其团队还构建了功能丰富的辅助工具包，以降低知识库构建工作的人工投入，提高知识库质量，便于虚词用法相关知识的查询。具体有：

■ 词典和规则文件检查工具。该工具能够检查词典中是否有异常符号或漏填项，规则中是否有不符合规范的规则，词表和规则中的用法编码是否一致，以及所有的虚词用法是否已有相应的规则描述；

■ 虚词用法标注语料人工校对辅助工具。经过规则自动标注后的语料中的标注，该辅助工具能够快速完成确认和修改功能，避免过多的人工误操作；

■ 校对语料与原始语料的一致性检查工具。功能是将人工校对后的语料与原始语料进行比对，保证在校对过程中不修改原始语料的内容；

■ 多人校对语料的合并工具。为了提高人工校对的工作效率，同时保证校对高质量的校对语料，校对工作需要并行进行。多人可同时对一份语料中的不同词进行校对，校对之后通过该合并工具合并到同一份语料中；

■ 人工校对语料标注一致性检查工具。在校对过程中，为了保证同一个虚词用法的前后校对标准的一致性，利用该工具进行简单语境的自动检查，把上下文相似或相同而用法标注结果不同的虚词标记出来，再行进一步确认。

■ 虚词用法知识库检索工具。该工具能够查询虚词用法词典的属性字段、虚词用法的规则描述，查询语料库中相关虚词用法的例句集合，并能检索虚词的兼类情况。

六、结论

现代汉语虚词在中文信息处理中起着重要作用。基于这样的认识，我们构建了包括现代

汉语虚词用法词典、现代汉语虚词用法规则库以及现代汉语虚词用法标注语料库“三位一体”的现代汉语虚词用法知识库，同时也对虚词用法的自动识别算法进行了研究，并实现了功能丰富的知识库辅助构建工具包。下一步将对现代汉语虚词用法知识库的应用进行进一步的探讨，为了实现在机器翻译系统中的应用，还要增加相应的翻译信息；同时将针对词典中词义、用法划分的颗粒度，规则库中规则的精准描述，以及语料库中的标注一致性等问题进行进一步的推敲，构建准确完备的现代汉语虚词用法知识库，为中文文本内容的深度处理和自动理解提供可靠的数据基础。

参考文献：

[1] 吕叔湘．中国文法要略［M］．北京：商务印书馆，1982（新1版）．

[2] 王力．中国现代语法［M］．北京：商务印书馆，1985.

[3] 朱德熙．语法讲义［M］．北京：商务印书馆，1982.

[4] 齐沪扬、张宜生、陈昌来．现代汉语虚词研究综述［M］．安徽：安徽教育出版社，2002.

[5] 昝红英、张坤丽、柴玉梅、俞士汶．现代汉语虚词知识库的研究［J］．中文信息学报，2007（5）：107—111.

[6] 昝红英、朱学锋．面向自然语言处理的汉语虚词研究与广义虚词知识库构建［J］．当代语言学，2009（2）：124—135.

[7] 昝红英、张军珲、朱学锋、俞士汶．副词“就”的用法及其自动识别研究［J］．中文信息学报，2010（5）：10—16.

[8] Wang, Lei, and Shiwen Yu. 2010. Semantic Computing and Language Knowledge Bases［C］. In Proceedings of CIPS - SIGHAN Joint Conference on the 1st Chinese Language Processing（CLP 2010）：34—45.

[9] 俞士汶、穗志方、朱学锋．综合型语言知识库及其前景［J］．中文信息学报，2011（6）：12—20.

[10] Wang, Hui, Weidong Zhan, and Shiwen Yu. 2003. The Specification of Semantic Knowledge - base of Contemporary Chinese［J］. Journal of Chinese Language and Computing, 13（2）：159—176.

[11] Fellbaum, C. 1999. WordNet：An Electronic Database［M］. The MIT Press.

[12] Miller, G. A. et al. 1993. Introduction to WordNet：An On - line Lexical Database. Specification of WordNet.

[13] Yu Jiangsheng and Yu Shiwen. 2002. The Structure of Chinese Concept Dictionary［J］. Journal of Chinese Information Processing. Vol.16（4）：12—20.

[14] Yu Shiwen, Xuefeng Zhu, and Yun Liu. 2003. Knowledge - base of Generalized Function Words of Modern Chinese［J］. Journal of Chinese Language and Computing, 13（1）：89—98.

[15] 俞士汶、朱学锋、刘云．现代汉语广义虚词知识库的建设［J］．汉语语言与计算学报，2003（1）：89—98.

[16] 刘云．汉语虚词知识库的建设［D］．北京大学博士后出站报告，2004.

[17] 彭爽．现代汉语介词知识库的建设及相关研究［D］．北京大学博士后出站报告，2006.

[18] 刘锐、昝红英、张坤丽．现代汉语副词用法的自动识别研究［J］．计算机科学，2008（8A）：172—174.

[19] 袁应成、昝红英、张坤丽、周溢辉．基于规则的虚词用法自动标注算法设计与系统实现［C］．第十一届汉语词汇语义学研讨会论文集（CLSW2010）：163—169.

[20] 刘挺、车万翔、李正华．语言技术平台［J］．中文信息学报，2011（6）：53—62.

数词的语用模糊范畴化及其成因

李军华　许苗苗

（湘潭大学文学与新闻学院）

数词的产生源于人类计数的需要，其基本功能也就是表示事物的数量关系。由于与社会的生产、生活、运作紧密相连，数词这种语言符号在运用过程中便产生了功能变异，即不是用于计数，而是成为人们借以表达思想观念、形象思维等的工具，从而拓展了数词的表达功能。对于数词不是用来准确计数的情形，一般称之为数词的虚化或虚化形式。这可能受古人说法的影响，如清代学者汪中在《述学》的《释三九·上篇》中云："生人之措辞，凡一二所不能尽者，则约之三以见其多；三之不能尽者，则约之九以见其极多。此言语之虚数也，实数可稽也，虚数不可执也。"将表示"多"或"极多"的"三"和"九"称为虚数。我们认为，"虚化"在现代语言学上专指一种实词虚化的情形，即不再具有词汇意义，而往往是形成具有语法意义的虚词。数词在模糊表达的过程中，虽然有的形成某种附加意义，但绝大部分具有抽象的实在意义，是一种语义泛化，改变了所指对象。因此，数词只要不是表示确数，就是一种模糊用法，我们一律称之为数词的语用模糊现象。数词的语用模糊造成数词的语义变化，很多已经固化在语言之中，如汉语的成语之中有大量的数词并不表示计数的情形。对此，我们仍然当做语用模糊现象来研究，因为这种现象是语用模糊的结果。

数词的语用模糊是伴随着数词运用就开始了的，这是语言的经济原则和人们的求新求异思维造成的结果：人们总是能够充分发挥语言符号的交际功能，最大限度地利用语言符号表达思想观念，传递最新信息，交流真情实感。汉语中，具有语用模糊性质的数词体现了中华民族的文化精神，表现了文人墨客的审美情趣和高尚情感，展现了人们对事物现象的认知成果，具有多元的语言价值，从而为语言宝库增添了一道独具亮色的景观，也体现了汉语最久远的历史渊源和最丰富的文化内涵。

我们对数词语用模糊的研究，应该由形入神，捕捉内涵，揭开语言符号与思想感情、表达内容之间最隐秘的面纱，体悟明了语言的深刻含意。限于篇幅，本文主要讨论数词语用模糊的范畴及其成因。

一、数词语用模糊的范畴

(一) 数词本身语义模糊构成的范畴

1. 变确数为泛指量“多、大”等范畴义

汉语中，数词在许多情况下并非确指，而是泛指，即表示模糊意义，尤以“三”、“九”为常见。如《鲁语》(下) 中《敬姜论劳逸》：“是故天子大采朝日，与三公九卿祖识地德”，这里“三公”并非实指“三个元老”，“九卿”也非九个卿大夫，而是泛指朝廷里的各大要员。

数词泛指的形成往往具有历时性，即在开始运用的时候是确指的，表示确数，但随着时代的变迁、社会的发展，不再具有确指意义，构成泛指用法了。例如“三百六十行，行行出状元”，这里的“三百六十行”在过去某朝代，可能是表示行业的确数，但在现代则是泛指社会生活中的各行各业，因此“三百六十”就具有模糊意义了。又如，“百姓”、“千里马”、“千岁万岁”等，这里的“百”、“千”、“万”都不再表示确切的数目，而是演变成了量大、量多的模糊意义。

汉语成语中也大量存在着数词模糊地表示“多、大”等意义的用法，如“百喙莫辩”意为“即使长有再多的嘴巴也不能说清楚”，“千锤百炼”中的“千”、“百”用来比喻“经历许多磨炼和考验”，“万人空巷”表示家家户户都从巷子里走出来聚集在一起，其中的“百”、“千”、“万”表示模糊量：泛指成百上千、成千上万，强调量大、量多。

2. 变确数为特指“多、大”等极限范畴义

汉语以“九”为大数，往往用于表示极限范畴义。刘师培在《古书疑义举例补》中云：“凡数指其极者，皆得称之为‘九’。”“九”在古代为最大的阳数，因而以“九”代天，“九”也就成为封建帝王的象征数字。中国古代，“九”表示极限构成了系列系统：“九重”之天，“九州”之地，“九韶”之乐，“九赋”之诗，乃至“九五”之尊的皇帝，下设“九卿”之官，衍生出“九品”之阶，等等。另外，天诞日为正月初九，天子祭天一年九次；甚至还把富丽堂皇的宫殿、祠堂、亭台，以“九”冠之，誉之为九华宫、九华堂、九华台，把绚丽华美的围帐、灯饰称为九华帐、九华灯，其中之“九”均表示华美之极；作为明清两朝祭天场所的天坛也处处体现着“九”的至极至尊等象征意义。现代社会中，表达极高之意时用“九霄云外”；表达宽广之意时用“九州方圆”；表达极冷之意时用“数九寒天”；人们甚至以“九天揽月”表现一种极端的豪情。

而在文学作品尤其是在诗歌中，也可以用数来极言之，如“三万里河东入海，五千仞岳上摩天”(陆游《秋夜将晓出篱门迎凉有感》)。只有万里的黄河，却用“三万里”来体现其长不可量，倾注了诗人对它怀有的一种特殊感情；华山本来不到海拔两千米，但在诗人眼中，却也是高不可攀的，因为它是民族气概的象征，就必然巍峨高耸，穿云摩天。“三万里”、“五千仞”并非实指，而是凸显其极长、极高。这些数词的巧妙运用，很自然地刻画出了其极致的形象，并突出了诗人、诗歌的情思与意蕴。

3. 变确数为表示量“少、小、零”等范畴义

汉语中用数词描述客观事物及其动作行为、性质状态等的一般情况，往往可以往小的方

面作夸饰性的渲染，表达出其数量之小、次数之少和程度之轻等语意。这种缩小性数词描写大多已经约定俗成，构成一定的格式，最常见的是用最小整数“一”的数目加上量词作为修饰语构成偏正短语达到夸饰的目的。如“一席之地”是说地方只有一块竹席那么大，形容地方或位置极小极低；“一钱不名”是指一分钱也没有，形容困顿至极；“一毛不拔”是说连一根汗毛都舍不得，形容吝啬至极。也有用“三”来表示“少量”语意的，如“三户亡秦”中的“三户”人家无论如何都不可能具备“亡秦”的力量，此处只不过是用来夸张地表达亡秦的基本实力，强调战胜暴力的必胜信心；而“三句话不离本行”中的“三”，亦指言辞少，然而尽管言辞极少，却仍然会表现出自己的本相。

4. 变确数为概数范畴义

在文学作品中，汉语的“百、千、万、亿”等数词往往不再表示客观事物的确定的、确切的“一百”、“一千”、“一万”、“一亿”等数量，而是表示“一百左右”、“大约一千”、“一万上下”、“大致一亿”等概数，是一种模糊表达。例如《论语·子路》：“善人为邦百年，亦可以胜残去杀矣。”班固《西都赋》：“国籍十世之基，家承百年之业。”《北史·韩显宗传》：“今令伎作之家习士人风礼，则百年难成；令士人儿童效伎作容态，则一朝可得。”其中的“百年”，皆表示概数，非实指“一百年”。

（二）数词泛化转义后指认事物对象等范畴

1. 数词转指事物范畴

汉语中，有些数词句法上作主语或宾语，成为谓语陈述的对象或动词关涉的对象，代指人、事或物，所指称的对象要根据具体语言环境来判断、理解、确定。这种用和某一事物相关的数词指称之，是数词的指称用法。

如“一了百了”，“一”是指代“主要或关键问题、事情等”，“百”则指“其他相关问题、事情”；“有一说一，有二说二”中的“一”和“二”，既指事实，更指真相；“说一千，道一万，都是我的错”中的“一千”、“一万”都是代指“许多许多话”；“一传十，十传百”中的“一”、“十”、“百”都是代指“人”或“人的嘴”。

此外，用数词与别的词组合，还可构成借代，同样起到指称人、事、物等作用，如《尚书大传》卷一：“见诸侯问百年，命大师陈诗以观民风俗，命市纳贾以观民好恶。”这里的百年即指百岁之人。又如“三只手”，指称小偷、扒手。而“一山一水”、“一草一木”则是指代一切东西。

2. 数词转指性质或状态范畴

汉语数词除了能够转指事物之外，还可以指称事物的性质或状态，如“不三不四”中的“三”、“四”表达的是“正派”或“规范”之意；数词加上一定或相应的量词同样有这种功能，如“入木三分”，“三分”表述的是深刻的程度，“五花八门”描述的是繁杂与纷呈的状态。

汉语四音节成语中，有不少是包含双项数词的，这些数词亦并非实指，而是一种转指。如“百里挑一”是形容出类拔萃；“三头六臂”则是形容具有超凡神力的特质。

3. 数词转指情感范畴

文学创作遵循的是典型化、集中化的原则，强调个别体现一般，特殊展示典型。在“一声何满子，双泪落君前”（张祜《宫词》）中，“一声何满子”将宫女的千愁万恨表露无遗；“万户千门成野草，只缘一曲后庭花”（刘禹锡《台城》）中，“一曲后庭花”绝妙地、集中地概括了陈后主亡国的主要原因。“一”其后量词“声”和“曲”结合构成的“一声”和“一曲”，表现的是量少，却突出地表现了诗人所感慨的深厚情感。

二、数词语用模糊的动因

巴特·科斯科在他的著作“*Fuzzy Thinking*”中强调，“模糊是人类思维的特征”，而“语言的模糊性反映的是人们思维的模糊性”。因此，数词的模糊性是思维特征的具体表现，但从某种意义上说，更是人类刻意运用的结果。苏珊·朗格（Susanne Langer，1895—1985）认为：“词仅仅是一个记号，在领会它的意义时，我们的兴趣就会超出这个词本身而指向它的概念。词本身仅仅是一个工具，它的意义存在于它自身之外的地方，一旦我们把握了它的内涵或识别出某种属于它的外延的东西，我们便不再需要这个词了。”［1：148］即人们关注的不是“记号”，而是“意义”、“概念”；而从上面对数词语用模糊范畴化的探讨中，我们可以看出，许许多多情况下，对数词的运用，的的确确显示出偏离了计量、排序意义的社会文化意义。

数词作为一种特殊的语言符号，起初是用于反映客观物质世界的规模、大小和数量的，但随着人类文明的演进，数词在运用过程中逐渐被赋予了人类社会所产生和传承的思想观念、风俗习惯、价值取向、审美情趣等文化内涵。因此，人们对于其意义乃至标示它的形体都会产生新的认识，从新的层面、视角运用它们来表达观念，寄寓想象，形成语体，最终也就成为语言系统中的有机构成成分。

（一）民族文化促成与承载

语言是文化的载体，同时也是文化的组成部分。汉语数词在运用过程中被赋予了汉文化的观念形态和认知取向。如“一”在古代文化中代表万物本原和宇宙初始。老子认为：“昔之得一者：天得一以清；地得一以宁；神得一以灵；谷得一以盈；万物得一以生；侯王得一以为天下正。”（《道德经》第三十九章）可见“一”为产生和支配万物之“道”。刘安对“道”的阐发是：“道者，一立而万物生矣，是故一之理，施四海；一之解，际天地。”（《淮南子·原道训》）由此可见，汉民族尊崇数词“一”，自古而然，而这种“一”，则构成万象之始，万物之祖，万事之源，是“统一”、“起始”和“完美”的象征。成语“九九归一”，则是这种文化意蕴最显著而完满的集中体现。

又如“三”能表示“终”、“极”之义，这是古代的哲学思想的一种反映。《老子》认为：“一生二，二生三，三生万物。”而《说文》的解释是：“一，惟初太始，道立于一，造分天地，化成万物”；“二，地之数也，从偶一”；“三，天地人之道也，从三数”。老子对宇宙形成的看法是：宇宙本是混沌未分化的元气，即“一”；“一生二”，是说元气分化，其轻、清、阳之气上升而化为天，重、浊、阴之气下沉而化为地；“二生三”，是说天地阴阳之间又有了人；“三生万物”，则是说宇宙间有了天地人之后，万物也都渐渐出现了。老子用简单浅显的三个数词作为哲学符号，精妙地演绎和阐释了深奥而抽象的哲学命题，展示了我们民族的宇宙形成观。而从数的概念义看，“三”就是一个终点，一个极数：也就是宇宙间的必备物质，惟天地人三者。因此，“三”也就能作“终”、“极”来理解了。

汉语中一至十的数字里，九是最大的阳数，又因为九是龙行的图腾化文字，所以“九”被演化出神圣之意，享有独特的尊贵位置。这也源于我国古人对天的认识。《说文解字》云：“九，阳之变也，象其屈曲究尽之形。”而在变易之数中，全部奇数为阳数，偶数为阴数。在卦符中，阳线或阳爻称为九，阴线或阴爻称为六。因此，九成为所有阳数的典型代表，是阳的全息数符号。九个九重叠，是极阳之数，代表极阳状况，表示极阳之象和极阳之理。在历史发展过程中，这就形成一种具有中华文化特色的集体潜意识和社会观念了。

（二）语体形成与表现

美国数学家扎德是当代模糊数学和模糊语言学的鼻祖，认为“形象思维必须是模糊性的……”在自然语言中，数词精确表达同样能反映出不确定性或模糊性。这种在精确性中蕴含的模糊性，一般情况下，表现为一种潜在的可能性。只要有合适的土壤，它就像一粒种子，是可以生根发芽、开花结果的，这典型地体现在艺术语言之中。如文学作品尤其是诗歌里经常运用数词及其结构描写客观事物，看似确定实则模糊，形成一种代称转指，促使表层的精确性让位于深层的模糊性，最终使得蕴含在精确性之中的模糊性凸现出来，激发人们的思想视野和思维空间扩大到无限去，激发人们无限的想象和联想，从而创造出“视通万里，思接千载”的艺术空间，使作品具有更大的感染力。由此可见，在艺术语体中，有了小说、诗歌、散文和戏剧等肥沃的土壤，数词模糊表达所具有的夸张性、想象力以及强烈的激情等等，就使这种潜在的可能性变成了外在的现实性，从而使得这粒种子开出了绚丽灿烂的奇葩。

（三）语言构成与积淀

人类的思维活动在精确的、清晰的活动之外，还存在着模糊概念、模糊判断和模糊推理，思维的这种性质也就决定了语言的模糊性质。数词可以表示精确数目和确定概念，但因为它包含着从负无穷到正无穷这样两个无限相对的两极，就决定了它具有极大的伸缩性。这种伸缩性的存在，使得数词具有了潜在的模糊性。一方面，数词可以表示小或数量少；另一方面，数词又可以形容大或数量多。这种在精确性下蕴含着的模糊性，是数词之所以能够成为模糊言语的根本原因。数词作为语言构成部分所具有的模糊性，反映到言语活动当中就产生了数词的模糊性表达，其转指形成的语用模糊往往构成大量的习语，形成语言积淀。

习语又称熟语，是语言中的特殊成分，从广义上讲，它包括成语、俗语、谚语、歇后语、典故、套话等，是一种在意义上和结构上都比较稳定的语言形式。习语荟萃了各种修辞手段，具有极强的表现力，是社会历史文化发展构成的语言之精华。汉语中由数词参与构成的大量习语与中国文化有着密切关系，灵动地体现了汉民族对客观世界的认知和审美取向，忠实地反映了汉民族的思想观念、风俗习惯，呈现出中华民族的文化特质，为社会交往、语言运用中的模糊表达提供了丰富的资源。

参考文献：

［1］苏珊·朗格．艺术问题［A］．姚亚平．当代中国修辞学［M］．广州：广东教育出版社，1996.

［2］林成滔．字里乾坤［M］．北京：档案出版社，1998.

［3］成语大词典编委会．成语大词典［Z］．北京：商务印书馆国际有限公司，2004.

［4］马思周．论数词虚化［J］．语文研究，1999，（3）．

［5］张嘉星．从修辞分野理论看汉语数词的分野［J］．福州师专学报，1999，(2)．

［6］刘玉昌．英汉数词夸张修辞的共性思维论略［J］．河北广播电视大学学报，2009，22（1）．

［7］史松明．关于数词的模糊性——兼谈“模糊言语”［J］．天津师范大学学报（社会科学版），1990，(1)．

［8］文旭．浅论英汉数词的模糊性［J］．外语学刊，1994，(2)．

［9］李华．数词虚化及其修辞性［J］．深圳信息职业技术学院学报，2000，(1)．

城市化进程中农民工语言能力现状及对策研究*

——以嘉兴市农民工为例

张先亮　赵思思

（浙江师范大学人文学院）

一、嘉兴市农民工语言能力现状

我国改革开放的深入带来了经济的飞速发展，随之而来的是城镇建筑业、服务业以及其他一些劳动密集型产业的繁荣，再加上农村人多地少的现实矛盾，在经济利益和生活压力的双重驱使下，大量农民开始向城镇迁移以谋求在经济大潮中的新发展。中央农村领导小组办公室主任陈锡文认为过去的十年是中国城镇化推进速度最快的时期之一。① 在这十年期间，大量农村人口涌入城镇，为城镇经济的发展做出了巨大的贡献，但同时也带来了一系列问题，城镇中出现了一个新兴的阶层——农民工，由此引发了各界的普遍关注。

《中国农民工调研报告》一书中为农民工下了定义："'农民工'是指户籍身份还是农民、有承包土地，但主要从事非农产业、以工资为主要收入来源的人员。狭义的农民工，一般指跨地区外出进城务工人员。广义的农民工，既包括跨地区外出进城务工人员，也包括在县域内二、三产业就业的农村劳动力。"② 本文将要讨论的是狭义的农民工。

农民工是联系城镇与乡村的纽带，身上既带着乡村传统农耕文化的烙印，又在城市中接触到了当地的文化并与来自不同地域的务工者有着或多或少的社会交往，多元文化的碰撞在农民工的语言上必然会呈现出一种别样的姿态。他们的语言能力呈现出什么特点是一个很值得研究的问题，而选择嘉兴是由于其庞大的外来人口数量。嘉兴市 2010 年第六次人口普查

* 本文农民工语言状况调查由李燕完成，特表谢意。

① http://news.xinhuanet.com/house/2011-04/11/c_121288027.htm，2011—04—11。

② 国务院研究室课题组：《中国农民工调研报告》[M]，中国言实出版社 2006 年版，第 1 页。

数据显示，全市共有户籍人口325.11万人，市外人口122.41万，户口待定人口2.64万，非户籍人口占全部常住人口的比例达到27.79%，高于全省21.7%的平均比例。① 如此庞大的外来人口，使嘉兴成为调查农民工语言能力的理想选择。本次调查共发放问卷200份，收回196份，经确认有效问卷为192份。

在进行语言能力测试时，一般包括语言的听说读写等能力。农民工的语言能力可以分为以下几种。

（一）普通话语言能力

农民工普通话能力的提高是城市生活的必然结果，这体现在两个方面：一是部分原先不会说普通话的农民工在进城打工后逐渐学会了普通话，一是部分原先接触过普通话的农民工成为普通话的熟练使用者。我们对农民工何时学会普通话进行了调查，有142人选择了"打工前"，另有42人表示是在"打工后"。打工前接触过普通话的人中有110人认为"自己的普通话比以前说得好多了"，占57.3%；有54人表示"自己会说的普通话比以前多了"，占28.1%；只有28人认为"自己的普通话能力没有什么变化"，占14.6%。

虽然整体的趋势是普通话能力的提高，但是各项能力是不均衡的。最主要的表现是"听"、"说"强于"读"、"写"，"听"又稍强于"说"。在调查中，有102人表示"能完全听懂"，占53.1%；"基本能听懂"的有78人，占40.6%；"能听懂一点"的有12人，占6.3%；"完全听不懂"的没有。在说的方面，"能熟练交谈且发音准确"的有40人，占20.8%；"能熟练交谈但个别音不准"的有112人，占58.3%；"基本能交谈但方音较重"的有26人，占13.5%；"只会说一些日常用语"的有8人，占4.2%；只有3人表示"不会说"，占3.2%。

农民工在进城之前通过广播、电视等媒介已经培养了一定的听说能力，进城后通过与城市居民的日常交往又进一步巩固，虽然部分人的普通话带有浓厚的家乡方言腔，但他们的听说能力仍能满足日常交际的需要。读写能力由于要经过系统的教育，而老一代的农民工文化程度普遍不高，在调查对象中，大部分为初中文化水平，大专及以上的只占了5.2%，因此他们的读写能力普遍偏低。这些农民工在外出务工时由于读写能力的限制，不能撰写简历、填写求职表格，有时甚至连招聘信息都难以读懂，极大地妨碍了他们的职业选择。而第二代、第三代农民工相对于他们的父辈来说已经有了很大的进步，但由于教育机会不均等、父母文化程度的限制等，他们的读写能力也不可避免地受到一些负面的影响。

（二）家乡话语言能力

农民工进城务工，语言环境的变化使他们的语言态度发生了转变，进而影响到他们的语言的使用和语言能力。

在我们的调查中，农民工对乡音亲切一项最为认同，而对于家乡话的地位认同则比较低。

---

① http：//esf. soufun. com/loan/newsdetail/5019753. htm，2011—05—12。

表1 嘉兴市农民工对老家话和普通话的语言态度（%）（可多选）

	好听	亲切	有社会影响	有用
老家话	46.9	76.0	5.2	9.4
普通话	43.8	18.8	34.4	54.2

农民工的语言态度还反映在他们对下一代人习得家乡话的态度上，在回答“如果将来您的子女不会说老家话了，您会有什么样的感觉?”这一问题时，只有39.6%的农民工选择了“很可惜”，“无所谓”和“能接受”的人共达56.2%，甚至有8人选择了“巴不得”。

语言态度影响到了语言使用，家乡话在日常交际中的重要作用逐渐被普通话所取代。具体的使用频率可参见下表。

表2 嘉兴市农民工语言变体的使用频率表（%）

	每天说	经常说	偶尔说	根本不用
家乡话（%）	26.0	37.5	34.4	2.1
普通话（%）	35.4	45.8	12.5	6.3

由于对家乡话的疏于使用，农民工的家乡话能力呈现出明显的退化趋势。有18人觉得“家乡话说得不正宗，变味了”，占18.8%；表示“有些意思用家乡话不会表达了”的有22人，占11.5%；“讲家乡话时会混入普通话成分”的有68人，占35.4%；而只有66人表示他们的“家乡话能力没有什么变化”，占34.4%。农民工的语言态度与语言现实之间产生了矛盾，虽然在感情上对方言趋于认同，但在使用和能力方面却呈下降趋势。

（三）其他语言能力

在一个城市中汇聚了来自各个地区和省份的农民工，他们之间的方言有的很相近，有的差异很大。如云、贵、川、渝等地方言同属于北方官话中的西南官话，内部差异较小，所以这几个地区的农民工语言很大程度上是可以互通的。而吴方言内部的差异巨大，不同地区的工友只能耳濡目染地学会一些不成系统的只言片语，很难达到熟练运用的程度。

对于所在城市本地方言的态度，以适应生活环境为目的，大多数农民工有学习的动机，但是最终结果往往并不尽如人意。我们的调查结果显示，会嘉兴话的农民工不多，能同时熟练运用家乡话、普通话、嘉兴话的农民工只占了9.4%，大部分人表示对于嘉兴方言“既听不懂，也不会说”，占总人数的78.2%。

我国的对外交流日益增多，对外贸易活动、外商来华投资都对部分在生产一线的农民工提出了相应的外语水平要求，这种情况一般出现在像北京、上海、广州这样的大城市，而一般的中小城镇目前对农民工还没有这方面的要求。像我们的调查地嘉兴，农民工主要集中在濮院镇、洪合镇等大型羊毛衫集散地。这类纺织厂对工人主要是技术上的要求，而没有外语水平的限制。在我们的调查中，大部分人表示不会英语或者只认识简单的英语单词。

二、农民工语言能力培养的对策

嘉兴农民工的语言能力存在着缺陷，在对农民工进行人力资源开发时要注重对他们语言能力的培养和开发。

（一）从政府角度看

1. 落实义务教育阶段推普工作，提高农村教师普通话水平

农民工学习普通话的起始时间与其普通话水平有着直接的关系，越早学习普通话的人其水平越好，反之亦然。语言学界著名的“关键期”假说同样可以作为理论依据来证明农村儿童早期普通话教育的重要性。我们对农民工小学时期老师的授课语言进行了调查，虽然用普通话授课为大趋势，占到46.9%，但也有人表示他们的老师“全部用家乡话”，或者“有时用普通话，有时用家乡话”。可见在一些偏远落后的地区，教师使用当地方言授课的情况仍然存在。因此教育系统应注重对农村教师的普通话培训工作，使他们树立起将普通话作为教学工作语言的意识，将义务教育阶段的推普工作落到实处。

2. 政府在推普工作中要适度、适量

我们发现农民工对方言保持的态度比较模糊，没有意识到方言也是一种重要的语言资源。因此政府在推普工作中要适度、适量，避免将农民工导入“推广普通话就是要消灭方言”的误区。同时要做好方言资源的保护工作，组织人力物力对方言进行调查和记录，及时保留方言的特有风貌。

3. 提高新生代农民工的英语水平

老一代农民工由于受教育水平的限制，大多没有接触过英语，而且年龄普遍偏大，对其进行再教育的基础比较薄弱，因此提高英语水平的重任就落到了新生代农民工身上。政府要为具备英语基础的新生代农民工提供英语培训的平台，定期组织相关的培训项目。同时要加大对农村教育英语师资的倾斜和投入，从根本上改善农村英语教育落后的局面。农村学校要提高英语教学质量，为农村孩子今后不论是继续教育还是自主学习提供一个扎实的外语基础。

4. 农村作为劳动力输出地，要组织好普通话相关技能的培训

农村作为大量劳动力的输出地，除了组织各类劳动技能培训外，还应当定期组织普通话的宣传推广活动，为农民提供一个学习的平台。如开展针对农民工读写能力的技能培训，教授一些对农民工来说比较实用的求职信、工作总结等应用文的写作技巧。也可以开展形式丰富多样的普通话朗读比赛等，增强农民工使用普通话的信心，减轻其进城工作后在语言环境方面产生的隔离感。

5. 城市作为劳动力的吸纳地，要切实保障农民工的权益，减轻他们的负担

农民工为城市的发展做出了巨大的贡献，但他们最基本的生存权利却常常得不到保障，工作时间长，工作条件差，为了生活，在城市的边缘挣扎，根本谈不上精神层次的追求。因此，政府应当减轻农民工的工作负担，减少他们的工作时间，提高收入，使他们有闲暇、有财力来追求精神文明的享受，丰富文化生活，提高语言运用的能力。

（二）从社会角度看

1. 企业应当为农民工提供再教育的机会

对于接收农民工的企业来说，要积极为他们创造语言进修和培训的机会。可以举办一些旨在提高语言能力的讲座，组织一些学习互助小组，设立企业内部的小型图书馆或阅览室。

这些活动一方面有利于企业文化氛围的营造，另一方面也可以使农民工更好地融入到企业这个大家庭中，提高生产劳动的积极性。

2. 社区应当充分发挥纽带作用，丰富农民工的业余生活

一些农民工比较集中的社区应当发挥好纽带的作用，平时可以邀请农民工参与社区的各项活动，使他们增强主人公意识，在社会交往中提高学习语言和提高自身素质的自觉性。也可以针对农民工组织一些文娱活动，丰富他们的业余生活，这不仅有利于他们语言能力的培养，还能有效地抑制一些社会不安定因素。

3. 社会应当以宽容的态度来接纳并且帮助农民工

我们不否认城市当中存在一些不安定因素有一部分是由于大量的外来流动人口造成的，但是不能因此而诋毁和排斥农民工。在嘉兴的市民论坛上就出现了一个帖子，建议政府提高门槛禁止安徽农民工高中以下学历和低素质者进入嘉兴地区。这种对农民工的歧视态度并不能从根源上解决问题。社会应当以宽容的态度来接纳他们，组织关爱农民工的志愿者活动。可以为他们提供一些普通话、外语的免费培训等。

（三）从农民工自身角度看

1. 树立普通话与方言和谐发展的意识

目前农民工的方言保持意识比较弱，虽然老一代农民工对方言仍带有强烈的感情，但出于现实的考虑，在自身对待方言和下一代人学习方言的态度上明显有扬弃的心理。方言资源也是农民工语言资源的一个重要组成部分，其小到对于维系同乡之间的感情，在城市中互帮互助，大到作为农村文化的载体都起到了不可替代的作用。要以普通话为农民工的外部语言，方言则作为他们的内部语言，既要发挥普通话在社会领域的主导作用，又要充分尊重方言的发展空间，构建和谐的语言生活。

2. 积极参加政府、社区、企业等组织的培训活动，提高自己的综合语言能力

农民工要意识到语言能力对自我发展的重要性，积极参加政府、社区、企业等组织的相关活动，提高自己理解语言、运用语言的能力，从而提高自身的素质，为今后的发展打好基础。在城市这个复杂的语言环境中，要具备开放的语言态度，积极接纳新的语言并且主动学习，也不一味摒弃自己的母方言，做好单语人向多语人的过渡。

3. 要重视子女的教育问题，关注下一代人的成长培养

农民工由于自身素质不高的缘故，往往在家庭教育中会忽视对下一代人的教育或者教育方法不当。从农民工对待子女习得方言的态度上来看，家庭教育还是存在问题的。农民工不能仅仅满足孩子的物质需求，还应当时刻关注孩子各方面的成长，积极与学校配合做好教育工作，提高农民工下一代的整体素质。

三、农民工语言能力资源开发的社会效益

20 世纪 70 年代，耶努德（Jernudd，B）和达斯古普塔（J. Das Gup－ta）（1971）首次提出了语言是一种资源的观点，认为使用一种语言的成本和获益可以用衡量一般资源或商品

的投入—收益方法进行测定。① 那么农民工语言能力的提高也必定会带来相应的社会效益。

（一）对农村而言

农民工无论是短期回乡探亲还是长期定居，带回农村的不仅仅是一种新的生活方式，其语言能力的变化和提高也一定会影响到农村的语言生活。他们的语言态度会直接影响到农村的语言生活，他们普通话能力的提高也有利于农村推普工作的开展和深入。而农民工离开乡土后对于自己母方言的亲切感有了更深切的体会，他们方言保持意识的树立有利于方言资源的开发和利用，会带动与方言相关文化产业的发展，如地方戏曲的开发、民风民俗的保护。外语意识的萌发也会引起村民对外语教育的重视，为农村孩子的外语学习打好基础，使他们在今后的升学或继续教育中具备一定的优势。

（二）对城市而言

农民工语言生活的和谐、语言能力的提高对于城市的安定团结有着不可磨灭的贡献。语言能力的提高带来了农民工整体素质的提高，因语言不文明或素质低下引起的打架斗殴事件会逐渐减少。当语言能力进一步提高时，随之而来的就是对文化知识的渴求。农民工在城市中不再满足于温饱问题，而是基于职业发展接受继续教育、继续学习。这一趋势能够改变农民工普遍从事体力劳动的现象，提高农民工的地位，消除社会不公平因素，有利于和谐城市、和谐社会的构建。他们素质的提升使其自身能更好地适应各类岗位的需求，从而为城市的发展和建设尽一份力。

（三）对农民工自身而言

农民工的发展趋势是逐渐蜕变为城市的新市民阶层。如何实现这一转变，一方面需要政府部门的推动，另一方面也离不开农民工群体自身方方面面的调整和适应。从语言角度来说，提高自身的语言能力有利于农民工更好地融入城市生活，克服自卑心理，加速向新市民的转化。语言能力的提高也有利于农民工的职业发展，他们可以以此为基础进一步提高自己的文化素质，拓宽就业领域，改善生活水平。从长远发展考虑，农民工语言能力的提高对其下一代的教育也能产生积极的影响。他们综合素质的提高催生了更先进的教育理念，使其重视对下一代人的教育培养和投资，改变农民工第二代的命运，使他们也能像城市孩子一样接受高等教育，在城市有自己的立足之地。

参考文献：

[1] 夏历．在京农民工语言状况研究［D］．中国传媒大学博士研究生论文，2007.

[2] 夏历，谢俊英．农民工的语言状况［J］．长江学术，2007（3）．

[3] 夏历．城市农民工的语言资源和语言问题［J］．云南师范大学学报（哲学社会科学版），2009（4）．

[4] 夏历，力量．城市农民工语言学习研究［J］．修辞学习，2007（5）．

[5] 童宗红．基于人力资源开发视角的农民工语言能力培养［J］．湖南城市学院学报，2011（4）．

[6] 王远新．论我国少数民族语言态度的几个问题［J］．满语研究，1999（1）．

[7] 刘玉屏．农民工语言再社会化实证研究——以浙江省义乌市为个案［J］．语言文字应用，2010

① 范俊生、肖自辉：《语言资源论纲》［J］，《语言学研究》，2008 年第 4 期，第 128 页。.

(2).

［8］范俊生，肖自辉. 语言资源论纲［J］. 语言学研究，2008（4）.

［9］欧小艳. 进城农民工语言态度探究［J］. 牡丹江大学学报，2008（8）.

［10］谢俊英. 城市化进程中的农民工语言问题［J］. 云南师范大学学报（哲学社会科学版），2011（3）.

［11］王玲. 农民工语言认同与语言使用的关系及机制分析［J］. 北华大学学报（社会科学版），2010（3）.

［12］赵平. 语言能力新论［J］. 镇江师专学报（社会科学版），1999（4）.

［13］戴曼纯. 外语能力的界定及其应用［J］. 外语教学与研究，2002（6）.

［14］国务院研究室课题组. 中国农民工调研报告［M］. 北京：中国言实出版社，2006.

行政话语特点探微

——从实例分析入手

江结宝

（安庆师范学院文学院）

行政管理工作指“机关、企业、团体等内部的管理工作”[1:1279]，行政话语指行政管理工作中所发生的话语。行政话语的发生，有特定的目的、情境和话语主体。目的：处理行政事务，完成或实现行政管理工作的任务或目标。情境：一般为会议情境，包括正式会议和非正式会议。话语主体：行政管理人员，话语主体之间通常有行政级别的差异。

这里的行政话语概念，同政治学或公共行政话语理论所论及的类似概念如“行政型语言”并不相同。曾有学者提出过“政治语言”概念，并认为政治语言包含四种类型，即说服型、法理型、行政型和交易型。其中行政型语言“是向特定公众或属员传达命令的一种语言，它要求受众遵守这些指令并马上执行”[2]，包括“行政性规则、制度和规章”等等，“行政性语言是由被任命的官僚们所创造和使用的”[2]。这种所谓“行政型语言”与本文的行政话语不是一回事。

研究行政话语，可以有多种方式，我们这里采取的是“话语例析”方式。一般说来，这种方式难免有就事论事的局限，但是，通过典型的选例、深入的分析和有效的总结，可以弥补其局限，而这种方式体现出来的生动性和可读性却是其他方式难以企及的。

下面话语实例，或由笔者亲自听得，或由朋友辗转告之，都出自生活实际。

例一：

“领导讲话”的点评逻辑

N省某厅一位主任W先生说，因工作的原因，他常常要主持一些会议。作为会议主持人，他需要对会上领导们的报告、讲话或发言做个简洁的点评。他特别强调，这种点评虽然简短，但要求却很高——既要坚持原则，又要讲究艺术。他举了一个例子：一次会议上，厅长、副厅长和一位处长分别讲了话。他在最后的点评中，对各位领导的讲话分别做出这样的评论：厅长的讲话十分重要，副厅长的讲话重要，处长的讲话同样重要。

分析：

1. 此点评最明显的特点是，根据讲话人的身份地位评判讲话的价值——地位越高，重要性越强。这样的评判，这样的逻辑，是行政话语的通则，无论什么会议，无论哪个级别，只要有领导讲话了，发言了，我们总能听到“某某同志（或称其职务）做了重要讲话”的评价。领导的讲话、发言，是否真的重要？重要性是否真的同地位成正比例关系？对于这样的问题，不能简单地一概而论。我们以为，很多情况下，领导的讲话发言的确重要或很重要，重要性也的确同讲话人的地位关系密切。但是，同样也存在着另一种情况，那就是有的“领导讲话”一点也不重要，甚至全是空话、套话、废话。然而，不论是怎样的“领导讲话”，评价的逻辑和结论却一成不变，“重要、很重要、十分重要”高频度使用，这里看不到辩证法，看不到具体问题具体对待。为什么会出现这样的话语行为？可能的答案有：其一，为了客观地显示讲话发言的价值；其二，为了体现等级，维护权威；其三，为了迎合某些讲话人的虚荣心或长官意志；其四，这是评点话语的既定模式，人们已经习惯，评点时遵循这一模式往往是不自觉的。

2. “十分重要”与“重要”的区分清楚、明白，以此显示等级，用法正常。“同样重要”的说法却体现出不平常的机智，尤其“同样”一词，无比精妙。就处长而言，他能与副厅长得到“同样”的评价，虽不说“受宠若惊”，也会感到欣喜和自豪；就副厅长而言，他也不会因为给了处长一个“同样”一词的评价而觉得自己的地位受到威胁，自尊受了伤害，因为，从语用感受而言，这里的“同样”，其实并不“同样”——如果真的同样，那么这个词就根本无需加上！现在加上了这个词，则是表明他与处长事实上不在同一层次上，他还是比处长高一层。

这里体现出语言理解和分析中的一种值得注意的现象：语言符号或者语言符号序列，它的意义或含义，在静态的语言系统中和动态的语用条件下存在着差异。就此例而言，从语言系统看，“同样”一词，表明没有差异，更没有等级的高低优劣；但从语用效果看，强调两者“同样”，则意味着它们存有差异，具有高低优劣的不同。上述分析中，处长感到自豪，是从语言系统角度看的；副厅长感到满意，则是从语用效果看的。

例二：

评价的程序化

某企业举行“企业文化”研讨会，企业高层领导全部到会，中层的主要负责人也都参会。会议分三个阶段进行：大会动员，分组讨论，大会汇报总结。

大会动员之后进行分组讨论。分组讨论时，企业高层诸领导被分别派到各个小组，如第一把手在第一小组，第二把手在第二小组，其他副职高层领导也分派在不同小组。在第三阶段汇报总结时，各小组召集人依次汇报本组讨论情况。各召集人的汇报发言，内容和层次安排不尽相同，但是有一种说法和层次安排三个小组却不约而同，如出一辙，格外引人注意，那就是各召集人都表示：

某某领导参加了我们小组的讨论，做了“引导性”（或“指导性”）发言，给了我们有益的引导和启发。

并且，这句话都摆在发言的开头。

分析：

1. 对于单位高层领导的小组会议发言，各组召集人不约而同地做出了相同的很高的评价，说他们的发言具有“引导性”或“指导性”作用，都能给人以“有益的引导和启发”。这类评价本质上是一种程序化现象，凡程序化话语，总是形式重于内容，甚至，形式就是内容。这种话语没有严格的真实性要求，所谓“指导性”、“引导和启发”云云，其实并不可靠。不过，“不可靠”在这里并无妨碍，因为像这类评价话语从来就没人要求它一定真实可靠。评价的程序化，是行政话语的一种表达习惯，行政说话人说出这类话语，往往张口就到，无需思索和推敲。行政话语中有许多表达习惯，这只是其中之一。

2. 词汇中有“复词偏义”现象，有趣的是，程序化话语的语用效果却有“复式偏消极”现象，就是说，程序化话语，说了，没有什么积极意义，但是如果不说却有消极作用。上述各召集人对于高层领导的小组发言的评价就是如此：说了，领导并不因此感激或者感到兴奋，其他听众也不一定信以为真，一定相信那些发言真的都有什么引导性或指导性。但是如果召集人不这样说，其消极作用却马上彰显出来——领导面子上过不去；说话人会受到不通时务、不懂世情的指责；极端情况下，这样的说话人还有可能遭到领导的冷遇、歧视甚至打击报复。“复式偏消极”现象是一种很有趣的言语现象，值得专门研究。

例三：

讲究的是“点到为止”

某高等专科学校召开后勤工作会议，讨论新生宿舍的分配方案。这方案由总务部门拟定，并已报送分管校长审阅。

分配方案中出现了这样的情况：

X系有11名新生被分散安排到本系和体育系老生的8个宿舍，其中有5名被插在体育系的4个宿舍。

对这样的安排，X系与会负责人有不同意见，他在会上声音洪亮，慷慨陈词，说了如下一番话：

新生零碎地分插到老生宿舍，尤其被安排到本院系以外的体育系老生宿舍，从实践到理论上看都是不够合适的。从实践上看，其一，新生刚来学校，难免有陌生感和恋家情绪，我们最近一段时间的思想教育工作内容之一，就是帮助新生消除或减少这种感受和情绪；新生与老生的融合相对较困难，这将影响他们对于新生活的适应，严重的还有可能加剧新生的孤独、紧张等消极情绪，可能给新生留下不必要的心理阴影，这一切对新生的学习和成长是不利的。其二，X系的学生同体育系学生相比，学习、生活、休息等的习惯和节奏都有差异，为人性格和处事风格也不尽相同，这种差异和不同，会加大新生融入寝室的难度，加剧新生心理上的负面影响。其三，新生家长对于这种安排可能提出异议，而我们也很难说服家长。从理论上看，我们的这种做法有违“以人为本”的教育理念。因此，我要求修改这一方案。

分析：

1. X系负责人的发言，紧扣事实，抓住了问题的要害，分析合理、深刻、透彻，说服力强大，令人无可置辩。

2. 结合语境，考虑到目的，这位负责人的发言却是失败的。因为：发言的目的，是想求得与会人员，特别是决策者的理解、支持，最终修改不够合理的方案。正确的表达，应该声音和缓，语调平稳，态度低调，冷静客观地反映问题和困难，并且，这种反映应该控制在“点到为止”的水平，不能渲染，不能穷追，不能理论化太强，更不能拔高分析。可是，这位负责人的发言却十分糟糕：声音洪亮，慷慨陈词，显得咄咄逼人；条分缕析，问题揭得太透太明，有伤方案拟订者和决策者的面子和尊严；理论挖掘过深，拔得过高，有盲目上纲上线的嫌疑。发言有如此种种弊端，不但不能解决问题，还会招致反感和厌恶。事实上，这个发言的确没有得到理解和支持，方案基本没变，X系的学生分插体育系老生宿舍的问题，还是会下通过其他途径解决的。

3. 行政话语不同于辩论会的辩论，也不同于做学问，并不能一味追求分析的透彻，辨析的分明，相反，它往往需要含混、模糊，讲究的是“点到为止”，忌讳体无完肤的苛刻和锋芒毕露的冲击力。

例四：

要求的“严、高、细”倾向

领导、上级给部属或下级布置任务、提出要求时，往往表现出我们称之为“严、高、细”的倾向，就是要求严，难度高，规定细。不妨看几例事实：

例一，某学校部分学生集体搬迁。在搬迁头天的一次会议上，有领导说：明晨6点半开始搬迁。今天晚上，相关班级的班主任要去学生宿舍，检查学生的包裹行李，每个学生都要查到，不容许检漏一个学生……

例二，某高校学生管理部门要求夜间值班辅导员和其他管理人员，自19:00—22:30，都必须待在规定的“联合值班室”，不得离去，进行所谓集体联合值班。即使处理班级事务，也要在此值班室进行。

例三，“五一”节放假前夕，为了维护安全稳定的大局，某高官在一个讲话中对高校维稳工作提出种种要求，有宏观的，有微观的，其中有一条是，“五一”学生回家，有条件的学校可以用车把学生送回家，送不回家，可以送到车站，学生回家后让家长给学校报个平安。（奥运年2008年4月底）

分析：

1. 以上三例都表现出“严、高、细”倾向。例一，一个班主任一般带几个班级，两三百学生，事实上，一个夜晚，班主任一个不漏地把所有学生及其包裹行李检查到，那是根本做不到的，况且，班主任第二天还要早起，清晨就得到岗。例二，全校几十位值班辅导员及其他管理人员，待在一个值班室中值班，有诸多弊端：大家窝在一起，不利于对于分散在宿舍、教室、图书馆等处的学生的管理；各位值班人员要利用值班时间开展学生管理和教育工作，如找学生个别谈话，与学生讨论问题，召开班会处理班级事务等等，大家都待在一个值班室，相互影响，什么事情也做不成；事实上，值班人员谁也没有像要求的那样，真的几个小时都待在“联合值班室”。例三，要求根本不切实际，一般的高校，“五一”将有七八千人回家，学校不仅无法用车送，就是送学生去车站也不现实，让谁送呢？干部？辅导员？教师？没有那么多人手，而且也毫无必要，大学生不是幼儿园小朋友。

2. “严、高、细”倾向的根本特点是不切实际，不合情，不合理，有时甚至还不合法。结果是或者不能兑现，或者助长虚假作风。

3. “严、高、细”倾向的产生，大概有如下几点原因：

（1）客观上讲，事情的“落实”与“要求”之间往往存在一定的距离，“落实”对于“要求”的事实上的折扣，演绎出“要求”偏高的习惯。这种习惯的存在，给“严、高、细”倾向的产生提供了可以理解的理由。

（2）我们办事说话，历来有“宁左勿右”的思想意识，做过头事，讲过头话，见怪不怪；重要的是，过头事做了，过头话讲了，不费成本，不花代价，无所顾忌。

（3）“严、高、细”倾向，对于说话人（或说话方）来说，那是有益无害的：首先，可以表明他们对待工作认真严格，思考问题细致周详；其次，如果发生不虞，他们可以将责任推到别人身上，因为，他们会说，工作我布置了，话我也讲到了，问题出在执行不力一方；再次，如果对某人或某单位不高兴、看不惯，他们可以挑出那人或那单位的毛病，并借机加以整治，因为谁都明白，过高的要求之下，挑毛病是很容易的。

行政话语有其特殊功能，也有个性特点。仅就上述有限实例，可概括如下特点：

其一，等级意识明显；

其二，形式或重于内容；

其三，目的至上；

其四，策略优先；

其五，要求过当倾向。

参考文献：

［1］现代汉语词典［M］．北京：商务印书馆，1978.

［2］马敏．政治语言：作为话语霸权基础的结构———功能分析［J］．中共浙江省委党校学报，2004（4）．

舆情视角下的“高考作文能否使用网络词语”问题

张 平

（教育部语言文字应用研究所）

一、起因

6月3日，上海媒体报道，2010年度上海语文高考阅卷中心组负责人、华东师大中文系教授周宏向考生发出提醒说，时下日常生活中铺天盖地的网络词汇将不允许出现在高考作文中，即使是“给力”、“神马”、“有木有”等耳熟能详的网络热词都会被当做错别字扣分，这项禁令还包括笑脸、哭脸等网络符号以及外语单词。

这条新闻立刻引起了上海考生和家长们的各种议论，在全国激起了热议。继上海之后，广东、湖南、河南等省的高考阅卷专家也通过媒体提醒考生，为保险起见，不建议考生在高考作文中使用网络热词。周宏在稍后几天接受采访时否认了媒体先前的说法，他认为报道存在误解。

网络语言是伴随着网络的发展而新兴的一种有别于传统平面媒介的语言形式，一般“指与网络有关和在互联网上流通的语言，是网民们为了适应网上交际需要而创造和使用的语言”①。网络语言包括拼音或者英文字母的缩写，含有某种特定意义的数字以及形象生动的网络动画和图片，起初主要是网虫们为了提高网上聊天的效率或某种特定的需要而采取的方式，久而久之就形成特定语言了。网络语言有广义和狭义之分。广义的网络语言可以分为三类：“1. 和网络有关的专业术语，如IT（信息技术）、URL（统一资源定位格式）、WAP（无线应用协议）等；2. 与网络有关的特别用语，如网吧、网民、黑客等；3. 网民在网络交际领域使用的词语”②，如青蛙、稀饭、88等。狭义的网络语言仅指第三类。本文中讨论

① 汤玫英：《网络语言新探》［M］，河南人民出版社，2010年版，第10页。
② 汤玫英：《网络语言新探》［M］，河南人民出版社，2010年版，第11页。

的网络语言是指狭义的网络语言。

大多数的网络语言在构词、表意等方面与规范的汉语有很大的不同，只适宜在网络交际范围内使用，一旦离开网络这个特定语境，便失去自身的特点和存在的意义。但近年来，网络语言已经越来越多地超出网络交际的范畴，以口语或书面语的形式进入各种非网络媒体中，甚至进入了学生的作文里。

网络语言是否能够登上高考的大雅之堂，已成为人们最为关注的热门话题之一，各方争论不一。支持、反对者均有，更多人所持的是一种慎用的观点。

二、各方观点

（一）高考作文理当禁用网络词语

一些人认为网络语言是对母语的恶搞和污染，高考作文理当禁用网络词语。即使是“给力”、“神马”、“伤不起”、“有木有”等耳熟能详的网络热词也应被当做错别字扣分。无论是从网络词语本身来讲，还是从维护高考的公平、规范祖国语言文字来说，网络词语进入高考作文都为时尚早。

从网络词语本身来说，可粗略分为两大类，一类是像“给力”这样的新造词，另一类是像“酱紫”这样的变异词。新造词在正规书面语中的使用频率、范围都没有传统书面词汇高，而且存在时间也不长，缺乏历史的积淀和时间的考验。变异词的稳定性差、时效性强，而且这类词本身有一定的负面影响，容易干扰学生使用规范用语。网络词语的随意性、不稳定性与高考的严肃性格格不入。

高考是决定考生能否接受更好的高等教育的主要渠道，甚至对考生的人生前途产生影响，维护高考的公平与公正就显得至关重要，而使用网络词语不能保证高考的公平与公正。一方面，就学生而言，不是所有的学生都知道时下流行的网络词语。如果一些学生因使用网络词语增加作文生动性，这对于那些不常接触网络、不熟悉网络语言的学生来说，就显得格外不公。另一方面，老师们对网络词语的熟悉度、认可度不同，标准也不同，一些网络词汇会被误认为是错别字就在情理之中。

高考禁用网络词语事关国家语言文字的规范。毛开云认为：“使用规范语言文字，是时代发展的趋势和要求，是提高国民素质、营造改革开放环境的前提条件，是提升国家形象的一项重要基础工程，也是国家语言文字发展的必然，是中华厚重文化发展的呈现，是时代赋予我们的又一重任。”① 因此高考不用网络语言是规范祖国语言文字之举。规范使用文字，不仅应该体现在高考作文中，还要体现在平时的教育教学和我们的日常生活中。

（二）高考作文不应禁用网络词语

也有一些人认为高考作文可以使用网络语言，网络语言是汉语言生机勃勃的表现。作为具有文化导向作用的高考作文，理应对网络热词给予包容，让学生和社会感受到一种开放、

---

① 毛开云：高考不用网络语言是规范祖国语言文字之举，光明网，2011－06－09，http：//guancha. gmw. cn/2011－06/06/content_ 2054562. htm。

紧扣时代脉搏的文化价值和文化取向。

像“给力”这样高普及度的网络语言，在高考作文中会被判为错别字，有些出人意料。对于阅卷者现在罗列出来的几个词，学生或可注意规避，但更多的未明确提醒的网络热词，如果学生用得很贴切，却还遭到扣分，岂不冤枉。

网友高欣婷认为，语言并无正统非正统之分，它只是一门工具，这个工具需要跟时代同步。既然网络语言已经蔓延到日常生活中，为普罗大众广泛使用，高考也应该接纳这种新式语言。像“给力”、“打酱油”这些用语已经不是偏门用语，大多数人都知道其意思，既然不是偏门用语，在高考作文上出现也并无意思不清之嫌，把其当做错别字，不妥。当初白话文也是在与文言文这个正统语言激烈斗争中生存发展，网络用语也应该在激荡中发展。

毋庸置疑，高考作文也应与时俱进，网络热词与权威性、严肃性并不矛盾，反倒是社会发展的具体体现。朱慧松在《高考作文岂可“与世隔绝”》一文中写道：“高考作文不可与世隔绝，而应海纳百川，有关方面若是能对作文中的网络热词宽容相待，不仅有利于考生自由发挥，还能起到积极的引导作用，让我们的孩子更好地了解生活、接触社会，这对他们的成长大有帮助。”①

中国知名文化学者陈少慈认为，网络流行语来自于民间，民间草根文化很多时候是最能体现与时俱进的。我们理应尊重这种草根文化，且给这种草根文化足够的成长空间。高考作文本来就是一个开放的写作平台，让考生在自己即将迈入大学的一刹那展现自己这些年的所学，是一件很神圣的事情。既然是所学，自然包括他们对社会草根文化的学习。任何文化最终都是需要回归于普通阶层的。让民众喜欢和接受的文化，才是真正的流行文化。学者需要做的是规范这种文化，而不是一味地扼杀这种文化。

（三）高考作文应慎用网络词语

在关于网络词语能否进入高考作文的讨论中，大多数人所持的是一种慎用的态度，他们认为高考作文可以使用网络词语，但一定要有选择地用，谨慎地用。

有人认为拒绝网络词语不能“一刀切”。语言文字的发展本身就是一个不断约定俗成的过程。网民也是社会当中的公民，网络语言也应该纳入现代汉语的范畴，我们不应该在现代汉语和网络语言之间划上一条人为的鸿沟。语言的规范必然落后于语言的发展，那些被大家经常使用、已经司空见惯的网络用语，可以出现在作文中，如“给力”。但对于那些只在网络上使用，传播范围有限，不符合语法习惯的网络词语还是应让它们停留在网络中。

光明网有文章提出，谁都不能阻止网络语言发展对汉语的影响，网络语言的使用仍将继续前行。但鼓励高考使用网络语言，很可能损害高考的公平。应提倡高考慎用网络词汇，这不仅是为学生利益着想，也是保证高考程序公平的必然要求。

北京师范大学文学院教授张柠认为，文字是与时俱进的，每个时代都有它特定的语言规范，像网络语言这种新兴词汇的出现是很正常的现象。他强调，学生在作文中可以运用某些网络语言，但是不能滥用。

北京大学中文系教授张颐武提出，在作文中出现的网络语言需要符合两个标准：一是词

① 朱慧松：高考作文岂可“与世隔绝”，红网，2011－06－05，http：//hlj. rednet. cn/c/2011/06/04/2275336. htm。

语已经约定俗成，意思被公众熟知；二是必须符合语法和修辞规范。

国务院特殊津贴专家、特级教师林泽龙向考生赠送“九字箴言”：使用网络语言一定要“看对象、看场合、讲分寸”。林泽龙对考生如何处理是否使用网络语言的问题提出以下三点建议：1. 慎用，能不用就尽量不用；2. 少用，高考不是网络语言的秀场；3. 巧用，要用得恰如其分、恰到好处。

三、反映的问题

（一）高考主管部门缺乏明晰态度

近年来网络语言迅猛发展，从虚拟网络走入现实生活，中学生们越来越热衷于使用网络词语。高考作文能否使用网络词语？高考主管部门对此态度尚不明晰，相关省市教育考试院或高考语文阅卷组负责人的表态也不一致。标准不一，很好地维护高考的公平、公正就成了一个问题。

继上海对高考作文使用网络语言表态后，北京、广东、湖南、河南等省市也纷纷表明立场。这些表态大致可分为两类：一是以北京为代表的不禁派。北京教育考试院相关负责人表示，高考不禁网络词语，只要不是网络低俗用语；如果其他流行语使用得当，会增加印象分。江苏语文阅卷组负责人说，江苏没有规定使用网络语言会被扣分。甘肃西北师大文史学院副院长、文史类语文阅卷组组长邵宁宁也表示，只要文体内容没有跑题等大的变化，一般不会扣分。二是以广东、湖南、河南为代表的慎用派。这一类的省市居多。它们都在高考前通过媒体提醒考生，在高考作文中慎用网络热词。2010 年广东高考语文阅卷组组长、华南师范大学中文系教授张玉金称，广东从没规定要把网络热词当成错别字扣分，但考生在高考作文中使用网络热词仍有可能被扣分，会被归入“用词不规范”。湖南省地质中学特级教师黄尚喜也特别提醒考生，“给力”、“神马”、“有木有”、“伤不起”等网络语言切忌随意用在高考作文卷中，如果贸然使用，可能直接影响“语言表达”得分的等级。

对于网络词语，用，不用，还是慎用？高考主管部门态度不一。如果用，怎么用？高考主管部门也未对此做出说明。这让学生无所适从，老师、学生、家长都期待相关部门能就此给予明确的答复。

（二）网络语言对教育领域的影响值得重视

“作业写到晚上 10 点，真是杯具！”一名小学老师日前在某论坛发帖称：最近看学生作文，看了半天才看懂，原来“杯具”是“悲剧”的谐音，是时下很流行的网络语。

百度搜索“中小学生　网络语言”，显示相关网页达 171 万个，中小学作文中大量涉及网络语言的现象已经十分普遍。海南省海南中学高三（二）班班长吴贻达说，他和同学都喜欢使用网络语言，比如“神马”、“浮云”、“给力”等，在作文中使用这些词语不仅不会影响语言表达，而且形象生动，可以增加新鲜感。新、奇、特的网络语言对思维活跃、趋新求异的中小学生产生了潜移默化的影响，而且影响已经显现。

海南省华侨中学学生吴湘雨是初三年级的优秀学生，她说，过多使用网络词汇让自己变得“词穷”，语言表达很单一。海南大学文学院古代文学教授仲冬梅在教学过程中发现，受网络语言的影响，2007 年以后入学的大学生汉语表达能力明显比前几届差很多，文字表达不规范、不完整，病句、错句、歧义的现象层出不穷，经常张冠李戴、错字连篇。

受到网络语言影响的不仅仅是学生，就连大学校长也为了与学生拉近距离，在毕业致辞中频频使用网络语言。校长们紧跟时代步伐的演讲赢得了无数次的掌声和大把的眼泪。高等学府的校长——学术权威用时髦的方式给学生上最后一课。一方面，反映了校长们的亲民作风；另一方面，也凸显了语言文字使用中存在的一些问题。一校之长本质上还是一名老师，德高望重的老师在毕业致辞上大量使用网络词语，这为语言规范树立了怎样的风向标？这种现象和趋势值得思考和高度重视。

四、对策与建议

（一）高考主管部门应明确慎用网络词语

当前，高考是选拔人才的一个最重要途径，首先要保证的就是公平。为了维护高考的公平与公正，建议高考主管部门明确高考慎用网络词语。慎用就是要看对象、看场合、看分寸，有区别、有选择地用。在作文中使用网络词语应该符合以下三个标准：（1）词语是约定俗成的，意思被公众熟知、被公众接受，例如给力；（2）词语必须符合语法和修辞规范；（3）符合作文意境，言之有物，而不是为了标新立异而堆砌使用网络词语。

（二）加强中小学生使用网络语言状况的调研

2010 年 7 月 15 日中国互联网络信息中心（CNNIC）发布第 26 次中国互联网络发展状况统计报告。报告显示，网民学历结构呈低端化变动趋势。“截至 2010 年 6 月，初中和小学以下学历网民分别占到整体网民的 27.5% 和 9.2%，增速超过整体网民。学生群体在整体网民中的占比远远高于其他群体，接近 1/3 的网民为学生。”① 随着学生网民的不断增长，网络语言对学生的影响也日渐显著。目前学生使用网络语言的状况与几年前相比，已经发生了非常大的变化，不可同日而语。中小学作文中涉及网络语言的现象已经十分普遍，产生的负面效应已开始显现。因此，建议组织力量对中小学生使用网络语言状况进行调查，摸清情况，从调查数据中发现问题，并在此基础上确定教育领域内网络语言使用与规范的基本原则和基本政策。

（三）加强语言教育，引导学生正确使用网络语言

网络语言进入教育领域是时代的必然，但是中小学生正处在语言学习阶段，语言的鉴别能力比较弱，语言规范意识和应用能力尚不稳固，不规范的网络语言将会影响他们接受规范的词语和语言表达，失去对汉语文化的深层次追求，失去对汉语美的感受力。教育无疑担负着传承规范汉语的重任，从这个角度来说，应在教育领域内加强汉语言教育，树立正确语言观，树立正确的风向标，引导学生正确对待网络语言，正确看待语言发展与语言规范的关系，培养学生正确的语言审美情趣，提高语言文字规范意识，引导学生取其精华，去其糟

---

① 中国互联网络信息中心：《第 26 次中国互联网络发展状况统计报告》［R］，2010－07－15，http：//wenku.baidu.com/view/6da6a7d1240c844769eaeec3.html。

粕，适时、适度、适量、自觉地筛选和使用网络语言。

参考文献：

[1] 洪信良．高考慎用网语，也是“责任”，南国都市报［N］，2011－06－07，http：//ngdsb. hinews. cn/html/2011－06/07/content_ 363349. htm。

[2] 王学进．高考作文理当禁用网络词语，羊城晚报［N］，2011－06－05，http：//www. ycwb. com/epaper/ycwb/html/2011－06/04/content_ 1129153. htm

[3] 董箫乐．网络词汇进入高考为时尚早，四川在线，2011－06－06，http：//comment. scol. com. cn/html/2011/06/011011_ 868099. shtml。

[4] 谭相彬．高考慎用网络词是负责任的态度，深圳商报［N］，2011－06－07，http：//szsb. sznews. com/html/2011－06/07/content_ 1604529. htm。

[5] 陈少慈．高考禁用网络语 陈少慈称草根文化需要尊重，中国广播网，2011－06－03，http：//www. cnr. cn/gundong/201106/t20110603_ 508064511. shtml。

[6] 杨文．高考作文不应拒绝网络词语，山西日报［N］，2011－06－10，http：//epaper. daynews. com. cn/shtml/sxrb/20110610/5584511. shtml。

[7] 吴敏、何亮．“给力”还靠谱 “鸭梨”请慎用，南方日报［N］，2011－05－10，http：//epaper. nfdaily. cn/html/2011－05/10/content_ 6957886. htm。

[8] 张琳．江苏未规定高考作文使用网络语言扣分，扬子晚报［N］，2011－06－04。http：//www. yzwb. net/epaper/html/2011－06/04/content_ 311353. htm？div＝－1。

[9] 魏娟．甘肃高考22日公布成绩 语文作文用“网语”不扣分，兰州晨报［N］，2011－06－14，http：//lzcb. gansudaily. com. cn/system/2011/06/08/012022054. shtml。

[10] 王智芳．高考作文别“神马”网络语都写 小心“伤不起”，三湘都市报［N］，2011－06－03，http：//news. changsha. cn/cs/2/201106/t20110603_ 1260532. htm。

[11] 吴战朝、王灿、田育臣．高考作文慎用网络热词 别用“雷语”否则“杯具”，大河报［N］，2011－06－04，http：//news. dahe. cn/2011/06－04/100733806. html。

[12] 刘昌海．高考作文不必概拒网络热词，广州日报［N］，2011－06－04，http：//gzdaily. dayoo. com/html/2011－06/04/content_ 1374771. htm。

[13] 陈红艳、林园．广东高考阅卷专家称作文有“三忌” 慎用网络用语，羊城晚报［N］，2011－06－06，http：//news. ycwb. com/2011－06/06/content_ 3454238_ 2. htm。

[14] 刘敬文．慎用网络词汇 维护的是高考公平，光明观察，2011－06－06，http：//guancha. gmw. cn/2011－06/06/content_ 2054466. htm。

基于“HSK 动态作文语料库”的“给”字句偏误研究

屈梅娟

（北京语言大学 汉语水平考试中心）

一、研究对象

关于“给”字句，前人已经做过一些研究，其中最有影响力的是朱德熙[①]（1979），本文以朱先生的四种句式为基础，主要对“给”字句中的 S3 句式的偏误情况进行研究，为了方便叙述，下文统一称为 S3 句式。

S3 句式中有一类比较特殊的句式（他给我喝了一杯酒），这类句子暂不纳入本文的研究范围。此外，表示被动意义和处置意义的 S3 句式也不在本文的研究范围之内。

二、偏误情况分析

利用“HSK 动态作文语料库”1.1 版按字检索，本文共搜索到 S3 句式 3103 例，其中偏误句 1265 例，偏误率达 40.11%。可以分为四种主要偏误：

（一）不该用而用

该偏误共 304 例，占总偏误的 24.03%。又可以分为三个次类：

1. 多余

这类偏误共 15 例，又可分为两个次类：

① 他提出了与“给”相关的四种句式：S1：NPs +V 给 + NP1 + NP2；S2：NPs + V + NP2 + 给 + NP1；S3：NPs + 给 + NP1 +V + NP2；S4：NPs 给 + （NP1） + NP2。

① 父母的兴趣爱好和思想观念在孩子心目中给留下了特别深刻的印象。

② 现代社会有很多歌曲，其中流行歌曲给人们非常受欢迎。

例①中“在孩子心目中”是“留下”的状语，“给”字多余。例②说的是流行歌曲非常受欢迎，无需使用“给人们”。

2. 误用

这种偏误共 260 例，又可以分为两个次类：

(1) 该用其他词用成“给”

这类偏误共 110 例，又可以分为五个小类：

1）该用“对”用成“给”

这类偏误共 57 例，占总偏误的 4.50%。

③ 我觉得流行歌曲给人们有很多好处。

④ 生活中听到的声音肯定会给人的精神情况有影响。

“对”引出涉及对象时，谓语动词多是表示存在、消失等意义的动词。上面的两个例句中谓语动词“有”表示一种存在，应用“对”。

2）该用“跟”而用成“给”

这类偏误共 23 例，占总偏误的 1.81%。

⑤ 好了，就此搁笔，我会给你们联系。

⑥ 为了改变这样的坏毛病我们应该先主动地给别人交谈，主动地跟同学们打招呼。

“跟”主要意义是引进协同动作的另一方、某种关系的另一方、比较的一方等。上面的例句中“联系”、“交谈”都是两方合作的动作，要用“跟”。

3）该用“为”用成“给”

这类偏误共 12 例，占总偏误的 0.94%。

⑦ 清洁工的工作虽然又简单又辛苦，是不少人看不惯的，但是给社会做出了很大的贡献。

⑧ 我从没想过，我们要为人民服务，要给社会做出贡献。

“为”可以引进动作行为的奉献对象，谓语动词常为奉献类动词。上面的例⑦、⑧中的“贡献”是奉献类的动词，应该使用“为”。

4）该用“向”用成“给”

这类偏误共十例，占总偏误的 0.79%。

⑨ 我会用流行歌曲，给别人表达我的心，所以我很喜欢流行歌曲。

⑩ 为了解决这种问题，最主要方法就是先进的国家要主动地给贫穷国家伸出援助之手。

例⑨“表达”的方向是“别人”，应该用“向”引出“表达”的方向。例⑩中“伸出”的方向是“贫穷的国家”。

5）该用其他词用成“给”

这种偏误共八例，占总偏误的 0.63%。

⑪ 那么，我们给什么方法来解决这个难题呢？

⑫ 如果发生问题也不要紧，最后时间他们会给我解决问题。

例⑪中是表示“使用”的意义，应该改为“用”。例⑫“他们”只是帮助施事实施动作，应该把“给”改为“帮”。

（2）该用其他句式用成 S3 句式

这种偏误共 150 例，又分为三个小类：

1）该用双宾语句用成 S3 句式

这种偏误共 56 例，占总偏误的 4.42%。

⑬ 但是我想给大家提示一件事。

⑭ 在韩国虽然不让给青少年卖烟，但是还是有卖的，真是不可思议。

例⑬的句式意义表示“有意的转移”（朱德熙 1980），应该使用双宾语句。例⑭“卖”本身不带有“给予”意义，用在双宾语句中需要加“给”来强化转移的终点。因此应使用“V 给”句式。

2）该用兼语句用成 S3 句式

这类偏误共 71 例，占总偏误的 5.61%。

⑮ 只要选择适合自己，不影响自己的平常生活的歌曲，至少就给自己产生了兴趣。

⑯ 这么简单的事给我大吃一惊，因为我从来没见过这样的场面。

“让”可以表示使动意义，用于兼语句，“给”没有这种用法。上面的例句都应使用兼语句。

3）该用主动宾句用成 S3 句式

这类偏误共 23 例，占总偏误的 1.81%。

⑰ 不过这样的故事给我们提醒怎么做好。

⑱ 由于化学污染的病会给胎儿传染，而且那个孩子不到十年就死了。

句中的动词“服从”、“传染”都是及物动词，可以直接带宾语，使用主动宾句而非“给”字句。

（3）复合偏误

这种偏误是指出现了两种或两种以上的偏误，共 32 例，占总偏误的 2.52%。

⑲ 我同意“安乐死”，因为给病人能够帮助减轻痛苦。

⑳ 我给女朋友什么都没说。

例⑲不仅“给”字多余，宾语“病人”的位置也不正确。例⑳“给”应该用“对”，同时，句子的语序也要调整。

（二）该用而未用

该偏误共 689 例，占总偏误的 54.46%。主要分为两种主要的类型：

1. 残缺

这类偏误共 43 例，占总偏误的 3.39%。

㉑ 我父亲经常对我们说，“千万别（）人家添麻烦”。

㉒ 第二，要（）提供良好的教育，否则这是无能的政府。

㉓ 每天给（）做饭，每天喂我药。

例㉑需要用介词“给”引进“添麻烦”的受损者，应该在“人家”前面加上“给”。例㉒“提供良好的教育”这项服务缺少具体的服务对象。例㉓中需要在“给”后面添加宾语“我”，表示“做饭”的服务者。

2. 误用

这类偏误共559例，有三个下位偏误类型：

（1）该用“给”用成别的词

这种偏误共198例，占总偏误的15.65%。

1）该用“给”用成“对”

这种偏误共156例，占总偏误的12.33%。

㉔ 抽烟对人们身体带来不少痛苦，而且可能带来死亡。

㉕ 吸烟对个人的身体健康和社会带来了巨大的损害。

“给”后面的谓语动词可以是结果性的动词或者述补短语。上面的例句中的“带来”是一个述补结构，“对”不可以和这种动词共现，要用“给”。

2）该用“给”用成“向”

这种偏误共九例，占总偏误的0.71%。

㉖ 也许音乐向人们带来一种快乐。

㉗ 在中国的一段时间里我向母亲写了相当多的信。

例㉖中“人们”是“带来快乐”这个结果性动作的接受者，要用“给”。例㉗中“母亲”是“写的信”的接受者，“信”从“我”这里传递到“母亲”，要用“给”。

3）该用“给”用成“跟”

这种偏误共六例，占总偏误的0.47%。

㉘ 小时候，他总是抱着我坐在大树下，跟我讲故事。

㉙ 忽然有另一位读者丢下一张借书证，喊道：“跟我换一张新的。”

例㉘、㉙中“我”都是服务的对象，应该用“给”，而不是“跟”。

4）该用“给”用成别的介词

这种偏误共13例，占总偏误的1.02%。

㉚ 他自己本身非常痛苦，也到家人带来了各种的不便。

㉛ 自然之声在人们带来一些什么样的好处。

上面的例句中，“家人”、“人们”分别是结果性动作行为“带来不便”、“带来好处”的接受者，都应该改为“给”。

5）该用介词“给”用成其他动词

这种偏误共14例，占总偏误的1.10%。

㉜ 现在我的汉语水平有所提高，可以帮他当翻译。

㉝ 这调查可以看出，流行歌是人们带来了很大的影响。

根据例㉜的语境，是“我”当翻译，用“帮”的话是说“他”当翻译，要用“给”。例㉝中出现了结果性动词“带来”，表示的是结果性的动作行为产生了一定的结果，应该使用介词“给”。

（2）该用S3句式用成别的句式

这类偏误共361例，占总偏误的28.53%。

1）该用S3句式用成双宾语句

这种偏误共345例，占总偏误的27.27%。其中S3句用成S4的情况有277例，占总偏误的 21.89%。

㉞ 吸烟不但伤害自己的身体，而且给别人影响，所以我们一定要戒烟。

㉟ 中华人民共和国的迅速发展给世界上各个国家一个榜样。

㊱ 这些病症往往带给病人极大的痛楚。

㊲ 我毕业前找工作，挣钱买给你好的礼物。

上面的前两个例句都缺少必要的谓语动词，需要补出“带来”、“树立”等结果性述补结构才能表达完整的句义。例㊱、㊲中的“带”、“买”都是取得义的词，应使用 S3 句式。

2）该用 S3 句式用成兼语句

这类偏误共 15 例，占总偏误的 1.18%。

㊳ 父亲很能吃苦很能忍耐的性格使我留下深刻的影响。

㊴ 有的病不容易治好，而且使人们带来很大的痛苦。

例㊳、㊴中“我”、“人们”都是结果性动作的承受者，要介词“给”而不是“使”。

3）应用 S3 句式用成主动宾句

这种偏误只有一例：

㊵ 但是无论如何，奶奶、爸爸、妈妈一直打气我。

“打气”是及物动词，“我”是“打气”这个动作的接受者，应使用 S3 句式：“给我打气”。

（3）复合偏误

这种偏误共 87 例，占总偏误的 6.87%。

㊶ 比如说，不要伤害别人、不要添麻烦别人等等。

㊷ 应该对他们不留任何一点“空间”！

例㊶缺少“给”并且语序有误，应该改为“给别人添麻烦”。例㊷中“对”应改为“给”；同时，否定副词“不”应该放在介词短语的前面。

（三）内部偏误

内部偏误共 256 例，占总偏误的 20.23%。又可分为八个次类：

1. 述语偏误

这类偏误共 54 例，占总偏误的 4.26%。

㊸ 学中文既有困难又能给学生生产乐趣。

㊹ 价格比一般的食品贵的“绿色食品”可能给很多老百姓添加金钱上的负担。

上面例句中的主要谓语动词和宾语不搭配。“学中文”只能“带来”乐趣，而不是“生产乐趣”，而“负担”只能说是“增加负担”。

2. 状语偏误

这类偏误共八例，占总偏误的 0.63%。

㊺ 但是这种想法不仅仅不（）给别人带来一些好处，而且对自己也没有好处。

㊻ 而且在公共场所吸烟的话，会给没有吸烟的人带来不好的影响。

例㊺中“给”的前面缺少必要的情态动词“能”。例㊻中状语“没有”使用不当，应该用否定副词“不”。

3. 补语偏误

这类偏误共八例，占总偏误的 0.63%。

㊼ 他对我们的要求很高，每天给我们留下很多作业。

㊽ 他摸一摸我的头，给我关（）灯就走了。

例㊼强调的是“他”每天的动作行为，不是动作的结果，因此不需要使用结果补语“下”。相反，在例㊽中“关灯”只是描述了一个动作，而“关上灯”强调的是关灯之后的结果“黑暗”，这里更强调结果，应该添上补语“上”。

4. 宾语偏误

这类偏误共 16 例，占总偏误的 1.26%。

㊾ 最近，工业发展给我们带来了很多方面（）。

㊿ 上大学时，我父亲隔一个星期给我写信。

例㊾“带来”一般不能和“方面”搭配，因此“方面”后面应补出中心语“好处”。例㊿“隔一个星期”表达的是“父亲”给“我”写信的频率，因此“信”前面应该加上必要的数量词修饰。

5. 助词偏误

这类偏误共 76 例，占总偏误的 6.01%。

51 其实她已经给了家人增加了痛苦。

52 不过到现在我几乎没给你们写（）信。

53 亲爱的父亲母亲：不知多少年前给你们写了信。

例51“给”后面的“了”是多余的。例52中强调的是以前曾经发生的事情，应该在动词“写”的后面加“过”。例53混淆了“了”和“过”的用法。

6. 语序偏误

这类偏误共 80 例，占总偏误的 6.32%。

54 如果我们今后也这样下去的话，给下一代人绝对会带来不好的结果。

55 吸烟的人应该考虑自己吸烟的行为会造成给别人不好的影响。

56 我给你们几次写过信，但是这事情是很久以前的。

例54中表示程度的“绝对”和表示情态的“会”都应该在“给 + NP”的前面。例55是把谓语动词和介词短语的顺序颠倒了。例56中是把定语放在状语的位置上了，数量短语应该做定语。

7. 其他句式偏误

这类偏误共六例，占总偏误的 0.47%。

57 这样，流行歌曲给我们带来的影响是非常大。

58 这是我第二次给你们写信的。

例57是一个“是……的”句的偏误。例58是“是”字句的偏误，应删除“的”。

8. 其他偏误

这类偏误共十例，占总偏误的 0.79%。

59 我天天睡觉前给我讲跟三国志有关的故事。

60 如果父母不喜欢自己的工作或者做不正经的工作，会给孩子的正常生成造成不好的影响。

例59主语和动作服务的对象都是“我”，这样不合逻辑，我们可以把主语改成“他”。例60想表达的是父母会影响孩子的成长，正确表达应是“给孩子的正常成长造成不好的影响”。

（四）其他偏误

这大类偏误主要是语义不明，无法进行判断，共16例。

61 爸爸，我看到您的白发，心里很着急，怕妈妈那样没有机会给您做个女儿。

62 子女心里带来的思想让破给子女好影响。

为了对S3句式的偏误情况有更直观的了解，我们对其作了简单的统计。

表1 四大类偏误及其数据统计

偏误类型	偏误句数	所占比例
不该用而用	304	24.03%
该用而未用	689	54.46%
内部偏误	256	20.23%
其他偏误	16	1.26%

通过表格我们可以看出，四种偏误类型中，“该用而未用”偏误占的比例是最高的。“不该用而用”和“内部偏误”差别不是很大，四种偏误所占比例从大到小依次是：该用而未用 > 不该用而用 > 内部偏误 > 其他偏误。

其中，该用而未用中“应该用S3句式误用成双宾语句”的偏误率最高，占了总偏误的27.27%，这应该引起我们的足够重视。

三、对对外汉语教学的启示

（一）重视相近句式的辨析

面对复杂的“给”字句，一般倾向于使用学习比较早、比较容易理解的双宾语句式，从而产生偏误。在教学过程中教师要帮助学生清楚地掌握“给”字相关句式的具体用法，使学生清晰地把握各个句式之间的联系和区别，包括四种句式的相关性、各自的语义特征和进入四种句式的谓语动词的分布等，从而尽可能地减少偏误的产生。

（二）重视相近词语的辨析

汉语中相近的介词比较多，开展近义介词的对比教学是很有必要的。通过相近介词的对比分析，学生可以对每一个介词的特点有一个清晰的认识，换句话说，可以帮助学生在脑海中建立一个大的结构图，在这个结构图中，每一个介词都有自己的语义特点，同时，其中的某些介词之间又产生了某些联系。这样会使留学生介词的学习达到事半功倍的效果。

（三）循序渐进，重视语用教学

“给”字句作为一个句式序列，它的习得不是一蹴而就的，是一个循序渐进的过程。“给”字句的S3句式也是如此。应该分散重点，逐步教学。如果太过于心急，一股脑把所有的知识都告诉学生，学生就会产生困惑，甚至对这个知识点产生畏惧心理，从而影响到习得的情况。

对外汉语教学的目的是培养学生运用汉语进行交际的能力，故在教学中不能只注重知识的讲解，更要重视如何帮助学生把知识转化为交际能力。只有明白了该句式在什么环境中使用，具体的条件是怎么样的，学生才能够正确得体地运用这个句式。

参考文献：

[1] 范晓．介词短语“给 N”的语法意义［J］．汉语学习，1987，(4)．

[2] 韩荣洙．对韩汉语教学中的介词教学［J］．汉语学习，1998，(6)．

[3] 吕叔湘．《现代汉语八百词》(增订本)［M］．北京：商务印书馆，1999．

[4] 鲁健骥．外国人学汉语的语法偏误分析［J］．语言教学与研究，1994，(1)．

[5] 施关淦．“给”的词性以及相关的语法现象［J］．语文研究，1981，(2)．

[6] 沈家煊．在字句和给字句［J］．中国语文，1994，(2)．

[7] 王凤敏．包含“给”的四种相关句式比较研究［J］．河南师范大学学报，2005，(3)．

[8] 朱德熙．与动词“给”相关的句法问题［J］．方言，2010，(2)．

[9] 周文华．韩国学生“给”字句习得研究［A］．第九届国际汉语教学研讨会论文选［C］．北京：北京出版社，2008．

法律中的模糊语言研究*

黎千驹**

法律语言的主要特点是精确性和周密性，但是法律也不完全排斥模糊语言。法律中使用模糊语言，可以使得某些法律条款具有一定的灵活性、简洁性和适应性。将《宪法》和《刑法》在不同时期所作的修改情况进行对比分析，我们可以发现这样一种有趣的现象：原来运用模糊语言的地方，有时使用明晰语言来进行修改，从而使表意更加明晰；原来运用明晰语言的地方，有时使用模糊语言来进行修改，从而使表达更具灵活性。毋庸讳言，法律中的模糊语言有时可能给人们在理解上带来一定程度的困难，在执行中造成一定的难度，于是就有了司法解释，从而使模糊语言变得明晰而易于操作；然而值得注意的是，法律中的模糊语言并非都适合通过司法解释来走向明晰，有时保留其模糊性反而更为恰当。

一、法律语言的精确性和周密性

法律语言的主要特点是精确性和周密性。以《刑法》为例，要明确界定法律条款中所涉及的相关概念，要明确区分罪与非罪的界限，明确区分不同的适用范围与对象，明确区分不同罪名之间的界限等。

（一）明确界定法律条款中所涉及的相关概念。例如：

第九十二条　本法所称公民私人所有的财产，是指下列财产：（一）公民的合法收入、储蓄、房屋和其他生活资料；（二）依法归个人、家庭所有的生产资料；（三）个体户和私营企业的合法财产；（四）依法归个人所有的股份、股票、债券和其他财产。

第九十九条　本法所称以上、以下、以内，包括本数。

---

* 教育部人文社会科学基金项目《汉语模糊语言基本理论及应用研究》（批准号07JA740016）。

** 黎千驹（1957— ），湖北师范学院语言学研究中心主任、教授，主要研究方向为训诂学、模糊语言学。

上述条款分别对“公民私人所有财产”和“以上、以下、以内”等概念进行了界定，明确了这些概念的外延，为执法人员的准确执法提供了明确的依据。

（二）明确区分罪与非罪的界限，明确区分不同罪名之间的界限。例如：

第二百六十三条　以暴力、胁迫或者其他方法抢劫公私财物的，处三年以上十年以下有期徒刑，并处罚金；有下列情形之一的，处十年以上有期徒刑、无期徒刑或者死刑，并处罚金或者没收财产：（一）入户抢劫的；（二）在公共交通工具上抢劫的；（三）抢劫银行或者其他金融机构的；（四）多次抢劫或者抢劫数额巨大的；（五）抢劫致人重伤、死亡的；（六）冒充军警人员抢劫的；（七）持枪抢劫的；（八）抢劫军用物资或者抢险、救灾、救济物资的。

这里明确界定了什么是抢劫罪，即以非法占有为目的，对财物的所有人、保管人当场使用暴力、胁迫或其他方法，强行将公私财物抢走的行为。《刑法》对构成抢劫罪没有规定数额、情节方面的限制，只要行为人当场以暴力、胁迫或者其他方法，实施了抢劫公私财物的行为，无论是否抢到钱财，也不论实际抢到钱财多少，原则上都构成抢劫罪，公安机关应当立案侦查。

第二百六十七条　抢夺公私财物，数额较大的，处三年以下有期徒刑、拘役或者管制，并处或者单处罚金；数额巨大或者有其他严重情节的，处三年以上十年以下有期徒刑，并处罚金；数额特别巨大或者有其他特别严重情节的，处十年以上有期徒刑或者无期徒刑，并处罚金或者没收财产。

携带凶器抢夺的，依照本法第二百六十三条的规定定罪处罚。

这里明确界定了什么是抢夺罪，即以非法占有为目的，乘人不备，公开夺取数额较大的公私财物的行为。抢夺罪是数额犯，行为人抢夺公私财物必须达到“数额较大”的标准，才构成抢夺罪，予以立案追究。由此我们可以明确以下两个问题：

第一，罪与非罪的界限。区分抢夺罪与非罪的界限，主要是看抢夺的数额是否较大。此外抢夺的情节对认定抢夺罪也具有影响。因此，抢夺公私财物数额不大，情节显著轻微的，不构成犯罪。

第二，不同罪名之间的界限。抢夺罪与抢劫罪都以非法占有公私财物为目的，主体要件也基本相同，并且都带一个“抢”字，但是两者也有显著的区别：（1）客体要件不完全相同。抢夺罪为单一客体，只侵犯公私财产；抢劫罪为复杂客体，侵犯的不仅是公私财产，并且包括人身权利。抢劫罪在客观方面表现为行为人对公私财物的所有者、保管者或者守护者当场使用暴力、胁迫或者其他对人身实施强制的方法，立即抢走财物或者迫使被害人立即交出财物的行为。这种当场对被害人身体实施强制的犯罪手段，是抢劫罪的本质特征，也是它区别于盗窃罪、抢夺罪的最显著特点。例如：如果行为人事先作了盗窃和抢劫两手准备，携带凶器，夜晚潜入商店，发现值班人员睡觉故未使用凶器便窃走了大量商品，应认定为盗窃罪；如果行为人事先作盗窃准备，在进入现场实施盗窃过程中惊醒值班人员并遭到其抵抗，当即使用凶器以暴力将财物劫走，则应构成抢劫罪。如果携带凶器抢夺的，则构成抢劫罪。(2) 客观要件表现不同。抢劫罪是以暴力、胁迫或者其他方法劫取公私财物，并且法律上没有数额的限制。只要存在暴力、胁迫或者其他方法（如用酒灌醉、用药物麻醉、利用催眠术催眠、将清醒的被害人乘其不备锁在屋内致其与财产隔离等方法），并以此劫取他人财物，即可构成抢劫罪；而抢夺罪则是乘人不备，公然从财物所有人手中抢走财物，并且法律要求数额较大时才构成犯罪。

（三）明确区分不同的适用范围与对象。例如：

第一百四十三条　生产、销售不符合食品安全标准的食品，足以造成严重食物中毒事故或者其他严重食源性疾病的，处三年以下有期徒刑或者拘役，并处罚金；对人体健康造成严重危害或者有其他严重情节的，处三年以上七年以下有期徒刑，并处罚金；后果特别严重的，处七年以上有期徒刑或者无期徒刑，并处罚金或者没收财产。

“罚金”是审判机关强制被判刑人缴纳一定数额的钱，主要适用于因走私、金融诈骗、贪污、受贿、生产、销售不符合食品安全标准的食品等非法取利的犯罪行为。“罚款”是行政机关强制违法者缴纳一定数量的钱，是一种行政处罚。

上述《刑法》中的“公民私人所有财产”、“以上、以下、以内”等明确界定了法律条款中所涉及的相关概念；“抢劫罪”与“抢夺罪”既明确区分了罪与非罪的界限，也明确区分了不同罪名之间的界限；“罚金”与“罚款”明确区分了不同的适用范围与对象。诸如此类的语言，都是明晰语言，它们绝不能“模糊”。

二、法律中的模糊语言

虽然法律语言的主要特点是精确性和周密性，但是法律也不完全排斥模糊语言。《刑法》中就大量使用了模糊语言，例如：

第五十条　判处死刑缓期执行的，在死刑缓期执行期间，如果没有故意犯罪，二年期满以后，减为无期徒刑；如果确有重大立功表现，二年期满以后，减为二十五年有期徒刑；如果故意犯罪，查证属实的，由最高人民法院核准，执行死刑。

第六十三条　犯罪以后自首的，可以从轻处罚。其中，犯罪较轻的，可以减轻或者免除处罚；犯罪较重的，如果有立功表现，也可以减轻或者免除处罚。

第一百二十五条　非法制造、买卖、运输、邮寄、储存枪支、弹药、爆炸物的，处三年以上十年以下有期徒刑；情节严重的，处十年以上有期徒刑、无期徒刑或者死刑。

第一百五十一条　走私武器、弹药、核材料或者伪造的货币的，处七年以上有期徒刑，并处罚金或者没收财产；情节特别严重的，处无期徒刑或者死刑，并处没收财产；情节较轻的，处三年以上七年以下有期徒刑，并处罚金。

以上条款中的“重大立功表现”、“犯罪较轻”、“犯罪较重”、“从轻处罚”、“减轻处罚”、“情节较轻”、“情节严重”、“情节特别严重”等，都是模糊语言。

三、法律中模糊语言的成因

法律语言不可能完全排斥模糊语言，某些法律条文或多或少地具有一定的模糊性，这主要是缘于三个方面：第一，在自然语言中，明晰语言与模糊语言的数量几乎是不相上下，如果要想在法律语言中完全排斥模糊语言而只运用明晰语言，那么要完成所有法律条文的撰写工作，那简直是不可想象的。第二，法律条文的有限性与违法犯罪行为的复杂性、多样性和难以预测性之间的矛盾，就使得某些法律条文必须具有一定的模糊性，这样才能使得有限的法律条文能够涵盖更多的违法犯罪行为。第三，即使是同一性质的违法犯罪行为，往往也存在着情节轻重的不同，以及犯罪嫌疑人认罪态度的差异，这就使得法律不能搞“一刀切”，而应该具有一定模糊性，留下些许弹性空间。

四、法律中模糊语言的功效

法律中使用模糊语言，可以使得某些法律条款具有一定的灵活性、简洁性和适应性。

（一）法律中模糊语言的灵活性功效。例如：

《宪法》第三十一条　国家在必要时得设立特别行政区。在特别行政区内实行的制度，按照具体情况由全国人民代表大会以法律规定。

《宪法》第六十五条　全国人民代表大会常务委员会由下列人员组成：

委员长、副委员长若干人，秘书长、委员若干人。

全国人民代表大会常务委员会组成人员中，应当有适当名额的少数民族代表。

《宪法》第三十一条运用了“必要时”这一模糊语言，它成为国家“设立特别行政区”的必要条件。副委员长应设几人？委员应设几人？委员中应有几名少数民族代表？这恐怕不宜作硬性规定，因此《宪法》第六十五条用模糊语言“若干人”和“适当名额”来表述。这些模糊语言的使用，都使得表达具有灵活性。上面所举《刑法》中的“犯罪较轻”与“犯罪较重”在边界上是模糊的；“从轻处罚”究竟轻到什么程度？这也具有模糊性。当然这并不会影响法律的正确裁决，因为“坦白从宽”从原则上来说又是明晰的。例如：最高人民法院、最高人民检察院1989年8月15日发布的通告《贪污受贿投机倒把等犯罪分子必须在限期内自首坦白》中明确指出：“在上述期限内，凡投案自首，积极退赃的，或者有检举立功表现的，依照刑法第63条、第59条的规定，一律从宽处理。其中，犯罪特别严重，依法应判处死刑的，可以从轻或者减轻处罚，不判处死刑；犯罪较重，依法应判处重刑的可以从轻、减轻处罚或者免除处罚；犯罪较轻，依法应判处轻刑的，可以减轻处罚或者免除处罚。……凡在规定期限内，拒不投案自首、坦白交代问题的；销毁证据、转移赃款赃物的，互相串通、订立攻守同盟的；或者畏罪潜逃、拒不归案的，坚决依法从严惩处。”由此可见，在法律条文中恰当地使用模糊语言不仅不会使法律条文含混不清，相反，会使法律条文更加准确和周密。

（二）法律中模糊语言的简洁性功效。例如：

《刑法》第一百五十一条　走私武器、弹药、核材料或者伪造的货币的，处七年以上有期徒刑，并处罚金或者没收财产；情节特别严重的，处无期徒刑或者死刑，并处没收财产；情节较轻的，处三年以上七年以下有期徒刑，并处罚金。

走私武器、弹药、核材料或者伪造的货币的，数额多大算“情节特别严重”？数额多大才算“情节较轻”？能否逐一给出具体范围？我们想应该是可以给出的，不过也可能出现这样两种情况：一是费力不讨好，因为客观情况是复杂而多变的，难以具体量化；二是冗长。如果每个条款都给出相应的具体范围，都做出硬性规定，那么一部《刑法》不知还得增加多少内容。反之，使用类似的模糊语言则能收到简洁的功效。

（三）法律中模糊语言的适应性功效。例如：

《刑法》第三百九十五条　国家工作人员的财产、支出明显超过合法收入，差额巨大的，可以责令该国家工作人员说明来源，不能说明来源的，差额部分以非法所得论，处五年以下有期徒刑或者拘役；差额特别巨大的，处五年以上十年以下有期徒刑。财产的差额部分予以追缴。

国家工作人员的财产、支出明显超过合法收入，多少财产、多少钱才算“差额巨大”？多少财产、多少钱才算“差额特别巨大”呢？何不做出硬性规定以便于执行？然而，如果把这些模糊语言精确化，虽说方便了操作，但是很容易造成该条款的“过时”。司法实践早已证明：一方面仅仅过去几年的时间，人们的收入就会迅速增加；另一方面腐败的数额也越来越大，几年前还算“差额巨大”的，现在可能只是“小儿科”了。仅此两种情况，就不宜做出硬性规定，否则刑法每隔若干年就得修改一次，以适应变动不居的客观情况。若果真如此，刑法就失去了其应有的相对稳定性。由此可见，《刑法》中恰当地使用模糊语言，可以增强法律条款的适应性，能够适应复杂、变化的情况，从而也就可以保持其相对的稳定性。

五、法律中模糊语言与明晰语言的互补功效

如果我们将《宪法》和《刑法》在不同时期所作的修改情况进行对比分析，就会发现这样一种有趣的现象：原来运用模糊语言的地方，有时使用明晰语言来进行修改，从而使表意更加明晰；原来运用明晰语言的地方，有时使用模糊语言来进行修改，从而使表达更具灵活性。例如：

《宪法》第十条第三款　国家为了公共利益的需要，可以依照法律规定对土地实行征用。

《宪法修正案》 国家为了公共利益的需要，可以依照法律规定对土地实行征收或者征用并给予补偿。

现行《宪法》中的“征用”是个模糊概念，它模糊了“征收”与“征用”两者之间的界限。因为征收与征用虽有共同之处，即都是为了公共利益的需要，都要经过法定程序，都要依法给予补偿；但毕竟是两个不同的概念：征收主要是所有权的改变，征用只是使用权的改变。《宪法》没有区分这两个概念，统称为“征用”。从实际内容来看，土地管理法既规定了农村集体所有的土地转为国有土地的情形，实质上是征收；又规定了临时用地的情形，实质上是征用。2004 年 3 月，第十届全国人大二次会议对现行宪法中的这一条款作了修改，即区分了“征收”与“征用”，这就有利于理顺市场经济条件下因征收、征用而发生的不同的财产关系。又例如：

《宪法》第十三条 国家保护公民的合法收入、储蓄、房屋和其他合法财产的所有权。

国家依照法律规定保护公民的私有财产的继承权。

《宪法修正案》 公民的合法的私有财产不受侵犯。

国家依照法律规定保护公民的私有财产权和继承权。

现行宪法中的“其他合法财产”是个模糊概念，哪些财产是属于“其他合法财产”的范围，恐怕难以界定；并且受前面“公民的合法收入、储蓄、房屋”等财产形态的影响，也容易引导人们把“其他合法财产”限定在公民的生活资料的范围。实际上过去也是这么理解的。因为现行宪法是 1982 年 12 月由第五届全国人大五次会议通过的，当时公民几乎没有什么大规模的生产资料。21 年之后，随着经济的发展和人们生活水平的提高，公民拥有的私人财产普遍有了不同程度的增加，特别是越来越多的公民拥有了私人的生产资料。据统计，注册登记的私营企业从 1989 年 9 万多户发展到 2002 年 243. 5 万户，私人企业主（或称投资者）从 21. 42 万人增到 622. 8 万人。如果按照现行宪法，私人生产资料是否属于“其他合法财产”的范围，往往容易引发争议。宪法修正案取消了对公民的私有财产形态进行一一列举加“其他合法财产”的方式，改用“私有财产”和“私有财产权”的明晰概念，从而明确地把私人的生活资料和生产资料都包括在“私有财产”之内了。这就不仅扩大了私有财产的保护范围，同时也加大了保护私有财产的力度，提升了私有财产保护的法律地位。

《刑法》（1979 年版）第十四条：

已满十六岁的人犯罪，应当负刑事责任。

已满十四岁不满十六岁的人，犯杀人、重伤、抢劫、放火、惯窃罪或者其他严重破坏社会秩序罪，应当负刑事责任。

已满十四岁不满十八岁的人犯罪，应当从轻或者减轻处罚。

因不满十六岁不处罚的，责令他的家长或者监护人加以管教；在必要的时候，也可以由政府收容教养。

《刑法》(2011 年修正版）第十七条改为：

已满十六周岁的人犯罪，应当负刑事责任。

已满十四周岁不满十六周岁的人，犯故意杀人、故意伤害致人重伤或者死亡、强奸、抢劫、贩卖毒品、放火、爆炸、投毒罪的，应当负刑事责任。

已满十四周岁不满十八周岁的人犯罪，应当从轻或者减轻处罚。

因不满十六周岁不予刑事处罚的，责令他的家长或者监护人加以管教；在必要的时候，也可以由政府收容教养。

旧版中的“岁”具有一定的模糊性，岁有实岁与虚岁之分，有按年份算与按月份算之分。譬如：某人元月份犯抢劫罪，按其出生的年份算，已“满十四岁”；然而他是五月出生的，如果按其出生的月份算，他还未“满十四周岁”，那么，该犯罪嫌疑人是否“应当负刑事责任”？在执行中的确出现过分歧。为了避免这种模糊性所带来的操作上的分歧，因此《刑法》修正版把旧版中“十四岁”、“十六岁”和“十八岁”之“岁”，皆改为明晰语言“周岁”。

以上三例都是由模糊走向明晰的情况。下面我们再来看由明晰走向模糊的情形。

《宪法》第八十条　中华人民共和国主席根据全国人民代表大会的决定和全国人民代表大会常务委员会的决定，公布法律……发布戒严令，宣布战争状态，发布动员令。

宪法修正案把“发布戒严令”改为“宣布进入紧急状态”。“戒严”是明晰语言，而“紧急状态”是模糊语言，它包括了“戒严”，又不限于“戒严”，例如面对严重自然灾害、突发公共卫生事件、人为重大事故等，都可列入“紧急状态”之中，这就使适用的范围扩大了并且更具灵活性。

由以上分析可以看出：庄严神圣的法律条文从总体上说需要使用明晰语言，但又不排斥适当地运用模糊语言，有时运用模糊语言可以收到明晰语言所不具有的功效。

六、法律中模糊语言的消极影响

毋庸讳言，法律中的模糊语言有时可能给人们在理解上带来一定程度的困难，在执行中造成一定的难度，于是就有了司法解释，从而使模糊语言变得明晰而易于操作。以《刑法》为例：

第二百六十七条　抢夺公私财物，数额较大的，处三年以下有期徒刑、拘役或者管制，并处或者单处罚金；数额巨大或者有其他严重情节的，处三年以上十年以下有期徒刑，并处罚金；数额特别巨大或者有其他特别严重情节的，处十年以上有期徒刑或者无期徒刑，并处罚金或者没收财产。

携带凶器抢夺的，依照本法第二百六十三条的规定定罪处罚。

多大数额才是“数额较大”呢？这牵涉到“罪”与“非罪”的问题，因为抢夺罪是数额犯，行为人抢夺公私财物必须达到“数额较大”的标准，才构成抢夺罪，予以立案追究。多大数额才是“数额巨大”或者“数额特别巨大”呢？这牵涉到量刑等次的问题。后来最高人民法院2002年7月15日通过、7月20日起施行的《关于审理抢夺刑事案件具体应用法律若干问题的解释》第1条规定，“数额较大”指抢夺公私财物价值人民币500元至2000元以上，“数额巨大或者有其他严重情节的”指抢夺公私财物价值人民币5000元至20000元以上，“数额特别巨大或者有其他特别严重情节的”指抢夺公私财物价值人民币30000元至100000元以上。经过这种司法解释之后，执法人员在对行为人抢夺公私财物的行为进行判决时就有了一个明确的标准。

第六十七条　犯罪以后自动投案，如实供述自己的罪行的，是自首。对于自首的犯罪分子，可以从轻或者减轻处罚。其中，犯罪较轻的，可以免除处罚。

被采取强制措施的犯罪嫌疑人、被告人和正在服刑的罪犯，如实供述司法机关还未掌握的本人其他罪行的，以自首论。

犯罪嫌疑人虽不具有前两款规定的自首情节，但是如实供述自己罪行的，可以从轻处罚；因其如实供述自己罪行，避免特别严重后果发生的，可以减轻处罚。

第六十八条　犯罪分子有揭发他人犯罪行为，查证属实的，或者提供重要线索，从而得以侦破其他案件等立功表现的，可以从轻或者减轻处罚；有重大立功表现的，可以减轻或者免除处罚。

《刑法》对于什么是“自首”，什么是“立功”，作了一些规定，但是仍然存在模糊之处。何为“自动投案”，业界一直存有争议。对“如实供述自己的罪行”，司法实践中经常因认定模糊导致自首的标准不一。在被纪检监察机关采取调查措施期间交代罪行是否认定为自首，业界也存在很大分歧。有的认为这是自首，有的认为这不能认定为自首，只能作为坦白。

《刑法》对于“立功表现”明确指出了两条：第一，犯罪分子有揭发他人犯罪行为，查证属实的；第二，提供重要线索，从而得以侦破其他案件的。至于什么是“重大立功表现”，则没有做出明确的规定。对于具有“自首”、“立功”情节的罪犯，又该如何“从轻处罚”？也没有一个明确的标准。因此在司法实践中屡屡出现过理解和执行上的偏差。据最高检的统计数据显示，2005年至2009年6月，全国被判决有罪的职务犯罪被告人中，获免刑和缓刑的共占69.7%；其中，因渎职侵权犯罪被宣告缓刑或免予刑事处罚的，则高达85.4%。为什么这些犯罪官员可以得到从轻发落？在法官看来，主要是因为这些人有“主动坦白部分犯罪事实”，属有“自首”情节，还有“立功表现”。

2011年7月19日，最高法刑事审判庭第二庭庭长裴显鼎在新闻发布会上公开承认，这几年存在自首立功情节被滥用的情况，原因包括一些办案人员对法定的从轻处罚的条件理解得不够准确。这主要有以下几方面原因：一是有些办案人员在思想认识上存在偏差。这些工作人员对监禁刑特有的教育惩治功能重视不够，觉得能够适用缓免刑的就应当尽量适用。二是对基层法院来说，起诉审判的很多案件数额较小，不到三万元。法律规定，只要不再危害社会，涉案金额三万元以下就具备判处缓免刑的条件。三是司法实践中的一些办案人员对法定的从轻处罚的条件理解得不够准确。比如有些不该认为是“自首立功”的情节也被归为“自首立功”，导致适用了缓免刑。四是客观上对适用缓免刑的标准有待规范。

裴显鼎透露，最高法将出台相关司法解释，规定职务犯罪减免刑需经过本级法院审判委员会讨论。这个司法解释目前正在征求意见程序中，该法释将明确不得使用缓免刑的具体情形。同时，法释还将规定确有减刑情节，法院减轻处罚只能减至正常处罚下一层次的处罚。最高法还将规定，职务犯罪减免刑需经过本级法院审判委员会的讨论后才可判决。这就能够使得法律条款由模糊而走向明晰，从而有效地避免滥用自首立功情节。

然而值得注意的是，法律中的模糊语言并非都适合通过司法解释来走向明晰，有时保留其模糊性反而更为恰当。例如：在司法实践中人们经常遇到这样的情况：一些案情相似的案件，在量刑结果上存在差距。特别是贪污受贿案件，有时贪得多的没判死刑，贪得少的反而被判了死刑，引起人们不解。

我国《刑法》规定，个人贪污或受贿数额在 10 万元以上的处 10 年以上有期徒刑或者无期徒刑，情节特别严重的处死刑并没收财产。根据这一规定，贪污 10 万元以上的可以判处有期徒刑；无期徒刑；死刑，缓期执行；死刑，立即执行。而有期徒刑又分 10 年至 20 年之间各不相等。

贪污多少判 10 年？贪污多少判 15 年？目前并没有司法解释的明确规定。现在贪官贪污的数额越来越大，刑法上根本就不可能有与之对应的刑期。那么，什么样的情况属于“情节特别严重”，可判贪官无期徒刑、死缓或死刑呢？据《中国青年报》2004 年 9 月 19 日报道：为了统一量刑尺度，力图使案件基本事实相似的被告人得到的量刑结果大致平衡，确保司法公正，2004 年 5 月，江苏省最高人民法院审判委员会通过了《量刑指导规则》，这是我国法院系统首次正式发布有关量刑方面的系统指导性法律文件。然而江苏高院此举在社会上引起极大争议。安徽省检察官协会会长、安徽省检察院前检察长宋孝贤提出：“我国法律赋予法官的自由裁量权过大。特别是贪污腐败案件，从 10 年到死刑，不仅尺度难以把握，还给司法腐败留有空间。”事实上，确有极少数法官在办人情案、关系案甚至腐败案。法官的自由裁量权必须合法适度地行使。对于江苏省高级人民法院的量刑指导规则，不少基层法院的法官表示欢迎，他们最希望出“贪几万判几年、贪多少判死刑”这样的硬杠杆。这样办案就简单了，再不会办错案、挨批或者发回重审了。但是也有法律人士认为，刑法是生硬的、稳定的，犯罪是生动的、变化复杂的。案案皆不同。法律赋予法官充分的自由裁量权，就是让法官根据各不相同的案情来审案定刑，打击犯罪。如果用量刑规则把“收多少判几年”定得一目了然，会使法官断案成为机械刻板的活动，法官如“木偶”，判案类似做加减乘除。由此可见，该适度模糊的地方就让它适度模糊吧，各种案件千差万别，给司法人员留下一定的弹性空间，未尝不无益处。

参考文献：

［1］黎千驹．模糊修辞学导论［M］．北京：光明日报出版社，2006.
［2］黎千驹．模糊语义学导论［M］．北京：社会科学文献出版社，2007.

汉字检字法改革运动兴起及对后世的影响

陈 燕

（天津师范大学文学院）

汉字检字法属于汉字字序范畴。90多年前发生的汉字检字法改革运动，改旧创新，促使现代汉字检字法诞生。

一、汉字检字法改革是国语运动的拓展和延伸

国语运动是20世纪语言文字生活中一次重要而颇具影响力的运动。其宗旨“一面谋全国语言的统一……一面谋文字教育的普及”①。“就历史渊源关系而言，国语运动却从切音字运动，即汉语拼音运动引发出来的。”② 中国切音运动第一人是厦门卢赣章，1892年他在罗马字母基础上设计出一套字母，定名为“切音新字”。林玉堂（后来改作林语堂）是汉字检字法改革的第一人。1916年他任清华大学英文教员期间进行了汉字检索研究，于1918年3月刊出单行本《汉字索引制》。林玉堂与卢赣章有若干相同之处：都从西学中吸取营养为中学所用，以西方文字作为改革的模式；都是以普及民众教育为目标；都在厦门学习生活过，从童年就受到西方文化影响。如果将卢赣章“切音新字”视为国语运动的开端，那么林玉堂《汉字索引制》是受国语运动的感召和影响而产生的。检字法改革发生的时间晚于国语运动，是受国语运动“普及教育”影响而拓展和延伸的一个新领域。

“汉字索引制”是林氏为便于查检汉字而发明的新办法。他在《汉字索引制说明》③ 中说：“当此普及教育之世，检字必有一简便捷速之新法，使学者尽知字典之用，而后自修有道，且检字不至于费时也。”林玉堂发明的检字新法，模仿英文，将楷书汉字逐步拆分成笔

① 黎锦熙：《国语运动史纲》［M］．商务印书馆2011年版，第177页。

② 王理嘉：《汉语拼音运动与汉民族标准语》［M］．语文出版社2003年版，第1页。

③ 《新青年》1918年第四卷第二号。

画或偏旁，像拼音文字一样排检汉字，以实现“检字不至于费时也”的理想模式。林玉堂对汉字检字法的贡献是：为了普及国民教育而发起了改革汉字检字法的运动；吸收西方拼音文字排检汉字的新思路和方法，抛开汉字结构而利用汉字笔画，建立了新的汉字检字法。他的改革思想和研究思路对改革汉字检字法运动产生了很大影响。但是林氏的研究成果没有得到使用和推广。

二、汉字检字法改革运动概述

辞书是普及教育的重要领域，应用面非常广泛，其检索系统便利与否，决定辞书的使用效率，对普及教育有重要作用。因此，当时的汉字检字法改革具有相当广泛的群众性。据时任“中华圖协会”的“检字研究委员会”委员和“索引委员会”书记的蒋一前著文统计，① 1932年之前新研制出来的检字新方法有77种；据卢震京《图书馆学辞典》记载有85种。② 二者去其重合，有100余种。这无疑可以称其为“汉字检字法改革运动”了。

与林玉堂同时研究汉字检字法的还有一个重要人物高梦旦。高梦旦发现《康熙字典》不便检索，决心改革《康熙字典》部首法，可惜他的研究成果一直没有发表。后据王云五介绍：“高梦旦氏十数年前有改革部首之草案，其方法但管字形，不管字义，将旧字典之二百一十四部，就形式相近者并为八十部，并确定上下左右之部居。此法自然较旧法为便利，但高氏自以为不彻底，故至今未曾发表。”③ 我们推测在那个彻底革命的时代，高氏将草案与林玉堂“汉字索引制”比较，感到自己制定的草案囿于传统而没有彻底改革，显然不合时宜，因此没有拿出来。高氏草案的实质是改良。

林玉堂和高梦旦的检字法代表了两种思想和方法：一个是改革，林玉堂等人推翻旧法，建立新法，可称改革派；另一个是改良，高梦旦等人在旧法基础上删改，以求完善，可称改良派。我们为了行文简洁，当论及整个检字法运动时通用“改革”，包括了改革和改良。在检字法改革初期，改革派的思想和方法成为主流，诸多研究者提出的方案唯恐改革得不够彻底；改良派的人数寥寥无几，基本没有发表什么方案。检字法改革的历史发展表明，高梦旦的思路和方法是正确的。

“汉字检字法改革运动”的起讫时间，应当从林玉堂发表《汉字索引制》开始算起，止于1949年，共31年。根据各时期特点的情况，可以大致分为前期和后期两个时期：前十余年间主要是研制新检字法阶段，文章比较多；后十余年间主要是理论探讨。研制的新检字法，可分为“改革的汉字检字法”和“改良的汉字检字法”两类。

“改革的汉字检字法”，一般利用母笔（或说基本笔形）和号码检索汉字。此类最有影响的是王云五“四角号码检字法”。1925年6月王云五发表《号码检字法》④，被认为是四角号码检字法的先声。1926年2月又发表了《四角号码检字法》⑤，对原方案作了很大修改，

---

① 蒋一前：《汉字检字法沿革史略及近代七十七种新法表》[J]．《圕学季刊》1933年第七卷第四期。

② 卢震京：《图书馆学辞典》[M]．商务印书馆1958年版。

③ 转引自陈光垚：《一个治标的部首法》[J]．《图书馆学季刊》1929年第三卷第四期，第577—595页。

④ 王云五：《号码检字法》[J]．《东方杂志》1925年第22卷第12号。

⑤ 王云五：《四角号码检字法》[J]．《东方杂志》1926年第32卷第3号。

并正式确定“四角号码”名称。其法编成歌诀为：“横一垂二三点捺，叉四插五方框六，七角八八九是小，点下有横变零头。”如：端 = 0212，截 = 4325。在新发明的各种检字新法中，四角号码法普及面最为广泛。除此之外，还有张凤“形数笔字法”、陈立夫“五笔检字法”、陆费逵“四笔计数检字法”等。张凤的“面线点检字法”用于1928年出版的《张凤字典》，又叫“体面线点检字法”。张凤说：“本检字法的发明，是应用几何学和数学的常识：以面（方格形）线（长条形）点（尖圆形）等形为纲，一二三四等数为目。每字计算他有几面几线几点，依数序检查就得。”[①] 如：形 130，数 740。张氏从几何学出发，将汉字看成面、线、点的形状，但是使用比较困难。几何学源自西方，大部分中国人本来不擅长，用于检字法难以接受。陈立夫于1928年发明“五笔检字法”，见其著述《五笔检字法之原理及效用》。其法将汉字基本笔画分为八种，即丶（点）一（横）丨（直）㇀（趯）㇏（钩）丿（撇）㇏（捺）㇁（弧）。检字时以每字第一笔至第三笔，各从“丶一丨㇏㇖”中寻找笔形，以此检索汉字。陈氏的“五笔检字法”实为五种检字所依据的笔形。陆费逵在查检《康熙字典》时感叹：“二百余年，未之修改，宜其不适用矣。”[②] 他常检阅英日字典而向往其字典模式，决心改革汉字检字法。陆氏实施检字法研究的动因，是检字法改革运动成因的缩影。1930年陆氏发表了他的新检字法“四笔计数检字法”[③]。该法以汉字“一、丨、丿、丶”为母笔，计算各笔形在该字中的数量，然后编成号码，依码检索。如杜 3211，因为此字有三横、二直、一撇和一点。若超过十画，在每个超过的笔形上加“·”号，钩笔忽略不计。此法检算笔画有些地方不合汉字特点。此类还有万国鼎“汉字母笔排列法”（1929）、陆依言“头尾号码检字法”（1929）、马瀛“综合检字法”（1934）、周策勋“永字八法号码检字法”（1937）、赵荣光“字首不字排检法”（1940）、林汉达“一笔速查法”（1937）。[④] 等号码检字法主要有：瞿重福“瞿氏号码检字法”（1927）、姜福成“首尾号码检字法”（1928）、张冰“一九号码检字法”[⑤]（1932）等。

“改良的汉字检字法”中最有影响的是黎锦熙“汉字新部首”。黎锦熙对汉字检字法运动中新发明的检字法皆不大满意，认为“又病太违故习，未协国情”[⑥]。只有部首法才符合中国的国情和习惯，因此他的研究主要在改良部首法方面。1935年5月，黎氏撰文发表了《〈康熙字典〉部首省并谱》[⑦] 等系列文章，将《康熙字典》部首省并成120部。黎氏的“新部首”草创于1933年。

---

① 引自杨复耀：《汉字检字法之综合的介绍与评价》（续）［J］．《中华教育界》1947年复刊第一卷第九期。

② 《汉语大字典》叙七［M］．中华书局1915年版。

③ 陆费逵：《四笔计数检字法》［J］．《时事新报》1930年。

④ 万国鼎：《新桥字典》［M］．中华书局1929年版。陆依言：《头尾号码检字法》，《头尾号码新国音学生字典》［M］．中华书局1929年版。马瀛：《综合检字法》［J］．《浙江省立图书馆馆刊》1934年第三卷第五六期。周策勋：《永字八法号码检字国音字典》［M］．南京京城印书馆1937年版。赵荣光：《字首不字排检法》［M］．香港大公书局1940年版。林汉达：《一笔速查字典》［M］．1937年版。

⑤ 张冰：《国音一九学生字典》［M］．1932年版。

⑥ 黎锦熙、顾树森：《议定国字新部首，请部公布，以便应用而资统一案》［J］．《国语周刊》1943年第二十九期。

⑦ 《文化与教育》1935年61期。

1946年中国大辞典编纂处恢复，所编《新部首索引国音字典》、《增订注解国音常用字汇》[①] 按照黎锦熙的新部首编成索引附于书末，其新部首最后定名为"国字四系七起笔新部首"检字法。该检字法有三个特点：一是用起笔的笔形组织汉字部首，二是完全根据字量重新确定部首，三是仅以左上方为固定的取部位置。这减少了部首数量，固定了部首位置，解决了取部位置不固定的问题。黎氏新法从检字法应用习惯和汉字特点出发，有一些很好的创新。但是用笔形组织汉字部首不如笔画简约。此类还有陈光垚《一个治标的部首法》[②]（1929）、杜定友"汉字形位排检法"[③]（1931）、陆衣言"改良部首检字法"[④]（1936）等。

汉字检字法改革运动有一个明显特点贯穿了始终，即严肃地批判《康熙字典》。蒋一前说："《康熙字典》……其实其查法迂缓异常。检字时须先猜部首，再细算画数求之……部居画数，两无固定标准，迂缓曲者，实不便利。故西文字典及字排之参考工具用书，流入中华，其缺点乃愈显著。"杨复耀更是激烈批评《康熙字典》检字法说："数百年来，我整个民族在这上面浪费的时间和精力，真是一种多得不可估计的损失，所以这个检字方法，实在是亟待解决的一个问题。"[⑤] 后来，蔡元培[⑥]、胡适[⑦]、陆费逵[⑧]、王云五[⑨]、杜定友[⑩]等人也纷纷撰文批评《康熙字典》，主要为五点：一是《康熙字典》部首数量太多；二是汉字定部没有规则，难以确定部首；三是汉字笔画数不定；四是取部位置不固定；五是同部字太多。因此不便于检索。学界之所以批判《康熙字典》，因为《康熙字典》不利于实现国语运动倡导的"谋文字教育的普及"之宗旨。可以说，轰轰烈烈的汉字检字法改革运动是建立在批判《康熙字典》旧法基础之上的，其目的是推翻旧检字法，建立新检字法。

三、首次检字法改革对现代检字法的理论探索

检字法改革运动的发生主要有内外两个原因："外"受国语运动影响，为普及民众教育而改革汉字检字法。"内"以《康熙字典》为代表的旧部首法不够完善，与西文字典相比不便检索。林玉堂将索引法的理论引进中国，破旧立新，其大辂椎轮之功不可泯灭。检字法改革前期，前贤们满怀热情，主动地投入到检字法改革中来，他们用尽智慧，力争创制最为简单的方法。但是后来的事实证明，完全模仿西文创造的检字法应用性极差，根本行不通。

民国时期，诸多社会贤达纷纷加入到汉字检字法研究队伍，有留学归来的博士或大学教授，如林语堂、张凤、洪业、黎锦熙、陈德芸、林汉达（新中国成立后曾任教育部副部

---

① 中国大辞典编纂处：《新部首索引国音字典》［M］．商务印书馆1949年版。中国大辞典编纂处：《增订注解国音常用字汇》［M］．商务印书馆1949年版。

② 陈光垚：《一个治标的部首法》［J］．《图书馆学季刊》1929年第3卷第四期，下同。

③ 杜定友：《汉字形位排检法》［M］．中华书局1931年版。

④ 陆衣言：《改良部首标准国音小字典》［M］．中华书局1936年版。

⑤ 杨复耀：《汉字检字法之综合的介绍与评价》［J］．《中华教育界》1947年复刊第一卷第八期。

⑥ 王云五：《四角号码查字法》蔡元培序［M］．商务印书馆1926年版。

⑦ 王云五：《四角号码查字法》胡适序［M］．商务印书馆1926年版。

⑧ 陆费逵、欧阳溥存：《中华大字典》陆费逵序［M］．中华书局1915年版。

⑨ 王云五：《四角号码查字法》"导言"［M］．商务印书馆1926年版。

⑩ 赵荣光：《字首不字排检法》杜定友序［M］．香港大公书局1940年版。

长)、万国鼎等；有官僚政客，如陈立夫、何公敢、周策勋等；有图书馆学家，如杜定友、钱亚新、沈祖荣等；有出版界高层，如陆费逵、王云五（后来成为官僚）等。具有较高素质的社会贤达进入汉字检字法行列，不仅促进了应用研究，而且也推动了理论研究，出现了一批较高水平的理论研究文章，如钱亚新《从索引法去谈谈排字法和检字法》、《排检法的原理》，蒋一前《完善排检法的标准》，陈文《完善检字法的新标准》，张凤《排检中国字标准要则》等；有的检字法发明方案中就有理论阐述。适时出现的一些总结和反省前期实践以及探讨汉字检字法理论的文章，极为必要。它及时地纠正了偏差，并为后来的应用指明了方向，影响深远。

汉字排检法经过前期探讨和摸索，发明了多种新检字法，各法的应用情况，“盖各种方法除王云五四角法外，多困于经济，拙于宣传，世人不知者尚多”[①]。彼时检字法研究虽然热烈，新法目不暇接，但是一些大型工具书仍然使用旧法，如《辞海》等。除推动不力外，一些检字法的研制也不够成熟。这时理论层面探讨的文章多起来，主要体现在以下三方面：

一是钱亚新提出排检法的理想模式是简单、严谨、易检索。[②] 其老师杜定友则认为，三者兼得未必容易。他对规则简单易检索持否定态度，认为最重要的是排字严谨正确，每字都有固定位置。方法简单易检索的基础是规则的科学性，舍弃此项就没有其他两项，[③] 将规则的科学性放在排检法的首位。赵荣光提出了排检法的重要原则，[④] 即建立完整系统，而不能零散随意；在此系统下使每字各得其所。蒋一前也有类似看法。

二是探索和建立最合乎汉字特点的排检方法。研究者评价了各类新检字法的优劣之后直接否定了号码法和笔形法，认为“不要假借号码及其他外物做间接工具”[⑤]，主张“要从汉字固有的组织和结构着想”[⑥]。这是较多研究者的看法。杜定友说：“中国字的组织，它的原来，虽是丶一丨丿等笔法，但各字的成形，全靠笔法的结构。这一点是历来排字家所未见的，比如圭字是土土成字的，绝不是四画两直所能代表的。”[⑦] 他认为汉字的构成不仅是笔形，更重要的是结构。杜氏的“字根”相当于今天所说的偏旁，结构是以偏旁构成汉字的方式。杜氏重视字根，却没有讨论结构问题。杜法实际上否定了除部首法以外的检字法。

在检字法理论研究阶段，许多学者认同汉字部首法。因为它能反映汉字特点，而且大家比较习惯，有较强的应用性。但不是简单地回归旧部首法，必须改进和完善旧部首法，这成为研究的主流。如黎锦熙根据属字的数量确定部首，固定取部位置，根据笔形排序部首等，都是对旧部首法的完善。

三是民众检字心理研究。1935 年杜定友发表《民众检字心理论略》[⑧]，根据民众对新检字法的态度讨论其心理因素。此问题的提出缘起于新检字法使用者甚少。杜氏从心理学角度

---

① 蒋一前：《汉字检字法沿革史略及近代七十七种新发表》［J］．《圕学季刊》1933 年第七卷第四期。

② 钱亚新：《从索引法去谈排字法和检字法》［J］．《图书馆学季刊》1929 年版第三卷第一二期合刊，第 123 页。

③ 杜定友：《汉字形位排检法》［M］．中华书局 1932 年版，第 25 页。下同。

④ 赵荣光：《字首不字排检法》，香港大公书局 1940 年版，第 15 页。

⑤ 赵荣光：《字首不字排检法》，香港大公书局 1940 年版，自序一。

⑥ 杨复耀：《汉字检字法之综合的介绍与评价》，《中华教育界》1947 年复刊第一卷第八期。

⑦ 杜定友：《汉字形位排检法》［M］．中华书局 1932 年版，第 67 页。

⑧ 杜定友：《民众检字心理论略》［M］．《教育与民众》1935 年版第六卷第九期，第 1759 页。下同。

研究民众检字心理，从联想律、显著率、统觉率、整个率、关系率、演变率及省力率等多方面做出解释。这从本质上说属于应用研究。

民国时期的检字法理论已具现代性，但有三个最明显的缺点：首先对楷书字形研究不够，致使笔顺笔画标准不统一。如赵荣光，将“乃”笔顺按照“丿一一”标示，“月”是“丿一一一”。马瀛将“莫”，笔顺定为“丨丨一一丿”。其次忽视笔形，如陆费逵钩笔不计等。再次对楷书的结构研究不够，任意拆分汉字，如林语堂从“里”拆分出“口”作检索线索等。彼时一些学者叹息“今社会上之对于新检字法，弃而不用”①，政府应当组织队伍研究和推荐新检字法。

四、建立现代检字法

现代检字法是指适合现代人应用的汉字排检系统。民国时期发生的检字法运动，是我国历史上首次规模较大的汉字字序应用和理论研究，对于建立现代汉字检字法具有借鉴意义。

当改革派完全模仿西文创造诸多检字法方案，但因应用性较差，如今基本都烟消云散之时，改良派的某些意见被新中国成立后研制的汉字检字法方案继承了下来。1965 年批准试行《部首查字法（草案）》②，其设立部首采用了高梦旦提出的“但管字形，不管字义”的主张，在《康熙字典》214 个部首基础上调整增删共设立 250 个部首。在新增加的 40 个部首中有厂𠂇𠂉乂亡王龶廿不中𡗗去戊业𢦏自𠩺束𠦝等，还有附列部首“⺆⺈”，都采用了黎锦熙《国字四系七起笔新部首》。设立固定的取部位置，采用高梦旦设立上、下、左、右的位置等，皆继承了首次检字法改革运动的成果。政府组织成立了汉字查字法整理工作组，研制了《部首查字法》、《四角号码查字法》、《笔形查字法》和《拼音字母查字法》等四个草案，涵盖了现代汉字检字的四种常用方法。《部首查字法（草案）》奠定了现代部首检字法的基础和框架。

十年动乱之后迎来了第三次汉字检字法大讨论，主要围绕汉字部首法，讨论如何实现汉字部首法统一等问题。政府于 1983 年组织和成立了部首排检法工作组，同年拟定并发表了《统一汉字部首表（征求意见稿）》③。到此为止汉字部首表已经比较完善，但汉字归部还遗留一些问题。如汉字切分在这次大讨论中成为热点问题，它早在 20 世纪 30 年代已被杜定友等人提出，但是一直没有得到解决；④ 关于取部位置问题，除高梦旦等人提出的左、右、上、下位置没有争议之外，其他位置还需要进一步研究确定等。⑤ 上述重要问题在首次汉字检字法运动中就已提出，后来一直引起研究者的关注，但是还没有最终解决。因此汉字部首法，特别是汉字归部成为检字法中最难解决的问题。

随着信息处理技术的广泛应用，国家将汉字标准化规范化研究提到重要的位置。世纪之

---

① 赵荣光：《字首不字排检法》陈序，香港大公书局 1940 年版。

② 该草案后来又经过新版《辞海》不断完善。新版《辞海》与 1936 年版《辞海》相区别，1965 年出版未定稿，1979 年重新修订出版。

③ 《文字改革》1983 年 11 月号。

④ 参见陈燕：《现代汉字部首法所用单字切分的研究》[J]，《天津师范大学学报（社会科学版）》2006 年第 4 期。

⑤ 参见陈燕：《汉字部首法取部位置的研究》[J]，《语言文字应用》2006 年第 3 期。

交，有关汉字的规范不断出台。2009 年教育部和国家语委联合发布了《汉字部首表》和《GB3000.1 字符集汉字部首归部规范》，解决了上面提到的与汉字部首法相关的问题。规范实现了首次检字法改革运动提出的建立科学性、系统性和实用性的检字方案的理论设想。1999 年国家语委发布的《GB3000.1 字符集汉字笔顺规范》、《GB3000.1 字符集汉字字序（笔画序）规范》，使笔顺笔画取得了统一，解决了首次检字法改革没有解决的影响汉字部首归部的笔形笔画问题，及笔形笔画检字法所涉及的问题。汉字部首规范等一系列相关规范的实施是历史的必然。

受国语运动影响发生的汉字检字法改革运动对后世产生了积极的影响，历经近百年几代人努力，最终结果是建立了现代汉字检字法。

再论“无时无刻≠时时刻刻”*

朱楚宏　毛绪涛

（长江大学文学院）

语文界关于“无时无刻”用法的批评由来已久，人们的意见基本一致：“无时无刻”表示“没有哪一个时刻”，“无时无刻不”相当于“时时刻刻都”。“无时无刻”是否定性的，只有在“无时无刻不”格式中，“无时无刻”才表示肯定的意思，无时无刻≠时时刻刻。[1]

最近，却也出现了不同的看法。《“无时无刻”与“无时无刻不”》[2]（以下简称王文）一文指出，现代汉语中“无时无刻”除了否定性用法外，还可以表示“不论哪个时刻；时时刻刻”的肯定性意义。王文建议，“对于‘无时无刻’的不同用法，中型以上的词典在以后的编纂和修订中可以考虑予以比较全面地反映”。

近些年来，无论是辞书释义还是现实语用，人们对“无时无刻”在理解上也不无分歧。[2]一段时间里，我们仅满足于是非断定，习惯于将一些客观存在的分歧看成是语言理解与运用中的“失误”，而对语言（也包括言语）自身的复杂现实不作分析考察。王文的可贵之处在于，不是简单地对照标准评判是非，而是充分地描写事实。

“无时无刻”的确出现了变异的迹象，尽管只是一种“微调”。当然我们还不能据此确认“无时无刻”的意义与用法已发生变化。从这个意义上说，王文又不无偏颇。本文主要解释这种变异。文章分三个部分：一、“无A无B”的格式语义；二、“无时无刻”的语义偏移；三、“无时无刻”与“正反同义”。

一、“无A无B”的格式语义

在“无A无B”格式里，嵌入语素A、B多是单音节的，有名词性的，也有谓词性的。

* 本文是2013年度教育部人文社会科学研究规划基金项目“汉语规范化中介现象研究”（批准号：13YJA740086）的成果之一。

A、B 两个语素意义上相关：或相同相近，或相反相对。两个“无”主要用作动词或副词（“没有”）：后接名词，否定事物的存在；后接谓词，否定性质状态。此外，“无”还有连词用法（“不论”），表示无条件。如：

A. 嵌入相同相近语素：没有……（没有……）

无边无际 无边无沿 无缘无故 无情无义

无拘无束 无依无靠 无休无止 无忧无虑

无儿无女 无职无权 无病无灾（非成语）

B. 嵌入相反相对语素：

B1 没有……（没有……）

无始无终 无是无非 无得无丧 无适无莫 无咎无誉 无可无不可

B2 无论……

无日无夜 无冬无夏 无贵无贱 无长无少 无小无大 无新无旧

整体上看，“无 A 无 B”格式具有多义性，一为否定式，一为肯定式，形成正反相对的两种意义。[2]

否定式，是指“无 A 无 B”中常常嵌入两个相同或相关意义的语素，表示否定，强调“没有……”，如 A、B1。这是现代汉语“无 A 无 B”的一般格式。（《现代汉语词典》2005 版第 1440 页。以下简称“现汉”。）

肯定式，是指“无 A 无 B”中还可以嵌入两个相反或相对意义的语素，表示“无条件”。这是一种条件总括，表示“在所有条件下都……”的意思。这种无条件用法，实际上是一种肯定性用法，如 B2。“无日无夜”即“无论白天与黑夜”、“每日每夜”。这种用法在古代汉语中比较常用。如韩愈《师说》中的句子：“是故无贵无贱，无长无少（无论贵贱，无论老少），道之所存，师之所存也。”再如《诗经·陈风·宛丘》：“无冬无夏（无论冬夏），值其鹭羽。”

在语汇系统中，“无 A 无 B”格式表否定性意义（“没有……”）的居多；表肯定性意义（“无论……”）的偏少。表否定性意义的独立性强，古今汉语基本一致；表肯定性意义的具有一定的语境依附性，意义的稳定性较差。这大概也是“无 A 无 B”肯定性意义“目前词典基本没有体现”[2]的原因。王文将“此其无月无日，无时无刻而皆当为防五卫八所”这一句看成是“无时无刻”的肯定性用法，实际也是上下文语境的影响：在句中“无月无日”与“无时无刻”连用。在“无月无日”的牵引下，“无时无刻”自然也具有了表“无论”的肯定性意义。

除了语境，“无 A 无 B”否定式与肯定式的意义分化还有什么内在规律呢？总的来说，“无 A 无 B”肯定式与否定式的分化，与嵌入成分有关，更与“无 A 无 B”的意义指向有关。

一方面，“无 A 无 B”主要用来表示“没有……”的意思，当两个嵌入成分是反义对举时，就有可能分化出“不论……”的肯定性意义来。[2] 如“无怨无悔”与“无贵无贱”不同，前者嵌入的是近义语素“怨”与“悔”，后者嵌入的是反义语素“贵”与“贱”，因此，前者表示“没有怨与悔”，后者表示“不论贵与贱”。值得指出的是，这种分化只是可能，不是必然。

另一方面，除了嵌入成分是反义对举之外，还要看“无A无B”格式的整体意义指向。我们发现，在构建“无A无B”格式时，有述同否定与述异总括两种指向。

述同否定，是说这种“无A无B”格式重在否定，在列举相关成分的基础上进行否定，否定的是两个嵌入语素的相同点，表示否定性意义（“没有……”）。如“无影无踪”（没有踪影）。相对语素也有异中之同，也可进入这种否定式，如“无始无终”（没有开头没有结尾，只有永无止息的过程）、“无咎无誉”（咎：过错；誉：美誉。原指对人既不责备，也不赞扬，言辞谨慎。后亦指既无过失可指责，也无美名可赞扬）等。

述异总括，是说这种“无A无B”格式重在总括，在列举相对成分的基础上进行总括，总括的是嵌入成分的异中之同，表示肯定性意义（“无论……”，“应区分而未区分”），如“无贵无贱”（无论贵贱）、“无长无少”（无论年长者年少者）。因为是“述异总括”，所以总括之前是凸显个体差异的反义对举，相对语素的并列就起到了这种作用。在这种肯定式中，“无A无B”之后往往可与范围副词“都”组合（或可添加“都”），副词“都”也表总括意义。例如：

(1) 十年探索使这个爱国志士醒悟，像他（张元济）这样的知识分子，只能寄希望于“开发民智”，使世间“无良无贱，无智无愚，无长无少，无城无乡”都能受教育，才能把这东方“睡狮”警醒。(CCL语料库)

(2) 梭伦可以自豪地宣布：“我制定法律，无贵无贱，（都）一视同仁。”（亚里士多德：《雅典政制》P16）(CCL语料库)

(3) 我们的人民在法律面前无贵无贱，（都）一律平等。(CCL语料库)

有的“无A无B”式兼有述同述异两种倾向。如“无大无小”的“无……无……”就兼有“没有”和“不论”（无论）两种意思：

[无大无小] ①无论大的或小的。也说无小无大。②不分辈分、年龄大小，指言行过于随便，没有礼貌。(现汉)

[无大无小] 无论大小。谓举国上下。《周书·文帝纪上》：“公昔居管辖，恩信著闻，今无大无小，咸愿推奉。”不分年长年幼、辈分大辈分小。[例] 你这孩子无大无小，真没有规矩。(李翰文等《成语词典第4卷》P 1775，北京：九州出版社2001)

这两条释义大同小异，可以互证。义项①“无论大或小”，是述异总括（无大无小，咸愿推奉：无论大小，都愿意推戴尊奉）；义项②“不分辈分年龄”，既无大又无小，既不尊重长者，又不抚爱幼者，“没有礼貌”，是述同否定。前者有“无论……”的肯定性意义，后者是“没有大小”的否定性意义。

“无A无B”表否定与表肯定二者在意义上不无关联。从引申过程看，“无A无B”式的引申分化，有一个中间环节：“未区分、不区分”。其过程是：没有→未区分→不论。“没有”（以动词为主）是意义起点，继而出现“不论”（连词）。中间的“未区分”（即“不论”的短语义）是词语意义引申演变的中介与桥梁：

（客观上）不存在 →未区分 →（主观上）无论

"未区分、不区分"介于客观与主观之间，意义半实半虚，反映了词汇化过程中过渡状态的存在。仍以"无大无小"为例："国无大无小，都要相互尊重。"（无论大小），是说无论大国小国，不区分大国小国；"他这个人总是大大咧咧，无大无小的。"（没有大小），是说他待人没有礼貌，不区分大小。这种连接点，在时间概念的对举上，"没有"与"无论"的差异几乎可以忽略不计了。如：

[无冬无夏] 不论是冬天还是夏天。指不受时间限制。出自《诗经·陈风·宛丘》："坎其击鼓，宛丘之下。无冬无夏，值其鹭羽。"柔石《二月》五："萧涧秋在房内走了两圈，他不想写那封回信了，不知为什么，他总不想立刻就写了，并不是他怕冷，想睡，爱情本来是无日无夜，无冬无夏的，但萧涧秋好像没有爱情。"（《写作成语分类词典》P 221，解放军出版社 1989）

"无冬无夏"表示永远不间断，不受时间限制。既可理解为"无论是冬天还是夏天"（肯定），也可理解为"不分冬天、夏天，没有冬天、夏天"（否定）。二者联系如下图所示：

无冬无夏：（因为）没有冬天、没有夏天，（所以不区分）。→一切时间、时时刻刻、永不间断。

无冬无夏：（因为不区分，所以）无论冬天，无论夏天。→一切时间、时时刻刻、永不间断。

二、"无时无刻"的语义偏移

时间是一种永恒，任何事物都不可能脱离时间而存在。否定时间差异也好，排除时间差异也好，都可视为一种肯定，一种特殊的肯定。"无时无刻"中的"时"、"刻"也是时间概念，出现从否定到肯定的偏移，也就不足为奇了。

一般来说，"无时无刻"属于否定式。但也有肯定式的用例。如王文开篇所引例句：

她的心无时无刻不在恋着剑波……（曲波《林海雪原》）

我们伟大的党啊，无时无刻都在关注我们。（《人民日报》1979 年 5 月 12 日）

我们知道，"无时无刻"主要是"无 A 无 B"的否定式，也有其特殊性。"无时无刻"所在的句子往往是一个双重否定句，即"无时无刻"之后常常另跟一个否定词，与"无时无刻"中的"没有"一起形成双重否定；"无 A 无 B"的一般否定式（即上节 A 与 B1 两类）则只是"无 A 无 B"格式内部的单重否定，而不大与别的否定词呼应。试比较：

我们都无权无势，两眼一抹黑，哪个单位要你？（刘震云《一地鸡毛》）

这些明亏、潜亏的企业无时无刻不像黑洞一样吞噬社会财富。（CCL 语料库）

在明代“无时无刻”后接否定词的用法就占绝对优势。虽然偶尔也有“无时无刻”的单重否定，下边是王文所举明清时代的二例：[2]

诸生即是以处天下之事，吾见格致工夫无时无刻而可了也。(《四书因问·卷四·子路篇》)

皇考、皇妣无时无刻稍释于怀……(允禄等《世宗宪皇帝上谕八旗》卷六)

例中“无时无刻而可了也”是说“没有什么时候可以了结”，“无时无刻稍释于怀”是说“没有哪一时刻稍有释怀”，用的仍是“无时无刻”的否定用法。正如王文所说，由于“无时无刻”中嵌入语素“时”、“刻”表示比较短暂的时间意义，使得“无时无刻”与副词“不”组合后，更突出了“没有什么时候不”，即“时时刻刻都”的意思。[2]

在变异用法中，“无时无刻”也可归入“无A无B”的肯定式。即将“无时无刻”理解成“每时每刻、时时刻刻”等肯定性意义，但一般被认为是误用。下边是同一作家的两种不同用法：

他常常在家里闷得要死……脑子里无时无刻不是荡漾幻想……(《荒煤短篇小说选》)

我那无时无刻都在尖声嘶叫的双耳，突然像响起了一阵雷鸣，震得头脑发胀……(《拿起笔来，为了共产主义的理想而奋斗》，陈荒煤《人民文学》1981年第5期)

有学者批评，前一例用得对，后一例用错了，句中“都”应改为“不”。[3]就“无时无刻”的常规用法来说，这种批评无疑是正确的。不过，如果强调“无A无B”的否定式与肯定式之间的联系，将“无时无刻”也理解为“无论哪一时刻、每时每刻、时时刻刻”，表示无条件，又似乎不无道理。只是，要认可这种偏移用法，还需要观察与论证。至少在当前，还是以不认可为宜：一是理据不足，二是频率太小。

在“无A无B”格式中，由于嵌入成分语义的复杂性，否定式与肯定式之间难免会出现可此可彼的游移状态，从而导致肯定与否定的兼有与偏移。“无大无小”的正反多义，当是这种变异状态的沉淀。不过具备这种兼职身份的词语毕竟是极个别的。因而对于那些还处于临时偏移状态的现象，则应予以限制，以维持常态。语言规范化需要适当的人工干预。“无日无夜”与“无时无刻”代表着两种不同的选择：“无日无夜”的“日”、“夜”具有反义对举性，表示“无论……”，是肯定性意义；[4]“无时无刻”的“时、刻”不具反义对举性，表示“没有……”，是否定性意义。这种倾向又不是绝对的。如果凸显“时”、“刻”的长短差异，“无时无刻”就可能出现肯定性意义(“无论……”)；如果淡化“日”、“夜”的昼夜对比意义，“无日无夜”就可能出现否定性意义(“没有……”)。只是这种偏移并不足以改变各自的主流用法。

我们查询了几个语料库：北京大学中国语言学研究中心(Center for Chinese Linguistics PKU)的语料库(CCL语料库)、中国语言文字网的语料库(国家语料库)、人民网的报刊电子资料语料库(人民日报系、人民日报)。见表1。

表1 “无时无刻”词频统计表

语料范围	排序	总例数	否定用法		肯定用法	
			例数	≈ %	例数	≈ %
人民日报系	4	980	811	82.76	169	17.24
人民日报	1	188	179	95.21	9	4.79
CCL语料库	3	305	275	90.16	30	9.84
国家语料库	2	17	16	94.12	1	5.88
合　计		1490	1281	85.97	169	14.03

从表格统计中可知，“无时无刻”的肯定用例都少于否定用例，否定用法占绝对优势。

三、“无时无刻”与“正反同义”

为了说明“无时无刻”与“无时无刻不”可以同等看待，王文将其与“差点儿VP”与“差点儿没VP”以及“非VP”与“非VP不可”等“正反同义结构”[5]进行类比。相比之下，王文更认可“无时无刻”代替“无时无刻不”与“非VP”代替“非VP不可”的类同性。二者都可视作一种特殊的省略现象——不用否定词，而隐含否定词的意思，且都是单重否定的肯定性用法。

词典解释“非”时还特别增加了一个义项：“⑦副 一定要；偏偏：不行，我~去！”其中“我非去”就是“我非去不可”的省略。能不能也将“无时无刻”看成“无时无刻不”的省略呢？我们认为不能。一是使用频率不同，“非V不可”的省略频率很高，而“无时无刻不”的省略是绝对少数。二是替换自由度不同，“非V不可”可用省略式直接替换，[2]几乎没有条件限制，“无时无刻不”则往往需要改换词语才能替换（将“不”换成“都”）。总之，前者是因习惯性省略而定型的常规意义，后者则是一种无规则的偶发状态。

王文中论及“无时无刻”与“无时无刻不”的异同时，也多次提到二者的差异。王文说，虽然在意思上“无时无刻=无时无刻不”，但是，在句子语义程度、感情色彩和语气上“无时无刻不”要比“无时无刻”更强，更夸张一些，主观性也更突出。试比较：

A. 无时无刻不想念着你。
B. 无时无刻都想念着你。

老实说，我们看不出这两个句子有什么强弱差异。如果真要说二者之间确实存在差异的话，那只能说A对B错。我们知道，汉语中，“无A无B”格式中常常嵌入两个相同或相关意义的语素，表示否定，强调“没有……”。（《现汉》第1440页）“无时无刻”本身就是一种强调式，我们能说这种格式可以用于非强调的语境中吗？

王文中列为否定用法的一组句子倒是可以视作羡余否定、正反同义，如果算作合格表达的话。类似的例子如：

陈白尘向朋友们谈起了那个无时无刻不能忘怀的石达开的故事，众人一致叫好，怂恿他

立即写出，并当即决定由万籁天担任主演。(《陈白尘与〈石达开的末路〉》)

在艰苦的战争年代，我们党领导下的政府机关及人民群众，无时无刻也离不开自己的子弟兵。同样，军队也无时无刻离不开地方政府和人民群众的支持。军民关系确实是一种鱼水关系。(《人民日报》1996 年 8 月)

曾子就是孔子所说的“君子”那一类人，无时无刻不离开“仁德”。(小草教学资源网高中教案《论语》七则)

“无时无刻”是“没有哪一时刻”的意思。按传统理解，“无时无刻不能忘怀”意思是“没有哪一时刻不能忘怀”，“时时刻刻都能忘怀”，这正与原句要表达的意思相反。不过，如果将这一类用法视作合理，“无时无刻不能忘怀”相当于“时时刻刻不能忘怀”，“无时无刻离不开”相当于“时时刻刻离不开”，那么，“无时无刻”就相当于“无时无刻不”，也可以等同于“时时刻刻”了。这样理解，“无时无刻”也就具备了正反两种意义。只是这一类用法确实比例太小，不能说明“无时无刻”的大多数。[6]王文也不持此说。

退一步说，我们不必太计较细节，姑且将“无时无刻”等同于“时时刻刻”，或者将“无时无刻”代替“无时无刻不”算作正反同义结构、羡余否定现象，也可避免一些不必要的争论。[7]不过，正反同义结构也好，羡余否定现象也好，都不是词语的意义，而是词语组合的意义，多属于语用范畴，不能将这类问题都交给辞书。语言现象错综复杂千变万化，辞书只能反映词语用法的一般规律，我们不能让辞书超负荷。何况，还有一些正反同义、羡余否定现象，“似乎可以认为是——或者说接近于——口误或笔误”[8]。

四、小结

本文主要评析“无时无刻”的正反同形现象。正反同形是词的一种特殊的多义现象。当前，“无时无刻”仍以否定性意义为主，其肯定性意义只是一种迹象与苗头。本文要点如下：

1. 汉语中，“无 A 无 B”存在着不无关联的两种用法，一是肯定式，一是否定式。“无时无刻”基本属于否定式。

2. 由于嵌入成分不同，“无 A 无 B”的否定性意义与肯定性意义之间会出现相持状态。“无时无刻”肯定式（“无论……”）是一种偏移现象，语用中应尽量避免。

3. “无时无刻”的肯定式，与正反同义结构看似相同，其实完全不同。

“无时无刻”的偏移用法存在着一定的合理因素，但从整体上看，“无时无刻”不等于“时时刻刻”，“无时无刻”也不能用成“时时刻刻”。常规的用法是，“无时无刻＋不”构成双重否定，相当于“时时刻刻都”或“每时每刻”的意思。人们的这种普遍共识还是应该予以维护。

参考文献：

[1] 谢逢江．无时无刻≠时时刻刻［A］．中国语文杂志社编．词语评改千例［C］，北京语文出版社，1992.

［2］王楠．“无时无刻”与“无时无刻不”［J］．中国语文，2010（6）．

［3］谢逢江．“无A无B”中的“无”及“无时无刻”的误用［J］．学语文，1992（3）．

［4］王志诚．“无日无夜”与“无时无刻”［J］．中国语文天地，1989（2）．

［5］江蓝生．概念叠加与构式整合［J］．中国语文，2008（6）

［6］林连通，陈炳昭．文章病例评改全集［M］．长沙：湖南人民出版社，1999.

［7］朱楚宏．成语语义超常引申新探［M］．北京：语文出版社，2010.

［8］张谊生．现代汉语副词探索［M］．上海：学林出版社，2004.

［9］朱楚宏，陈茂盛．“无时无刻”≠“时时刻刻”［J］．语文建设，2000（8）．

［10］宗守云，刘志红．“无时无刻不”和“时时刻刻都”［J］．柳州职业技术学院学报，2006（1）．

［11］徐汶辉．由“无时无刻”说开去［J］．现代语文，2007（4）．

留学生汉语新词语知晓状况的调查

范慧琴 王 丽

（中国传媒大学文学院）

随着现代社会的高速发展，每年产生大量的新词语，且呈逐年递增趋势。留学生学习的是生动活泼的当代汉语，因而，新词语的教学在对外汉语教学中应占有一席之地。从20世纪90年代开始，学者们已经开始意识到新词语教学的重要性（高莉琴1999；汤志祥2002）。之后，学界围绕新词语教学的若干问题展开了探讨，提出不少加强新词语教学的建议和措施。主要包括：第一，在大纲修订、教材编撰中加入一定比重的新词语（汤志祥2002；原新梅2002）；第二，通过课堂来加强新词语的教学，开设报刊课、新词语课（蔡绿2005；常志斌2007）等；第三，建设专门的语料库（刘善涛、李敏、亢世勇2011），或者编撰词典，以方便留学生新词语的学习。但是，大纲修订需照顾稳定性，教材编写周期长，新词语课的开设尚处于尝试阶段，语料库、词典的使用还需进一步普及，因而，在实践操作层面，新词语的教学尚未得到全面有效地实施。

近年来，学者们尝试从新的角度探讨新词语的教学问题。原新梅（2007）运用社会语言学的理论和方法，对留学生字母词的知晓度进行了调查，认为留学生对字母词的知晓度比中国学生低。张金桥、曾毅平（2010）从语言习得的角度，运用实验的方法，探讨了语义透明度、句子语境和语言环境三个因素对中级水平留学生新造词语理解与学习的影响。

本文借鉴社会语言学的调查方法，并结合语言习得的相关理论，重点调查留学生对新词语的知晓状况，并分析与之相关的语言学、社会学因素。

一、调查方案的设计与实施

（一）词例和变量的选择

以时间段和词频为主要标准，本文选取了50条新词语作为调查词例（详见表2）。其中40条是产生于2006—2011年间的新词语，主要以《中国语言生活状况报告》（2006—2010）

中对新词语的统计数据为基础，选择在当年出现频率较高，且使用状况较稳定的新词语，并增加 2011 年度较流行的"out"、"hold 住"、"天宫一号" 三条。另外十条是产生于 1990—2005 年间的新词语，主要根据《新华新词语词典》（2003）和对留学生的个别访谈确定，以考察留学生对 20 世纪 90 年代以来常用新词语的使用状况。此外，我们还综合考虑词义所涉及的社会领域、构词特点、来源、语义透明度等因素选词，以增强词例的代表性和覆盖面。其中，热门格式七条，生活、时政、经济、文化、教育、环保、医疗领域的高频词语各占一定比重。当然，从几千条甚至上万条新词语中提取 50 条作为代表，肯定难以面面兼顾。考虑到调查的可操作性，做出以上权衡与取舍。

变量选择主要包括留学生的性别、年龄、学历、汉语水平、母语等背景项，作为跟知晓状况相关的社会学因素，分析各种变量与新词语知晓状况的关联。

（二）问卷设计及统计方法

问卷包括两个部分：第一部分为主卷，是包含了 50 条新词语（包括热门格式）的词例表。我们用"知晓状况"① 来表示留学生对新词语的理解、运用水平，具体分为 ABCD 四级：A 能懂意思且会使用；B 能懂意思但不使用；C 见过但不懂意思；D 没见过。用给各个等级赋值的方法来计算"知晓度"，其中，A、B 两级表示知晓级别高，分别赋值为 2、1.5，C、D 两级表示知晓级别低，分别赋值为 0.5、0。然后对每条词语的得分加以统计，以每条词语的总分值代表留学生对此条新词语的知晓度。例如，我们共调查了 108 位留学生，那么每条新词语的知晓度理论最大值为 216 分。如果要计算每位留学生对新词语的知晓度，则将单个样本中 50 条新词语的得分相加，其理论最大值为 100 分。为便于比较，本文还引入"知晓率"的统计，即用平均知晓度除以理论最高值。例如，生活类新词语的平均知晓度为 100.83，其平均知晓率为 100.83 除以 216，即 46.68%。第二部分为副卷，用于调查留学生的各种背景项。然后以背景项为依据，对知晓状况做出分群统计，以分析它们之间的关联。例如，计算出每位男性留学生的得分，然后统计出所有男性留学生的总得分，除以男性留学生的样本数后，就可以得出男性留学生对新词语的平均知晓度。用同样的方法计算女性留学生的平均知晓度，就可以得到按性别分群的男女平均知晓度。

本调查实施的时间为 2011 年 10 月，调查对象为中国传媒大学和北京第二外国语大学的 122 名留学生，采取任课教师课间发放问卷的方式，共计发放 122 份，回收 116 份，回收率为 95.08%，有效问卷为 108 份，有效率为 88.52%。108 份有效问卷的样本结构见表 1：

---

① 谢俊英（2004）用"知晓度"来指"人群对词语的了解程度"，原新梅（2007）在调查字母词时采用了同样的术语，我们在文中沿用这一术语，并稍有调整，用"知晓状况"统称留学生对新词语的理解、运用水平，运用不同的计算方法，具体细分为"知晓度"和"知晓率"。

表1 调查对象的样本结构

背景项	类别	人数	比率（%）	背景项	类别	人数	比率（%）
性别	男	44	40.74	母语	英语	9	8.33
	女	64	59.26		日语	14	12.96
年龄	20岁以下	14	12.96		韩语	48	44.44
	20－30岁	78	72.22		俄语	6	5.56
	30－40岁	10	9.26		西班牙语	3	2.78
	40－50岁	5	4.63		塞尔维亚语	6	5.56
	50以上	1	0.93		土耳其语	2	1.85
汉语水平	初级	18	16.67		印尼语	6	5.56
	中级	55	50.93		瑞典语	2	1.85
	高级	30	27.78		保加利亚语	1	0.93
学历	高中	22	20.37		匈牙利语	1	0.93
	大专	1	0.93		德语	1	0.93
	本科	67	62.04		泰语	1	0.93
	硕士	12	11.11		马来语	1	0.93
	博士	1	0.93		法语	3	2.78

注：表中总人数不足108人的背景项为留学生在问卷中未填此项但完成了主卷所有问题的，所以统计时当做有效问卷，其中汉语水平项5人未填、学历项5人未填、母语项4人未填。

二、问卷调查结果与分析

本次调查的整体情况是：按调查对象统计，108位留学生对汉语新词语的平均知晓度为42.46分，平均知晓率为42.46%；按目标词语统计，50条新词语的平均知晓度为91.42分，平均知晓率为43.32%。

（一）目标词语知晓状况不分群统计结果

1. 目标词语不分群的知晓度排序

如前所述，采用给每条目标词语的每个选项赋值的方法，计算出每条新词语每个选项的总分，相加后得到该条新词语的总分，即知晓度。我们共调查108个有效样本，每条新词语的理论最高得分为216分。按总分排序后的结果见表2：

表 2 目标词语不分群的知晓度排序（按总得分统计）

	新词语	A 得分	B 得分	C 得分	总分		新词语	A 得分	B 得分	C 得分	总分
1	手机	182	6	2.5	190.5	26	围脖	60	12	11.5	83.5
2	减肥	176	4.5	1.5	182	27	10 后	54	18	11.0	83
3	买单	172	9	1.0	182	28	杯具	40	30	12.5	82.5
4	网站	146	10.5	5.5	162	29	裸婚	48	15	13.0	76
5	孔子学院	122	21	10.5	153.5	30	伤不起	30	33	12.5	75.5
6	动车	116	19.5	9.5	145	31	打酱油	32	21	19.5	72.5
7	高铁	110	22.5	11.0	143.5	32	~门	44	15	13.0	72
8	~女	100	24	8.0	132	33	囧	52	10.5	7.0	69.5
9	酷	106	16.5	8.5	131	34	必应	26	21	20.5	67.5
10	粉丝	110	10.5	8.5	129	35	雷人	40	13.5	14.0	67.5
11	~男	100	19.5	9.5	129	36	蜗居	36	19.5	10.0	65.5
12	被 XX	104	16.5	5.5	126	37	天宫一号	28	24	13.0	65
13	~族	98	18	8.5	124.5	38	~奴	34	19.5	11.5	65
14	~二代	94	19.5	7.5	121	39	山寨	34	13.5	15.0	62.5
15	给力	82	25.5	11.5	119	40	秒杀	24	16.5	13.0	53.5
16	Out	76	28.5	6.5	111	41	断背	24	12	17.0	53
17	上网本	62	33	10.0	105	42	萌	30	9	11.0	50
18	神马	62	33	8.5	103.5	43	钓鱼执法	24	13.5	11.5	49
19	Hold 住	70	19.5	9.0	98.5	44	甲流	8	22.5	16.5	47
20	谷歌	66	18	10.5	94.5	45	保八	8	10.5	15.0	33.5
21	团购	58	22.5	14.0	94.5	46	坑爹	18	4.5	9.0	31.5
22	花心	62	21	10.0	93	47	低碳	14	6	10.5	30.5
23	课件	52	27	14.0	93	48	凡客体	4	7.5	15.0	26.5
24	的士	54	22.5	14.5	91	49	限塑	6	13.5	6.5	26
25	小三	56	18	11.0	85	50	炫富	8	6	10.0	24

从表 2 可以看出，排名前 10 位的新词语分别为：手机、减肥、买单、网站、孔子学院、动车、高铁、~女、酷、粉丝。其中除“~女”、“高铁”、“动车”外，均为 1990—2005 年间产生的新词语，且主要是跟留学生日常生活起居密切相关的词语。如果以得分 A 排序（排序表从略，可从表 2 的 A 项得分推知），排名前 10 位的新词语分别为：手机、减肥、买单、网站、孔子学院、动车、粉丝、高铁、酷、被 XX，其中“被 XX”由第 12 位升到第 10 位，“~女”由第 8 位降到第 11 位，其他词排序很稳定，只有“粉丝”排序稍有变化。

排名后 10 位（从 50 位到 41 位）的新词语分别为：炫富、限塑、凡客体、低碳、坑爹、保八、甲流、钓鱼执法、萌、断背。按得分 A 排序，排在后 10 位的新词语分别为：凡客体、炫富、限塑、甲流、保八、低碳、坑爹、秒杀、断背、钓鱼执法。其中，“萌”从原来的第42位上升到第37位，“秒杀”由原来的第40位下降到第43位。这些词语均为2006—2011年间产生的新词语，主要涉及时政、经济、环保等领域，跟留学生的日常生活联系不太紧密。其中，“炫富”、“坑爹”等词语的意义是特定社会事件的代码化，语义透明度低，“凡客体”、“萌”在文化娱乐领域使用率高，“甲流”是2009年度的高频词，但使用状况走势起伏很大，跟“非典”等词一样，只在一定时期高频出现，“保八”、“钓鱼执法”、“秒杀”、“限塑”、“低碳”等都是年度高频词，但留学生对于时政、环保、经济等领域的问题可能并不是很关心，所以排名很靠后。

2. 跟目标词语知晓状况相关的语言学因素

从表2所反映的整体情况看，留学生对新词语知晓度的高低跟新词语产生的时间段、反映的社会生活领域、构词方式等有较大关联，我们从以下几个方面作了统计：

（1）留学生对新词语的知晓状况跟时间段明显相关。1990—2005期间产生的新词语中，有8个排在前10位，另外两个“的士”、“花心”也都排在前25位。具体情况见表3：

表3 不同时间段新词语的知晓状况比较

时间段	词语数量	平均知晓度（分）	平均知晓率（%）
1990—2005	10	104.7	65.14
2006—2011	40	79.1	36.62

在同一时间段，留学生对不同年度产生的新词语知晓度也有差异。例如，留学生对于产生于2008年度的“雷人”、“山寨”、“囧”等新词语的知晓度要明显低于产生于2010年以来的“给力”、“hold住”、“神马”、“杯具”等词语。

（2）留学生对新词语的知晓状况跟词义所反映的社会领域明显相关。具体情况见表4：

表4 不同社会领域新词语的知晓状况比较

社会领域	词语个数	平均知晓度（分）	平均知晓率（%）
生活类	38	100.83	46.68
环保类	2	28.25	13.08
教育类	2	123.25	57.06
经济类	2	43.5	20.14
时政类	1	49	22.69
科技类	3	75.67	35.03
文化类	1	26.5	12.27
医疗类	1	47	21.76

学生对于生活类的新词语知晓度明显较高。至于其他领域的词语，尽管选的基本上都是年度高频词，如“保八、低碳、钓鱼执法、凡客体”等，但学生的知晓状况较差。教育类、科技类词语比较特殊，数量较少，只有“孔子学院、课件、必应、谷歌、天宫一号”几个，且跟学生生活密切相关，所以学生知晓度较高，但不能代表整体趋势。

(3) 留学生对热门格式的知晓状况较好。在调查词表的50条新词语中，我们选了7个热门格式，除“～门”、“～奴”外，其他都排在前14位，见表5：

表5 热门格式与单个新词语的知晓状况比较

类型	词语数量	平均知晓度（分）	平均知晓率（%）
单个词语	43	88.41	40.93
热门格式	7	109.93	50.89

整体来看，学生对于语义透明度高的热门格式知晓状况较好，“～门”、“～奴”等因语义透明度较低，学生知晓度也较低。“被XX”语义透明度较差，但学生对其知晓度比其他格式更高，这可能跟该格式的使用广泛、表义独特等有关。

此外，语义透明度、来源、构词特点等因素也会影响留学生对新词语的知晓状况。例如，“凡客体、萌、山寨、雷人、囧、打酱油”等语义透明度低，“围脖、的士、杯具”等跟谐音、方言音有关，学生的知晓情况较差。像“雷人、囧”等中国学生特别喜欢用的词语，留学生用得并不普遍，像“的士”一词，应该是生活常用词，但知晓度也不高。总之，留学生对新词语的知晓情况受到多种条件的制约和影响，常常是这些因素综合起作用。

（二）目标词语知晓状况分群统计结果

在调查表的B卷中，我们列出了跟知晓状况相关的变量，如留学生的性别、年龄、学历、汉语水平等背景项。统计时，因50岁以上的只有1人，故将其与40—50岁的合并为40岁以上一栏，大专学历的只有1人，故将其与本科合并为大学一栏，博士学历的只有1人，故将其与硕士学历的合并为硕士以上一栏。表6是对目标词语知晓度分群统计的结果：

表6 目标词语知晓状况的分群统计结果

分类	类别	人数	比率（%）	知晓度（分）
性别	男	44	40.74	40.17
	女	64	59.26	43.7
年龄	20岁以下	14	12.96	36.32
	20—30岁	78	72.22	44.16
	30—40岁	10	9.26	43.25
	40岁以上	6	5.56	29.75
汉语水平	初级	18	16.67	27.03
	中级	55	50.93	42.35
	高级	30	27.78	49.63
学历	高中以下	22	20.37	37.36
	大学	68	62.96	44.18
	硕士以上	13	12.04	39.62

可以看出，年龄和汉语水平对新词语知晓度的影响较明显。年轻人对新词语的知晓度高，20—30岁的知晓度为44.16，30—40岁的知晓度为43.25，而20岁以下的知晓度为

36.32，40岁以上的知晓度仅为29.75。中高级汉语水平的留学生对新词语知晓度高，分别为42.35和49.63，而初级的只有27.03，知晓度呈现随汉语水平升高而递增的趋势。性别和学历对新词语知晓度的影响不明显。女性对新词语的知晓度略高于男性，女性为43.7，男性为40.17。高中以下学历的留学生对新词语的知晓度为37.36，大学学历的为44.18，硕士及以上学历的为39.62，大学水平的留学生是调查对象的主流，他们的知晓度也最高，但其他学历的样本数较少，不能确定有明显的关联。

三、调查结论与启示

通过对留学生汉语新词语知晓状况的调查，我们初步得出以下结论：

第一，从整体上看，留学生对新词语的知晓状况处于较低水平，新词语的教学还有待进一步加强。①

第二，留学生倾向于掌握实用性、稳定性、能产性、时效性较强的新词语。

第三，留学生对新词语的知晓状况跟其汉语水平、年龄有明显关联，跟其性别、学历的关联性不明显。

通过此次调查，我们认为，留学生新词语的教学还有几点值得进一步关注：

第一，新词语的使用状况走势。在调查中，我们主要以新词语的年度使用频率为依据选择词例，但有些新词语的使用状况走势波动性大，如“甲流”等词，学生的知晓状况也较差。因此，使用状况走势应该是今后选词时需要考虑的一个重要因素。

第二，热门格式构成的词语群的教学。热门格式构成的词语具有“羊群”效应，在教学中可有效利用这一点，扩大学生的词汇量。

第三，大众传媒对留学生新词语学习兴趣的影响。在汉语国际传播的大背景下，如何充分发挥媒体的作用，为留学生的汉语学习提供更多可选择的渠道和途径，值得我们重视。

当然，由于研究条件的限制，本调查的词语样本和被试样本量均较小，所以结论可能带有一定的局限性。我们希望留学生新词语习得的实证性研究会进一步加强，从而为教学提供更加切实有力的依据。

参考文献

[1] 蔡绿．试论对外汉语报刊阅读课中的新词语教学［J］．太原师范学院学报（社会科学版），2005，(1)．

[2] 常志斌．留学生汉语新词语课的建设问题初探［J］．上海大学学报（社会科学版），2007，(3)．

[3] 高莉琴．新词新语应在第二语言教学中占有一席之地［J］．语言与翻译，1999，(1)．

[4] 刘善涛，李敏，亢世勇．对外汉语新词教学信息库的研究与实现［J］．语言文字应用，2011，(1)．

[5] 汤志祥．汉语新词语和对外汉语教学［J］．语言教学与研究，2002，(2)．

① 我们使用相同的问卷对中国传媒大学的120名中国大学生作了调查，结果是：按调查对象统计，他们对新词语的平均知晓度为93.39分，平均知晓率为93.39%；按目标词语统计，50条新词语的平均知晓度为162.54分，平均知晓率为93.41%。这个数据是留学生对新词语知晓率的两倍还多。

[6] 谢俊英．新词语与时尚词语社会知晓度调查与分析［J］．语言文字应用，2004，(1)．

[7] 原新梅．字母词语与对外汉语教学［J］．河南师范大学学报（哲学社会科学版），2002，(6)．

[8] 原新梅，梁盟．留学生字母词语的知晓度［J］．语言文字应用，2007，(1)．

[9] 张金桥，曾毅平．影响中级水平留学生汉语新造词语理解的三个因素［J］．语言文字应用，2010，(2)．

汉字的重新分析与“囧”类古词语网络新义的产生*

雷冬平**

（湘潭大学文学与新闻学院）

一、引言

网络新词语总是一批批地出现，诸如有“奴族”、“客族”、“裸族”、“晒族”、“雷族”词等，又有“X 吧”、“X 盲”、“X 门”、“X 秀”、“X 套餐”、“X 霸”以及“X 版”，等等。2008 年以来，词语网络新义的产生又有了新花样，汉语中的一批冷僻字受到追捧，产生了流行的网络新义，如“囧”、“圐圙”、“男”、“怹”、“烎”、“尖”、“巭”、“奣”、“兲”、“槑”、“靐”、“犇”等。这些词在日常用语中不常见，虽专业人士亦不一定认得，但在网上已经广为流传，在百度搜索中输入“囧”，可得到相关网页 100000000 个，输入“槑”，亦可得到 6080000 个相关网页。然而，二词的网络新义与其本义却毫无联系，《说文·囧部》：“囧，窗牖丽廔闿明，象形。”《汉语大词典》（以下简称《大词典》）释“囧”为：“窗透明。引申为明亮。”读为“jiǒng”。而“槑”，《大词典》释之为：“同‘梅 1’。”但网络上的诸多用例用《大词典》之释义却解释不通。如：

（1）离开家了，漂洋过海只身一人，我是勇敢的小闯将。快乐的事儿不少，悲伤的事也不少，囧事更是一箩筐。（http：//lady. 163. com/special/00262EL6/10years006. html）

（2）那驴特槑，每天工作都非常卖力。（http：//www. douban. com/review/1612169/）

---

* 本文初稿曾在第七届全国语言文字应用研讨会（中国·湘潭，2011. 10）上宣读，与会专家提出了宝贵的修改意见；本文研究还得到国家社会科学基金青年项目（11CYY040）的资助，并在《黄河科技大学学报》2012 年第 2 期发表，一并致谢！文责自负。

** 雷冬平（1976— ），男，汉，江西安福人，文学博士，湘潭大学文学与新闻学院副教授，硕士生导师。

例（1）中的“囧事”是“丢人的、令人郁闷的事情”。例（2）中的“槑驴”意为“很傻的驴”。前者与窗户无关，后者亦与梅花无涉。“囧”本为象形字，像房屋窗户之形，在网络语言中被重新分析成：“囧”的“八”字眉是它的眉眼，“口”是它的嘴巴。整个字分析成一张脸，表示郁闷、愁苦的表情。而“槑”则重新分析成两个“呆”的叠加，表示“很呆”之义。这是汉字重新分析的结果。

已有网络新词新义的研究，均是从词的音义角度进行研究的，[1][2][3][4][5][6][7][8][9][10][11][12][13][14][15][16]尽管也有把“囧”字作为网络新词进行研究的，[17][18][19][20][21]但基本都是从功能和词义的角度来探讨，或者从符号学和修辞学的角度来进行阐发的，且这类研究多囿于“囧”这一个字，没有从同类词“槑”等进行系统研究，从而得出汉字演变和新词新义产生的关系及其规律。本文就拟从汉字重新分析是新词新义产生的一条重要途径的角度来研究网络新词新义产生的理据和机制。

二、汉字形体表意的主观性与模糊性

（一）汉字形体表意的主观性

汉字重新分析需要从汉字表意的主观性和模糊性谈起。汉字字形可以表意这是学术界的共识。汉代许慎通过字形成功解说了绝大部分汉字的本义就是一个有力的证明。但是这种字形表意往往是融合了认知主体的主观性的，因为何种字形表何种意义虽然与字形的具体构型特征有关，但是表意约定俗成的特征就融入了大众的主观认知。如象形字是一种直观的图像表示，是人们在认知客观世界的过程中，事物在人脑中形成意象的结果，这种意象是事物整体轮廓和典型特征在人脑中被重新激活的解读过程，形体易状之物则求其整体轮廓，如“自”（）与“目”（），整体形状相似之物则谋其显著之区别特征，如“牛”（）与“羊”（）。这一客观事物在人脑中的映射过程其实就包含了认知主体的生活体验及其对客观事物的概括。再如会意字，则更多地融入了认知主体的主观意识。因为会意字的“比类合谊”需要调动更多的联想，这种联想已经不再限于象形字的轮廓或者特征与具体事物之间的关联，而涉及更广范围，更抽象的事物与事物之间的联系，这种联系往往不是单线的，而是多头的，但约定俗成只限定其中之一的特征和意义联系。如一木为木，二木为林，三木为森，这种会意字的字形表意融合了人们对客观事物的认知，那么这类字的表意规律就有可能被用来类推分析其他同类字形的意义，如“犇”字根据“森”的表意规律则应该是表示“牛多”，然而事实却不是这样（详见下文）。又如《说文·囗部》：“囚，系也。从人在囗中。”可见，“囚”的本义是“拘系、监禁”，而不是监禁人的“囚牢”。《说文·牛部》又曰：“牢，养牛马圈也。”则“牢”分析成名词，为“关牲畜的栏圈”义。两个同类动作的会意字，一个是关人，一个是关牛，前者突出动作，后者突出联系动作发生的处所。因此，事物的哪个特征与字形形体联系，最初的约定俗成具有极大的主观性，这种主观性为我们下文所说的汉字重新分析奠定了基础。

（二）汉字形体表意的模糊性

模糊性是自然语言的一个重要特征，它不像计算机程序语言那样精确，汉字形体可以表意，同样也存在一个表意模糊性的问题。语言模糊的产生必须考虑客观和主观两个方面，伍铁平就曾指出“在讨论模糊性时，必须区别本体的模糊性（ontological fuzziness）和认识上的模糊性（epistemological fuzziness，或者叫观念上的模糊性）这样两种不同的现象”[22](p141)。研究汉字表意的模糊性，也需要区别本体的模糊性和认知上的模糊性，本体的模糊性就是汉字构件表意本身的客观原因造成的，如象形字“瓜”的小篆形体是“”，整个形体中，四周是瓜藤，中间的小圆圈才是“瓜”，也就是说，在楷体的“瓜”中，只有“厶”的部分是表示意义的，这种只有整个形体的小部分来表示整个形体的意义是比较模糊的，因为这个形体完全有可能是表示“藤”或别的相关概念。这种两可的分析完全是由于字形本身的局限造成的，因为汉字虽然具有图片性质，但是它并不是图片本身，它不是客观事实的如实写照，而是对事物的特征进行了概括性或突出性的抽象。

我们更多的是要探讨由于认知主体的主观认识而造成的汉字字形表意的模糊性。汉字形体稳定之后，其形体与意义之间也就有了一定的确定性，即所谓的约定俗成。但是由于确定性形成的规律之外还有例外，主体在认知这些例外的时候就会给汉字形体表意带来许多不确定因素。李晓明曾指出：“确定性和不确定性，精确和模糊的对立，只有在事物与人发生认知关系的前提下，即只有在认知论的范围里才有意义。精确性和模糊性是在人类认知活动的客观过程中产生的。”[23](p116)所以，“所谓模糊性，就是人们认知中关于对象类属边界和性态的不确定性”[23](p116)。即如果利用约定俗成的字形与意义之间的联系规则来推导同一范畴的所有成员，则可能会出现错误的推导，这种错误就来自于汉字表意的模糊性和不确定性，当然，这也是汉字形体表意主体认知的主观性造成的。我们主要以同体复合会意字来分析这个问题。汉字常用相同的构件叠合来表示“众X”（X为构词部件）义，这是非常常见的，如“林”、“森”，“炎”、“焱”，“吅”、“晶”等，2X、3X表示多个单体X的会合之义（如“林”与“森”）或X所具有的性质的强化之义（如“晶”、“炎”）。但是确如我们上文所说，这种确定性的会意字形成的规律往往存在不少的例外，这种例外破坏了这种会意推理，这主要是因为人们在认知这类会意字的时候，同体构件之间的关系可以重新理解，不同的认知主体认为会意字存在不同的认知突出路径。如：

A组：

a. 人——从——众

《说文·人部》：“从，相听也。从二人。”从，即跟从、听从之义。不似“众”之表多人义。

b. 石——砳——磊

《玉篇·石部》：“砳，石声。”《正字通·石部》：“砳，《六书略》：‘二石相击成声。’”《说文·石部》：“磊，众石也，从三石。”

c. 水——沝——淼

《说文·沝部》：“沝，二水也。”明杨慎《谭苑醍醐·蜀江水路险名》：“滩碛相凑曰沝。”“沝”即滩碛相凑之处，就是二水汇合处两片相连的沙石滩。《说文新附》：“淼，大水也。从三水。或作渺。”水大，即水广大无际貌。

该组是“X——2X——3X”的结构，虽然3X均表示“众X”之义，但2X的会意结果就各不相同：“从”的“相听”之义为动词，表示二人涉及的动作，这个动作是由一个

“人”紧随着另一“人”抽象出来的，会意的同时利用了构词部件的空间距离相似性；“砳”不表众石之义，而表示的是两块石头撞击的声音，是拟声词，侧重的是从“石”与“石”靠近的结果进行会意的；“林”同样不表众水义，而是表示二水汇合之处，是名词，其会意的侧重点与“砳”一样是按“水”与“水”靠近的结果进行会意的。总的来看，A组的2X类词会意侧重的是两个构词部件所表示的事物靠近之后，所能产生的动作、状态及其结果，虽然会意的整体原则一致，但各自会意路径的差别导致它们的意义并未一致地形成“众X”义。因而A组中2X类词的表意是模糊的，导致了认知主体在解读过程中的不确定性。

甚至有的同体会意字没有2X类词，只有3X类词，且3X的会意方式与前组又有不同。如：

B组：

a. 犬——（?）——猋

《说文·犬部》：“猋，犬走皃。从三犬。”“犬走皃”即群犬奔走的样子。

b. 鹿——（?）——麤

《说文·鹿部》：“麤，行超速也。从三鹿。”

c. 羊——（?）——羴

《说文·羴部》：“羴，羊臭也。”“羊臭”即羊的气味。

B组中的问号是表明在文献中尚未发现由两个单字构件构成的会意字，与前组不同，单看该组3X类词，其会意方式亦有不同，其中a、b组词的会意方式不同于c中之“羴”，它们分别突出不同特征。正是这种事物典型特征突出的会意方式，给汉字，特别是给会意字的重新分析提供了根据和契机。

三、汉字的重新分析与古词语网络新义的产生

（一）汉字的重新分析

语言是一个有规则的动态系统，动态性说明语言不是一成不变的，语言系统有其自身的演变规律。此外，由于语言是对客观世界的能动反映，它融入了人对客观世界的主观认识，因此随着认知主体对客观事物的认知加深，语言也同样会随之发生演变。我们把一个语言单位由于认知主体的认知变化而产生对其不同于以往理解的过程叫做重新分析。这与语法化的重新分析（reanalysis）有所不同，语法化的重新分析是指语言分析者对已经发生了变化的语言现象作出一个新的解释；即语言现象在非人为的情况下，逐渐发生了变化（包括分界的转移），语言分析者对此结果加以认定。而“囧”类网络新词的用法，则是不同于语法化重新分析的另外意义上的重新分析所造成的结果。它是某些汉字使用者有意地对已有的汉字根据字形作出另一种符合汉字造字规律却又与造字本义几乎无关的分析，它包括对汉字构件的拆分、对构件关系的理解和对构件功能的认定等。在汉字的发展史上，存在大量重新分析的事实。齐元涛曾着重研究了重新分析在汉字发展过程中的表现。他总结了四个方面的表现：一是字形构造方式的演变，如“涉”由象形字到会意字的字形演变；二是形借，如表“皂斗”义之“草”由于字形上的相关而借来记录“艸”；三是从异写字到异构字的转变，

如“職”的异构字“軄”的形成就是对其异写字“軄”重新分析的结果；四是本字重构，如表“陈列”义的“陈”引申指“战阵”义后，为了实现形义的统一，将“陈”重新分析成“阵”。[24]也许汉字历史上的重新分析还没有达到像徐通锵先生所说的是“汉语不可动摇的基本单位”的生成方式的高度，但徐先生所认为《说文解字》的“以形释义”及清儒的“因声求义”包含了对汉字的重新分析这一论断无疑是正确的。[25]但是已有研究对于汉字重新分析的表现似乎还忽略了一类重要的现象，即我们所说的会意字。上文我们说这类字的表意存在着主观性和模糊性，如3X类会意字有时候所表示的意思是“众X”之义，如“森”、“众”、“磊”等，有时候则是表示“众X的性质或者状态”之义，且性质或者状态的侧重点亦不一样，如“犇”、“猋”、“羴”等。这种表意的模糊性是汉字意义重新分析的基础，是对构词部件之间关系重新理解的基础。如“騳”与“驫”各有二说：关于“騳”字，《玉篇·马部》：“騳，马走也。”《六书故·动物一》：“騳，两马并驰，声騳騳也。”而“驫”字，《说文·马部》：“驫，众马也。”王筠句读：“似捝‘行’字，《字林》：‘驫，众马行也。’”《广韵·宵韵》：“驫，众马走皃。”且二词的意思互有交叉，这种对“騳”、“驫”释义的不一致，我们不一定要像王筠《说文句读》所说：“似捝‘行’字。”换一个角度，二词的二说也可以看成是会意字表意的模糊而造成了对二词的重新分析。

（二）“囧”类古词语网络新义的产生

我们认为，“囧”类网络新词的产生主要是由于汉字字形重新分析的结果，主要体现在以下四个方面：

1. 象形字构件关系的重新分析

（1）囧（jiǒng）

《说文·囧部》：“囧，窗牖丽廔闿明，象形。”王筠《说文释例》：“此字之形与囱相似，皆是外框内棂，而不得与囱为象形者，取义于丽廔闿明也。”《玉篇·囧部》：“囧，大明也。”《广韵·梗韵》：“囧，光也，彰也。”可见，“囧”的本义为窗透明，引申为明亮。但是从字书的解释看，“囧”作为象形字，本义却比较抽象，“窗透明”这个意思很难从字形上抽象出来，最多像“窗户”，但却不能为“窗”，因为已有一个“囱”。因此，“囧”之象形表意存在较大的模糊性。然而根据“囧”之特有字形，网民将“囧”分析成一张郁闷、愁苦的脸谱：“八”字眉是它的眉眼，“口”是它的嘴巴。因此，它在网络上的含义比较丰富，如可表示“尴尬”、“无奈”、“真受不了”、“投降”、“强大”等意思。囧字出现在了博客名、网站名、商店名、电影名等名称中，甚至某运动品牌还专门生产了一款“囧”鞋。由于“囧”的本义不为一般读者所了解，因此这种非常象形的重新分析得到广大网友的认同，并将“囧”称为“史上最牛的汉字”。

（2）圐圙（kūlüè）

“圐圙”一词不能单用，是一个从蒙古语借来的音译词。以往字书均不见解释。《现代汉语词典》（第5版）和《汉语大词典》解释为：“蒙古语。指围起来的草场，多用于村镇名。如马家圐圙（在内蒙古）。今多译作‘库伦’。”从字形上来分析，严格说应该是个象形兼会意字，“囗”象形围栏，即“围起来的草场”，通俗地说指“网围栏”。“囗”中的“罗”、“畧”可会意为四周都被围起来的空间范围，二者相合在内蒙古方言中指围住的土地，特指牧民为了保护草场不被他人的牲畜破坏而用铁丝网围住的一片草原，称为“草圐圙”。

在网络流行语中将“圐圙”一词“囗”中的“男”、“畓”两个部分的构件“四方八面”重新分析成现代汉语常用的成语“四面八方”或者指“来自五湖四海，四面八方”。如果“别人要是在QQ中问你是哪个地方的人，你就说来自‘圐圙’，意思是你来自四面八方，五湖四海！”

2. 形声字构件关系的重新分析

（1）勥（qiǎng）

《说文·力部》：“勥，迫也。从力，强声。勥，古文从彊。”段玉裁注：“勥与彊义别，彊者，有力。勥者，以力相迫也。凡云勉勥者，常用此字。今则用强、彊，而勥废矣。”可见，“勥”是形声字，为强迫、勉强之义，是勉强之“强”的古字。这个形声字被网友从构词部件上进行了重新分析，把它当成以义会意的异体复合会意字来对待，即直接将构件的意义进行叠加，如同“奄”为“大耳”一样，将“勥”重新分析为“强力”。该词的重新分析最初是在“魔兽世界”这款游戏的中国玩家中产生，这些人为了更快速地打通副本，在公共频道里寻找“装备、意识”好的强力玩家。“勥”因其上“强”下“力”的会意字形而被广大“魔兽世界”的玩家所接受。“勥”之“强力”义在网络上的使用不断地扩大，已不仅仅限于游戏中，如：“快来参加09最勥星座有奖大票选活动吧！”（《白羊已露尖尖角，谁是最“勥”星座》http：//www. youkelai. com/news/content/20090925/44794. html）“美女勥来袭VINI美眉俱乐部。”（http：//games. 52pk. com/shtml/20090429/486265. shtml）

（2）恏（hào）

《龙龛手鉴》：“恏，慾也。音好。”可见，“恏”的本义为“欲念、欲望”之义，是个下形上声的形声字。声符“好”只表示声音，与“良好”之“好”没有关系。但是网友们从诸如“慾”同“欲”这样的规律中对“恏”的字形进行了类推，将“恏”重新分析成“良好”之“好”义或者程度副词之“好”义。如：“美恏瞬间，美恏回忆。”（http：//hi. baidu. com/liuconglc）“《三国演义》的恏词恏句。”（http：//hd. games. sina. com. cn/g_ item/2006/9－6/2108/show. php？id＝109317）“嗅了嗅手中的面巾，才喃喃道：“恏漂亮的眼睛……可惜……”（http：//read. xxsy. net/books/78002/1807754. html）

3. 异体复合会意字构件关系的重新分析

（1）烎（yín）

《集韵·侵韵》：“烎，明也。”也就是说，“烎”的本义为光明之义，为会意字，说明古代汉族先民晚上点火照明。然而这样一个冷僻字，最近在网络上却无比地火了起来。“烎”的流行源于游戏家族，是游戏玩家们创造的一种全新的文化现象。它的网义最初出现在2009年9月联想IEST某场DOTA对决赛中。在IEST大师赛预选赛中，出现一支自称“烎之队”的比赛队伍，向知名DOTA战队发起了“开火”的宣战宣言，而演变成了流行的“烎文化”。从这一特定意义上看，正是联想IEST大赛催生了“烎文化”。在游戏中，意义为“遇强则强，斗志昂扬，热血沸腾，你越厉害我越要找你挑战，希望在竞争或对抗中一比高下”。当“烎文化”溢出网络游戏家族，向网络大众群体蔓延之后，它的文化内涵更加丰富，意义有进一步泛化的趋势，“烎”派生出的一系列流行词语风行一时，如：“烎你就像碾一只蚂蚁！”“烎你没商量！”“男人，重要的不是帅，是烎！”这些“烎”因为具有“挑战”、“敢于竞争和拼搏”等积极向上的意义而更加受到广大网友的热捧。这些网络意义皆是源自于对“烎”之字形重新分析的结果。

（2）氼（nì）

《字汇·水部》：“氼，与溺同。”《字林撮要》：“人在水上为氽（tǔn），人在水下为溺。休同氼。”即“氼”为会意字，表示人在水下，是“沉溺”之义。网友对该字的会意方式进行了重新分析，直接将两个构字部件的意义进行叠加，理解成“水人”。“水”有“质量差”、“技术水平不高”等新兴义，如“水货”，《现代汉语词典》（第5版）释之为：“②指劣质产品。”同理，“水人”就是在网游的世界里什么都不懂的人，也就是网游中的新人、菜鸟这一类人，他们被称为“氼”。如：“在《新龙影》的世界中，作为一个初出茅庐的‘氼’，要怎么做才能摆脱这个‘氼’字的头衔呢？”“而同样能够给‘氼’们带来优厚待遇的师徒系统，让‘氼’们在《新龙影》的冒险世界中更加快速成长。”（http：//www.99you.com/GameZone/sol/news/2008/11/11/158316.html）

这种异体复合会意字构件关系重新分析的例子在网络新词语中还有一些，如“巭”（pu）之“勉学”义重新分析成“功夫”义、奣（wěng）之“天色清明”义重新分析成“天明”义、“兲”（tiān）之“天”义重新分析成“王八”义，等等。这些词的重新分析都遵循了一个原则，就是将异体复合会意字的构字部件的语义直接进行叠加，这种会意方式在会意字中常见，如“奆”、“岩”、“昶”、“武”、“嵩”等。

4. 同体复合会意字构件关系的重新分析

（1）槑（méi）

“槑”是“梅花”之“梅”的异体字。《集韵·灰韵》：“梅，或作槑。”清龚自珍《病梅馆记》：“江宁之龙蟠，苏州之邓尉，杭州之西谿，皆产槑。”《现代汉语词典》（第5版）也列出了“槑”是“梅”的异体字。“梅”、“槑”构成异体，只是在形体上的差异。“槑”是“某”字的重写异体，由于形体的讹变，构成“呆”（不是傻呆之呆）状，两个“呆”联合在网络上被网友重新分析成两个傻呆之“呆”的并列，表示“很傻，很呆”之义。“槑”字用到了书名上，如《槑女囧事》（闻婕著，中国画报出版社2009），西祠胡同网站有“囧团槑囡”专栏（http：//www.xici.net/t_%87%E5%E0%EE%98%8E%E0%EF.htm），等等。基本上原来可以使用“呆”的语境中，在网络语言里都用“槑”取而代之，形容一个人很傻，很天真。

（2）靐（bìng）

《广韵·证韵》：“靐，靐靐，雷声也。”此乃其本义。“靐”之流行得益于网络流行词“雷”的盛行，“雷人”、“雷到”成为很多年轻人的口头禅，一时网络上雷声一片。互联网上甚至出现了一些专门的网站：雷帖网、雷人事件簿、雷人山寨、雷人之家、零度雷人网、雷人网、搞笑雷人网、雷人吧等等。[26]“靐”，因为是属于3X类的会意字，所以含有“众雷”之义，在网络上就是表示“很雷人，特别雷人”之义。

（3）犇（bēn）

《正字通·牛部》：“犇，牛骇群走也。”“犇”的本义为“群牛受惊奔跑”。“犇”作为网络流行语，意义为“非常牛，特别牛”。此义与本义关系不大，与网络词语“牛”的盛行密切相关，“牛”作为形容词表现人或物的某种能力、特征特别突出。如说“楼主真是牛人”，“奔驰车的性能真的很牛”。而“犇”是依据3X类会意字的会意原则，对字形进行了重新分析，拿网络流行义的“牛”作为构词部件进行叠加会意。

网络流行语中，这类同体复合会意字的构件关系重新分析的例子还有一些，如“垚”之“土高”义重新分析成“十分土气”之义，“焱”或“燚”之“火焰”义重新分析成“很火爆、最受欢迎”之义，等等。

四、余论

汉字字形的重新分析必定要涉及分析结果的重新约定，这种重新约定的接受度则取决于重新约定的主体。如果是全民进行的约定，那在接受上则不存在问题。也可以是官方通过专家研究之后进行重新约定，然后通过行政命令加以推广，这也能够达到普遍接受的目的，如《汉字简化方案》中的许多汉字就是改变了原来的字形，进行了重新约定，最后普遍为大众所接受，如“广”、“厂”、“开”、“丰”、“术”等的广泛使用就是重新约定推广的结果。汉字异体字的整理规范，其实也是一个重新分析和重新约定的过程，遵循从俗、从简的原则，照顾手写习惯，去生留熟，如去“齩”留“咬”、去“喫”留“吃”、去“陞”和“昇”留“升”、去“腸”留“肠”、去“蟁”留“蚊”等。[27](p18)

“囧”类古词语网络流行意义的形成都是对字形进行重新分析，将字形和意义的关系进行重新约定的结果，这种流行意义和原来的本义已经没有什么联系。对于这种现象，有些人表示了深深的担忧，胡训曾说：“发现一个让人不免产生后怕的事情：许多人使用‘囧’，‘兲’等不常用汉字时，根本不会去查查其原意是什么，只会望文生义，想当然的给一个所谓的‘理解’，将‘囧’理解成拉个脸皮的表情，将“兲”理解成王八。”又说：“如果不能这样认真地学习并使用汉字，我们将来汉字的用法，极有可能会向着不健康的方向发展，使我们的汉字语法越来越乱，最后就有可能出现我们自己把母语弄得无法使用的地步，这样只能后患无穷。套用一句老祖先留给我们的话说就是，汉字危矣。”[28](p31)胡文的结论显然是对此类现象没有进行过深入研究，胡文自身也用词语的网络流行义，开篇就说“近来逛了不少坛子”。也就是说，网络流行意义本身就存在巨大的表达需求的市场，有些用法已经自觉不自觉地渗透到了我们的口语当中。

“囧”类古词语网络新义的产生完全符合汉字字形以形会意的特点，符合汉字据型索义的规律。这类词都是冷僻字，早已在现代汉语口语甚至书面语中完全消亡，因此，绝大多数读者对“囧”类古词语的本义是陌生的，这为此类汉字构件之间的关系进行重新分析，为字形与意义之间的联系进行重新约定提供了巨大的接受心理空间，犹如回到了造字之初的形义联系的约定阶段，如“森”不易被重新分析，而“犇”、“靐”则容易被重新分析和重新约定就是这个道理。诸如此类的词除了本文探讨的外，还有许多，如“姦”、“鱻”、“龘”、“毳”、“弄”、“詈”、“嬲”、“砳”、“花”、“嘦”、“嫑”、“嘂”、“王”、“孖”、“砼”等，其中绝大部分为会意字。另外，重新分析在汉字发展中还有其自身的作用，齐元涛说：“重新分析在满足人们追求构形理据心理的同时，还为汉字找到了新的构形方式。在重新分析的过程中，人们总结并创造出了汉字构造的新机制——拼合会意、拼合形声的方法，这是两种能产性高、区别度大、系统性强的造字方法，它们的出现使造字变得简便易行。”[24](p89)再者，利用日常已不使用的汉字来表达新的概念，让消亡的汉字重新激活，这符合语言符号表达概念的经济原则，因为概念是无穷的，我们不可能造无数的汉字来加以表达。

然而“囧”类古词语网络新义能否走出网络，走入我们的日常口语中，这取决于人们概念表达的需要，取决于该类词的使用范围和频率。目前，“囧”类词的网络新义还只是处于亚义位的阶段，它们能否升级为义位，能否因为流通领域的进一步扩大而成为面向中文信息处理的词义标注对象，则还需要对这些词作长时期的观察和语言实践的检验。[6]尽管如此，我们还是有理由相信，对汉字发展曾产生过重要作用的字形重新分析必定还会对汉字的发展和新义的产生继续发挥重要的作用。

参考文献：

[1] 张谊生．附缀式新词“X门”试析［J］．语言文字应用，2007，(4)：39—47.

[2] 张谊生，许歆媛．浅析“X客”词族——词汇化和语法化的关系新探［J］．语言文字应用，2008，(4)：77—82.

[3] 张谊生．网络新词“败”的形成与发展：汉语同形语素的感染生成及修辞解释［J］．福建师范大学学报（哲学社会科学版），2009，(2)：62—68.

[4] 邵敬敏，马喆．网络时代汉语嬗变的动态观［J］．语言文字应用，2008，(3)：53—62.

[5] 邵敬敏．“美女”面称的争议及其社会语言学调查［J］．语言文字应用，2009，(4)：71—79.

[6] 谭学纯．亚义位和空义位：语用环境中的语义变异及其认知选择动因［J］．语言文字应用，2009，(4)：62—70.

[7] 胡丽珍，胡玉国．“奴”族新词语透视［J］．五邑大学学报（社会科学版），2008，(3)：66—69转78.

[8] 胡丽珍，雷冬平．“忽悠”的产生、流行及误用［J］．辞书研究，2008，(5)：147—150.

[9] 于全有，裴景瑞．“晒”族新词与社会文化心理通观［J］．语言文用，2007，(3)：94—100.

[10] 胡建刚．表达空位与“忽悠”流行［J］．语言文字应用，2007，(2)：88—95.

[11] 王圣博．附缀式“X版”探微［J］．语言文字应用，2009，(3)：90—97.

[12] 张春华．新词语构造的合力机制［J］．语言文字应用，2009，(2)：52—62.

[13] 林玲．汉语网络新词的判定及造词方式［J］．成都大学学报（社会科学版），2008，(2)：110—113.

[14] 赵华伦．论网络语言的修辞现象［J］．语言文字应用，2005，(3)：123—125.

[15] 乐耀．试论网络语言的自动调节能力［J］．语言文字应用，2006，(4)：59—66.

[16] 刘云．“裸”族新词探微［J］．辞书研究，2009，(2)：149—154.

[17] 马晓晨．“囧”——从汉字修辞作品到网络新词［J］．汉字文化，2009，(4)：62—65.

[18] 沙玉伟．“囧”字新用［J］．汉字文化，2008，(5)：21.

[19] 盖颖．“囧”字漫说［J］．牡丹江师范学院学报（哲学社会科学版），2009，(3)：45—46.

[20] 王燕．小释“囧”字［J］．嘉兴学院学报，2009，(4)：123—125.

[21] 李玉洁．符号学理论视角下的网络流行语传播——以“囧”为例［J］．东南传播，2009，(8)：111—113.

[22] 伍铁平．模糊语言学［M］．上海：上海外语出版社，1999.

[23] 李晓明．模糊性：人类认知之谜［M］．北京：人民出版社，1985.

[24] 齐元涛．重新分析与汉字的发展［J］．中国语文，2008，(1)：85—89.

[25] 徐通锵．字的重新分析和汉语语义语法的研究［J］．语文研究，2005，(3)：1—9.

[26] 陈培．“雷”族新词的产生机制及社会文化心态［J］．华中师范大学研究生学报，2009，(3)：

73—76.

［27］傅永和．汉字规范化60年［J］．语言文字应用，2009，（4）：15—25.

［28］胡训．有感于“囧”和“兲”两个古字的错误用法［J］．中国钢笔书法，2008，（11）：31.

汉语被动句的语体适应性考察*

朱　军　卢芸蓉**

一、引言

在不同的语体中语法现象的分布存在着差异，语法规律的适用性也有差别，语法具有明显的语体特征，称之为“语体语法”（Grammar of Style）。语体语法存在于各种语法现象中，当然也包括汉语被动句。汉语被动句特别是“被”字句一直是热点研究问题，研究角度多样化，但充分考虑语体因素的研究并不多，据笔者管见，主要有潘文（2006）、宋文辉等（2007）研究。本文以语体语法理论为指导，系统考察汉语被动句的语体适应性问题，包括以下内容：不同标记被动句的语体分布差异，新兴“被”字句的语体色彩，被动句施事省略的动因以及被动句动词光杆性的解释。

一、不同标记被动句的语体分布差异

在现代汉语中，“被”、“给”、“叫”、“让”、“由（…所）”、“为…所”、“被…所”都可以表被动，但在语体色彩上有明显的差异，这从它们的语体分布上看得很清楚。“被”为通用被动标记，在各种语体中都适用，且比较常用，而“给”、“叫”、“让”在口语体中较为常用，“由（…所）”、“为…所”、“被…所”更倾向于在书面语中使用，呈现出下面的序列性：

口语性：给/叫/让 > 被 > 由 > 被…所/为…所/由…所

---

* 国家社科基金青年项目“汉语语体语法研究”（09BYY124）和中国博士后基金会面上项目“汉语‘对话—叙事’序列语体语法研究”（20110490048）。

** 朱军，博士、博士后，湘潭大学文学与新闻学院副教授，研究方向为应用语言学、语法学；卢芸蓉，博士，湘潭大学哲学系讲师。

书面语性：被…所/为…所/由…所＞由＞被＞给/叫/让

我们选取了其中四种有标（给、由、被…所、为…所）被动句进行了语料抽查，语料为口语和书面语各六种类型（各20万字），口语语体有口述、网络聊天、电视剧对话、访谈、相声、辩词，书面语体有学术、散文、新闻、民间故事、法规、操作。发现这几种有标被动句的出现频率有一定的倾向性和规律性，基本验证了上面的观点，结果如下表：

标记 口语体	给	由	被…所	为…所	标记书面 语体	给	由	被…所	为…所
口述	13	1	0	0	学术	0	64	6	5
聊天	3	0	0	1	散文	6	12	11	17
对话	3	2	0	0	新闻	0	38	2	6
相声	1	4	0	0	故事	9	5	3	1
访谈	1	1	2	0	法规	0	218	0	4
辩词	1	1	8	3	操作	0	12	1	0

“给”字句偏向于在口语体中使用，在口语体的各种语体中都有分布，但在非正式的口语体（口述、聊天、对话）中出现频率又远高于在正式的口语体（访谈、辩词）中的出现频率。例如：

（1）不会吧。这么多的聊天记录都没有接收到。这是最初的聊天记录。因为升级后的版本给我弄没用了。（聊天）

（2）元朝的时候儿，那个，这个很多回族人就给当色目人哪，所谓二等人，就比较做官啊，这些人。（口述）

（3）牛大娘对家里人说：“听人说，咱这楼要给停气了。”（对话）

（4）甲：碎是碎不了哇，就是……瘪了。乙：瘪啦？还是给砸死了，这还练什么劲？那是干吗呢？（相声）

（5）大家不用悲伤，在网上看吧，速度虽然差点，但总是比给天盛敲诈好。（访谈）

（6）第二，从社会的运作而言，社会的运作是需要资源的，资源是有限的，资源是给个人独享还是给群体共享，这不是出现矛盾了吗？（辩词）

在书面语中，我们只在故事、散文两种语体中发现“给”字句用例，这两种语体相比较于其他书面语体，语体张力更大，有些兼有口语色彩，也就是“给”字句可以出现的语体环境，例如：

（7）据爱戈门（Eckermann）记一八三0年四月五日歌德的谈话，歌德恨一切戴眼镜的人，说他们看得清楚他脸上的皱纹，但是他给他们的玻璃片耀得眼花缭乱，看不出他们的心境。（散文）

（8）小皮匠给弄懵了，心想：我的挑子还在大街上哩，这是怎么回事呀！（故事）

“由”字句的分布较为全面，在我们所调查的几种语体中都能找到用例，但在书面语体中出现频率要高于口语体中，而口语体内部、书面语体内部分布也不均匀。

“由”作为被动标记使用与“被”、“给”有一定的差异，即其后的施事成分不能隐去，原因在于“由”的虚化程度不够，保留了及物动词的部分用法。例如：

（9）可是这东西打清朝一进关由八旗的人带来的这风俗习惯就、就、就开始闻这个，一直到现在算没有了，没有了。（口述）

（10）某天下班后，赵有为又被安排去相亲，对方是在市烟草专卖局上班，年龄比赵有为小一岁，见面的地点没有通知，由赵有为的一个远房表哥领着去见面。（对话）

（11）他告诉我们，其实钱是一切全部恶之源。所以对方辩友要告诉我们钱是万恶之源，就得告诉我们，其实一切恶的根源是由钱导致出来的。（辩词）

“由”作为被动标记的另一个特点，就是被动意味较弱，整个句式的主观性也相对减弱，这就是“由”字句能在各类客观性语体中高频出现的原因。例如：

（12）黄石公路桥由中国路桥建设总公司、中国港湾建设总公司总承包。（新闻）

（13）第一百一十四条　自治区主席、自治州州长、自治县县长由实行区域自治的民族的公民担任。（法规）

（14）2001 年初由 Lancome 推出的 Miracle 真爱奇迹香水，趁势推出亚洲第一款男香真爱奇迹男性香水。（操作）

（15）前月北京所宣传倒闭之日升昌，其本店耸立其间，门前尚悬日升昌招牌，闻其主人已宣告破产，由法院捕其来京矣。（散文）

以上各例的共同点是力求客观地叙述事件，句中“由”不宜换用为“被”，凸显了“由”的特性：出于话题连贯等篇章组织的需要使用被动句，但语义上又没有明显的消极、被动意味。甚至有时可以出现在积极意义的语境中，例如：

（16）柳树是天地流水差遣于月地里的爱的信使，由它撮合成的姻缘是最美满的姻缘。（散文）

可见，“由”字被动句在使用环境上与“给”、“叫”、“让”互补、对立，在语义上与“被”形成对立，有其独特的使用价值。

“被…所”句、“为…所”句在口语体中极少使用，一般只出现在正式度比较高的辩论体、访谈体中，这与这两种结构的文言性有关，例如：

（17）的确，是人类创造了钱，然而金钱的魔力却又使人们拜倒在它的脚下。当我们善良的本心被金钱所异化时，对方同学却把这被异化的本心当做了罪恶之源，这是不是有些欲加之罪呢？（辩词）

（18）前一阵子也有不少这种的事例，一开始大家觉得只有明星和艺人才是隐私被大家所关注。（访谈）

（19）当我们的一切为金钱所控制的时候，我们将何去何从？谢谢各位。（辩词）

在书面语的各类语体中，“被…所”句、“为…所”句在散文体、学术体中出现频率较高。这两种语体典雅的风格与“被…所”句、“为…所”句的文言性相契合。例如：

（20）清朝中央行政机构的设置和职掌，如六部、九卿、五寺、二监等，都和明朝一样，只是理藩院为清朝所特设。（学术）

（21）夜色朦胧，香风徐送，月光之下的临水亭台，如“杭秋”、“小锦江”、“聆香阁”、“交加亭”、“绿漪亭”、“沉霞榭”等处，最为人们所喜爱。游人各倚雕栏，频吹玉笛，或从不同的湖亭角度来欣赏荷地风光。（散文）

（22）发展快速期的存在呈示了心理发展的不连续性，即发展的连续过程被快速期所中

断，使发展过程表现为一个个的阶段，也就是说快速期的前后被划分为不同的阶段。（学术）

（23）早在一千多年之前，大诗人李白已被青弋江的绮丽风光所吸引，留下许多动人的诗篇。（散文）

“被…所”句、“为…所”句在其他书面语体中出现率不高，一旦有这样的句子出现，同样表现出文言性和典雅风格的契合，例如：

（24）花木兰一直是受中国人尊敬的一位女性。其事迹被多种文艺作品所表现，电影、电视剧、歌舞剧、豫剧。（故事）

（25）非主流艺术也曾在西方掀起一次次热潮，但终未为绝大多数人所接受。具体到每一种非主流艺术，其生命力大都不长，流行一段便销声匿迹。（新闻）

（26）第二百四十六条　船舶发生保险事故后，认为实际全损已经不可避免，或者为避免发生实际全损所需支付的费用超过保险价值的，为推定全损。（法规）

总体来看，各类标记的被动句都有特定的性质和使用环境，相互之间在语体适应性上呈现出一定的对立性，又具有互补性。

二、新兴“被 X”结构的语体色彩

2008 年以来，在网络上有一种“被”字句非常流行，这些流行的“被 X”句与一般的“被”字句有很大差异，能够进入 X 的成分几乎不受词性与句法的限制，具有开放性，如“被自杀”、“被就业”、“被自愿”、“被病死”、“被下等人”、“被贫困”、“被就业”、“被增长”、“被失踪”等等。在百度里面输入“被自杀”或者“被就业”字样，可查到数十万网页，网络博客、论坛中，几乎无所不能“被”，网易新闻甚至说我们已经进入了“被时代”。这类结构原源于网络，在网络新闻、博客、论坛中较为常见，进而渗透到纸质媒体和人们的口头语言中，十分流行。这种格式利用“被”字表义的特殊性来反映时下社会上的一些不正常现象，但又不同于传统的“被”字被动句，主要用形式（格式）的特殊性来反映不正常、不合理的社会现象。朱军（2010）指出了这种“被 X”结构在形式和语义层面与传统的表被动的“被”字句的诸多不同，最重要的有两点：

“被”后成分多样化。在诸多的网络新闻、论坛和博客中，“被”已经超越了传统的被动标记的意义，如“‘被’时代”、“今天你‘被’了吗?”、“我们已经‘被’很久很久了!”“被 X”结构中“被”后的成分 X 非常丰富，具体如下：X 为含有反身代词义的动词，例如“（被）自杀”、“（被）自愿”、“（被）自首”等，这些动词都是不及物动词；X 为不及物性的动宾结构或动补结构词语，例如“（被）失学”、“（被）就业”、“（被）劈腿”、“（被）用水”、“（被）涨工资”、“（被）病死”等；X 为其他不及物动词，例如“（被）增长”、“（被）下降”、“（被）失踪”等；X 甚至可以为名词，例如“（被）下等人”、“（被）剩男”、“（被）全勤”、“被（小三）”等；X 为形容词性词语，例如“（被）小康”、“（被）贫困”、“（被）幸福”、“（被）和谐”等；X 为及物动词但是意义同传统的施受关系不同，如“（被）代表”。

“被 X”结构语义中隐含有施动者。“被 X”结构选取看似矛盾的“被”和 X 构成一种新的语言表达形式“被X”，运用一种非自然的语言形式表达一种无奈、嘲讽的心理感受，融入了更多表述者的主观感受和体验，并通过这种同传统被动句相异的形式引起人们的注意和更多的深思。换句话说，“被X”结构是语言“主观性”的表现，是语言“主观化”的结果。“被X”结构的主观性还表现在句式中隐含着一个没有出现但很强大的施动者形象，其实是施动者的观点、态度甚至行为，“被”后的X成分，只是施动者的观点、态度或行为的具体表现结果，隐含的施动者与其后X成分共同构成一个“言域事件”。以“被自杀”和“被就业”为例，“被自杀”中的“自杀”本是自动动词，同“被”搭配让人觉得十分疑惑，但是联系到这个用法的来源就很好理解，隐含着“有关部门解说为‘自杀’”的意思，“被就业”隐含了“学校统计‘就业’”的意思。结构中都存在着一个隐含的施动者行为，且这种行为经常是偏离现实情况的。正是因为“被X”结构中隐含了一个施动者行为（而不仅是施动者），这样才能够解释X为什么可以是名词或形容词，如“被下等人”，意为“被某人说成（当成、看成）下等人”。

这种利用形式上的特殊性来表达非正常现象和情况的格式很受媒体欢迎，因为其形式的简洁、标新立异，能够抓住读者的眼球。其语体适应范围也主要受限于传媒语言、网络语体与口头语体。

三、被动句施事成分省略的语体动因

被动式中“被”（包括表示被动意义的“叫、让、给、为、于”）后施事有时出现，有时又不出现，影响其隐现的因素是多方面的，宋文辉等（2007）的研究显示语体因素是决定性的因素，叙事性—评论性、口语性—书面语性两个维度是影响被动句选用的主要因素。客观性强的语体施事更易隐去，下面四种语体的客观性程度由高到低的等级是：学术 > 新闻 > 会话 > 小说，与此对应的是，这四种语体的被动句中施事隐去的情况也符合这个序列。潘文（2006）也认为“被”后成分的省略与语体有关，文艺语体中，“被”后以带宾语为常见，事务语体的法律文件中，“被”后以不出现名词性成分为常见，而在科技语体中，“被”字后出现不出现名词性成分的情况基本持平，没有明显的倾向性。

宋文、潘文的统计结果比较接近，说明被动句中施事出现与否确实与语体有一定的关联性。我们要强调的是，施事出现与否与被动标记词自身的特征也有关系，而在这一点上又与语体特征是契合的。如“由X（所）”、“为X所”、“被X所”中X是不能省略的，而它们特别是“由X（所）”出现的环境基本上是以客观性的语体为主。就“被”字句而言，在一些语体如操作语体中，施事受到压制（陶红印2007），一般不需出现，原因在于，施事是无定的、任意的（无确定对象）。

四、被动句动词光杆性的语体解释

潘文（2006）对“被”字句的考察结果是：戏剧作品、法律文件和科学教材中“被”字句的出现频率比小说、散文、诗歌及政论文低得多。我们认为，多数“被”字句表示主体的“遭受”性，主观性特征较强，在科技语体、法规语体这些客观语体中出现频率低于文艺语体属正常情况；在戏剧作品中出现频率低的原因是，戏剧作品具有口语性，使用其他有标被动句或无标被动句的情况较多，影响了“被”字句的使用量。

另外，潘文认为，政论语体中的“被”字句的动词可以是光杆动词，我们发现，这种光杆动词“被”字句基本是非独立的小句，例如：

（27）然而岁月不居，他们不再年轻了，也领教了被别人辱骂的滋味，时过境迁，在不同的工作中各自做出了成绩。（议论文）

（28）人民的吃饭问题是每个中国政府必然碰到的第一个问题。一直到现在没有一个政府使这个问题得到了解决。国民党在法典里写上了许多土地改革法令，想这样来解决这个问题。这些法令有的失败了，有的被忽视。（评论）

（29）现在不同了，大半个中国已被解放，各个内外矛盾的侧面都已充分地暴露出来，恰好美国发表了白皮书，这个讨论的机会就找到了。（评论）

（30）中国人即使被武力征服，最后总是能够驯服和融化侵入者。（评论）

具体来说，有以下几种情况：例（27）中“被”字结构充当关系小句；例（28）中“被”字结构和其他成分构成对举结构；例（29）中“被”字句作为前景句（这个讨论的机会就找到了）的三个背景句之一，单独不能成句；例（30）中“被”字句作为复句的偏句形式出现，是不能独立成句的。政论语体中出现光杆动词“被”字句（准确地说，是“被”字结构）一般是作为复杂句子的一部分存在的，不具有独立性，所以并不违反“被”字句的一般使用规律，即“被”字句动词不能是光杆形式。

政论语体中光杆动词“被”字结构明显多于其他语体，原因在于政论语体自身的语体特点与这种结构的特点契合。光杆动词“被”字结构有两个特点：主观性，非独立性（主要作为句子成分、分句）。在书面语体的各类具体语体中，政论语体主观性特征强；另外政论语体是典型的书面语体，使用复杂句式的频率较高。由此可见，政论语体是非常适合于光杆动词“被”字结构出现的语体环境，出现频率较高也不足为奇了。

五、结语

国外一些自然语言处理专家提出子语言（Sublanguage）的概念，认为子语言的规则可以同标准语不同甚至相反，这说明规则只是隶属于某个特定的子语言（语体）的。基于子语言（语体）的自然语言处理效率更高，歧义更少，运算量减少，所以是自然语言处理的大势所趋。（霍四通 2000）本文通过考察发现，有标被动句在具体使用中有一些语体特征，在不同语体中存在使用差异以及不同标记被动句的语体适应性不同，不同语体中有标被动句中施事成分的省略情况也有明显差异，验证了以上看法。另外，相对于无标记的被动句，有标记的被动句在自然语言处理方面更易识别和把握，解决了有标被动句的有效识别和用法问题，将能为进一步处理无标被动句打下坚实基础。以上正是本文研究的立足点和出发点。

参考文献：

[1] 霍四通．语体研究和自然语言处理［J］，修辞学习，2000（5、6 期合刊）．
[2] 潘文．“被”字句的语体差异考察［J］，南京师大学报（社会科学版），2006（2）．

[3] 宋文辉，罗政静，于景超．现代汉语被动句施事隐现的计量分析 [J]，中国语文，2007（3）．
[4] 陶红印．操作语体中动词论元结构的实现及语用原则 [J]，中国语文，2007（1）．
[5] 朱军．《汉语构式语法研究》[M]，北京：中国社会科学出版社，2010，第 108—112 页．

全媒语境下的热词成因考察*

刘晓丽**

"给力"、"上海花祭"、"伪娘"、"炒蒜团"、"幸福感"……如果你对这些"热词"毫无所知，那么，很显然，在这个全媒体的新时代，你已经落伍了。热词，即热门词汇，它作为一种词汇现象，反映了一个国家、一个地区在一个时期人们普遍关注的问题和事物。语言不能脱离社会而流传，不管是对宏观主题的关涉，还是对草根诉求的反映，热词都带有极强的事件色彩与时代特征，反映了一个时期的社会热点话题及民生问题。除开热词本身作为语言符号的意义，其内涵及嬗变过程真实再现了社会发展过程的大众心理，记载着时代话语的变迁方向与刻度，是全媒时代下产生并与之相适应的一种崭新的语言方式和传播景观。

一、媒介融合下的全民造词运动

面对互联网、无线通信、直播卫星和4G通信技术等层出不穷的传播新技术、新媒介的蜂拥介入，媒介融合的全媒传播潮流势不可挡。全媒时代，传播的媒介形态日益丰富，各种形式的媒体已经无处不在，受众对信息的分割式消费已经向集合式消费模式转变，传播行为日趋自由。随着市场竞争的加剧，各种传播媒体都希望自身变得更加强大，以便在激烈的竞争中处于有利的地位。于是，越来越多的媒体企业正在扩张，并使用新的途径传播信息，媒介融合就成为媒体竞争加剧过程中涌现的时代潮流，媒体正是在这种各种各样"需要"的系统中，相互合作，相互协调，生死与共。媒介融合使普通公民获得从未有过的参与媒体传播的能力，每个人都可以进行大众传播，他们凭借微博、手机、博客、播客、BBS等，发布新闻、表达观点，传播活动呈现出互动性、开放性、主动性、跨地域性、草根性等特点。如果说，传统的文字传播和电子传播的形态、通道是固定的，其传播的专业要求和边际成本都

* 本文为湘潭大学博士启动项目《媒体发展与语言传播》（10QDWX02）的研究成果之一。

** 刘晓丽（1979—），女，湖南常德人，语言学博士，湘潭大学文学与新闻学院副教授，硕士生导师，主要研究方向：媒体语言、对外汉语教学。

很高，传播者具有较强的垄断性和控制权，那么在众多媒体复合交融的“全媒时代”，互联网、手机媒体的迅速普及，数字化带来的网络化，网络化导致的交互性，则使得传播者和接收者的身份转换极其容易。虽然专业媒介组织在媒体传播中依然占据主导地位，但不可否认，融合后的新媒体正在改变大众传播的面貌，个人对个人、个人对多人、多人对多人的传播网络已经形成，传者受众一体化成为媒介传播的主体特征。媒介传播主体由职业媒体工作者独家垄断转变为职业人员与社会公众共同分享，来自普通受众的语言和言语在媒介传播中占据越来越大的比重。一个人通过发送手机短信、撰写博客日志、发起网络群聊，就可以在任何时候、任何地点，对任何人进行大众传播，突破传统主流媒体的话语权壁垒。全媒时代的话语权已不再是少数人的权力，“现在是普通人掌控一切”（默多克 2007）。2008 年以来，来源于各论坛、博客的热词，以惊人的速度生长和扩散，成为当前社会的主流集体记忆，真可谓是“忽如一夜春风来，千树万树热词开”。国内的一些媒体纷纷与全球最大中文百科网站——互动百科合作，增设相关栏目和版面，引用来自互动百科的锐词报道解读社会热点事件，如：《南都周刊》就专门开辟了热词版，《新京报》也推出了专门的“时代热词”栏目等等。当某个语言片段因为反应迅速、高度概括、形象生动、朗朗上口并具有一定悬念性的特征时，不管它是否具备了现实的话语含义，都可能通过媒介融合的扩大，演化为影响巨大的社会词语，成为锐不可当的言论载体和传播利器，然后各类传统媒体和新媒体纷纷融合互动，加入到该词语的再加工和传播的大军中，从而形成声势浩大的全民造词运动，热词由此而生。和传统百科全书或大辞典里学术味道十足的词条不同，“每个热词的背后都是一个故事（张颐武，2010）”，都是现实生活的一面镜子，它代表了一定社会阶层的民意和情绪，是一种不可忽视的真实力量，能够准确表达集体的意识。不管是“宅”、“蚁族”、“蜗居”、“山寨”，还是“杯具”、“楼歪歪”等等，它们都是一种媒介融合下全民造词的全新表达，它跳脱了原本小众的圈子，引发着人们对当下社会各方面的描述、思考与觉醒。

以“犀利哥”为例。2010 年 2 月，蜂鸟网上贴出了宁波的一个街头乞丐的照片，他放荡不羁、不伦不类的感觉以及原始版的“混搭”潮流着装，吸引了不少人寻找潮流的目光，于是天涯论坛出现了一篇《秒杀宇内究极华丽第一极品路人帅哥！帅到刺瞎你的狗眼！求亲们人肉详细资料》的帖子，帖内对犀利哥进行了经典描述：“那忧郁的眼神，唏嘘的胡碴子，神乎奇迹的搭配，还有那杂乱的头发，都深深地迷住了我。”“犀利哥”在短短一周内被网友追捧，红透网络，并被“人肉搜索”。同时“犀利哥”又被报纸、杂志、电视、网络等媒体大肆报道，并引起了当地政府层的关注。“犀利哥”风潮还席卷了香港、台湾、日本、新加坡，吸引了英国《独立报》等外媒的关注。于是，在这场由网友们发现和推波助澜的“造星运动”中，网民的个体有意识行为和媒介群体的集体有意识行为不仅使得“犀利哥”形象从民间街头进入了大众视野，使得“犀利哥”在一无所知的情况下成为时尚代言人，而且也造就了“犀利哥”这个凸显了社会多元化与复杂化的热词。2010 年 3 月 1 日，全球最大的中文百科网站——互动百科根据网民对全站词条的浏览量及修改版本数据统计发布，“犀利哥”为 2010 年 2 月互联网十大热词，而在百度搜索中能找到的报纸、杂志等媒体将“犀利哥”作为新闻标题用词的也有 15700 多篇。在语言运用和言语交际中，“犀利哥”慢慢变成了一个万能的词语，可以用在各种场合，表示不同的涵义。它需要在不同的语境里面，让不同的人去默契地进行可意会不可言传的理解。如：

1. 特指“流浪汉”

①“东山犀利哥”拒绝回家（《辽沈晚报》，2010－8－2）

2. 指“衣着风格混搭的人”

②陈前变身“犀利哥”连演两场　学唱“绵羊音”（《羊城晚报》，2010－9－26）

3. 指“具有类似流浪汉的落魄、邋遢的形象的人”

③刘嘉玲眉毛漂白两个月 刘德华扮演唐朝犀利哥（《信息时报》，2010－8－25）

4. 指“形象特别的人”

④火箭犀利哥独扛姚明也不惧：跟他打完就不怕其他人（新浪体育，2010－7－8）

5. 指“形象特别、时尚的物品”

⑤“犀利哥来了！”本网实拍一汽丰田新锐志（浙江汽车网，2010－9－30）

二、媒体传播与语言传播的互助“共生”

自然界有这样一种现象：当一株植物单独生长时，显得矮小、单调，而与众多同类植物一起生长时，则根深叶茂，生机盎然。人们把植物界中这种相互影响、相互促进的现象，称之为“共生效应”。事实上，媒体传播与语言传播之间也存在着这种互相依存、互相影响、互相促进的“共生效应”。语言和传媒作为人类社会发展进程中历史最为悠久的两大文明成果，关系十分密切，两者共同具有社会交流工具的本质和职能，它们的产生和发展都是为了满足人类传播信息和思想、感情及文化交流的社会目的，它们又互为工具和媒介，所以二者的发展也必然产生相互推动的作用。当我们从反映功能的角度去考察语言时，所观察到的是某些社会因素的变化对语言的触发与制约以及语言以自身特有的方式对社会因素的回应；当我们从传播功能的角度进行观察时，所观察到的却是语言对这些社会因素的强化和推广，语言凭借自身的传播优势，成了社会文化最强有力的传播工具，媒体的传播必定离不开语言的媒介。

从实践角度来看，一方面，大众媒体凭借着自己强大的传播能力，不仅被动地吸收着已经被人们认可的词语进入到传播系统，而且还主动散播和促进着某些适用范围有限的词语被大多数人接受，加速语言的传播和发展。全媒时代，在多种媒体形态复合构建的媒介平台上，一个语言形式，通过媒体传播的扩大往往便可以“迅速盛行”、“广泛传播”，成为人们语言运用和言语交际中的“热词”。以2009年的年度热词“贾君鹏，你妈妈喊你回家吃饭”的传播流行为例。2009年百度贴吧“魔兽世界吧”内一个IP为“222.94.225.＊”的匿名用户随意发了一个题为“贾君鹏，你妈妈喊你回家吃饭”的帖子，当该贴回复到第6楼时，一个吧民注册了名为“贾君鹏”的ID，冒充当事人作出了“我今天不回去吃饭，我现在在网吧吃饭呢。你帮我给妈妈说一下”的回复。尽管吧民轻易就分辨出这是他人的恶搞，但这一恶搞方式很快引起了大家的兴趣，于是随后“贾君鹏妈妈”、“贾君鹏爸爸”、“贾君鹏爷爷”乃至“贾君鹏家的小狗”等ID都纷纷出现，一场贴吧“盖楼运动”开始展开。在百度贴吧首页上，贴吧编辑以“回家吃饭引爆网民寂寞”为题推荐了该帖，众多网民也慕名而来，纷纷加入到顶帖“盖楼”的行列中，回复以每秒数十楼的速度飞速增长。各种贾君鹏的PS照片开始出炉，“贾君鹏，你妈妈喊你回家吃饭”的各种方言版本也纷纷涌现，数十万网民们自得其乐地展开了一场网络大狂欢。随后，电视、报纸、杂志、广播等媒体也先后加入到对该事件的关注中，展开相关的评论与解析。一时间，“贾君鹏，你妈妈喊你回家吃饭”迅速蹿红媒体，在谷歌上有537万条相关搜索页面，并连续攀上热词榜，成为09年的年度热词。没有谁会想到“贾君鹏，你妈妈喊你回家吃饭”会一夜成名，也没有人专注于“贾君鹏”到底是谁。一个只有标题没有正文的帖子，能在几天之内获得超过千万的点击量，几十万的回复，有人认为是因为“妈妈喊你回家吃饭”拨动了每个人心尖最柔弱的部分。纵观被媒体传播的热词，“犀利哥”、“裸婚”、“炒蒜团”、“楼歪歪”、“独二代”、“骷髅死”、“经济适用墓”……应接不暇的热词在人们的语言生活中涌现，这些热词有不少都是来自受众对日常生活、家长里短的描述，是我们真实生活的写照，是经过了有着非凡创造力的人们包装、提炼、总结的结果。这些词成为热词的原因并不在于其本身的语言变异，而是在于这些词的出处即社会热点事件被大众关注，从而导致了这些词汇的流行。但是不管怎样，从传播途径来看，一个能够“变热”的词语，必然要借助媒体的力量，这是不可否认的。

从某种意义上讲，热词的产生是在整个全媒体时代，应对信息爆炸、信息泛滥的一种信息自我校正的方式。热词的产生，使得媒体不仅借助它们改变着过去非常严谨的语言风格，增加互动性，实现年轻化，进而感染、吸引新生代读者，也加速了媒体新闻事件的传播和人们对社会现象的探讨。在许多热点的新闻事件和社会现象的媒体传播中，都会催生一批热词，这些与社会新闻事件相联系的热词，除了拥有作为语言本身的众多特点之外，还有着丰富而深刻的社会学和传播学涵义。回忆近些年发生的社会热点事件，闪现在人们脑海中的往往是那些只有寥寥数字的热词，每一个热词的背后都有一个个鲜活的事件，词语正在帮助我们记住这个时代。或许一个词很平常，司空见惯，但创造者对这个词语进行了重新的解构和定位，受众的高度参与使它在媒体传播中迅速放大，备受世人关注，以至于有些词语甚至已经成为热点事件传播过程中的标志性符号，推动着媒体新闻事件本身的发展。比如“躲猫猫”，原本是一个大家所熟知的儿童游戏的名称，表示“捉迷藏”之意，但经过了2009年的“躲猫猫”新闻事件①后，“躲猫猫”这样一个表示“捉迷藏”之义的南方方言词被人从中提炼出具有强烈讽刺性乃至黑色幽默意味的隐喻义，并产生了“陌生化”的效果，衍生出了其表示“规避法律责任的托词”的特定新义。而“躲猫猫”新闻事件本身这样一个本来难以扩大影响的社会信息，也因热词“躲猫猫”而“热”，最终引起社会各个层面的重视、探讨和关注。从这一点上说，热词推动了媒体新闻事件的传播，它的出现表明中国的媒体传播和信息传播具有了较高的公众参与性和交互性。热词将会作为普通人的口传历史中生动而具有影响力的社会表情符号，构成我们关于这个时代的记忆。

---

① 2009年1月30日，云南玉溪北城镇男子李乔明因盗伐林木被刑拘进入看守所，2月8日下午受伤住院，4天后在医院死亡，公安机关给出的死因是李乔明与同监室的狱友在看守所天井里玩“躲猫猫”游戏时，遭到狱友踢打并不小心撞到墙壁而导致。该新闻首先在2009年2月13日《云南信息报》上刊发，后经云南网等网络转载，在网上引发热议，随后电视广播等其他大众媒体也开始展开分析报道，均称之为“躲猫猫事件”。

三、结语

全媒时代的到来，带来了新的传播载体、传播途径和传播终端，它满足了公众快速了解社会、获取有价值信息的需求。热词作为一种符号表征，既是一种借助媒体传播而存在的语言现象，也是一种以词为核心内容的传播现象。热词利用“词”具有的对特定时间、地点、人物、事件进行超浓缩、利于口口相传的特性优势，最大限度地加快了媒体信息的传播和记忆速度，同时也借助着媒体传播的优势实现着自身从普通词语或新词语向热门词语的转变。只有将语言学与传播学的视域相结合来考察热词，才能真正解读出热词背后议题与焦点的丰富性、新颖性和流变性，解读出热词所反映的时代和社会心理的变迁。

参考文献：

[1] 徐沁．媒介融合论［M］．北京：中国传媒大学出版社，2009 年．

[2] 刘晓丽．新词与传媒的共生效应及其创造方法［J］．湘潭大学学报（社科版），2009，(2)．

港澳立法语言中义务类情态动词比较分析

苏小妹

（南开大学汉语言文化学院）

引言

法律语言分为立法语言和司法语言。“义务”类情态动词①是立法语言中的核心词汇，有着举足轻重的地位。在它们的使用上，微小的差异可能导致“谬以千里”的后果，因此，对于这类词语的选择务必慎之又慎。香港、澳门虽然都已经回国，但是在这些词语的使用上存在诸多差异。为此，本文以“义务”类情态动词为切入点，对香港、澳门中文本立法语言的现状进行比较，对其规范化提出初步建议，以期借此引起有关专家对澳门法律语言的关注。

由于法律规范按照其行为模式可以分为三种，即授权性规范、强制性规范和禁止性规范，不同规范中使用的情态动词也不一样，因此本文依据规范的类别对情态动词进行分类比较，语料来自两地的法律文件，香港、澳门各50万字。

一、授权类情态动词

授权性规范是指授予公民、公职人员、社会团体和国家机关可以自行抉择做或不做某种行为的法律规范。授权性规范在大陆立法语言中多以“可以”来表达，但在香港、澳门，

① 西方各流派对情态动词的分类和命名参差不齐，里昂斯（Lyons）（1977）将情态分为真伪情态、认知情态和道义情态三类；科茨（Coates）（1983）、斯威策（Sweetser）（1990）将情态分为认识情态和根情态；布依（Byee）（1995）则提出认识情态、以施事为取向的情态（agent - oriented modalit）以及以说话人为取向的情态（speaker - oriented modality）的三分法；帕默（Palmer）（1986）在里昂斯（Lyons）的基础上把情态分为认识情态、义务情态和动力情态。本文依据帕默（Palmer）的分类方式把“应当、必须”这类情态动词称为义务类情态动词。

“可、可以、得”都能表达授权性规范。为此，本文把这类情态动词简称为授权类情态动词。

（一）分布差异

“可”、“可以”、“得”都能表示“许可”义，在香港、澳门法律语言中都有出现，例如：

（1）不遵守高等法院就人身保护令之请求而作出如何处断被拘禁之人之裁判者，可处以《刑法典》第三百三十三条第三款或第四款所规定之刑罚。（《澳门刑事诉讼法典》第208条）

（2）在不影响第30条第（2）款原则的前提下，委员会可以在任何时候，只要认为适当，以书面形式通知依该条所发证书的持有人，增加、修正或取消某些该证书必须受之约束的条件。（《香港商品交易条例》第33A）

（3）控诉提出或展开预审之声请提出后，检察院、辅助人或嫌犯得声请中止刑事诉讼程序。……（《澳门刑事诉讼法典》第7条第3款）

但是香港、澳门在这三个词语的使用频率上存在比较大的差异：

	可	可以	得	总计
香港	953（48.7）	63（3.2）	943（48.1）	1959（100）
澳门	324（18.1）	1（0.1）	1465（81.8）	1790（100）

根据统计结果，我们可以知道：

（a）无论香港还是澳门，都很少使用“可以”来表达“许可”义；

（b）在香港立法语言中，“可”与“得”平分秋色，它们在表达“许可”义时具有随机性。

（c）在澳门立法语言中，更多地使用“得”来表达授权性义务情态。

（二）存在的问题

虽然“可”、“可以”和“得”在香港、澳门立法语言中的使用频率并不一样，但它们都可以用来表“许可”义，这一点是不争的事实。由于“可以”和“得”保留了文言的用法，容易引发一些问题。

1.“可以”引发的歧义

“可以”在先秦时代就已经产生。王力先生在《汉语语法史》中指出：“人们往往以为‘可’与‘可以’同义，那是错误的。‘可以’是两个词，是‘可以之’（能凭借这个）的意思。”如：

一言可以兴邦，有诸？（《论语·子路》）

香港、澳门立法语言中，也存在这样的“可以”，例如：

（4）在不限制《公司条例》（第32章）第356条的一般原则的情况下，送达被认可机构的文件，可以留交或邮寄的方式送达其在香港的主要营业地。（《香港银行业条例》第134

条）

（5）公司一旦结束时，如任何五名或少于五名人士，可以公司股东或贷款债权人身份，有权接管公司逾半可用以分配予股东及贷款债权人之资产。（《香港公司条例》第 34 条第 2 款）

例（4）、（5）中，“可以”都是两个词，表示“可以使用（留交或者邮寄的方式）”或者“可以凭借（股东或者债权人的身份）”，不能等同于表示“许可”义的“可以”。

我们对这两种“可以”分别进行了统计，结果如下：

	可以		总计
	可以（许可）	可以之	
香港	63	71	134
澳门	1	7	8

数据表明：在港澳，尤其是在香港，存在一部分特殊的“可以”，需要仔细辨别，才能准确把握其含义。

2. “得”的多义性

上古前期，“得”字是“获得”的意思，只用作动词。在我国最早的文献甲骨文中，“得”字就已经出现了，仅仅表示“获得”。后来，“得”逐渐具备了“能够、许可”的意义，可以用作情态动词。香港、澳门立法语言中“得”就有多种意义，既可以表义务情态“可以”，也可以表动力情态“能够”，例如：

（6）控诉提出或展开预审之声请提出后，检察院、辅助人或嫌犯得声请中止刑事诉讼程序。……（《澳门刑事诉讼法典》第 7 条第 3 款）

（7）抵押或典质破产人财产一部分，俾可得认为偿债之用。（《香港破产条例》第 58 条（辰）款）

（8）本条例之任何规定，均不得使任何本条所适用之借约或抵押变为无效或不能执行，但任何该等借约或抵押，对借款人或保证人或任何其他人士均不得执行，除非——（a）贷款人因此而得享之任何利益；及（b）借款人或保证人或其他人士因此而须负之义务或责任……（《香港放债人条例》第 36 条第 2 款）

例（6）中，“得”表“许可”义，例（7）、（8）中都表“能够”义。另外，“得”除了可以作为情态动词使用外，还可以用作动词。例如：

（9）凡已登记职工会应具备，及每一申请登记之职工会均应制定章程；该规章须得登记局局长同意，认为对第二附表所列每一及全部事项已有足够之规定者。（《香港行业委员会条例》第 18 条第 1 款）

例（9）中的“得”就表示“得到”。我们对这三种意义分别进行了统计，结果如下：

	情态动词		动词
	许可	能够	
香港	943	9	11
澳门	1465	7	13

从统计结果可以知道，在香港、澳门立法语言中，虽然“得”主要表示“许可”义，但是其他意义少量存在。在具体的法律条文中，“得”究竟表示什么意思，还需要仔细辨别，尤其是例（9）这种情况，我们究竟该视为情态动词“须得”的一部分，还是视为动词“得”呢？如果不是知道立法语言中并不会出现“须得”，恐怕有相当一部分人会把“须得”当做一个词来处理。

（三）建议

“可”、“可以”、“得”都可以表达“许可”义，但是这种“许可”义有的来自文言，有的来自白话。而且，“得”在法律条文中还可以表达“能够”或者“得到”的意思，想要正确理解它们的含义，很多时候不仅需要根据上下文的语义进行推断，同时还必须了解一些法理学的相关知识，但并不是所有的公民都能具备这两个条件。在大陆立法语言中最常用的授权性的义务情态动词就是“可以”，我们建议逐步取消立法语言中用作义务情态的“可”和“得”，而代之以“可以”，这样不仅有利于术语统一，同时也可以减少歧义。

二、强制类情态动词

强制性规范，是规定法律关系主体必须作出一定行为的法律规范。强制性规范在大陆立法语言中多以“应当、必须”来表达，为了行文方便，本文把这类情态动词称为强制类情态动词。

（一）“应”类动词

“应”类动词包括“应当、应该、该、应”等，主要表示“情理上的需要”，例如：

（10）如果一人终止为股东是其失职的结果，而该违约行为使得赔偿基金付出一笔款项，则该付出款项应该从依第（1）款本应退还交易公司的缴存款项数额中扣除。（《香港商品说明条例》第84条第2款）

（11）在聆讯根据第（3）款提出之申请时，法庭或裁判司如认为货品应予没收，可下令——（a）将货品没收，归政府所有；（b）将货品毁灭……（《香港消费者委员会条例》第30条第4款）

（12）转让或设定负担之行为，仅在为着避免财产受毁损或毁烂、清偿被保佐人之债务、支付必要或有益之改善费或应付其他紧急需要而应当作出时，法院方给予许可。（《澳门民法典》第94条第4款）

（13）上款所指之声请须附有一切证明资料，而被针对之法官最迟应在五日期间内作出批示。（《澳门刑事诉讼法典》第30条第4款）

我们对“应”类情态动词进行了统计，结果如下：

	应	应当	应该	该	总计
香港	1890	14	5	0	1909
澳门	1556	3	0	0	1559

由此可见，无论在香港还是澳门，“应”占有绝对优势，但有少量“应该、应当”存在，但是这两地都没有出现“该”单独使用的情况。

（二）“须”类动词

“须”类动词包括“必须、须、须要”等，它们表达“要求”义，例如：

（14）如有需要由超逾一人辨认同一人或同一对象，则各人须分开进行辨认，且须防止各人间之相互联络。（《澳门刑事诉讼法典》第 136 条）

（15）必须载明作出诉讼行为之年、月、日；如属影响人之基本自由之行为，还须载明该行为开始及结束之时间；应指明作出行为之地点。（《澳门刑事诉讼法典》第 84 条第 7 款）

（16）立法局可不时在宪报刊登决议案，将该决议案中所指之本条例任何条款引用于任何物质；如于考虑与决议案有关之物质之性质后，认为有需要修订上述条款，则该项条款须连同修订一并引用。（《香港应课税品条例》第 3 条第 2 款）

（17）任何牌照或许可证必须依照规定之格式签发，或在某种情形下，如无规定之格式，则依照总监批准之格式签发；……（《香港应课税品条例》第 7 条第 1 款（c））

我们对香港、澳门两地的“须”类动词进行统计，结果如下：

	须	必须	总计
香港	1319	99	1418
澳门	2731	196	2830

从统计结果可知：对于“须”类词，香港、澳门地区的立法语言中主要还是选择“须”来表达义务情态，但是“必须”的使用也占有相当分量。

（三）存在的问题和建议

在香港、澳门立法语言中，“应”类动词和“须”类动词都可以用来体现义务性规范法定的强制意义，显示立法语言的权威性，而且它们都用来表达法理或者情理上的需要，在使用上并无区别。然而，它们的同时使用却引发了如下弊端：

第一，“用语”不统一。立法表述中，“必须保证用语的统一规范。立法者不仅要保证在同一个规范性文件中使用统一的名词术语，而且在不同的规范性文件之间也要保持协调一致”①。在香港、澳门两地，不仅“应”类动词和“须”类动词交替使用，而且同一类动词内部在使用上也有相当的随意性。

第二，容易误导民众。一般而言，“须”类动词的强制意义更加明显，那么在可以使用“须”的时候使用了“应”，是不是意味着还有可商量的余地呢？如例（10）中使用“应该……扣除”而不是“须……扣除”是不是可以理解为“如果不扣除，也不会造成严重的后果”？很显然不是这样。所以“应”类动词和“须”类动词的同时使用，有可能影响到法律规范的实施，使得“语言形式”不能精确表达“法律规范”的内容，最终将破坏立法语言的权威性。因此，我们建议在这两类之中选择一个词语来表达“强制性法律规范”。

---

① 周旺生：《立法学》，法律出版社 2003 年版，第 635 页。

三、禁止类情态动词

禁止性规范是命令当事人不能作出一定行为的法律规定，大陆立法语言中一般用“不得”表达禁止性规范，本文把这类词语称为“禁止类情态动词”。

（一）分布情况

在香港、澳门立法语言中，“不得”、“不可”都能表达禁止义，例如：

（18）续后宣布及分配债额，如无充分理由，其时间之距离不得逾六个月。（《香港破产条例》第 67 条第 3 款）

（19）对法官认为本身须回避之批示，不得提起上诉。（《澳门刑事诉讼法典》第 31 条）

（20）在财产被提供作市场抵押品后才产生的权利或补救办法，若予以执行，是会使认可结算所在按照其规则把该财产运用时受到阻止或干预的，则不可予以执行。（《香港证券（结算所）条例》第 13 条第 2 款）

（21）就到期债务之履行，不可受争议；但就尚不可请求之债务及自然债务之履行，则可受争议。（《澳门民法典》第 611 条第 2 款）

我们对香港、澳门法规中表“禁止”义的“不得、不可”进行了统计，结果如下：

	不可	不得
香港	5	570
澳门	66	510

从上面统计数据可以知道：澳门立法语言中“不可”的使用频率要高于香港，但是绝大部分情况下还是用“不得”表禁止义。

（二）存在的问题与建议

虽然，“不得”与“不可”都能表“禁止”义，但“不可”除了表示禁止外，还可以表示“由于环境、条件造成的不可能”，例如：

（22）由于有不可避免及不可抵抗的特殊自然现象引致污染损害，而根据本条须由基金付出的补偿款项总额，不得超过 4.5 亿法郎。（《香港破产欠薪保障条例》第 4 条（b）款）

（23）对身心完整权所作之自愿限制，如可预料对生命构成严重危险，或可能对权利人之健康造成严重及不可复原之损害后果，均为无效；但后者具应予重视之理由时，不在此限。（《澳门民法典》第 71 条第 4 款）

我们建议在立法语体中，表达禁止性规范的法律条文在情态动词的使用上统一用“不得”，因为“不可”既可以表“禁止”，也可以表示“由环境、条件造成的不可能”，如果在立法语言中仅仅使用“不得”表示“禁止”，那么对于“不可”的理解就比较单一了。而且，“不得”表述对违法行为的禁止，语气斩钉截铁、不容置疑，更适合用在法律语言中。

参考文献：

[1] 李宇明．中国语言规划论［M］．长春：东北师范大学出版社，2005.

[2] 苏小妹．两岸四地立法语言中的情态动词研究［D］．南开大学博士学位论文，2008.
[3] 王力．汉语语法史［M］．北京：商务印书馆，2005.
[4] 周旺生．《立法学》，北京：法律出版社，2003.
[5] Palmer. F. R. *Mood and Modality*, Cambridge: Cambridge University Press, 1986.

再谈“壬、𡈼”字形的分合

——关于 CJK 字符集中大陆与台湾字形差异的思考*

张素格　陈双新**

（安徽大学中文系）

20 世纪 90 年代大陆对“壬、𡈼”作为部件的选用曾一度混乱，① 引起过学界的热烈讨论。当前信息技术领域最基础、最先进的语言文字信息处理技术标准 ISO/IEC 10646 – 1② 中，“壬、𡈼”两个字形的选用依然存在一些分歧，尤其是在海峡两岸，“壬、𡈼”以及以之为构件的字呈现出鲜明的对照，差异字形有 81 个。这就促使我们不得不思考：“壬、𡈼”两个字形能否严加区分，有没有严加区分的必要，如何规范统一才能被两岸乃至整个“汉字文化圈”都认同并推行。这个问题的解决将有利于汉字信息化和国际标准化，对汉字文化传承、海峡两岸文字交流以及两岸文字在未来的走势和统一的前景都有重要参考价值。笔者不揣陋见，以之就教于方家。

“壬”，读音 rén，两岸字形的区别是第一笔，大陆是“撇”，台湾是“横”，“壬”以及以之为构件两岸字形存在差异的字共有 23 个：壬壬、衽衽、紝紝、祍祍、軠軠、銋銋、飪飪、任任、凭凭、妊妊、姙姙、恁恁、拰拰、栠栠、栣栣、秹秹、

* 本文为陈双新主持的国家语言文字应用“十一五”规划项目《两岸文字问题研究》的阶段性成果。

** 张素格，北京师范大学文学院博士后，河北科技大学外国语学院讲师；陈双新，北京语言大学教授。

① 1988 年制定的《现代汉语通用字表》中的“廷”的右部件写为“壬”，1997 年发布的《现代汉语通用字笔顺规范》把“廷”中的“壬”改为“𡈼”，包含“廷”的字均作了相应改动，不同辞书收编不同字形，出现混乱状态。如 1996 年出版《现代汉语词典》修订本，“壬、𡈼”两个部件同形写为“壬”，而 2002 年《现代汉语词典》增补本中的“廷、庭、莛、梃”四字写为“𡈼”，其他“珽、挺、艇、霆”等字又写为“壬”。

② ISO 10646 是国际标准化组织（ISO）公布的计算机字符集编码标准。这一标准为世界各种主要语文的字符（包括繁简汉字）及附加符号编订统一的内码。1993 年 12 月国际标准化组织发表 ISO 10646 国际编码标准的首个版本，收录了 20902 个表意字符。该字符集将中国大陆和台湾，日本及韩国等国家和地区的标准汉字放到一起，将抽象字形相同的字划归为一个编码。同时编制了《中日韩统一汉字字符集》，又称“CJK 统一汉字”，简称“CJK 字符集”。

紝紝、荏荏、衽衽、賃賃、銋銋、飪飪、鵀鵀。①

“壬”字形演变过程如下②：

甲骨文　金文　小篆　隶书　楷书　印刷体

“壬”甲骨文形体像缠线用的木制工具。金文有的字形中间有一个圆点，有人认为是表示已经绕上了线团，李学勤先生说“古文字直笔常加点”。《说文·壬部》：“壬，位北方也。阴极阳生，故《易》曰：‘龙战于野。’战者，接也。象人裹妊之形。承亥壬以子，生之叙也，与巫同意。壬承辛，象人胫。胫，任体也。”可见许慎也并不清楚“壬”的造字本义，“壬”的主要用法是作为天干字，表示纪时。小篆字形中间的一点变成了一横，并且大幅延长，大有“后来者居上”之势。隶书字形出现“壬”与“王”、“𡈼”混用，如《隶辨》“壬”：“鲁峻碑阴：~端子行。按：即王字。《谷梁传·文七年》：‘宋公壬臣卒。’《左传》、《公羊传》皆作‘王臣’。据此碑‘王’书为‘壬’，‘壬臣’即‘王臣’，传写讹耳。”③《隶辨》“𡈼”：“圉令赵君碑：十一月~寅。《字原》云：汉碑壬皆作𡈼。按：壬字，上下从一，中画长，与𡈼字异。𡈼音珽，从人在土上，诸碑混用无别。”④“壬”第一笔写为“撇”，便于快速书写下一笔“横”，符合书写习惯。所以在隶书阶段以“壬”为构件的字常有两种字形，如：“任——任、任”。楷书字形就只出现将第一笔写为“撇”的“壬”，以之为构件的字也是如此，如以“任”为构件的字有16个（见上文后16字例）。“任”字形演变过程如下：

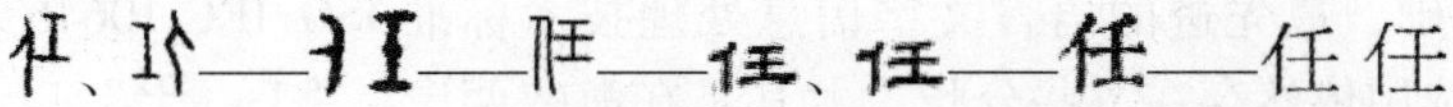

甲骨文　金文　小篆　隶书　楷书　印刷体

与单字“壬”的演变过程相同，古文字阶段的“壬”部件第一笔是“横”，但为求书写的便捷，隶书阶段已经出现将“横”写为“撇”的字形，《康熙字典》的楷书字形“任”没有出现异体，《康熙字典》收录字形“㤛”下注明：“<字汇>：‘音王，急行也。’”《正字通·人部》：“任，㑌字之。”可见“任”和“任”是形音义皆不同的两个字。台湾字形为显示字源的不同而将“壬、任”等字的第一笔写为“横”，但和“任”字形同形，很有可能发生字义的混淆和误解。大陆字形选取第一笔写为“撇”的“壬”、“任”，字形传承时间长，能有效表达字义，也符合人类书写习惯。

台湾字形之所以保留“壬”的早期写法，还有一个重要因素是为了与“𡈼”（下横长，读作 tǐng）相区别。“𡈼”字形演变过程如下：

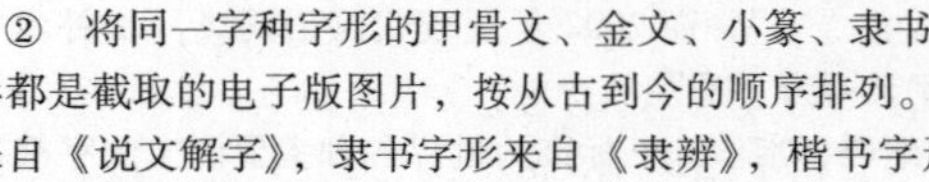

① 例字皆从CJK字符集电子版中剪切，大陆字形和台湾字形前后相连，前者为大陆字形，后者为台湾字形。下同。

② 将同一字种字形的甲骨文、金文、小篆、隶书、楷书、现代印刷字形进行对照。为保证字形的客观真实，所用字形都是截取的电子版图片，按从古到今的顺序排列。甲骨文字形来自《甲骨文编》，金文字形来自《金文编》，小篆字形来自《说文解字》，隶书字形来自《隶辨》，楷书字形来自《康熙字典》。下文所谓“小篆字形、隶书字形、楷书字形”即指来自上述字书的剪切字形。

③ 顾蔼吉：《隶辨》，中华书局1986年版，第59页。

④ 顾蔼吉：《隶辨》，中华书局1986年版，第76页。

甲骨文　小篆　　　隶书　　　楷书

“𡈼”甲骨文形体“象人伫立土丘之上有所祈求之形”[①]，段玉裁、朱骏声、章炳麟、唐兰皆主此说。[②] 小篆字形是一个面朝左屈身站在“土”上的人。《说文 · 𡈼部》：“𡈼，善也。从人士。士，事也。一曰象物出地，挺生也。凡𡈼之属皆从𡈼。”实际是收录两说，前者“善也”从人从士，属于六书的会意；后者“象物出地”从土，属于六书的合体象形。可见最晚在两汉时期，“壬、𡈼”字形的界限已经模糊，当时的大文字学家许慎也未能明断，所以姑存两说。《说文》𡈼部下收录了三个字：徵、望、㸒。《隶辨》明确指出“壬、𡈼”混用无别（见上文）。《康熙字典》单字“𡈼”收在土部，不再作为部首，包含“𡈼”部件的字分散在其他部首，如“廷”在廴部。

CJK 字符集的核心部分 20902 字中，两岸都没有收录单字𡈼，CJK 扩展集 B 中“土部”收有“𡈼”（还没有分级，在一个表格中）；台湾字形保留“𡈼”写法的有 51 字，与此对应的大陆字形有两种情况：以“廷”为构件的 21 字（廷廷、庭庭、侹侹、挺挺、梃梃、榳榳、涏涏、烶烶、珽珽、筳筳、綎綎、脡脡、艇艇、莛莛、蜓蜓、誔誔、鋌鋌、閮閮、霆霆、頲頲、鼮鼮）和以“㸒”为构件的三字（婬婬、淫淫、霪霪），其中的“𡈼”写为“壬”；以“呈”为构件的 22 字（呈呈、俚俚、埕埕、塣塣、徎徎、悜悜、捏捏、桯桯、浧浧、珵珵、睈睈、程程、脭脭、裎裎、逞逞、酲酲、鞓鞓、鋥鋥、戜戜、郢郢、鐵鐵、驖驖）、以“聖”为构件的三字（聖聖、蟶蟶、檉檉）和“望望、朢朢”两字，“𡈼”写为“王”。另有七字（徵徵、澂澂、癥癥、藢藢、嬍嬍、徵徵、瀓瀓）台湾字形不统一，下文一并论述。

“廷”字形演变过程如下：

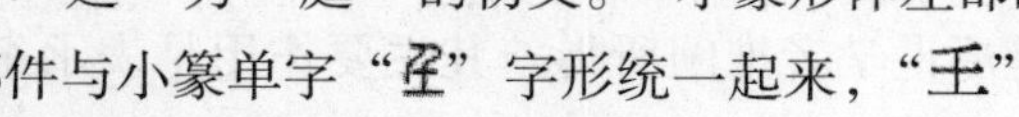

金文　　　小篆　　　楷书　　　印刷体

“廷”金文形体左边的曲线“象庭隅之形”[③]，院中有“土”，右部是一个站立的人，有的字形人直立土上。“廷”金文常见，如“入门立中廷”、“即立中廷”，因为古代君臣商讨国事不在屋内，而是“君立于门中，臣立于廷中，故雨霑服失容则废朝”。所以大多数学者认为“廷”为“庭”的初文。[④] 小篆形体左部的庭院或长道写为表示“长行”的“廴”，右上部件与小篆单字“𡈼”字形统一起来，“𡈼”为声符。《说文 · 廴部》：“廷，朝中也。从廴，𡈼声。”段玉裁注：“朝中者，中于朝也。古外朝、治朝、燕朝，皆不屋，在廷，故雨霑服失容则废。”楷书字形右部的“𡈼”写成了“壬”，其他包含“廷”的字也是如此，如廷、庭、挺、珽。

---

① 赵诚：《甲骨文简明词典》，转引自李圃主编《古文字诂林》第七卷，上海教育出版社 2004 年版，第 522 页。

② 李圃主编：《古文字诂林》第七卷，上海教育出版社 2004 年版，第 520—522 页。

③ 林义光、李孝定主此说，马叙伦认为“象长道形”。参见李圃主编《古文字诂林》第二卷，上海教育出版社，2004 年 12 月版，第 527—529 页。

④ 林义光、高鸿缙、马叙伦、李孝定、戴家祥皆主此说。高田忠周认为“廷”是“挺”的初文，《古籀篇六十四》：“人直立土上，容形端正，故训善也。威仪严格之谓也。凡人在朝中，皆端然直立，又或进退有礼。故从廴从𡈼，此形声兼会意之显然者。”参见李圃主编《古文字诂林》第二卷，上海教育出版社，2004 年 12 月版，第 528 页。

“呈”字形演变过程如下：

小篆　　隶书　　　　楷书　　　印刷体

“呈”甲骨文、金文阙如。小篆字形上为“口”下为“𡈼”。《说文·口部》：“呈，平也。从口，𡈼声。”隶书字形基本同小篆，有的字形因为上下部件避让就将“𡈼”的第一笔“撇”变形为“横”。《康熙字典》“口”部收有两种字形，一是下部件写为“王”（中横最短，《汉语大字典》认为此字是“㞷”和“狂”的异体，《语文·之部》：“㞷，草木妄生也。从之在土上，读若皇。”《字汇补·口部》：“呈，郭氏《正误》曰：‘古文狂字，从王，从口，与呈字不同。’”），一是下部件写为“壬”（中横最长，是“𡈼”的变形，此字才是《说文·口部》之“呈”）。楷书字形上“口”下“王”的字义已由常用字“荒或芜”和“狂”代替，上“口”下“壬”的字义是现行汉字的常用字。大陆印刷字形遵照从俗从简的原则采用熟知部件“王”，与旧字形“呈”同形；台湾印刷字形重新规定“呈”的下部件写为“𡈼”。

“聖”字形演变过程如下：

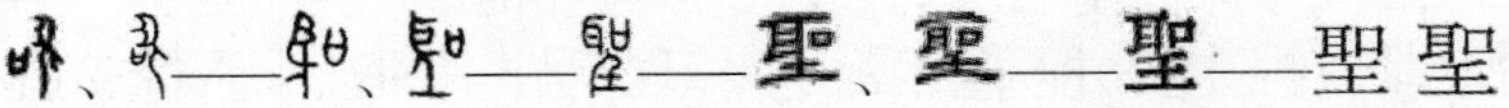

甲骨文　　金文　　小篆　　隶书　　楷书　　印刷体

甲骨文形体右部是一个突出耳朵的人，左部是“口”，表示口耳相传。金文形体的“口”和“耳”依然清晰可辨，但人形变得不像了，有的字形下加“一横”。小篆形体的下部写为“𡈼”，上部由“耳”和“口”组成，表示一个挺立的人，耳能听，口能辨，即“聖人”。《说文·耳部》：“聖，通也。从耳，呈声。”意思是有智慧，通达事理，引申指具有超人的学问或技艺的人。隶书字形下部件写为“土”或“𡈼”。楷书字形下部写为“𡈼”。与“呈”的字形演变不十分同步。

从字源来看，“壬”和“𡈼”是形音义皆不同的两个字，但这两个部件的字形不仅在汉碑中已经混同，在字书《钜宋广韵》① 中也已经混同，在明代的《正字通》里“廷”的右上部已经写为“壬”，《康熙字典》也是如此。长期以来二者的混同没有造成阅读障碍或文字混淆，其原因有二：一是“壬”造字本义是后世学者推阐所得，其主要作用是表示纪年，与字形无直接关系；二是“𡈼”早已不独立成字，作为部件多是音符，人们对它的字形意义并不关注。事实证明，大陆现行汉字统一写为“壬”并没有出现用字混乱问题，而刻意区别二者的写法反而让绝大多数人感到莫名其妙。一个鲜明的事实是20世纪90年代国家语委曾试图将“挺”中的“壬”改为“𡈼”，结果不仅引起学界的强烈反响，也给一般文字使用者造成了迷茫。“壬、廷”等字对应的相同编码的日韩文字也是写为“壬”，而不是写为“王”或“𡈼”；台湾《范本》将“壬”写为“壬”，将“任”写为“任”，也是将“壬”的第一笔写为“撇”。既然首笔写为“撇”的“壬”由来已久，并且具有广泛的通行

① 《钜宋广韵》为宋孝宗乾道五年（1169）闽中建宁府黄三八郎刻本。国内久佚，光绪十五年（1889）从日本收得。今有上海古籍出版社1983年4月影印本。

度，遵从从俗从简的原则，应该以"壬"为标准体。所以，以"壬、廷"为构件的47字当以大陆字形为标准字形写为"壬"。

当"𡈼"作字的下部件时，从字形的书法美观角度而言，第一笔写为"横"，可以与上部件距离缩短，便于整字的紧凑美观，遵循此原则，"𡈼"变形写为"王"。在隶书、楷书中大多有两种写法，可见此规则已经得到认可。大陆印刷字形选取变形"王"，台湾《标准行书范本》① 也是如此，如"呈、程、聖"。既然"𡈼"早已不独立成字，在字中的字形意义也是鲜为人知，何必再增添一个新部件来增加人们的记忆负担呢？不如将"呈、聖"等字的下部件都写为人们熟知的成字部件"王"，既便于识字教学，也有利于部件的统一和字形的美观。因此以"呈"为下部件的18字（另外四字"呈"作左部件或左下部件，下文论述）、以"聖"为构件的三字和"望望、朢朢"二字（共23字）的下部件，可以全都写为"王"，以大陆字形为标准字形。遵循上述规则，以"㸒"为构件的三字（婬婬、淫淫、霪霪），下部件也应该写为"王"，两岸字形都需进行修正。

根据汉字的书写和自然美化规律，当汉字左边部件的末笔为横时，为了与右边部件相呼应，使左右笔势连贯、字形结体严谨，往往要把左边部件或相对左边部件的末笔"横变提"，如"项、埋、球、站"等的左部件末笔都"横变提"；左中右结构的字，如"鸿、潋、臟、街"等，它们的中间部件相对于右部件是左部件，所以中间部件的末笔也都"横变提"。遵循此变形规则，以"呈"作左部件或左下部件的四字：郢郢、戜戜、鐵鐵、驖驖，两岸字形都应把"王"（"𡈼"作下部件，变形为"王"）末笔"横变提"，以大陆字形为标准；"徵徵、澂澂、癥癥、薇薇、嬍嬍、徵徵、瀓瀓"七字中的"王"（"𡈼"作下部件，变形为"王"）处于相同的字形环境，理应把它们的末笔也"横变提"。台湾字形遵循了这一变形规则，其中三字（嬍嬍、徵徵、瀓瀓）还将"𡈼"写为"王"，这三字的台湾字形应作为两岸的标准字形，其他四字（徵徵、澂澂、癥癥、薇薇）需进行修正，即将其中"𡈼"的首笔写为"横"，末笔写为"提"。

在现行汉字中，"壬"或"𡈼"作字的部件的位置有两种：右部件和下部件（包括左下部件）。"壬"首笔写为"撇"从汉碑就开始了，"𡈼"在小篆中作为部首不独立成字，两个字形的混同由来已久，字形本身已不具备区别字义的作用，严加区分它们只是增添一个罕见部件，既没有现实意义，也没有很大的学术价值，更不利于识字教学和普通民众对文字的使用和掌握。从文字部件简化优化角度出发，"壬"和"𡈼"作右部件或相对右部件时，都写为"壬"，如"任、廷"等44字；作下部件或右下部件时，写为"王"，如"呈、程、

---

① 1980年，台湾教育部颁布《标准行书范本》（附注楷体），收字4010个（实际是3998字），含有大量简体字，供手写遵循，这个范本的推行使台湾知识阶层都认识了简化字。《范本》在台湾民众中的影响很大，这从陈立夫为《范本》作的《序言》可见一斑："标准行书字字有根据，经中华文化复兴运动推行委员会常务委员会议决定：成立标准行书研究委员会，聘请十一位对文字书写有素养之学者教授，经四年之努力，集会四十五次，四度公开向各方征信意见，终于完成四千多个常用字标准行书范本；旁注楷书，亦经一并研究，共成标准。"又说："希望全国青少年同学，自国校五年级开始，直到高中、大学，能人手一册，用心摹拟。社会人士，有意习行书，亦可据以为准。若干年后，中华文字之手写字形，能举国一致；海外侨胞，亦一同推行；长使中华民族，在书同文，字同形，语同音的大一统之下，更加凝固团结，千年万世，永垂无疆之休。"从现实应用的角度，台湾《标准行书范本》和大陆的《通用汉字字形表》可以成为寻求两岸文字统一的突破点。

聖、淫”等26字；当作左下部件或相对左下部件时，写为“𡈼”，如“郢、徵”等11字。

参考文献：

[1] 中国科学院考古研究所编辑．《甲骨文编》[M]，中华书局，1965年9月版．

[2] 容庚编著．《金文编》[M]，中华书局，1985年7月版．

[3]（清）顾蔼吉编撰．《隶辨》[M]，中华书局，1986年4月版．

[4]《康熙字典》[M]，同文书局原版，中华书局，1958年1月版．

[5] 许慎．《说文解字》[M]，中华书局，1963年版．

[6]《说文解字》（电子版），北京师范大学汉字与中文信息处理研究所．

[7]《汉字问题学术讨论会论文集》[M]，语文出版社，1988年版．

[8]《语言文字规范手册》（增订本）[M]，语文出版社，1991年1月第1版．

[9] 王凤阳．《汉字学》[M]，吉林文史出版社，1989年12月第1版．

[10] 齐冲天．《书法文字学》[M]，北京语言文化大学出版社，1997年2月第1版．

[11] 高更生．《现行汉字规范问题》[M]，商务印书馆，2002年版．

[12] 厉兵．《汉字规范问题研究丛书——汉字字形研究》[M]，商务印书馆，2004年版．

[13] 史定国．《汉字规范问题研究丛书——简化字研究》[M]，商务印书馆，2004年版．

[14] 中华文化复兴运动推行委员会．《标准行书范本》[M]，台湾书店，1980年版．

[15]《汉语大字典》（缩印本）[M]，湖北辞书出版社，四川辞书出版社，1992年12月第1版．

[16] 李圃主编．《古文字诂林》第二卷[M]，上海教育出版社，2004年12月版．

网络新词语中类词缀的主观性初探

李姝雯

（北京语言大学汉语水平考试中心）

引言

近年来，由类词缀构成的派生词在网络语言环境中大量使用。例如：

（1）当地吹起了一股“拼”风，不少“80后”“拼客”宣称，爱“拼”才会赢，要“拼”出一条理财新招。（中国新闻网：http：//www. chinanews. com/sh/2011/10 – 30/3424078. shtml）

（2）10月12日，9名在四姑娘山失踪“驴友”终于平安出山。

（新华网：http：//news. xinhuanet. com/politics/2011 – 11/26/c_ 122338514. htm）

（3）继早前浙江、上海交通大学开办高校“富二代”培训班后，近期有佛山高校也创办了“家业长青创业班”，计划将佛山的“富二代”、“商二代”打造成“创二代”，引起不少人的关注。

（搜狐新快报：http：//roll. sohu. com/20111130/n327328727. shtml）

（4）菲星科技认为，此次冰箱门事件，实质是对产品质量的重视及对品牌售后服务的责任。

（小熊在线：http：//news3. pcnow. com. cn/2/lib/201111/28/20111128070. htm）

近年来，以“类词缀”构成的新词逐渐增多。2009年新词中的后附加式合成词占全部生词的26.77%，其中类后缀“~门、~族、~客、~奴、~友”使用最多。（2009年中国语言生活状况报告）。不同的学者从定义、性质、范围、分类等不同方面对“词缀”的词汇意义问题进行过探讨（吕叔湘1979；马庆株1995；朱亚军2001；富丽2001；曹炜2003；张小平2003；王洪君、富丽2005；任竞春2005；尹海良2007；曾立英2008等）。虽然不同学者的观点不尽一致，但他们的研究多集中在语义虚化方面，主观性并不在其研究范围之内；

然而在网络语言中，类词缀的语义信息携带能力进一步发展，表现出较强的主观性。基于此，本文对类词缀的主观性进行探讨。

一、网络类词缀使用中的主观性

（一）主观性的表现

法国语言学家埃米尔·本维尼斯特（Emile Benveniste，1902—1976）较早对“主观性”（subjectivite）做出明确定义。其后，（Lyons）将话语的主观性简述为语言使用中的自我表达，其研究重点为“言内主观性（locutionary subjectivity），即话语的主观（ the subjectivity of utterance。）沈家煊（2001）根据Lyons的定义，对主观性问题进行了探讨。根据前人对主观性问题的探讨，我们认为网络新词中类词缀的主观性是指语言使用者在使用某一类词缀时会同时表明自己对该类词缀构成词的立场、态度和感情，即语言使用者的立场和价值判断。

类词缀构成的词语是主观性与客观事物相结合的结果。其中，类词缀形成一个主观性“范围”，能够进入这一“范围”的词语必须满足客观事实和主观性重合的条件。例如，类词缀“奴”，如图1：

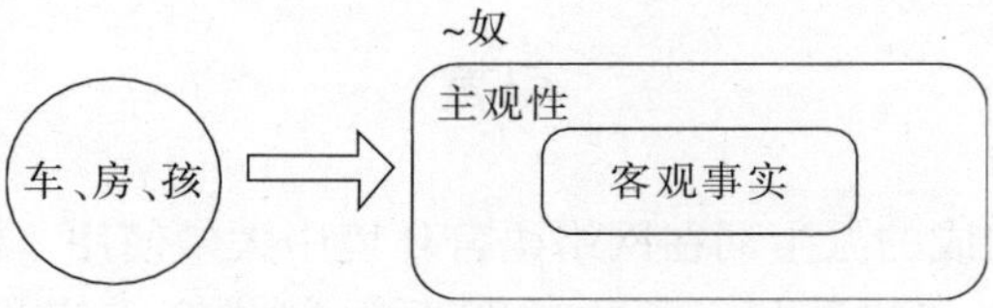

图1 类词缀“奴”的主观性

在“～奴”中，可以将“为了获得一套住房而忍受长期的经济压力的人”称为“房奴”。这个词一方面表明客观存在一类人（群体）；另一方面，表示了语言使用主体对于该类人（群体）的情感和态度，这种附加信息即类词缀的主观性。例如，“～族、～奴、～男、～女、～客、～二代、～控”的概念意义都是人或一群人，但主观性存在差异。见表一：

表一：表“人”类词缀构成词汇

类词缀构成词汇
~族：蚁族、啃老族、上班族、爱车族、地铁族、月光族、北漂族、穷忙族、钟摆族……
~奴：车奴、房奴、孩奴……
~男：肌肉男、凤凰男、宅男、潮男、经济适用男、痞子男、熟男、IT男……
~女：孔雀女、宅女、剩女、潮女、熟女、拜金女、三高女、腐女、学术女……
~客：黑客、红客、闪客、拼客、背包客、独行客、绿客、玩客、酷客、地铁客、拍客……
~二代：富二代、官二代、星二代……
~控：苹果控、短信控、游戏控、正太控、萝莉控、丝袜控、星座控、御宅控……
~友：驴友、龟友、牌友、狗友……

从表一中可以看出，虽然概念意义都是人或一群人，但表述特定个人或特定群体的类词缀并不相同。例如，“拼客”表示的人或群体，不能用“~族”或“~友”等表示。当前面表示客观事物的语素相同时，例如“地铁”一词，分别与“~族”和“~客”结合，构成的“地铁族”和“地铁客”，都表示“乘地铁的人”，但二者主观性不同。见下例：

(1) 晚归地铁客无奈打黑车

(摘自和讯新闻：http://news.hexun.com/2011-06-07/130290471.html)

(2)“地铁族”生存悲喜录 《乘车指南》受追捧

(摘自中国新闻网：http://www.chinanews.com/cj/2011/01-10/2777258.shtml)

“~族”构词通常是把拥有某一共同特征（行为、动作、爱好、身份等）的人归为一类：“地铁族”表示一个每天坐地铁上班的群体的存在。“~客”虽然也表示一类人的存在，但一个人只坐过一次地铁，也可称之为“地铁客”。因此“地铁客”表示单个回家晚的乘坐地铁的人，而“地铁族”侧重该群体的生存状态。

由于主观性的差异，表示相同概念意义的类词缀在构词时呈现互补趋势；主观性决定了类词缀构词分布的具体状况。例如，“~奴、~控、被××”都有“被控制”的意思，但构词的数量和分布各不相同，见表二：

表二：“~奴、~控、被××”

类词缀	“被控制”	例词
~奴	A（某人）以大量的金钱或精力占有 B（某物），占有 B 所付出的大量的金钱或精力让 A 不堪重负，产生了被奴役的感觉，见表一。	
~控	A（某人）钟爱 B（某物或某类人），对 B 有极大的感情认同（特殊的情节），因而经常被对 B 的感情影响或控制，见表一。	
被××	个人 A 未做某事 X，如被就业、被辞职，官方 B 向 C（大众，或 B 的上级机关）谎称 A 做了 X，如被培训、被统计，以便将此作为 B 的工作成绩，从中获得利益。	

（二）主观性的界定

我们将类词缀的主观性界定为主观距离、主观认同、情感倾向、群体大小、新潮程度、独立性以及在线生成度共七个方面。

1. 主观距离

类词缀所构成的词语经常用来表述一类社会现象或社会中的某一群体。网络语言使用者在对此进行表述时所使用的类词缀表现了语言使用者与该类社会现象或社会群体的心理主观距离，即语言使用者是否有可能成为该社会事件的参与者（受害者）或者该社会群体的成员。主观距离由远至近为“无关—潜在相关—相关”。

2. 主观认同

主观认同是指说话者对类词缀构成词语所反映的社会现象的社会群体的认同度或者评价态度。这种认同是从语言使用者的立场出发，用自身的价值评价做出的主观性判断。主观认同程度分为“不认同—潜在认同—认同”。

3. 情感倾向

诙谐幽默并常带有讽刺是网络语言的特色之一，类词缀构成的词语也具有相应的情感倾向。情感倾向是指网络语言使用者主观上对类词缀构成词所反映的社会现象或者社会群体的态度，分为“讽刺—中性—幽默”。

4. 群体大小

群体大小是说话者主观上认为类词缀构成的词语所反映的社会群体大小，与说话者对类词缀构成词所反映的社会现象体的普遍程度有关。群体大小由大到小为“大—中—小”。

5. 新潮程度

网络词汇的特点之一就是更新速度快，类词缀构成的词也有这一特点。新潮程度是指网络语言使用者主观上认为社会现象或者社会群体的新潮程度，分为“新潮—较新潮—过时”。

6. 独立性

独立性是指网络语言使用主体主观上认为类词缀构成词所反映的社会现象涉及的人或者群体中成员之间的独立性，即社会现象反映的是个人行为还是团体行为，分为“不独立—相对独立—独立”。

7. 在线生成度

在线生成度是语言使用者的立场、态度和感情等和客观事物或者现象结合的程度，反映了类词缀构成词的能产程度。在线生成度由差至好为“差—一般—好”。

二、类词缀主观性问卷调查

（一）目的

对类词缀的主观性进行进一步分析，验证我们对主观性差异造成不同类词缀构词数量和分布不同的讨论。

（二）对象

调查对象均为具有本科以上学历的在校学生或拥有三年以内工作经验的年轻人；每天使用互联网三个小时以上，用于聊天或者在论坛等网络语言公共场所的时间超过一个小时。

（三）主观性问卷内容及实施

主观性问卷分为“问卷调查一”和“问卷调查二”两部分。“问卷调查一”采用七度量表的方法，选取概念义为人或人群的“~族、~奴、~客、~二代、~控、~友”六个类词缀，从主观距离、主观认同、情感倾向、群体大小、新潮程度、独立性和在线生成性七个方面分析六个类词缀的主观性表现。“问卷调查二”作为“问卷调查一”的补充，主要考察类词缀的主观距离和在线生成性，对“问卷调查一”的结果进行验证。两份问卷各发放100份，回收卷数各87份，去除其中无法进行统计的问卷（包括未完成、所有选项所填数字完全相同、缺填漏填选项的问卷），各75份。

（四）结果

1. “问卷调查一”、“问卷调查二”的数据统计结果

“~族、~奴、~客、~二代、~控、~友”六个类词缀在主观距离、主观认同、情感倾向、群体大小、新潮程度、独立性和在线生成度七个方面的平均分见表三。

表三：平均得分

类词缀	主观距离	主观认同	情感倾向	群体大小	新潮程度	独立性	在线生成度
~族	5.360	5.853	4.627	6.107	3.960	4.453	5.070
~奴	3.680	3.987	2.827	5.867	4.160	4.000	4.257
~客	3.533	5.240	4.853	4.307	4.707	4.520	4.067
~二代	1.773	3.333	1.853	3.160	4.200	3.333	3.137
~控	4.453	4.907	4.813	4.667	5.347	4.533	5.107
~友	3.947	5.547	5.533	4.360	4.293	3.320	4.573

“~族、~奴、~客、~二代、~控、~友”主观性比较，见图9：

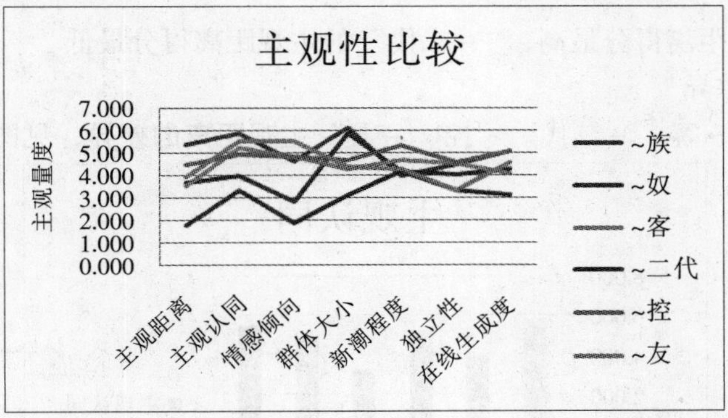

图9 主观性比较

“问卷调查二”中自造词的词数和词种见表四。其中，词种为去掉重复词语之后该类词缀构成的词汇数量。

表四：自造词的词数和词种

类词缀	词数	词种
~族	84	54
~奴	58	37
~二代	45	20
~客	57	44
~控	93	82
~友	34	34

利用卡方检验交叉制表对主观性的七个方面进行检验，结果显示六个词缀七方面的主观性差异显著（$p<0.05$）。

2. 主观性差异比较的结果

（1）主观距离差异

“~族、~奴、~客、~二代、~控、~友”主观距离的差异，见图10。

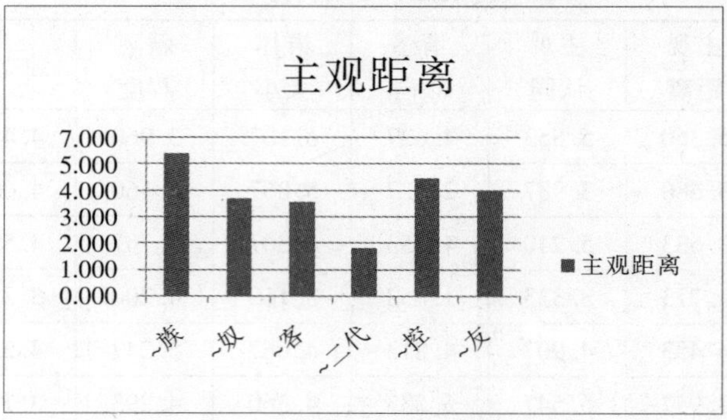

图10 主观距离差异

“~族”的主观距离得分最高，“~二代”的主观距离得分最低。

（2）主观认同差异

“~族、~奴、~客、~二代、~控、~友”主观距离的差异，见图11。

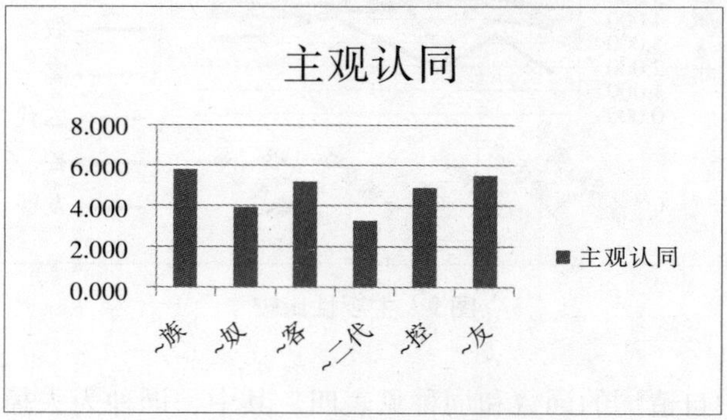

图11 主观认同差异

“~族”的主观认同得分最高，“~二代”的主观认同得分最低，但存在一定的认同度。参照“问卷调查二”的统计结果，类词缀“~二代”的自造词率为61.3%，其中“穷二代”出现次数为18次，“贫二代”出现10次，分别占总次数的40%和22%；此外还存在“医二代”、“师二代”等以职业归类的词和“勤二代”等以品质归类的词。

（3）情感倾向的主观性差异

“~族、~奴、~客、~二代、~控、~友”情感倾向的主观性差异，见图12。

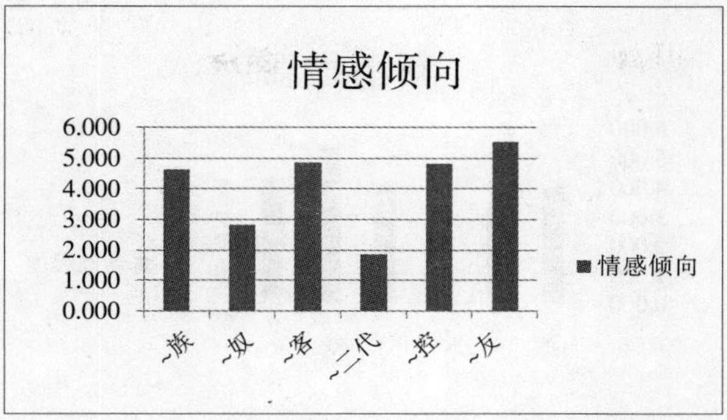

图 12　情感倾向的主观性差异

“~友”的情感倾向得分最高；“~二代”的情感倾向得分最低。本题在问卷中设置了补充答案，如果被调查者认为自己对某词缀的情感倾向不属于“讽刺—中性—幽默”这一序列，可自行填出，回收的 87 份问卷中有 6 份对类词缀的情感倾向提出了异议，其中 5 份对“奴”的情感倾向进行了补充，包括“无奈”、“调侃”、“沉重”等。

（4）群体大小的主观性差异

“~族、~奴、~客、~二代、~控、~友”群体大小的主观性差异，见图 13。

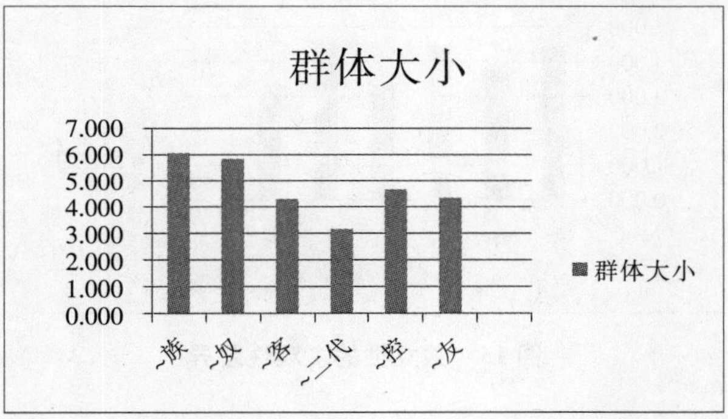

图 13　群体大小的主观性差异

“~族”的群体大小得分最高；“~二代”的群体大小得分最低。

（5）新潮程度的主观性差异

“~族、~奴、~客、~二代、~控、~友”新潮程度的主观性差异，见图 14。

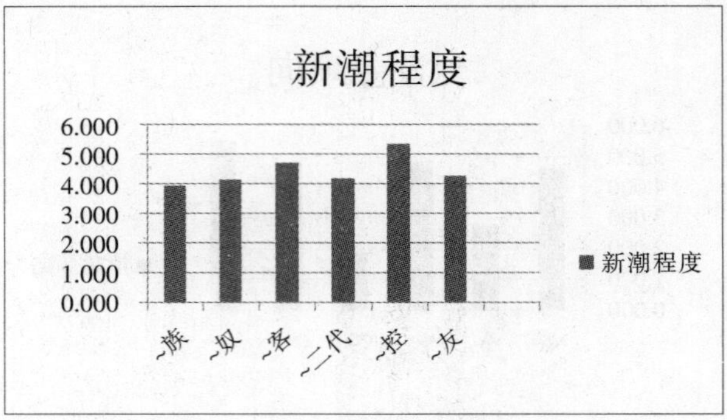

图 14　新潮程度的主观性差异

“～控”的新潮程度得分最高；“～族”的新潮程度得分最低。“～族、～奴、～二代、～友”的新潮程度趋中，差别不大。

（6）独立性的主观性差异

“～族、～奴、～客、～二代、～控、～友”独立性的主观性差异，见图15。

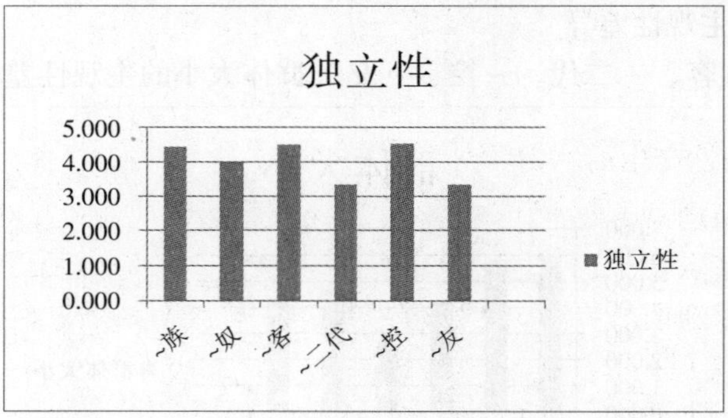

图 15　独立性的主观性差异

“～控”和“～客”的独立性得分最高；“～二代”和“～友”的独立性得分较低。

（7）在线生成度的主观性差异

“～族、～奴、～客、～二代、～控、～友”在线生成度的主观性差异，见图16。

“～控”和“～族”的在线生成度得分比较高；“～二代”的在线生成度得分最低。

参照“问卷调查二”的统计结果，“～控”的自造词数量最多，共93个，丰富度也较高，共有词种82个；“～族”的自造词数量也比较多，共84个，但丰富度相对较差，共有词种54个；“～友”的自造词数量最少，共有34个，但丰富度相对较好，共有词种34个；“～二代”的自造词数量比较少，共有45个，丰富度也较差，共有词种20个。“问卷调查二”的这一统计结果进一步验证了“问卷调查一”中对“～族、～奴、～客、～二代、～控、～友”在线生成度的评分结果。

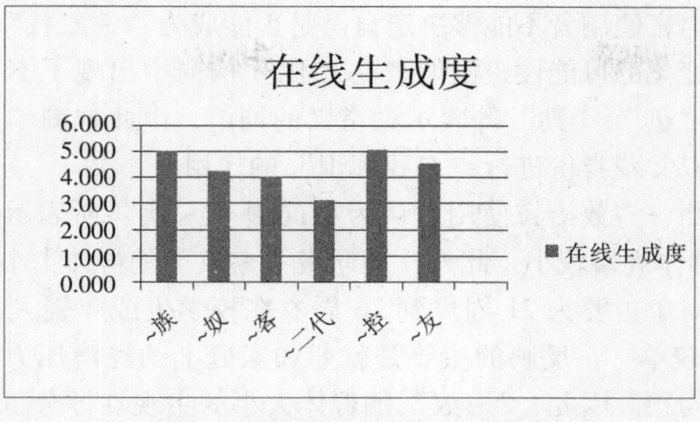

图 16 在线生成度的主观性差异

（五）结论

类词缀"～族、～奴、～客、～二代、～控、～友"具有主观性，并且主观性存在差异。

三、讨论

（一）类词缀主观性产生的原因

网络语言环境为新词语的产生和发展提供了独特的传播渠道和发展空间。首先，互联网分权、匿名、灵活的特点便于语言使用者从自身价值体系出发，发表意见，表达情感。其次，网络的使用加快了新词的传播速度。最后，互联网的交互性特点创造了公共语言领域，为其主观性的发展提供了条件。

从词义特点来看，类词缀承载了丰富的主观性信息，具有"身份鉴别"和"自我标识"的作用。互联网独特的传播环境为词语的发展拓宽了空间，原本从属于私人语言领域的主观性在网络语言环境中被特定群体分享。一方面，使用带有一致趋向的主观性词语是网络语言个体进入某一群体中的必要条件；另一方面，该群体的成员会使用带有一致主观性的词语，以表明自己的立场、感情以及所属群体。同时，类词缀承载的丰富的主观性信息满足了主体认识和价值判断的表达需求。类词缀构成的词语通常用来表述两方面的内容，一是与人们生活密切相关的类，如房产、教育、婚姻、工作等的事件或者此类事件的参与者，二是对客观事物的认识及价值判断。语言使用者有可能发现自己与该词语代表事件中的人处于同样的境地，因此在使用该词语时会同时表达主体认识和价值判断，例如"房奴、蚁族、被就业"等。

（二）造成主观性差异的原因

类词缀构成词所表述的共同特征与人们日常生活的关系影响主观性范围的限制度。共同特征与人们日常生活的相关度越高，语言使用者越容易成为该社会事件的参与者或者该社会群体的成员。因此词语进入该类词缀主观性范围的限制就相对较小；反之则高。例如，"～二代"主观距离得分最低，推测是由于"～二代"身份是由家庭所处的社会、经济地位决定的，限制比较大，语言使用者不能够决定自己是否能成为“～二代”。

主观认同度具有变化的可能性，例如“～二代”构词中出现了不少“医生”、“老师”等表示职业的词语和“创”、“勤”等表示勤奋义的词语，由此推测“～二代”的认同来源于此类词，并且具有以父辈身份进行“自我标识”的作用。

根据统计结果推测，多数语言使用者认为类词缀“～族”所表示的群体规模较大；而“～二代”所表示的群体规模较小。此外，类词缀“～奴”的群体大小得分也比较高，这可能是由于问卷的调查对象主要为21周岁到26周岁在校学生或年轻人；而进入“～奴”主观性“范围”的词比较单一，反映的主要是就业和家庭上的经济压力，这正好是调查对象面临或者即将面临的问题。因此，“～奴”的群体大小的主观性评分可能受到调查对象分布的影响。

结语

本文从主观距离、主观认同、情感倾向、群体大小、新潮程度、独立性以及在线生成度等七个方面考察了网络语言中汉语类词缀的主观性，并采用了问卷调查的方法对表人类词缀的主观性进行了验证。调查分析结果基本支持文章假设：类词缀存在主观性，并且不同类词缀主观性差异显著。

参考文献：

[1] 2009年中国语言生活状况报告（下册）[M]．北京：商务印书馆，2009.

[2] 曹大为．“族”的类词缀化使用分析 [J]．山东社会科学，语言与文化研究，2007（05）．

[3] 吕叔湘．汉语语法分析问题 [M]．北京：商务印书馆，1979.

[4] 马庆株．现代汉语词缀的性质、范围和分类 [A]．著名中年语言学家自选集·马庆株卷 [M]．合肥：安徽教育出版社，1995.

[5] 沈家煊．语言的“主观性”和“主观化”[J]．外语教学与研究，2011.

[6] 任竞春．“x霸”新词产生方式及成因探析 [J]．语文学刊（高教版），2005.

[7] 王洪君，富丽．试论现代汉语的类词缀 [J]．语言科学，2005（05）．

[8] 赵元任．汉语口语语法 [M]．吕叔湘译，北京：商务印书馆，1979.

[9] 朱亚军．现代汉语词缀的性质及其分类研究 [J]．汉语学习，2011（02）．

[10] 张小平．当代汉语类词缀辨析 [J]．宁夏大学学报，2003（05）．

[11] Lyons. J. Semantics. Cambridge University Press，1977：Vols2.

[12] Lyons. J. Linguistic Semantics：An Introduction. Cambridge University Press，1995.

新词新语的构造关系及理据浅析

——以《2006 年汉语新词语选目》为语料

熊春花*

2007 年 8 月 16 日，教育部发布《中国语言生活状况报告（2006）》，并公布了《2006 年汉语新词语选目》，该《选目》列出了 171 条汉语新词语。每一时期都有特定的新词新语产生，但有的可以在社会中广泛传播，具有强大的生命力，最终成为常用词汇并被收入词典，而有的新词新语恰好相反，它们兴盛一时过后逐渐走向衰亡。《中国语言生活状况报告（2008）》一书对 2006 年新词新语在 2008 年国家语言监测语料库中使用频次的分布情况进行了统计：

表 1

频次数	数量（条）	比例（%）	例词
>=1000	8	4.68	谷歌、交强险、博文、搞怪、微笑圈、房奴
999~300	13	7.60	EMBA、断背、剩女、炫富、群租、微笑北京
299~100	18	10.53	拼客、换客、倒扁、医闹、江选、禁电、乐活族
99~20	29	16.96	手机手、法商、捧车族、游戏手、车奴、奔奔族
19~10	12	7.02	白托、冻容、白奴、擒人节、慢活族、三限房
9~3	17	9.94	迷卡、独二代、赖校族、洋腐败、印客、职粉
2	9	5.26	丁宠家族、回购地、节奴、啃椅族、装嫩族
1	14	8.19	白银书、盗版党、返券黄牛、监控门、奖骚扰
0	51	29.82	吊瓶族、二奶专家、飞鱼族、合吃族、急婚族
总计	171	100.00	——

* 熊春花：女，湖南益阳人，湘潭大学文学与新闻学院 2010 级语言学及应用语言学专业硕士研究生。本文为湘潭大学博士启动项目《媒体发展与语言传播》（10QDWX02）的研究成果之一。

根据统计结果，我们可以看到："2006 年新词新语在 2008 年语料中出现频次在 100 次以上的占 20% 左右，为高频词；频次在 10 次以下的占 25% 左右，为低频词；有近 30% 的词在 2008 年的语料中是没有出现的或者没有以实际使用的身份出现，为隐退词。"高频词中，有的是在 2006 年就是高频词，如"次贷"、"博文"、"房奴"等；有的是在 2006 年并非高频词，到了 2008 年使用频率大幅度提高成为高频词，如"群租"、"拼客"、"剩女"等。不管哪种情况，事实证明这些词所反映的事物和现象近年来一直存在并且这些词汇也逐渐被社会普遍接受，开始稳定下来。而那些低频词和隐退词，它们之所以逐渐退出词汇系统，主要原因有两个：一是它们所反映的现实现象已经不存在或是已经不再被人们经常提及；一是它们本身不符合汉语词汇的发展规律或者是词汇系统自身调节的结果。而适不适合社会的发展需要和符不符合汉语词汇与词汇系统的发展规律，笔者认为主要与这些新词新语形成时的构词方式和构词的理据性有关。本文以《2006 年汉语新词语选目》为语料对这个问题做出简要分析。

一、对语料的构词方式进行分析

通过统计，我们可以得到如下表格：

表 2

<table>
<tr><th>词语性质</th><th colspan="2">构成方式</th><th>词数</th><th>比例（%）</th><th>例词</th></tr>
<tr><td rowspan="4">体词性</td><td colspan="2">单纯型</td><td>8</td><td>4.7</td><td>断背、EMBA、迷卡、跑酷、谷歌</td></tr>
<tr><td rowspan="3">合成型</td><td>并列</td><td>3</td><td>1.6</td><td>八荣八耻、骨性、三支一扶</td></tr>
<tr><td>偏正</td><td>132</td><td>77.2</td><td>白奴、白托、半糖夫妻、抱抱团、奔奔族</td></tr>
<tr><td>其他</td><td>2</td><td>1.2</td><td>独二代、陪拼族</td></tr>
<tr><td rowspan="8">谓词性</td><td colspan="2">单纯型</td><td>1</td><td>0.6</td><td>晒</td></tr>
<tr><td rowspan="7">合成型</td><td>主谓</td><td>2</td><td>1.2</td><td>图书漂移、熊猫烧香</td></tr>
<tr><td>述宾</td><td>9</td><td>5.3</td><td>拼卡、入球、炫富、砸票、终统</td></tr>
<tr><td>述补</td><td>1</td><td>0.6</td><td>搞笑</td></tr>
<tr><td>偏正</td><td>10</td><td>5.8</td><td>海缆断网、裸考、秒杀、群租、红楼选秀</td></tr>
<tr><td>并列</td><td>3</td><td>1.8</td><td>三失、囤房捂盘、捂盘惜售</td></tr>
<tr><td>复谓</td><td>0</td><td>0</td><td>——</td></tr>
<tr><td>其他</td><td>0</td><td>0</td><td>——</td></tr>
<tr><td>总计</td><td colspan="2"></td><td>171</td><td>100</td><td>——</td></tr>
</table>

注：表中的"其他"是指语素间不存在简单的结构关系，但又没法归入单纯词里面的词。

从表中我们可以看到，语料中的新词新语有 77.2% 的词语都是偏正式体词性结构，而其他的结构形式则所占比例很小，最多也就 5% 左右，这是由词语的社会价值性决定的。体词性结构是对概念的反映，而谓词性结构主要是反映概念与概念之间关系的，即进行判断和推理的。这一点可以用小孩子学说话的过程加以证明。小孩子一周岁左右会说一些单词句，比如说猫、狗之类的，往往是名词性的。后来，孩子开始由单词句过渡到两个词的组合，这时候孩子开始学会发现不同概念间的区别或同一概念在线条上的差异（如“猫跑”和“猫吃”）。接着，又由双词句过渡到实词句再过渡到使用虚词来连缀不同的语法单位。这个阶段，体现出孩子已经由简单的判断过渡到复杂的推理。大概五六岁时，孩子基本上就能够自由运用各种语言成分造出各种句子了。这个过程，体现出人类语言习得的经过：概念——判断——推理。我们也可以大致地说，人类习得语言经历了从实词到虚词，从体词性成分到谓词性成分的过程。

从表中的词语构造的构成中可以看出，这些新词新语基本符合现代汉语谓词跟体词的结构要求。但是，需要指出的是，上面的图表中对构词方式分类只是就整个词义内部成分之间的关系说的（深层结构），并非反映出构成语素间的实际结构关系（表层结构）。例如，“海缆断网”一词，其注解是“2006年受台湾强地震影响，中美海缆、亚太1号等至少六条国际海底通信光缆发生中断，造成我国大陆至台湾地区、美国、欧洲等方向的通信线路大量中断”。这个短语的整体意义是这个事件中海缆毁损造成的网络中断，是一个状中式偏正结构短语；而如果按照构成该短语的语素之间的关系来说，这应该是一个主谓短语，即为海缆弄断了网络。按照现代汉语普通话的构词规则，整个词义的内部成分间的构成关系和语素间的关系应该是一致的。但是，根据笔者统计，在《2006年汉语新词语选目》中的171个新词新语中有42个词语的词义内部成分关系和词语构成语素关系是不一致的，占总词数的24.6%。一个汉字往往表示一个语素，这样一来，说汉语的人往往就是将构成词语的语素的意义按照语素间的结构关系组合起来理解为词语的意义。可是对于这24.6%的词来说，人们如果采取这种办法则不能正确理解词语的意义。除此以外，新词新语如已失去了其本来意义，或者意义脱落，或者意义发生了转移也会导致其不被正确理解。

这171个新词新语里的这一部分词，它们或者是深层或表层结构关系不一致，或者是语素义脱落或转移，或者两者兼有，是不符合汉语词汇的普遍规则的，因此给人们的理解造成障碍。但是既然它们能够成为新词新语，还能被收入国家语委的《中国语言生活状况报告(2006)》之中，这说明至少在当年它们是被特定的语言社团所接受并经常使用的，证明它们的存在有一定的合理性。

二、对语料的造词方式的分析

通过对语料中171个新词新语的分析，我们可以得到如下几种构词理据（造词法）：

（一）简称造词

这又可以分为三种类型——

（1）减缩法：EMBA、骨性、禁电、穷人跑、医闹、医诉、职粉。

（2）紧缩法：博文、村证房、倒扁、独二代、废统、终统、江选、寒促、交强险、空调、陪拼族、7时代、轻熟女、熟年、微笑圈、文化低保、游贿。

（3）原词语中的共同部分，或者概括其共性，然后在其前加一个数词：八荣八耻、国六条、国十条、三失、三手病、三限房、三支一扶、十五细则。

用简称法构词，其理据性在于为了追求简单的表达效果而抽取原词和原来短语中的部分语素构成一个词语，这种方式符合语言的经济性原则。但是我们也应该看到，简称的方法构成的词语有时候让人们无法正确理解其意义，特别是减缩法。紧缩法是抽取原词语中有代表性的语素构成；而第三种方法也是在共同的代表性语素的前面加上数词构成。这两种方法构成的词语基本保留了原词语的大致语义范畴，同时因为它们是有目的地抽取，所以一般都符合现代汉语词汇的构成规则。因此，这两种方式构成的词比较容易被理解。而减缩法是截取原词语的部分语素而成，不管截取的语素是否代表了原词语的语义范畴，都没法保证截取的部分符合现代汉语词汇的结构规则。因而这部分词语经常不容易理解，也常常是被淘汰的对象。

（二）音译造词（包括谐音造词）

这种方式往往是音译外来词和利用谐音构成的词语。

（1）音译外来词：谷歌、迷卡、跑酷、晒、晒客、网络晒衣族、托业、威客。

（2）谐音构词：白托、搏斗、冻容、梨花体、擒人节、压洲。

这些音译外来词中，有的是直接用汉字对译原外语词的音，而不管其意义，如“托业”、“威客”。有的兼顾了意义，如“跑酷”。如前所述，汉语往往从构成词语的语素中就可以得到词语的意义，所以就这点来说，那些只管音不管意义的音译外来词很可能被意译词或者音义兼顾的词所替代。历史上的“德律风”被“电话”所替代就是一个很好的例子。这也解释了2006年的新词新语“迷卡”到了2008年就成了低频词的原因。而谐音构词往往是为了追求新颖，使用的人群和范围很窄，因此生命力不强。

（三）特别事件和事物（例如某部作品）的名称造成的词语

如：电话门、监控门、解说门、骷髅门、断背、飞鱼族、海缆断网、汉芯造假事件、红楼选秀、上海社保基金案、微笑北京、微笑圈。

这类词语的生命力应该是相对比较弱的。当某一事件发生或者某部作品出现并在社会上引起较大范围的关注和影响时，事件或者事物的名称就在一定的时间内被人们经常提及，于是被纳入新词新语中。这类词语有两个方向，一是它所代表的事件或者现象逐渐被人们遗忘，于是这些新词新语也逐渐退出日常交际；一是它们代表的事件和现象在空间和时间上有很强的普遍性，甚至成为某一现象的代表，这时这些词就有发展成为常用词语的趋势。前一种情况如“监控门”，在2006年的时候这件事情引起了社会的广泛关注，但是到了2008年这件事情已经逐渐被淡忘，于是它也就退居低频词。后者如“断背”一词，本来是电影《断背山》的名字，由于电影的主题是反映同性恋的，并且这部电影在社会上广泛传播，具有很大的影响，于是人们就用“断背”一词来表示同性恋关系，成为一个高频词。但整体上来说，因为这类词语是在某件事情发生时产生的，所以随着事件逐渐被人淡忘它们大部分都难逃被遗弃的命运。

（四）以一个已有语言单位为基点，加上限定成分造出新词语

这往往又是一种仿造造词。

“奴”族：白奴、车奴、房奴、节奴、垄奴、墓奴、证奴。

“族”族：奔奔族、飞鱼族、吊瓶族、合吃族、急婚族、啃椅族、赖校族、乐活族、慢活族、陪拼族、捧车族、试药族、网络晒衣族、洋漂族、装嫩族。

“替”族：笔替、饭替、裸替、文替。

“门”族：电话门、监控门、解说门、骷髅门。

“客”族：换客、威客、掘客、晒客、印客。

“拼”族：拼卡、拼客。

“抱抱”族：抱抱团、抱抱装。

其他族：白托（—全托）、成考移民（—高考移民）、国际高考移民（—高考移民）、丁宠家庭（—丁克家族）、法商（—情商、智商）、灰色技能（—灰色收入）、科研包工头（—包工头）、绿色产房（—绿色蔬菜、绿色食品）、群租（—群聊）、痛快吧（—酒吧、网吧）、新明星学者（—明星学者）、新中间阶层（—中间阶层）、学术超男（—超女、超男）、职粉（—粉丝）。

这类词在新词新语中占的比例非常大。它们有一个特点就是往往是以一个已经被社会接受的语言单位（语素、词）为基点，加上限制成分标示出词语的语义范畴。这样常常形成以基点元素为中心的“词族”。这些作为基点元素的成分往往已经失去了其本来意义，而被赋予新的意义（这种新的意义往往和原义有相关性），并且这些新的意义已经被社会所接受。例如“奴”族表示受其他事物或者其他人压制的人群，“族”族表示“……样的一类人”等等。即使那些归入“其他族”的词语，它们也并非不像前面几种那样，只不过它们的基点元素是已经被广泛使用的语言单位。例如我们已经经常使用“包工头”一词，由于现在出现新现象——“利用各种方式圈占国家科研资金而实际无时间、能力进行科研的人”，而这类人和我们日常说的包工头很像，所以就有以词语“包工头”为基点，创造出的“科研包工头”这个新词。这种仿造的造词法经常被使用，这类词也大量出现。之所以如此，原因在于这类造词法同时照顾到了词语的理据性、时代的发展性和语言的经济性原则。

（五）比喻和借代造词

1. 比喻：白奴、车奴、房奴、半糖夫妻、草根网民、大肚子经济、二奶专家、返券黄牛、房魔、高薪跳蚤、公司驻虫、海绵路、海啸音、卡神、考霸、裸考、M型社会、秒杀、暖巢管家、诺亚规则、穷人跑、润滑经济、睡眠博客、灰色技能、科研包工头、绿色产房、砸票、作弊克。

2. 借代：2时歇业令、国六条、国十条、红衫军、她经济。

这类词利用比喻可以起到形象生动的作用；运用借代，用部分代表整体，用特征代表对象，用主要内容代表事物总体，使词语更加明确简洁。但是这种造词法也有缺点，那就是有时候使用的人不知道这是一种比喻和借代，或者人们不了解比喻的本体和借代的本体是什么，就会不知所云。因此用这种方式造词应该小心谨慎，那些不易被人们所理解的比喻和借代造成的词语往往比较“短命”。例如“二奶专家”就是如此。

（六）赋予旧词的词形以新的意义造出新词语

如：晒、晒客。

这类词往往是直接音译的结果。某个汉字（或者字组）音译之后，与外语中那个词的意义毫无关系，随着使用频率的增加，也就为人们所接受。最明显的例子就是“的”字。它本来的意思是一个结构助词，无实义，后来用它来对译英语中的taxi，“的士”。“的士”

本来是一个单纯词，“的”也没有实在意义，后来人们在口语中为了方便，将“的士”简单说成“的”。这样，“的”就具有了“出租汽车”的意思，成为一个成词语素。但是另一种情况是，如果这个用来对译的字（或者字组）并没能被广泛运用，那么它顶多就是保留在特定的语言社团里，生命力不强。例如“迷卡”一词中的“迷”，它表示“小”这个意义还没有被广泛接受，所以到了2008年它也成了低频词。

（七）新出现的专用术语和专名造词

如盗版党、等额配比基金、李娅空翻、世宗、手机幻听症、手机手、熊猫烧香、学业预警、游戏手、择校税、国六条、国十条、三失、三手病、三限房、三支一扶、十五细则、众包、住房痛苦指数。

这类词一般是专名和专业术语，不太容易被遗弃。但是，这类词使用的范围非常有限，只存在于专业领域。

（八）合乎现代汉语规律的造词

如白银书、博客话剧、城市依赖症、电子环保亭、动能车、冻容、沸腾可乐、分手代理、福利腐败、土腐败、洋腐败、福寿螺患者、复古学堂、感恩红包、搞笑、回购地、会议大使、婚嫁大年、监控门、奖骚扰、脚环鸡、两会博客、美丽垃圾、蜜月保姆、明星枪手、墓产经济、年后饭、求学房、让票区、入球、入户育婴师、剩女、图书漂移、囤房捂盘、捂盘惜售、巫毒娃娃、炫富、移动商街。

这类词符合现代汉语“一字、一音、一义”的规律，人们基本上根据构成语素及其关系得到词语的意义。因此这类词是新词新语的主体，往往具有较强的生命力。

三、结语

以上分别从构词法和造词法（即词语的理据性）分析了新词新语的情况。从中我们得出一个结论：影响新词新语的成词和前途的主要是其构成方式和理据性特点。具体说来，一个词语是否能够产生，产生后是否能被语言社会所接受，要看它在构词方式和造词方式上是否符合现代汉语的“一字、一音、一义”的规律，是否符合有用性原则，是否符合简明性原则（包括经济性和明白性）。

参考文献：

[1] 中国语言生活状况报告（2006）[R]. 国家语言资源监测与研究中心编.

[2] 中国语言生活状况报告（2008）[R]. 国家语言资源监测与研究中心编.

[3] 叶蜚声，徐通锵. 语言学纲要 [M]. 北京大学出版社，2006.

[4] 徐通锵. 基础语言学教程 [M]. 北京大学出版社，2001.

从英汉亲属称谓词语的差异看英汉对亲属关系认知的差异

赵茗羊*

一、引言

称谓是指人们因为婚姻和社会关系，以及身份、职业等建立起来的名称。称谓分为亲属称谓和社交称谓两种。《现代汉语词典》对称谓的解释是："人们由于亲属或别的方面的相互关系以及身份、职业等不同而得来的名称。"比如爸爸、妈妈、爷爷、奶奶等是亲属称谓，先生、女士、帅哥、美女等是社交称谓。英语中称谓一词是 appellation：a name or title (Oxford Advanced Learner's English - Chinese Dictionary, the 6th edition)，汉语意思就是一个名字或者一个头衔。从英汉民族对其所下定义就能看出两个民族的人民对于称谓在认知上的差别。汉语民族的人民对其定义是考虑到了称谓所产生的人际关系基础，而英语民族的人民只是简单地对其进行了字面的解释，并没有把称谓所产生的人际关系考虑在内。这是由两个民族的思维方式不同所造成的。中国人注重整体综合性思维，而英美人注重个体分析性思维。亲属称谓是称谓系统中最重要的组成部分，它是表示相互有直接或间接的血缘、婚姻、法律等关系的亲戚和亲属的名称，这些词语都具有很大的稳定性，一般不会随意变化。关于英汉亲属称谓词语的差异许多人也对其进行了研究，但大多都是从国俗差异和文化差异的角度来研究的。比如，黎昌抱《英汉亲属称谓词国俗差异研究》（四川外国语学报，2001 年第 2 期）认为造成英汉亲属称谓词差异的主要原因是"英汉两民族宗法发展水平不同，生育观和生育数量不同以及文化观念和社会结构等不同"。徐虹《从英汉的亲属称谓看其所蕴含的文化差异》（贵州教育学院学报，2006 年 2 月第 1 期）认为英汉亲属称谓词的差异主要是由

* 赵茗羊：男，河南南阳人，湘潭大学文学与新闻学院 2010 级语言学及应用语言学专业硕士研究生。
本文为湘潭大学博士启动项目《媒体发展与语言传播》（10QDWX02）的研究成果之一。

"等级观念差异、性别差异、宗法制度、血缘关系"的差异所造成的。本文着重从英汉亲属称谓词语的差异的角度来探讨英汉两个民族对亲属关系认知的差异。

二、英汉亲属称谓词语的对比

英国著名社会语言学家特鲁吉尔（Trudgill）认为，在英语国家中，重要的亲属称谓词有 son，daughter，father，mother，husband，wife，grandfather，uncle，aunt，cousin。特鲁吉尔所认为的英语里十个重要的亲属称谓词中有七个是与称呼人有直系血缘关系的亲属，只有 uncle，aunt 和 cousin 这三个是旁系亲属称谓。而英语中这十个重要的亲属称谓词基本上涵盖了大部分的亲属关系。汉语就不同了，汉民族的亲属称谓就繁杂了很多。早在《尔雅》中，亲属称谓就被划分为父系、母系、妻系及婚姻四种。在清代则有着篇幅达 32 卷的《称谓录》，其中仅亲属称谓就占了八卷，细分为七个小系。（梁章钜）

我们可以通过表格对英汉亲属称谓词语进行对比，发现它们的差别，进而揭示这些差别背后所蕴藏的英汉两种语言的民族对人际关系认知的差异（对比仅限于三代以内，这些也是我们在日常生活中经常使用的亲属称谓）。

父系	汉	父亲	叔父	姑父	婶子	姑姑	爷爷	奶奶	侄子	侄女	孙子	孙女
	英	Father	Uncle	Uncle	Aunt	Aunt	Grand-father	Grand-mother	Nephew	Niece	Grand-son	Grand-daughter

母系	汉	舅舅	舅母	姨夫	姨妈	外祖父	外祖母	外甥	外甥女	外孙	外孙女	母亲
	英	Uncle	Aunt	Uncle	Aunt	Grand-father	Grand-mother	Nephew	Niece	Grand-son	Granddaughter	Mother

婚姻	汉	公公	岳父	婆婆	岳母	舅子	内兄弟	妯娌	丈夫	妻子	女婿	儿媳
	英	Father – in – law		Mother – in – law		Brother – in – law		Sister – in – law	Husband	Wife	Son – in – law	Daughter – in – law

称呼人一代	汉	哥哥	弟弟	姐姐	妹妹	堂兄	堂弟	表哥	表弟	姐夫	妹夫	嫂子	弟妹
	英	Brother		Sister		Cousin				Brother – in – law		Sister – in – law	

美国语言学家萨丕尔说过："语言背后是有东西的，语言不能离开文化而存在。"不同的文化造成了英汉人民对人际关系认知的差异，英汉亲属称谓的差异还得从英汉人民对人际关系的认知的差异入手。通过以上四个表格的对比可以看出，英汉亲属称谓的差异最明显的是汉语亲属称谓既详尽又具体，而英语的亲属称谓既简洁又笼统。对这些差异进行细分，主要为以下几个方面：

第一，英语亲属称谓语所反映的亲属关系比较模糊，而汉语亲属称谓语所反映的亲属关系泾渭分明。汉语的称谓语能直接反映出称谓语的使用者和被称呼的人之间的关系，而英语称谓语不能很好地表现称谓语使用者和被称呼人之间的关系。请看这样一个例子：

——黛玉正不知以何称呼，只见众兄弟姐妹忙告诉他道："这是琏嫂子。"

——Tai - yü was just at a loss how to address her, when all her cousins informed Tai - yü, that this was her sister - in - law Lien.

凤姐本是贾琏的妻子，贾政的侄女，宝玉的嫂子，宝玉和黛玉又是表兄妹关系，凤姐也就是黛玉的嫂子；翻译为英语就是" sister - in - law Lien"，这个称呼就不能很好地反映出凤姐和贾琏是夫妻关系，只能表明黛玉和凤姐的姊妹关系。尽管此处用了 sister - in - law 来表明凤姐和黛玉是姻亲的姊妹关系，但是读者并不能一眼就看出凤姐是黛玉的嫂子，而"琏嫂子"不仅表明了凤姐和黛玉是姊妹关系，同时还道出了两个人在这个姊妹关系中所处的地位。

再看这样一个例子：

——说话时，已摆了茶果上来。熙凤亲为捧茶捧果。又见二舅母问他："月钱放过了不曾？"熙凤道："月钱已放完了。才刚带人到后楼上找缎子，找了这半日，也并没有见昨日太太说的那样的，想是太太记错了？"

——As she spoke, tea and refreshments had already been served, and Hsi - feng herself handed round the cups and offered the fruits. Upon hearing the question further put by her maternal aunt Secunda, "Whether the issue of the monthly allowances of money had been finished or not yet?" Hsi - feng replied: "The issue of the money has also been completed; but a few moments back, when I went along with several servants to the back upper - loft, in search of the satins, we looked for ever so long, but we saw nothing of the kind of satins alluded to by you, madame, yesterday; so may it not be that your memory misgives you?"

这里的二舅母是黛玉对王夫人的称呼，翻译成英语自然也就是 aunt。但是，王夫人也是王熙凤的姑姑，姑姑在英语里同样也是 aunt，这样英译版就会让读者不太明白此处的人物关系。本来中文版里的"二舅母"是以黛玉为参照点的，但是由于在英语里舅母和姑姑同是一个单词 aunt，读者就可能会理解为熙凤的二舅母或者黛玉的二姑姑，这就把人物关系搞错了。本来《红楼梦》里的人物关系就够错综复杂的，中国读者都不一定能完全弄清楚，英语里面又存在不同的亲属关系具有相同的亲属称谓语的情况，这就使得母语为英语的读者理解起来更加困难。产生这种错误的原因就是英语里的亲属称谓语反映的亲属关系比较模糊，如果像汉语里面那样用舅母和姑姑来指称不同的亲属就不会有这样的问题。

第二，英语称谓语不区分长幼，汉语亲属称谓语对长幼区分得比较明显。英语称谓语中，对和自己辈分相同的亲属的长幼不进行区分。在英语里兄弟只有 brother 这一个词，姐妹也只用 sister 这一个词来表示。而在汉语里则用兄、姐来称呼比自己年长的同辈之亲属，用弟、妹来称呼比自己年幼的同辈之亲属。早在汉语古代典籍里就对此进行了区分。比如：

兄，长也。(《说文》)

男子先生为兄。(《尔雅》)

弟，韦束之次第也。(《说文》)

男子先生为兄，后生为弟。(《尔雅·释亲》)

姊，女兄也。(《说文》)

男子谓女子先生为姊。(《尔雅》)

这些都表明在汉语称谓语系统中年龄长幼和辈分高低是极为重要的尺度，所以汉语称谓语中对和自己同辈的区分兄、弟、姐、妹，比自己辈分高的则区分叔父、婶娘、姑父、姑姑等。而英语称谓语中年龄长幼和辈分高低并不十分重要。这一点从平时的称呼使用可以看出来。我们在称呼父亲的兄弟姐妹的时候一般使用大伯、大姑等，很少直呼他们的名字，这也显示出我们对长辈的尊重；而英语里一般都是 uncle 加上名字，比如 uncle Tom，uncle Mike 等。我们在使用“哥哥”、“姐姐”的时候其实也带有尊敬的成分。例如：

——史湘云问道：“宝哥哥不在家么?”(《红楼梦》第三十一回)

这里的“哥哥”就是史湘云对宝玉的尊称。又如：

近世多以女兄为姐，盖尊之也。(吴曾《能改斋漫录》)

第三，英汉亲属称谓语对直系和旁系亲属的区分不同。汉语亲属称谓语中对和自己同辈的直系亲属有兄弟姐妹之分，对辈分比自己高的直系亲属区分为爷爷、奶奶、外公、外婆。而英语里只区分为 brother，sister，grandfather，grandmother。汉语亲属称谓语中对于和自己同辈的旁系亲属也区分为堂兄、堂弟、堂姐、堂妹、表哥、表弟、表姐、表妹，英语亲属称谓语里只用 cousin 这一个词就涵盖了所有这些亲属。对于比自己辈分高的旁系亲属，汉语称谓语也分为叔父、婶子、姑父、姑姑、舅舅、舅母、姨父、姨妈等，英语称谓语里只有 uncle 和 aunt 之分。从这些差别也可以看出英语亲属称谓语对父系亲属、母系亲属、宗族亲属、非宗族亲属、血亲和姻亲都没有进行详细的区分。

三、英汉民族对亲属关系的认知模式差异

通过以上对比还可以看出汉语亲属称谓语系统最明显的一个特点就是每一个亲属都有一个对应的亲属称谓，而英语里面的亲属称谓语和亲属并不是一一对等的关系。这些差异可以反映出英汉两个民族对亲属关系的认知是不同的，造成了不同的认知模式。

英语国家对亲属关系的认知模式呈现出圆锥形，自我处于圆锥上任何一个切面圆的圆心的位置。这个模式有以下特点：

第一，广延性。从圆锥定点到底面之间的切面产生的底面圆的面积越来越大，这点也和亲属关系的远近有一定的关联性。越靠近圆锥顶点的切面圆的面积越小，这个圆所涵盖的亲属称谓词语指称的亲属也就越明确，这些亲属和自我的关系也就越近，比如 father，mother，husband，wife。这些称谓的指称就非常明确单一。越远离圆锥顶点的切面圆的面积也就越大，其所涵盖的亲属称谓语指称的亲属也就越模糊，越不明确，比如 grandfather，grandmother，grandson，granddaughter，brother，sister 这六个词语所指称的人就远远大于六个人。至于 uncle 和 aunt 则把比自己辈分高的旁系亲属全部涵盖了，cousin 这一词则是把自己同辈的

旁系亲属统统包括。

第二，平等性。圆心到切面圆上任何一点的距离都是相等的，这也就表明自我和处于同一切面圆上的亲属之间的地位是平等的，并不存在高低尊卑之别。在英语国家中也的确是这样，父母和子女之间并不是命令和服从的关系，他们的地位是平等的。在英语国家子女很多时候都可以直呼父母的名讳，我们则很少直呼父母的名字，除了老师或者其他长辈询问的时候。在英语国家里，兄弟姐妹之间无论年龄长幼，一律也是平等的关系。这种平等关系从称谓语上就可以看出来，brother 和 sister 两个词完全包含了兄弟姐妹四个称谓。我们对于同辈之间也要区分年长和年幼，一般年幼的对年长的都要尊敬很多。比如汉语里面经常说“长兄为父，长嫂为母”。又如“姐”这个字从造字本义上来讲既可以指母亲也可以指长女。“蜀谓母曰姐。”（《说文》）由此可见，姐姐有时候和母亲处于同等的地位。这些都表明了在我们国家，同辈中年长者的地位要高于年幼的。

汉民族对亲属关系的认知呈现出一个菱形模式。菱形的一个对角线是自我参照线。对角线上面的三角形部分代表的是比自己辈分高的亲属，越往上辈分越高；对角线下面的三角形部分代表的是比自己辈分低的亲属，越往下辈分越低。从这个模式可以看出汉民族对亲属关系的认知具有以下特点：

第一，等级性。不同的亲属和自我有不同的等级关系。汉民族称谓语中就区分了年龄长幼和辈分高低。这点在认知模式中很好地体现了出来。以自我为参照线，辈分越高所处的位置也就越高，辈分越低所处的位置也就越低。这个模式体现了晚辈对长辈的尊敬和服从。

第二，明晰性和对应性。辈分高低和年龄长幼是汉民族亲属划分的一个重要尺度，这一点并不像英语民族，对辈分和年纪不进行区分。这也表明了在汉民族中每一个亲属都是独一的，无可替代的，每一个亲属在亲属系统中都占有一个明确的位置，每一个亲属和自我的远近亲疏都是不同的。这就要求每一个亲属都能有一个独特的称谓语来指称，亲属和亲属称谓之间一一对应。这就使得汉语的亲属称谓系统极其明细和庞大。

第三，强烈的宗族倾向性。在汉语亲属称谓语的划分中宗族亲属的称谓要远远多于非宗族亲属的称谓，比如以自我为参照点向下推算可以有子、孙、曾孙、玄孙、来孙、昆孙、仍孙、云孙。而有关非宗族的亲属称谓却没这么多，比如以自我为参照点向下来推算，和自己同辈的表哥的子女只有表侄子、表侄女、表侄孙子、表侄孙子女，再往下就没有了。“一辈亲，两辈表，三辈四辈就拉倒”这句汉民族俗语说的是，越往下推算，非宗族的亲属关系越来越淡，这也就揭示了汉民族中非宗族的亲属称谓要少于宗族的亲属称谓的原因。

四、结语

造成英语民族和汉语民族对亲属关系认知不同的原因主要是两个国家人民的思想观念的不同。首先，英语民族的人民注重个人的人格，强调个人主义。自由平等的观念在他们的思想中根深蒂固。而汉语民族的人民注重集体主义，家庭也是一个集体，在这个集体中每个人都有自己不同的地位和尊卑之别。所以英语民族的人民对亲属称谓的划分并不是那么详细具体，称谓语只是简单地反应出亲属关系；而汉语民族的人民则用详细具体的称谓语来反映出亲属关系以及每个亲属在这个集体中所处的地位。其次，中国的儒家思想、宗族观念要求家庭中地位和辈分比较低的成员要对地位和辈分比较高的成员单向服从，比如“三从四德”、“父母之命，媒妁之言”等。而英语民族的人民更注重自身的权利和平等地位，强调人本位，所以他们并不像汉语民族那样把家庭看得十分重要，对家庭成员之间的关系的认知就要简单得多，亲属称谓也就没有那么复杂。

通过英汉亲属称谓语的对比，我们可以了解这两个民族对亲属关系的认知模式，进而推断出他们对人际关系的认知模式，这对我们进行跨民族跨语言交际具有很大的指导作用，有利于不同民族之间的交际更好地发展。

参考文献：

[1] 曹雪芹，高鹗．红楼梦［M］．北京：中国戏剧出版社，2007.
[2] 戴庆厦．社会语言学概论［M］．北京：商务印书馆，2004.
[3] 冯汉骥．中国亲属称谓指南［M］．上海：上海文艺出版社，1989.
[4] 黄碧蓉．文化关照下的英汉亲属称谓语［J］．河海大学学报，2005，(07).
[5] 黄涛．语言民俗与中国文化［M］．北京：人民出版社，2002.
[6] 黎昌抱．英汉亲属称谓词国俗差异研究［J］．四川外国语学报，2001，(02).
[7] 梁章钜著，许振轩、王释非点校：称谓录（校注本）［M］．福州：福建人民出版社，1990.
[8] 潘明霞．英汉亲属称谓对比［J］．巢湖学院学报，2004 (01).
[9] 徐虹．从英汉的亲属称谓看其所蕴含的文化差异［J］．贵州教育学院学报，2006，(01).
[10] Hawkes David, The Story of the Stone, Penguin Books, 1997.

网络词汇中汉字谐音新造词语的考察

赵燕朋

（北京语言大学汉语水平考试中心）

词汇是语言三要素中变化最快的要素，它能极其敏感地反映社会生活的发展变化。信息社会的高速发展对语言产生了深远的影响，其中最主要的就是网络语言。网络语言是指与网络有关和在互联网上流通的语言，是网民为了适应网上交际需要而创造和使用的语言。（汤玫英，2010）词汇是语言的建筑材料，没有词汇就不能造句子，语言也不复存在。在新兴的网络语言中，网络词汇同样起着不可替代的作用。网络语言的词汇系统以汉语词汇为基础，吸收英语词汇而成，此外还有大量新造词。关于汉语中固有的造词法，不同的学者有不同的看法。其中葛本仪（2006）将汉语造词法归纳为八种：音义任意结合法、摹声法、音变法、说明法、比拟法、引申法、双音法和简缩法。随着大量新词的出现，很多学者也开始关注新词语造词法。郭伏良在考察新中国成立以来出现的新词语的基础上，分析出了四种汉语新词高频创造方法：说明法造词、简缩法造词、比喻法造词和仿拟法造词。而网络词汇中新造词语所用的方法和汉语中固有的造词法有很大的不同，主要有汉字谐音法、缩略法和旧词新意法等（张云辉 2010），其中汉字谐音造词法创造的新词在网络新词语中占有很重要的地位，它和其他网络新词造词法一起创造了大量的网络新词语，给网络语言提供了生动形象的表达材料。

一、网络谐音新造词产生的原因

谐音是借助同音或近音现象表达丰富、隐晦或曲折的意思，其目的主要是为了增强语言的生动性、风趣性和含蓄性。新造词是指现代汉语中没有的、为了表达的需要临时造出来的词，或被赋予新内涵的词。从某种意义上说，新造词是利用现有的语言材料适应某语言社团中语言发展使用的需要而产生的词语。本文所指的网络谐音新造词，指的是在网络语言中使用的利用汉字谐音方式新造出来的词语。其产生主要是由以下四方面因素决定。

（一）传播媒介

网络谐音新造词产生的土壤是网络。网络言语交际是以键盘的方式输入汉字为主流交际方式的。网络交际是一种非面对面的交际，要花费更多的金钱，因此为了追求交际速度，使网络交际更经济；同时由于拼音输入法的词语组合等因素，网民在聊天过程中对打字时出现的错别字视而不见，而新出现的词语以其新颖别致的组合方式让其他网民觉得耳目一新，争相模仿使用，久而久之便广为传播。

（二）方言语音

在网络语言中，汉字谐音造词产生的新词语比比皆是。许多汉字谐音词语是由于失误将错就错使用的情况，但是也有许多汉字谐音造词来自方言。在一定的地域范围内，人们在日常交际中多使用本方言区的方言进行交际。汉语方言的语音有很大的差别，因此不同方言区的人们无法使用本地区方言进行交流，这时普通话就起到了交际工具的作用。但是随着网络交际的扩大，某些方言中的词汇在网络上却被广泛使用，这些方言词汇和普通话中相对应的词汇在语音上存在微小差异。比如“酱紫”就是用南平方言的“这样子”的语音表示，“介个”是天津方言“这个”的意思。

（三）社会文化

语言是一种社会现象，产生于社会又服务于社会，网络语言交际的创造性离不开社会文化环境的影响。网络汉字谐音新造词语中有一种是借用汉语中本有的词语，赋予其新的意义。比如“人参公鸡”指的是“人身攻击”，“虾米”指得是“什么”，“稀饭”指的是“喜欢”，“果酱”指的是“过奖”，而“人参”、“公鸡”、“虾米”、“稀饭”、“果酱”都是汉民族饮食文化中重要的要素。

（四）交际主体

网络语言的交际主体主要是年轻人，这和日常言语交际很不相同。据中国互联网网络信息中心调查，网民中18—24岁的年轻人最多，远远高于其他年龄段的网民而占绝对优势。（吕明臣，2008）年轻人喜欢接受新的事物，富有创新精神，并且童心未泯。比如“肿么”这个词语的出现就得益于一种网络文体——豆瓣体。豆瓣体是豆瓣网网友经过长时间的开发、实践、自然选择、进化而成的一种文体。它模仿各地方言，模仿幼儿园小朋友，音译外语读音，有如同大舌头一般的飘渺，却又能犀利地放大原词的内涵，生动又可爱地表达了使用者的心情，一针见血地达到了卖萌的效果，也让读者产生心理上的强烈共鸣。类似的词语还有“神马（什么）”、“鸭梨（压力）”、“油菜花（有才华）”等。

二、汉语谐音新造词和汉语中固有词语的对比

网络词汇中的谐音新造词语有的可以在普通话中找到意思相对应的原词；有的可以找到声音相对应的词语；有的则是利用汉字谐音，使用的词语是在汉语普通话中未曾出现过的。

（一）语音对比

谐音造词是一种借助同音或近音现象表达意思的造词方法，新造词语自然可以在传统语

言中找到语音相对应的字，但是不一定找到完全对应的词语。

1. 词语语音对应

网络词语中汉字谐音新造词中，很多是直接借用汉语中语音相同或相似的词赋予新的意义。汉语中固有的词和新造词的语音完全相同或相似，但表示的则是完全不相同的意思。如图2－1。

图2－1

网络新造词	表示意思	词性	固有词语词性
斑竹	版主	名词	名词
板斧	副版主	名词	名词
废柴	废材	名词	名词
果酱	过奖	动词	名词
人参公鸡	人身攻击	定中短语	并列短语
筒子	同志	名词	名词
稀饭	喜欢	动词	名词
虾米	什么	代词	名词
下崽	下载	动词	动词
大虾	大侠	名词	名词
馨香	信箱	名词	形容词
幽香	邮箱	名词	形容词
野猪	业主	名词	名词
油墨	幽默	形容词	名词
淫	人	名词	形容词
海龟	海归	名词	名词
海带	海待	名词	名词
童鞋	同学	名词	名词
鸭梨	压力	名词	名词
油菜花	有才华	动宾短语	名词

2. 语素语音对应

并不是所有的网络谐音新造词语都可以在传统语言中找到相对应的词语，有很多新造词语是利用汉语中音同或音近的汉字拼凑而成。这些新造词语大多保留原词固有的一个语素，另外一个语素则选择汉语中音同或音近的语素替代。例如“米国—美国”、“驴友—旅友”、“腹婆—富婆”、“腰精—妖精”、“鸟公—老公”、“鸟婆—老婆”、“霉女—美女”、“色友—摄友”、“肿么—怎么”等。

（二）词形对比

经过对比发现，这些网络汉字谐音新造词语和汉语中固有词语的词形是不相同的。其中在汉语固有词汇中存在对应词语的新造词和原词词形完全不同，不存在对应词语的新造词和原词的词形不尽相同，一般会有相同的汉字存在。

（三）词义对比

网络谐音新造词严格意义上讲并不是新词语，脱离网络在现实中都有相对应的原词语。存在读音对应的网络谐音新造词和原词读音、词性可能相同，但是在词义上差别很大。虽然在理性意义上不存在很大的差别，但是在色彩意义上却不完全相同。像“大虾”专门指网络高手，和原词“大侠”想比，“大虾”除了“网络高手”的理性意义外，网络高手弯腰弓背坐在电脑前的样子也非常形象地呈现在交际者眼前。再如“河蟹（和谐）”在原有的“和谐”的理性意义的基础上，又把“河蟹”横行霸道的形象引入新词语，极具讽刺性。这些网络汉字谐音新造词都增加了其在普通话中相对应的词汇所不具有的形象、感情等色彩意义。另外，不存在语音对应词语的网络汉字谐音新造词则和相对应原词的意义有出入。比如“腹婆”指的是有小肚子的胖女人，这和“富婆”的理性意义是不一样的，虽然有相同的义素，但所指完全不同了。

另外，值得注意的是，网络汉字谐音新造词中在现代汉语词汇中有对应的词语的，其在现代汉语词汇中多为名词。而这些新造词语的词性并不一定和原词语的词性一致，如“油墨”原来是名词，而在网络词汇中是“幽默”的意思，为形容词，改变了词性；“油菜花”在现代汉语词汇中是一种植物的花，而在网络词汇中为“有才华”是动宾短语。

三、网络汉字谐音新造词的现状及发展前景

网络词汇的产生非常迅速，它的发展丰富了现代汉语词汇。对于信息社会出现的一些新现象，在现代汉语没有规范的命名之前，网络词汇已经做出反应。这些网络词汇新颖活泼、表意精练，如“水手（网络世界的芸芸众生）、菜鸟（水平差的网络新手）、水母（往论坛灌水的女性网民）”。部分生命力强的网络词语经过了时间和大众的考验，最终进入现代汉语词汇系统中来，让现代汉语不断发展进步。但是有些网络新造词在现代汉语词汇中已经存在相应的词语表示意思，这就使语言中存在冗余现象，不符合语言的经济性。比如“鸭梨”、“油菜花”、“神马”等，这些词语在普通话中已经有相对应的词语“压力”、“有才华”、“什么”。这些词语与其在普通话中相对应的词语在意义上没有很大的区别，它们的使用，影响了正常的语言交际。

（一）网络汉字谐音新造词的现状

网络汉字谐音新造词是网络词汇的一部分，它和其他谐音类词语、缩写类词语、隐喻类词语、合音类词语、拆字类词语和别解类词语共同构成了网络词汇，活跃在网络语言中。

网络汉字谐音造词是在网络中产生的，和现代汉语中固有词语最大的差别是词形，这也就决定了其使用范围只能是在网络书面语中。语言具有规范性，书面语更是有严格的规范，因此，在现代汉语书面语中绝不允许不规范的词语出现。网络汉字谐音新造词一旦脱离网络大环境，在现代汉语中只能被当做不规范的语言被处理掉。在口语交际中，普通话是以北京语音为规范的，但是普通话还没有完全取代各地方言成为整个汉民族的共同语，因此口语的

规范不像书面语那么严格。但是这些网络汉字谐音新造词和原词的读音并非完全一样，因此在日常交际中也会形成障碍。网络语言的使用人群主要是18—24岁的年轻人，这些网民既是网络汉字谐音新造词的创造者也是其传播者。但是由于年龄、社会文化以及心理原因，这种传播也非常受限，主要局限在同龄人和网民之间。网络语言是网民们在互联网上使用的主要交际工具，在现实生活中使用网络词语时，就会造成网民与普通大众的交际困难，网民使用网络语言违反了话语交际的合作原则。

（二）网络汉字谐音新造词的发展要符合现代汉语规范

网络词汇的一个特点是简洁精练，适应了信息社会的交际需求。网上交流信息依赖于文字的表述，输入的速度直接影响双方的交流沟通，因此，出现了大量汉字谐音的词语，这是网络高效原则对语言经济原则提出的要求。

虽然在网络交际中，网络语言起着与日常语言同等的作用，但是在我国倡导汉语语言文字规范化与标准化的大背景下，对于网络语言创新中的不当取向要加以规范和引导。网络汉字谐音造词中存在大量现代汉语中固有词语的谐音词语，这违背了语言的经济原则。汉语词汇的生成始终遵循着两条原则：一是全体社会成员的“约定俗成”，二是语素组合“互素见义”。由于这些原则的制约，冗余的网络汉字谐音新造词并不能进入现代汉语词汇中，成为现代汉语的组成部分。

另外，在对外汉语教学中，不宜出现网络汉字谐音新造词。对外汉语词汇教学词汇的选择、词汇量的控制和词汇的复现率是非常严格的。许多汉语教材在编写时是以《汉语水平词汇与汉字等级大纲》为参照的，大纲中收录的词语都是标准规范的现代汉语词汇中的词语，其读音、词性和词义都是十分规范的。如果把网络词汇中汉字谐音新造词语也编写到对外汉语教材中，无疑加重了学生的记忆负担。虽然留学生中不乏对中国的网络用语感兴趣的学生，但是大部分人则想学习标准规范的现代汉语、规范的现代汉语词汇。基于这些考虑，网络汉字谐音新造词语不能在对外汉语教材中出现，作为对外汉语老师，也不宜教给学生此类词语。

语言有自身的规则和发展规律，同样网络语言也有其发展的规律。作为语言中最活跃、与社会发展联系最紧密的部分，新词汇的出现往往是客观现实的反映。网络汉字谐音生造词，是网络语言的创新，但是这种创新仅在网络这个环境下适用，在现实中依然要使用规范的现代汉语进行交流。在不违反语言的各种原则的情况下，有些网络汉字谐音生造词也能慢慢被社会大众接受，成为现代汉语词汇中的新成员，补充现代汉语词汇。随着相关网络法规的不断完善，网络群体素质的不断提高，以及社会道德规范的引导，使其规范化、标准化，网络生造词作为虚拟世界的语言并不会阻碍有序的社会交流。而需要强调的是，任何语言只有不断创新才能发展。

参考文献：

［1］郭伏良．新中国成立以来汉语词汇发展变化研究［M］，河北大学出版社，2001，第9页。
［2］葛本仪．汉语词汇研究［M］，外语教学与研究出版社，2006，第23页。
［3］吕明臣．网络语言研究［M］，吉林大学出版社，2008，第135页。
［4］杨振兰．新时期汉语新词语语义研究［M］，齐鲁书社，2009，第61页。

［5］张云辉．网络语言语法与语用研究［M］，学林出版社，2010，第37页。
［6］汤玫英．网络语言新探［M］，河南人民出版社，2010，第2页。
［7］张美娟．网络语言的特征及成因初探［J］．广东白云学院学报，2008，（1）．
［8］及文平、郝跃．网络语言对汉语语汇生成的制约［J］．语言研究，2010，（10）．
［9］王晶．浅谈网络语言中的谐音生造词［J］．商业经济，2010，（2）．
［10］曾蓝燕．网络语言造词用词中的一些特殊现象及其产生的文化背景［J］．吉林省教育学院学报，2010，（9）．
［11］罗建军．论网络语言的冗余现象［J］．四川教育学校学报，2010，（1）．
［12］邓美玲．从传播学角度看网络语言的发展［J］．科技传播，2010，（10）．
［13］刘铭．对外汉语教学的词汇处理问题［C］．第一届国际汉语教学讨论会论文选，1985.

普通话普及情况调查与中国语言文字使用情况调查教师专项问卷数据对比分析

普通话普及情况调查项目组
执笔人 郭龙生 *

（教育部语言文字应用研究所）

一、引言

推广普通话工作，教育领域是基础。为认真贯彻落实《国家中长期教育改革和发展规划纲要（2010—2020 年）》（以下简称《教育规划纲要》），更好地制定《国家中长期语言文字事业改革和发展规划纲要（2010—2020 年）》（以下简称《语言文字规划纲要》），进一步总结、检验普通话推广工作成就，了解普通话在我国的普及情况，国家语委决定开展“普通话普及情况调查”工作。本文分析了这次调查中教师专项问卷的结果。我们了解到，尽管普通话推广工作经过这么多年的努力取得了令人瞩目的成就，但是，教育领域的普通话应用现状与信息化时代发展的需求之间还有一定的发展空间。

根据调查的总体要求与抽样规则，确定河北省、江苏省和广西壮族自治区（以下分别简称为“河北”、“江苏”和“广西”）三个省（区）的教师调查对象为 1287 个。

本次调查是在 2000 年完成的中国语言文字使用情况调查的基础上开展的，具有继承性；本次调查进行了录音，保证了真实可信性；本次从事调查的都是普通话测试员，对被调查者的普通话水平给予专业的评判，凸显了可靠准确性。本次调查工作具有创新性。本文以专项调查问卷相关数据为基础，将计算后的数据比例与 2000 年全国的数据比例进行对比，以了

* 普通话普及情况调查领导小组组长李卫红，项目组组长姚喜双，副组长魏晖，行政协调刘朋建，业务协调谢俊英，项目组成员苏金智、孙曼均、郭龙生、肖航、戴红亮、宗欢记、张淑敏、赵晓群、张跃，项目学术顾问佟乐泉，抽样统计顾问冯士雍。郭龙生，教育部语言文字应用研究所研究员，主要研究方向为媒体语言、语言规划与应用语言学研究。项目组组长姚喜双先生为本文的完善亲自指导并多次提出宝贵而具体的修改意见，特此致谢！

解三个省（区）教师中普通话的普及情况。

二、教师专项调查样本基本数据

本次专项调查回收的教师样本数量及其分性别、年龄段、受教育程度与学校类型的比例分别见表1～表4。

表1 普通话普及情况调查教师样本分布情况

地区	样本类型
河北	400
江苏	477
广西	410
合计	1287

表2 普通话普及情况调查教师样本分性别与分年龄段比例（%）

地区	性别		年龄段			
	男	女	15—29岁	30—44岁	45—59岁	60—69岁
河北	23.25	76.75	16.75	66.00	17.25	0.00
江苏	38.57	61.43	22.85	63.31	13.84	0.00
广西	41.71	58.29	17.56	63.17	19.02	0.24
合计	34.81	65.19	19.27	64.10	16.55	0.08

表3 普通话普及情况调查教师样本分受教育程度比例（%）

地区	小学	初中	中师	中专或高中（含职高）	大专	本科及以上
河北	0.00	0.00	4.25	2.00	27.00	66.75
江苏	0.00	0.00	2.31	0.42	12.79	84.49
广西	0.00	0.00	3.41	0.73	26.34	69.51
合计	0.00	0.00	3.26	1.01	21.52	74.20

表4 普通话普及情况调查教师样本分学校类型比例（%）

地区	大学	中学	小学
河北	18.00	44.25	37.75
江苏	14.56	47.26	38.19
广西	18.05	46.83	35.12
合计	16.74	46.18	37.07

结果显示，在三个省（区）中，接受调查的教师80%以上为中小学教师、95%左右为受教育程度在大专及以上的教师，80%左右为30岁到59岁的中青年教师，60%左右为女性教师。

三、普通话普及情况调查数据分析

（一）普通话作为母语的情况

三个省（区）的教师中有一开始就讲普通话的，即第一语言（母语）就是普通话，调查结果见表5。

表5　教师小时候最先会说的话的比例（%）

时间	地区	普通话	汉语方言	少数民族语言	外语
2000	全国	29.29	83.63	2.16	0.68
2010	河北	42.00	68.25	0.25	0.25
	江苏	30.25	85.08	0.00	0.42
	广西	18.54	62.20	33.41	0.00

结果显示，教师中小时候最先会说普通话的，河北与江苏的比例均比2000年调查结果的全国比例高；广西作为民族自治区，其教师中最先会说普通话的比例较10年前的全国比例有所下降，而最先会说少数民族语言的比例较10年前的全国比例高出30多个百分点。

（二）普通话能力情况

三个省（区）的教师的实际语言应用能力，调查结果见表6。

表6　教师能用哪些话与人交谈的比例（%）

时间	地区	普通话	汉语方言	少数民族语言	外语
2000	全国	96.33	83.95	2.48	10.92
2010	河北	97.50	61.25	0.00	2.75
	江苏	97.90	84.07	0.21	2.10
	广西	97.56	71.46	16.34	0.24

结果显示，三个省（区）的教师现在能用普通话与人交谈的比例均在97%左右，比2000年的调查结果都有所提高。其中江苏在能用普通话和方言与人交谈两个方面都较10年前的全国比例有所提高，说明江苏教育领域不仅在推广普通话方面有所进步，在保护方言资源方面也成效显著；广西在现在能用少数民族语言与人交谈方面比10年前的全国比例提高了近14个百分点。

（三）普通话在不同场合使用的情况

三个省（区）的教师在不同场合的语言应用能力，调查结果见表7~表9。

表7 教师在家最常说的话的比例（%）

时间	地区	普通话	汉语方言	少数民族语言	外语
2000	全国	53.03	75.18	1.83	0.66
2010	河北	71.25	49.25	0.00	0.50
	江苏	55.35	71.28	0.42	0.63
	广西	53.66	60.49	22.68	0.24

结果显示，三个省（区）的教师在家最常讲普通话的比例较2000年调查结果的全国比例均有所提高。在家最常讲汉语方言的比例三个省（区）均有所下降，其中河北比10年前全国比例下降了25个百分点，广西下降了近15个百分点，江苏下降了不到4个百分点，依然维持在70%以上的比例。广西在最常讲少数民族语言方面比10年前的全国比例提高了20个百分点。

表8 教师在讲课时最常说的话的比例（%）

地区	普通话	汉语方言	少数民族语言	外语
河北	98.00	4.75	0.00	4.50
江苏	96.23	6.92	0.21	8.81
广西	96.59	7.56	1.95	5.12

结果显示，在讲课时，三个省（区）的教师中96%以上都是最常用普通话授课，河北高达98%。但是，也必须正视客观现实，即在河北、江苏和广西仍然分别有近5%、7%和8%的教师在讲课时最常用汉语方言授课。

表9 教师下课后在校园里和学生交谈时最常说的话的比例（%）

地区	普通话	汉语方言	少数民族语言	其他
河北	94.00	6.00	0.00	0.00
江苏	89.85	10.15	0.00	0.00
广西	81.22	17.56	1.22	0.00

表9显示，三个省（区）中回答“下课后在校园里和学生交谈时最常说的话（语言）”是普通话的教师的比例分别为河北94.00%、江苏89.85%、广西81.22%，回答是汉语方言的比例分别为河北6%、江苏10.15%、广西17.56%，广西另有1.22%的回答是少数民族语言。

（四）普通话程度的情况

调查组了解了三个省（区）的教师的普通话程度，调查结果见表10。

表 10 教师普通话程度的比例（%）

时间	地区	能流利准确地使用	能熟练使用但有些音不准	能熟练使用但口音较重	基本能交谈但不太熟练	能听懂但不太会说	能听懂一些但不会说
2000	全国	36.85	48.43	8.39	5.41	0.92	
2010	河北	61.50	33.75	4.25	0.50	0.00	0.00
	江苏	59.83	32.77	5.29	1.90	1.06	0.00
	广西	35.85	53.90	8.78	1.46	0.00	0.00

结果显示，三个省（区）的教师中，河北、江苏两省的教师在“能流利准确地使用普通话”方面较2000年的全国比例多有大幅度提高，河北提高了24个百分点，江苏提高了22个百分点，广西在这个方面则略低于10年前的全国比例；但广西在“能熟练使用但有些音不准”方面却比10年前的全国比例高出5个百分点还多，而河北、江苏两省在这个方面则均下降近15个百分点。整体来看，三个省（区）的教师在能够熟练使用普通话（前三项）方面比10年前的全国比例有所提高。这不仅反映了三个省（区）10年来推广普通话取得了明显的成效，同时也反映出在普通话应用水平方面还是有些差异的。

（五）参加普通话水平测试及测试成绩的情况

结果显示，三个省（区）教师参加过普通话水平测试的比例分别为：河北99.75%、江苏95.98%、广西93.90%。测试成绩见表11。

表 11 教师普通话水平测试成绩的比例（%）

地区	一级甲等	一级乙等	二级甲等	二级乙等	三级甲等	三级乙等	未入级	无法回答
河北	0.00	28.57	54.64	16.79	0.00	0.00	0.00	0.00
江苏	0.44	13.00	54.63	31.06	0.88	0.00	0.00	0.00
广西	0.00	6.49	25.19	54.81	12.47	0.52	0.00	0.52

本次调查将普通话程度分为“能流利准确地使用”、“能熟练使用但有些音不准”、“能熟练使用但口音较重”、“基本能交谈但不太熟练”、“能听懂但不太会说”、“听懂一些但不会说”和“听不懂也不会说”等七种情况。结果显示，三个省（区）中参加过普通话水平测试的教师的成绩基本上集中在一级乙等、二级甲等和二级乙等之中。其中河北的教师已完全符合《〈教师资格条例〉实施办法》的具体规定要求，普通话水平测试的成绩均在二级乙等以上；江苏只有0.88%的教师普通话水平测试成绩为三级甲等，其余均在二级乙等以上，更有0.44%的成绩为一级甲等；广西作为民族自治地区，98%以上的教师普通话测试成绩在三级甲等以上，0.52%的成绩为三级乙等，另有0.52%的选择答案是“无法回答”。

通过调查，三个省（区）中汉语文课教师在所有接受调查的教师中所占的比例以及所有汉语文课教师的普通话成绩分别见表12～表13。

表12 汉语文教师占教师调查问卷的比例

地区	教师调查问卷总数	汉语文教师总数	汉语文教师比例（%）
河北	399	132	33.08
江苏	454	170	37.44
广西	385	136	35.32

表13 汉语文教师普通话水平等级平均值（%）

地区	一级甲等	一级乙等	二级甲等	二级乙等	三级甲等	三级乙等	未入级	无法回答
河北	0.00	30.30	65.15	4.55	0.00	0.00	0.00	0.00
江苏	0.00	20.58	72.94	5.88	0.00	0.00	0.00	0.59
广西	0.00	11.11	33.82	43.38	10.29	0.00	0.00	2.21

四、调查初步结论

（一）最先会说的话中方言比例较大

2000年的中国语言文字使用情况调查结果显示，全国有13.47%的人最先会说的是普通话，有84.23%的人最先会说的是汉语方言，有5.14%的人最先会说的是民族语言。这意味着10年前我国就有1.67亿人以普通话为母语，有近10.5亿人以汉语方言为母语，有近6400万人以少数民族语言为母语。2010年的普通话普及情况调查结果显示，河北、江苏与广西三个省（区）的教师中第一语言是普通话的比例分别为42%、30.25%和18.54%，这在一定程度上显示了10年来我国教育领域普通话推广的成就。

但是，我们也必须看到，本次调查结果中，在回答“小时候最先会说的话（语言）”这个问题时，回答是汉语方言的教师的比例分别为河北68.25%、江苏85.08%、广西62.2%。可见，在三个省（区）的广大教师中，小时候最先会说的话中汉语方言还是占绝对优势的，比例相当大。这从母语习得和第一语言学习角度说明了，尽管普通话推广工作取得了一定的成绩，但是，方言依然生命力顽强，是广大教师最初的语言营养源，并深深地扎根于他们的母语世界中。

（二）汉语方言的应用能力依然强劲

回答“现在能用哪些话（语言）与人交谈”时，三个省（区）的教师中能够用普通话的比例均超过97%，能够用方言的比例河北为61.25%，江苏为84.07%，广西为71.46%。此外，河北、江苏还各有2.75%和2.10%的教师可以讲外语，而广西有16.34%的教师可以讲少数民族语言，0.24%的教师可以讲外语。这些数据不仅显示了教师具有较强的语言能力，有较强的普通话应用能力，同时，还具有强劲的汉语方言应用能力。江苏省的教师应用汉语方言的比例比10年前不但没有下降，反而有所提升。

（三）在家最常说的话方言比例较高

结果显示，三个省（区）的教师中在家最常讲普通话的均超过一半，比例分别为：河北71.25%、江苏55.35%、广西53.66%。三个省（区）的教师在家最常讲汉语方言的比例，除河北的比例为49.25%以外，其他均超过一半，分别为：江苏71.28%、广西60.49%。可见，除了河北的教师在家最常讲汉语方言的比例不如讲普通话的高以外，其他两个省（区）的教师在家最常讲汉语方言的比例都比他们讲普通话的比例要高出许多。也就是说，教师在家讲汉语方言的比例还是比较高的，汉语方言依然是许多教师家庭内部的最重要的交际工具。

（四）授课时仍不能全部使用普通话

普通话作为我国的教学语言是早在20世纪80年代中期就被确定的推广普通话工作的目标，后来逐步提高要求，决定将普通话作为城镇学校的校园语言。经过不断的推广、普及，普通话作为教学语言的应用已经比以前有较大幅度的提高。这次调查结果显示，三个省（区）的教师在教学中最常使用普通话的比例分别为：河北98.00%、江苏96.23%、广西96.59%。尽管都已超过96%，但我们还是应该看到尚有2%、3.77%和3.41%的教师未能做到用普通话教学，教师中选择讲课时最常说汉语方言的比例分别为：河北4.75%、江苏6.92%、广西7.56%。

（五）普通话成为校园语言的路还很远

校园语言，是指“师生员工在教学、会议、宣传和其他集体活动中使用普通话”①。由表9可知，三个省区中的教师在下课后最常说方言的比例分别为6%、10.15%和17.56%，可见，无论是在城市，还是在农村，普通话要成为校园语言，还有很长的路要走。

（六）能流利准确讲普通话者不够多

从上述分析中得知，普通话在三个省（区）教师的日常生活与工作中都能得到很好的应用，无论是在非正式场合，还是在正式的工作环境中，普通话应用比例比10年前的全国比例都有一定的提高（极个别的特殊情况除外，如广西在“小时候最先会说的话（语言）”和“能够流利准确地使用”普通话两个方面比10年前的全国比例略低）。这是教师语言文字应用能力得以提高的直接反映。教师中“能够流利准确地使用”普通话的比例分别为河北61.5%、江苏59.83%、广西35.85%。总体来看，普通话在教师中的应用水平10年来有大幅度提高，而且最重要的是在高质量应用方面比例明显提高了不少。尽管如此，但是客观的现实是能够流利准确地讲普通话的人在三个省（区）的教师中仍然不算多，比例最高的为61.5%，最低的仅有35.85%。

（七）教师普通话水平达到一级乙等的少

由表11、表12和表13可知，汉语文课教师普通话成绩达到一级乙等及以上的比例最高不超过31%，所有接受调查的教师普通话成绩在一级乙等及以上的最高比例只有

① 教育部、国家语委：《关于进一步加强学校普及普通话和用字规范化工作的通知》，见《新时期语言文字法规政策文件汇编》，第117页。

28.57%。可见，无论是汉语文教师还是其他课程的任课教师，普通话成绩均尚需进一步提高。这说明，我国教育领域普通话应用意识尚需进一步提高，宣传培训测试的力度还需要进一步加大。我们在认识到多年来推广普通话所取得的成就的同时，还必须认识到客观情况与现实和时代需求之间的差距。

五、建议

根据调查结论与分析，提出以下三点建议。

（一）进一步加大教育领域的普通话培训测试力度

根据《〈教师资格条例〉实施办法》要求，[①] 申请教师资格者必须参加普通话水平测试，并取得符合标准要求的成绩。因此，作为教师，应该接受普通话水平测试，并达到成绩标准要求。实际调查结果显示，三个省（区）的教师中，参加普通话水平测试的比例分别为：河北99.75%、江苏95.98%、广西93.90%，都还有继续发展的空间。尽管河北已有接近百分之百的教师参加了普通话水平测试，但从这三个省（区）来看还需要继续加大推广普通话培训测试的力度，继续坚持做到教师普通话达标并持证上岗，切实提高广大教师的普通话实际应用能力与水平。

（二）进一步提高广大教师的普通话培训测试成绩

参加过普通话水平测试的教师，成绩基本都符合《〈教师资格条例〉实施办法》相应的规定要求，但广西教师中还有0.52%的测试成绩为三级乙等，甚至还有0.52%的人选择了“无法回答”。可见，广大教师普通话培训测试的成绩还有进一步提升的空间。

（三）进一步增强推广和规范使用通用语文的意识

党的十七届六中全会《决定》中明确提出要“大力推广和规范使用国家通用语言文字，科学保护各民族语言文字”。这是党中央根据建设社会主义文化强国的战略目标要求，根据语言文字事业在文化传承发展繁荣中的重要作用和发展任务，结合我国国家通用语言文字的应用现状，对语言文字工作提出的明确要求。这不仅凸显了语言文字在社会主义文化建设中的战略地位，体现了党和国家对语言文字事业的高度重视，同时为深刻认识大力推广和规范使用国家通用语言文字、科学保护各民族语言文字的重要意义，进一步落实《教育规划纲要》，努力实施《语言文字规划纲要》，努力开创语言文字工作新局面指明了前进的方向。

从调查数据来看，尽管三个省（区）中教师在讲课时几乎都能够用普通话进行教学，但是，现实与调查数据之间通常是有一定出入的，调查数据与时代发展的客观需求之间还是有一定距离的。因此，我们应该从客观实际出发，继续进一步加大国家通用语言文字的宣传推广力度，进一步提高国民国家通用语言文字的应用意识与应用能力，进一步规范使用国家通用语言文字，让教育领域在宣传、推广和规范使用国家通用语言文字方面发挥好基础的作用。

---

① 《新时期语言文字法规政策文件汇编》，第55～56页。

参考文献：

[1] 陈章太．语言规划研究［C］．北京：商务印书馆，2005.

[2] 郭龙生．中国当代语言规划的理论与实践［M］．广州：广东教育出版社，2008.

[3] 教育部语言文字应用管理司．新时期语言文字法规政策文件汇编［Z］．北京：语文出版社，2005.

[4] 李卫红．加快推进普通话培训测试的信息化建设和资源建设，努力开创新时期新阶段普通话推广工作新局面［J］．语言文字应用，2011，(2)．

[5] 全国语言文字工作会议秘书处．新时期的语言文字工作［C］．北京：语文出版社，1987.

[6] 许嘉璐．开拓语言文字工作新局面，为把社会主义现代化建设事业全面推向21世纪服务［A］．教育部语言文字应用管理司．推广普通话宣传手册［C］．北京：语文出版社，1999.

[7] 姚喜双、韩玉华、聂丹、黄霆玮、孟晖．普通话水平测试概论［M］．北京：高等教育出版社，2011.

[8] 于根元．中国现代应用语言学史纲［M］．北京：中国经济出版社，2005.

[9] 中共中央国务院．国家中长期教育改革和发展规划纲要（2010—2020年）［M］．北京：人民出版社，2010.

[10] 中国语言文字使用情况调查领导小组办公室．中国语言文字使用情况调查·调查员手册［M］．北京：语文出版社，1999.

[11] 中国语言文字使用情况调查领导小组办公室．中国语言文字使用情况调查资料［M］．北京：语文出版社，2006.

现代汉语教学与测试理论

——音节远程教学模块与测试评估标准

娄华荣

（中央广播电视大学远研所　日照广播电视大学中文远研所）

现代汉语教学已历经了几十年的实践，语音教学始终遵循着传统的声母、韵母、声调基本知识的体系展开教学。而语音知识是一个庞杂而又细碎的声音符号知识结构体，这种教学形式将其整体语音系统切割成零碎的知识点来进行教学，并且紧紧挤压在课堂讲授的几十分钟上，教学效果甚微。我从近40年的教学经验中深刻地体会到，音节是汉语几百万年口语流传下来的珍贵语音遗产，它真实地保留着时代的意义信息，是活的汉语语言声音符号的标志，是整个语音教学的大动脉。从目前来看，对此方面的系统理论研究还是空缺。因此我们必须按照人们正常的思维方式从整体到个体的理性来分析语音面貌，重新审视语音教学的基点——音节，使整个现代汉语语音教学在音节的统领下运行。

一、音节的教学理念

音节是现代汉语语音的特点，一个音节代表着一个汉字，一个汉字表述着一个概念（当然有时两个汉字代表一个音节，这是音节的口语表述形式，两个汉字也表述着一个概念），所以说一个音节是一个汉字的口语声音理念，一个音节代表着汉语的基本文化、基本思想和基础理念。洪堡特论述："人受其心灵的驱动，迫使器官发出分节音，这种分节音是一切讲话行为的基础和本质。分节音的实质，在于表达意义（不是一般的意义，而是与某个思维对象有关的确定的意义）的意图和能力。而只能根据发音的方式来描写分解音，这是由于分节音具有独特的性质；它之所以有物质实体性，似乎完全是出于外部感知的需要。用辅音方式构成的分节音，只能伴随着发声时产生的气流发出。通过这种同时进行的、双重的发音方式，便构成了音节。"

音节在语音教学中占有着极其重要的地位。过去的现代汉语语音教学中人们只注意音节的分解项声母、韵母、声调的语音形貌，却忽略了音节的整体面貌。作为语音教学的重要环节，音节教学承担了语音这一关键的要领性语音形象的教学，而汉语最初阶段是书面语和口语截然分开的两大语言系统，汉字是义符概念的依附体。随着汉语的发展，逐渐形成了汉字反切注音等形式，将口语的音节附注在了每个汉字的形体上。它传播着汉民族灵魂的心声节拍，是继承中华民族文化语言表述的奠基石，因此音节教学是语音教学的纲领的纲领。

现代汉语音节教学在远程教学中是语音教学的高难点，这就促使我们必须逐一进入每一个组合项来加以分解式研究。这种教学过程要求学生在时空中任意选择定位点来对音节知识进行摄取和研究，由此感知整个教学层面的教学重点、难点以及考试的要点。而传统教学在课前需要教师准备大量的声母、韵母、声调等知识融入自己的脑海中，在课堂上去发挥其自身的语音发声能力与学生面对面地直接传播。然而远程教学是将这种人体脑海积淀超时空的音节群，不断地整合而随时随地输入电脑的程序中，然后传播到网络中去实现教学的转化过程，这样才能使音节组合成动态结构的变化图像，浓缩图声影像组合成动态教学网体形式，将音节的发音过程的整个环节以影像的形式表露出来。同时描摹图标影像演变的音轨方程，研制普通话音节远程教学组合模块的动态流程，这样才能实现真正的远程教学的风格，达其更凸显的教学功力，形成更加科学的教学理念。

二、音节远程教学模块

（一）普通话音节远程教学模块

1. *零声母音节：*

低元音音节的结构教学模块 19 个音节

音节类型	ā	á	ǎ	à	ɑ
例　　字	啊$_{5}$	啊$_{2}$	啊	啊	啊
音节类型	āo	áo	ǎo	ào	
例　　字	凹$_{3}$	熬$_{16}$	袄$_{4}$	奥$_{13}$	
音节类型	āi	ái	ǎi	ài	
例　　字	唉$_{9}$	挨$_{4}$	矮$_{6}$	爱$_{15}$	
音节类型	ān		ǎn	àn	
例　　字	安$_{15}$		俺$_{6}$	案$_{8}$	
音节类型	āng	áng		àng	
例　　字	肮	昂$_{2}$		盎$_{2}$	

2. *唇辅音音节教学模块*

双唇清辅音音节教学模块 59 音节

音节类型	bā	bá	bǎ	bà	ba
例　　字	八$_{15}$	拔$_{6}$	把$_{4}$	爸$_{12}$	吧$_{2}$
音节类型	bō	bó	bǒ	bò	bo
例　　字	拨$_{17}$	伯$_{34}$	簸$_{3}$	柏$_{5}$	卜$_{2}$
音节类型	bī	bí	bǐ	bì	
例　　字	逼$_{4}$	鼻$_{3}$	比$_{13}$	币$_{67}$	
音节类型	bū	bú	bǔ	bù	
例　　字	逋$_{3}$	醭	补$_{7}$	不$_{16}$	
音节类型	bāo	báo	bǎo	bào	
例　　字	包$_{10}$	薄$_{3}$	饱$_{7}$	报$_{11}$	
音节类型	bāi	bái	bǎi	bài	bai
例　　字	掰$_{3}$	白	百$_{6}$	败$_{5}$	呗
音节类型	bēi		běi	bèi	bei
例　　字	杯$_{9}$		北	贝$_{23}$	呗$_{2}$
音节类型	biāo		biǎo	biào	
例　　字	标$_{19}$		表$_{4}$	鳔$_{3}$	
音节类型	biē	bié	biě	biè	
例　　字	鳖$_{3}$	别$_{2}$	瘪	别	
音节类型	bān		bǎn	bàn	
例　　字	班$_{10}$		板$_{8}$	办$_{11}$	
音节类型	bēn		běn	bèn	
例　　字	奔$_{5}$		本$_{3}$	笨$_{6}$	
音节类型	biān		biǎn	biàn	
例　　字	边$_{10}$		扁$_{10}$	变$_{15}$	
音节类型	bīn			bìn	
例　　字	宾$_{12}$			膑$_{5}$	
音节类型	bāng		bǎng	bàng	
例　　字	帮$_{5}$		膀$_{5}$	棒$_{14}$	
音节类型	bēng	béng	běng	bèng	
例　　字	崩$_{6}$	甭	绷$_{5}$	泵$_{7}$	
音节类型	bīng		bǐng	bìng	
例　　字	冰$_{6}$		丙$_{10}$	并$_{3}$	

3. 普通话音节类型辨析远程教学模块

1）组合规律：零声母低元音音节教学模块

①“ɑ”音节的结构教学模块 19 个音节，单元音“ɑ”四声调齐全，轻声。

②“ɑo”、“ɑi”复元音四声调齐全。

③“ɑ”与前鼻辅音音素“n”组合只有阴平、上声、去声调。

④“ɑ”与后鼻辅音音素“ng”组合只有阴平、阳平、去声调。

2）组合规律：不送气双唇清塞辅音教学模块

① 单元音组合，四声调整齐和轻声、无轻声的音节结构；

② 复元音组合，四声调整齐和轻声、无轻声的音节结构；

③ 复元音组合，三声而无阳平有轻声、无轻声的音节结构；

④ 单元音与前鼻辅音组合，无阳平调无轻声，只有阴平调和去声调音节结构、无轻声调的音节结构；

⑤ 单元音与后鼻辅音组合，无阳平调无轻声调的音节结构，四声整齐无轻声调的音节结构。

（二）近古音节远程教学模块：《中原音韵》

1. 唇音音节教学模块

音节类型	家麻 pa		
例　　字	巴		
音节类型	歌戈		puo
例　　字			波
音节类型	萧豪 pau		piɛu
例　　字	包		标
音节类型	车遮 piɛ		
例　　字	别		
音节类型	东钟 buŋ		
例　　字	崩		
音节类型	江阳 baŋ		
例　　字	榜		
音节类型	齐微	bi	buei
例　　字		篦	杯
音节类型	鱼模 pu		
例　　字	逋		
音节类型	皆来 pai		
例　　字	白		
音节类型	真文	piən	puən

例　　字		宾	奔
音节类型	寒山 pan		
例　　字	班		
音节类型	桓欢 pon		
例　　字	般		
音节类型	先天 piɛn		
例　　字	边		
音节类型	庚青	piəŋ	puəŋ
例　　字		兵	崩

2. 近古音节类型辨析远程教学模块

《中原音韵》成书于1324年，是最早出现的一部曲韵著作，由十三韵部形成近古汉语音节。唇辅音“p”与“a”单元音组合成音节，注音“巴”，与现代汉语普通话音节一致。

（三）中古音节远程教学模块

1.“帮”唇音音节教学模块（表格中音素以国际音标标注）

音节类型	之部 ə	pə
例　　字		杯 布回切 帮母之韵
音节类型	职部 ək	pək
例　　字		北 博墨切 –
音节类型	蒸部 əŋ	pəŋ
例　　字		崩 北腾切 –
音节类型	支部 e	pe
例　　字		卑 府移切 –
音节类型	锡部 ek	pek
例　　字		掰 博厄切 –
音节类型	耕部 eŋ	peŋ
例　　字		并 府盈切 –
音节类型	鱼部 a	pa
例　　字		逋 博孤切 –
音节类型	铎部 ak	pak
例　　字		伯 博陌切 –
音节类型	阳部 aŋ	paŋ
例　　字		榜 北郎切 –
音节类型	侯部 ɔ	pɔ
例　　字		府 方矩切 –

音节类型	屋部 ɔk	pɔk
例　　字		卜 博木切 –
音节类型	东部 ɔŋ	pɔŋ
例　　字		邦 博江切 –
音节类型	宵部 o	po
例　　字		标 甫遥切 –
音节类型	沃部 ok	pok
例　　字		暴 补各切 –
音节类型	幽部 u	pu
例　　字		褒 博毛切 –
音节类型	觉部 uk	puk
例　　字		复 方六切 –
音节类型	微部 əi	pəi
例　　字		非 甫微切 –
音节类型	物部 ət	pət
例　　字		笔 鄙密切 –
音节类型	文部 ən	pən
例　　字		奔 博昆切 –

2. 中古音节类型辨析远程教学模块

在中古音节中，唇辅音“p”与单元音“ə”组合形成“pə”，而在普通话中已是复元音音素“ei”；与单元音“ə”和辅音音素“k”形成入声塞音韵尾；与单元音“ə”和后鼻辅音音素“ŋ”的组合与现代汉语普通话音节一致。

（三）汉语方言音节远程教学模块

1. 日照方言音节教学模块

舌叶音辅音的音节教学模块：

音节类型	tʃα 42 tʃα˜42	tʃα˜21	tʃα˜213　tʃα213	tʃα55	
例　　字	闸　　甜	餐	阡	假	
音节类型				tʃγ55	
例　　字				折	
音节类型	tʃ∂42	tʃ∂˜21	tʃ∂213		
例　　字	蜇	碜	蝎		
音节类型			tʃε213		
例　　字			劫		
音节类型		tʃɔ21	tʃɔ213	tʃɔ55	

例　　字		翘	吵	脚	
音节类型	tʃI42	tʃI21	tʃI213	tʃI55	
例　　字	低	指	鸡	执	
音节类型	tʃu42			tʃu55	
例　　字	竹			出	
音节类型	tʃy42	tʃy21	tʃy213		
例　　字	渠	拒	蛐		
音节类型		tʃou21	tʃou213		
例　　字		舅	寿		
音节类型				tʃei55	
例　　字				窄	
音节类型			tʃuα213		
例　　字			抓		
音节类型	tʃu∂42	tʃu∂21	tʃu∂213		
例　　字	啄	噘	角		
音节类型		tʃuei21			
例　　字		缀			
音节类型	tʃi∂~42		tʃi∂213		
例　　字	支		切		
音节类型			tʃyα~213		
例　　字			卷		
音节类型	tʃy∂42			tʃy∂55	
例　　字	噘			炔	
音节类型	tʃ∂n42	tʃ∂n21			tʃ∂n
例　　字	甚				整
音节类型			tʃαŋ213		
例　　字			晌		
音节类型		tʃα~ŋ21	tʃα~ŋ213		
例　　字		障	江		
音节类型	tʃ∂ŋ42		tʃ∂ŋ213		
例　　字	镇		呈		
音节类型				tʃiŋ55	
例　　字				警	

2. 方言音节类型辨析远程教学模块

组合规律：舌叶音辅音清音塞擦音“tʃ”与单元音“α”组合形成了鼻化元音“α～”的四组声调调值：“42”、“21”、“213”、“55”；与单元音“γ”组合只有一个“55”声调调值；与单元音“ə”组合有“42”和“213”声调调值，与“ə～”鼻化元音组合有“21”声调调值；与单元音“ε”组合只有“213”一个声调调值；与单元音“ɔ”组合的声调调值有“21”、“213”、“55”；与单元音“I”组合有四组声调调值，“42”、“21”、“213”、“55”；与单元音“u”组合有“42”、“55”声调调值。

（四）普通话音节与中古音节、方言音节比较教学模块

1. 普通话音节结构与中古音节结构类型比较教学模块

普通话音节	pu	po	paŋ		
中古音节	pa	pak	paŋ		
例　　字	逋	伯	榜		
普通话音节	pei	pei	pəŋ	pei	pε
中古音节	pə	pək	pəŋ	pe	pek
例　　字	杯	北	崩	卑	掰
普通话音节	fu	po	paŋ	piau	pau
中古音节	pɔ	pɔk	pɔŋ	po	pok
例　　字	府	卜	邦	标	暴
普通话音节	pau	fu			
中古音节	pu	puk			
例　　字	褒	复			
普通话音节	fei	pi	pən		
中古音节	pəi	pət	pən		
例　　字	非	笔	奔		

2. 普通话音节结构与北方方言音节结构比较教学模块

（1）普通话音节结构与日照方言音节结构比较教学模块

方言音节类型	tʃα 42　tʃα˜42	tʃα˜21	tʃα˜213 tʃα213	tʃα55	
普通话音节	zhα35 tiαn35	cαn55	qiαn55	jiα51	
例　　字	闸　　甜	餐	阡	假	
方言音节类型				tʃγ55	
普通话音节				zhe35	
例　　字				折	
方言音节类型	tʃə42	tʃə˜21	tʃə213		
普通话音节	zhe35	chen55	xie55		
例　　字	蜇	抻	蝎		

方言音节类型			tʃɛ213		
普通话音节			jie35		
例　　字			劫		
方言音节类型		tʃɔ21	tʃɔ213	tʃɔ55	
普通话音节		qiɑo51	chɑo214	jiɑo214	
例　　字		翘	吵	脚	
方言音节类型	tʃɪ42	tʃɪ21	tʃɪ213	tʃɪ55	
普通话音节	di55	zhi214	ji55	zhi35	
例　　字	低	指	鸡	执	
方言音节类型	tʃu42			tʃu55	
普通话音节	zhu35			chu55	
例　　字	竹			出	
方言音节类型	tʃy42	tʃy21	tʃy213		
普通话音节	bɑo51	ju51	qu55		
例　　字	抱	拒	蛐		
方言音节类型		tʃou21	tʃou213		
普通话音节		jiu51	shou51		
例　　字		舅	寿		
方言音节类型				tʃei55	
普通话音节				zhɑi214	
例　　字				窄	
方言音节类型			tʃuɑ213		
普通话音节			zhuɑ55		
例　　字			抓		
方言音节类型	tʃuə42	tʃuə21	tʃuə213		
普通话音节	zhuo35	jue35	jiɑo214		
例　　字	啄	噘	角		
方言音节类型		tʃuei21			
普通话音节		zhui51			
例　　字		缀			
方言音节类型	tʃiə̃42		tʃiə213		
普通话音节	zhi55		qie55		
例　　字	支		切		
方言音节类型			tʃyɑ̃213		

普通话音节			juan214		
例　　字			卷		
方言音节类型	tʃyə42			tʃyə55	
普通话音节	jue35			jue35	
例　　字	噘			炔	
方言音节类型	tʃən42				tʃən55
普通话音节	shen51				zheng214
例　　字	甚				整
方言音节类型			tʃαŋ213		
普通话音节			shang214		
例　　字			晌		
方言音节类型		tʃα̃ŋ21	tʃα̃ŋ213		
普通话音节		zhang51	jiang55		
例　　字		障	江		
方言音节类型	tʃəŋ42		tʃəŋ213		
普通话音节	zhen51		cheng35		
例　　字	镇		呈		
方言音节类型				tʃiŋ55	
普通话音节				jing214	
例　　字				警	

远程教学是借助现代化手段的互联网进行教学，它的整个教学能量标准远远大于普通高校的一节节课堂教学知识的能量标准。音节远程教学是声学教学，必须采用视频教学，以往那种只停留在普通高校的面试教学根本不可能达到预想的教学效果。我们已经研制出了普通话音节远程教学音频，形成音节视频库，将进而系统地研究普通话音节与方言音节图像的组合规律，研制音节的基本类型、附加类型与近古汉语音节类型、中古音节类型比较的视频图像。

三、音节测试评估标准

（一）一级测试评估标准（能力）效能测试：

现代汉语普通话的测试要领要切合语音实际状态，遵循以音节为基本语音单位。具体我们将在以下几方面加以研究：

1. 识别能力：对题的内涵可控性强。例：张斌《现代汉语》第 77 页第九题："你的方言有哪些声调?"中央广播电视大学"现代汉语"试题 1998—1999 年度第一学期考试综合分析题："给下面诗歌注音：锄禾日当午，汗滴禾下土。谁知盘中餐，粒粒皆辛苦。"

2. 记忆能力：通过朗读对音节系统的表述，在一定时间内能掌握的音节的准确度达到

95%的比例。例如黄伯荣、廖序东《现代汉语》的第29页：“四、语音具有________属性、________属性、________属性。”

3. 口语发音能力：将交际过程中音节的音质、音量，用声音图像测试，形成一种规范标准的定性定位。用标准的图标，根据学生的口语录制成图片，形成音波加以比较。动态音节变化是有一定规律的，要系统研究音变过程中所形成的系统语义变化的痕迹。例：一、不、儿化、子以及轻声定位。

4. 视听力：这是最为本质的特点，此概念有两个含义。一是现代汉语单音节语音上的基本感知单位；一是现代汉语在语法上最小的单位字是单音节。

5. 提取能力：即学生在读书、写字时迅速将错字别字提取、认定。方言与普通话音节特点比较，现代汉语的音节具备哪些特点应迅速把握其规律。

音节结构组合固定，从语言心理上观察，基本的语音感知单位在英语中是音位，而在汉语中则是音节。现代汉语普通话每一个音节的内部结构结合紧密，声母、韵母聚集在一起，具有强烈辨义作用的声调凝结在整个音节之上，形成一个语音块。

（二）二级测试评估标准（水平）效益测试：（图标显像）

一级甲：单音节 双音节 朗读 说话 3%

错误：音节语义的基本含义离隐

残缺：音节隐约有语义的痕迹

差位：音节其中有单一一项离异

偏移：整个音节语义侧斜

乙：单音节 双音节 朗读 说话 6%

错误：语义的基本含义脱节

残缺：隐约有语义的迹象

差位：其中有一项表意异变

偏移：整个音节语义侧倾

二级甲：单音节 双音节 朗读 说话 13%

错误：音节语义的基本含义扭曲

残缺：音节隐约有语义的意向

差位：音节其中有两项表意模糊

偏移：整个音节语义变异

乙：单音节 双音节 朗读 说话 20%

错误：有的音节语义的基本含义破损

残缺：音节语义的意向模糊

差位：音节其中有两项表意亏损

偏移：整个音节语义变形

三级甲：单音节 双音节 朗读 说话 22%

错误：音节有部分语义的基本内涵损毁

残缺：音节语义基本损坏
差位：音节其中两项亏空
偏移：整个音节语义隐约
乙：单音节 双音节 朗读 说话 28%
错误：音节有些语义内涵破损
残缺：音节语义意向模糊
差位：音节其间三项含混
偏移：整个音节语义模糊

（三）三级测试评估标准（知识）效果测试：

音节概念：音节是语流里最自然的语音单位。①

1. 快速认读下列音节，并给每一个音节注一个汉字：

（1）hūn （2）dīng （3）shuāi （4）suì （5）liǎn （6）liě （7）guǒ （8）zhuāng （9）qiú （10）měi （11）yǎn （12）yún （13）quān （14）wāi （15）zǐ （16）xǔ

2. 快速认读下列句子，并注上汉字。

（1）Jīngjù shì Zhōngguó de chuántǒng xìjù.

（2）Fángjiān de qiángshang guàzhe Xiǎo Zhāng quán jiā de zhàopiān.

（3）Wénzì bìxū gǎigé，yào zǒu shìjiè wénzì gòngtóng de pīnyīn fāngxiàng.

（4）Rénrén dōu shuō tiāntáng měi，zěn bǐ wǒ Hónghú yúmǐ - xiāng.

（5）Rénlèi shèhuì de lìshǐ shǒuxiān shì shēngchǎn fāzhǎn de lìshǐ.

总之，语音规范化首先应从音节的规范化开始，这形同一个严密的系统工程，而语音基础的要素——音节需要音值系统地对应研究。我认为音节元素结构的演变与发展是值得系统研究的，尤其是当前飞速发展的语言科学，更应该借助远程教学的仪器，系统地拟定和研制出相关的一系列教学模块来按照教学现代化手段进行教学。随着现代汉语教学研究的理论不断深化，我们应该不断地加以思索，音节的远程教学理论研究应引起重视，尤其是音节测试的评估标准更应加以完善。

参考资料：

[1] 王力．古代汉语．中华书局，1997.
[2] 黄伯荣、廖序东．现代汉语．高等教育出版社，2012.
[3] 张静．语言的学习和运用．上海教育出版社，1988.
[4] 胡裕树．现代汉语．上海教育出版社，1982，
[5] 徐通锵．基础语言学教程．北京大学出版社，2001.
[6] 钱乃荣．现代汉语．高等教育出版社，1990.
[7] 曹为公．现代汉语教程．天津教育出版社，1995.

① 胡裕树：《现代汉语》，上海教育出版社，第 118—119 页。

[8] 娄华荣．日照方言研究．香港教育出版社，2004.

[9] 娄华荣、杨亭亭．现代汉语教学与测试理论——远程教学模块与测试评估标准．语言学研究与应用，2007.

[10] 国家语言文字工作委员会普通话培训测试中心编制，中华人民共和国教育部语言文字应用管理司组织审定．普通话水平测试实施纲要．2004. 北京．

[11] [德] 威廉·冯·洪堡特．论人类语言结构的差异及其对人类精神发展的影响．商务印书编辑部，1999.

[12] 中国社会科学院语言研究所．现代汉语词典．商务印刷馆，2011.

网络语言的文化映射*

王 伟**

（河南省周口师范学院语委办）

电脑网络作为新的媒体，影响了人们许多方面的生活，也影响了人们的语言生活。尤其是近几年来，随着经济的发展，电脑的普及，网络的进一步平民化，中国网民人数的增加，作为一种语言变体，网络语言也越来越对我们的生活、我们的传统媒体产生更大的影响。美国著名文化人类学家怀特曾经在《文化科学》中指出："所有的文化都基本依赖符号，尤其是依赖发音清晰的语言而产生并永存"，"因此，文化是依靠超体质语境的符号表达出来的事物和事件"。事实证明，语言以最典型的形式在自身中表现了文化活动，是文化的表达符号。而网络语言是语言的一种变体，它是不分国界和民族的，通过对网络语言的研究，我们就会发现，文化的各个层面：物质层面、风俗制度层面、心理层面，都在语言这个多棱镜中显现出自己的结构。本文在前人研究的基础上，系统地从文化的角度通过新词新语、QQ 网名、聊天用语等现象对网络语言进行细致深入的研究。我们认为，只有从文化的角度对网络语言进行研究，才有可能进而了解使用者深层次的社会心理和文化心理，为语言规划发展和网络的开发提供有价值的参考。

一、网络语言蕴涵的文化

（一）网络语言存在和发展的原因

网络语言是人们在网络交流中所运用的工具，通常以屏幕文字、音频及视频进行信息的传递和沟通。很多人认为，网络语言通过链接改变了传统知识结构，整合优化了原有的语言

* 王伟主持的河南省社科联 2006 年调研课题《文化视野下的网络语言研究》的结项报告。

** 王伟（1965— ），女，河南南阳人，文学博士，教授，研究方向为汉语言文字学。现任周口师范学院公共艺术与职业技能教研部主任。

习惯，丰富了原有的文化和词语，甚至改变了人们的思维和交流方式，提高了效率。

例如新词新语，新词新语的出现总是伴随着一定的文化，网络中的新词新语也不例外。作为一种语言变体的网络语言，在随着网络日渐风行的同时，也开始从网格中走出来，并走向大众，走向普通人。最流行的应该是随着超级女声而大为传播的 PK 了。

我们先看一下 PK。对 PK 来源有不同的解释，一种说法是来源于网络游戏，早期网络游戏不支持组队，通常是单个玩家杀机器人，或者两个玩家之间的单挑。为了将玩家杀机器人区别于玩家杀玩家，故将两个玩家之间的对决称为 PK（Personal Killing），后引申变化为任何比赛中的单对单的对决，即单挑。二是理解为“Player Killer”，即“玩家杀手”，是在游戏中杀死其他玩家的胜者。三是动词“Player Kill”，指玩家杀戮怪物、互相战斗的行为。如果结合《超级女声》这个节目里的实际情况，即两名实力相当的选手一对一大比拼，赢的人晋级，输的人淘汰，PK 应该是英文“Player Kill”的简称。

PK 和 DVD、OK、干部、革命一样是一个原形词，即指借用外语词原有的字母词模，以表达其本来意义的一种翻译手法，在语用学里叫做异文。原形词有其积极的意义，具有规范、经济、塑造和文化功能，主要是可以发展国际间的交流、节省言语功率消耗和激活丰富的文化意味的视觉冲击。PK 的流行就在于其具有积极的文化语用价值。

一是时代性和新潮性。相比汉语来说，使用 PK 替代相关的同义词使语言更新潮，更时髦，更活泼，迎合了一些人尤其是年轻人追求时尚的心理，反映了他们求新求美的价值取向。

二是简洁性和经济性。现代社会是一个讲速度的社会，年轻人办事讲求方便快捷，一个 PK 有多个相关的含义，使用起来简单迅捷，不必多加思考，适应了当代社会的快节奏，也符合年轻人的需要，所以受到追捧和欢迎。

三是委婉性和含蓄性。用 PK 代替汉语中同义但属贬义色彩的词，语言显得委婉和含蓄。

如今网络已经普遍，什么样的人物几乎都可以接触到网络。正是这一条件，促成了网络语言的兴起。初步研究发现，目前网络语言基本包括四类：语音谐音类，比如“9494”代表“就是就是”，“7456”表示“气死我了”，“酱紫”表示“这样子”；符号象形类，比如“@_@”在网上就代表一个戴眼镜的人；英汉缩略类，比如“cu”表示“see you”；诙谐指代类，如“保重”在网上的意思就是“保持体重”，“公司总裁”其实是公司“总在裁员”的意思……随着新的网络语言不断被发明、流行，很多新形式其实非常难以归类。

网络语言有如下特点：

描形摹状，惟妙惟肖。如果你愤怒，你可以选出一个横眉竖目的脸谱发过去，心情好时则可以选择哈哈大笑的卡通形象。还有许多符号都代表着不同的含义。网络语言种类繁多，很难一一列出，其中的意味、酸甜苦辣就得网民们自己去慢慢品了。当你对朋友所说的话或所做的事感到很满意时，一个简单的☺(微笑) 可以涵盖你所有的心情；同样，一个☹比一大堆语言更有说服力，它甚至能让你的朋友看到你生气的表情；而 Zzzz……是不是让你似乎听见了对方因疲惫而发出的呼噜声？

表情达意，自由灵活。如最常用的数字语言中的爱情密码：1314520（一生一世我爱你），59420（我就是爱你）等等，只要对方能够明白你的意思，在网上任何表达方式都是合理的。

言简意赅，快捷便利。你对朋友的言谈举止感到吃惊时，OMG 代替了 Oh my God；朋友分手，更是简单到了 cu（see you）的程度。

扬长避短，栩栩如生。英文 e－mail 的意思是电子邮件，“伊妹儿”的音译使原本苍白的字面变得生动又美丽，活脱脱一个人见人爱的大美女。同样，如果说对方“你真是一个丑瓜”，就会显得直白，而用“青蛙”、“恐龙”是不是更加贴切、形象？网络语言还包括很多拼音或者英文字母的缩写，起初主要是网虫们为了提高网上聊天的效率而采取的方式，久而久之就形成特定语言了。比如说，“BB”的意思就很复杂，它可能是宝贝、孩子、情人，也可能是和你说分手——Bye－bye。

（二）从文化的角度看网络语言

曹世潮认为，如果把文化与文明、文艺、文物、文献和娱乐以及知识等概念区别开来，文化就是特定人群当下普遍自觉的观念和方式系统。网络的发展大大加快了信息革命的步伐，信息文化的嬗变将改变当今世界人类社会的认知：人们的思维方式、生活习惯和价值观念都将产生巨大的变革。从文化的视角看，网络语言的出现符合了现代人的某种需求——自由至上的审美标准——每个人都拥有自己的表达权利，每个人都是传播者，每个人都是受众。无疑，这是基于后现代主义的审美范式。

我们通过调查、分析，发现网络语言在结构上呈现出鲜明的文化体系风格：

1. 表达技巧化

讲究形象是网络语言的一大技巧。从网络语言对语言的冲击来看，这无疑是对传统语言发展模式的一大突破。网络语言同样是一门艺术，它体现在拼合符号审美上。符号的创造既体现了象征与形象，又体现出逼真与直观。讲究修辞是网络语言的另一技巧。网络语言的修辞艺术结合了夸张、拟人、象征、谐音、趣味、语境这几个手法。网民们还充分利用键盘上的符号，创制了许多极为生动形象且风趣幽默的表情和动作的图形，用以表达自己的喜怒哀乐，来模拟现实交际，使交际更加直观化、情景化。

2. 表现简洁化

简洁是网络语言最突出的审美风格，在实时沟通中我们最常见的是长话短说，能省略的尽量省略。即时性、简洁化，伴随着网络的主体消解（非中心化），体现出后现代快感式审美。

3. 表情趣味化

与面对面交流相比，网络实时交流是一种远距离沟通，看不到对方的表情动作，这在很大程度上削弱了交流的趣味性。作为对这一缺陷的弥补，网民们设计出了一整套能够体现表情动作的网络语言。这类语言大都是一些符号，有了这些符号，交流马上赋予了情趣。这些审美范式共同体现出网民追求个性化、自由化的审美旨趣。没有了声音、语调、笔迹的区别，网络很大程度上抹煞了受众的个性，因此，网络使用者必须依靠自身的语言风格等因素来张扬自己的个性，以引起别人的重视，取得一定范围的身份认同。

当然，在拥有了以上的特点的同时，这些网络用语也同时具有其负面的表达效果。

第一，过于简缩造成的表义泛滥。例如，“MM”到底是指什么，必须在特定的语境中才可以明白，否则的话，是“妈妈”还是“妹妹”都不一定。

第二，数字的谐音太牵强附会。例如“20”表达为“爱你”也不是太容易明白。

第三，字母的谐音也有可能形成二次组合，如CU还有可能表示“吃醋”的意思。

任何现象的背后都有它的文化原因，网络语言中的文化特征体现为：

1. 后现代性

“后现代性”（post modernity）是一个和“后现代主义”（postmodernism）联系紧密的概念，它的复杂程度决不亚于“后现代主义”。后现代性暗指一个特殊历史时期，源自西方技术应用、消费主义和文化产业的短暂的、无中心化的世界的转变，“它怀疑关于真理、理性、同一性和客观性的经典概念，怀疑关于普遍进步和解放的观念，怀疑单一体系、大叙事或者解释的最终根据”。很多“后现代”理论家强调后现代性是作为现代性的反面物而存在的，是对现代性的中心性、整体性、本源性的全面颠覆；甚至认为现代性已经完结，现代主义寿终正寝，多元性的、不确定性的后现代主义占据了历史舞台。

网络语言总的倾向表现为后现代性，新词新语也表现出这种特性。这一根本属性又集中体现在以下几个方面：

其一，符号化。

中国文字是象形文字，它源于图画，它的本质是一种符号。网络语言的符号化表面上似乎顺应了语言的发展规律，但实质上，这种符号化是在传统语言符号的基础上的再符号化，变成一种代码。这无疑是对传统语言的一种消解。语言符号不等于代码，性质和交通信号、电报号都是不一样的，它势必导致沟通的阻隔与理解的混乱。比如“MM”，在网络中是“妹妹”的意思，但也可能是“妈妈”的谐音。同时必须指出的是，符号化也是网络语言西化（英文化）的一种表征。所有这些，则都是在一种大背景下产生的。这些运用只局限在一些年轻人身上，他们讲求时尚、时髦，追赶潮流，受社会环境的影响，受网络的影响，以说几个英语单词为荣，以懂得网络用语为骄傲，于是就发明一些中英文符号来显示自己的与众不同。

其二，数字化。

罗素·纽曼在解释电视为何会变成如此盛行的传播模式时，提出了一个著名的假说，电视盛行乃是懒惰观众的本能所造成的结果。可以说，网络语言的数字化正是这个不费力气症候群在网络时代的新体现。同时，这体现了中国网络方面的一些背景，刚开始的时候，网络在中国还没有普及，上网一般在网吧进行，上网的人主要是一些无产阶级，没有固定的收入，知识水平也不能说是很高，而当时在网吧上网的费用是相当高的，如果把时间花在正确的打字正音上，对他们来说那是一笔不小的开支，所以，用数字就来得更简单些。同时，数字化还具有行业用语的特性，又相当于一些隐语，想一想，当你说的话别人不理解，而只有你的朋友才和你相视一笑的时候，那种感觉是不是很棒呢？

其三，口语化。

电脑中沟通媒介的非正式性、自发性与匿名性，刺激了一种由电子文本表达的所谓口语性的新形式。网络中的对话兼具书写和口语的特质，也同时存在对话和独白的形式。由于网络沟通是缺乏声音与图像的实时交流，为了表达直观的意象，增强语言的表现力，网络语言的各种形象的符号应运而生，促成谐音数字的发展。这些符号和数字必须通过语音的协助，念出来并通过谐音联想才能明白其所要传达的内容。

其四，方言化。

有人指出，网络语言是一种社会方言，其实更具体一点，应是一种网络社会真实虚拟的方言。人们所指称的网络语言其实只应用于网络社区的沟通上，而在其他更广大的网络空间人们运用的仍是常用语言。

语言的使用是一定文化、风俗、习惯的行为，网络语言的上述倾向体现了后现代社会的文化心理。

2. 随意性

网络语言还显得随意洒脱，数字、英文、符号杂糅的现象也大量存在，如：U2（你也是），ME2（我也是），3KU（谢谢你），CBA（酷毙啦）等。有学者指出，网络空间事实上是一个符码空间，人在其中的生存和一切活动都是以符号形式进行，不同语言符号的意义由差异来决定。这就使得人在网上的生存本身就具有一种失学的性质。符号是有限的，也是相互重复的，这种扮演性体现出来的随意性是后现代主义为我性的一种表现，网络语言的使用者根本不考虑另一方的实际情况，任意简写缩略情同网络黑话，情绪化的骂詈语随处可见，首要的要求就是节省时间。时间是一种有限的资源，随意地使用网络语言是会节约使用者的时间，但另一方面却导致接受信息的另一方增加了理解信息的时间。

3. 现代人的心理需求

网络的最大诱惑在于它是一个虚拟的空间，它把文化交流的自由下放给了每一个普通百姓，毫无疑问，这种不带有任何功利色彩的文化交流更真诚、质朴。面对巨大生存压力的现代人，更向往一个安全的避风港把自己隐匿起来。他们宁愿遁入“虚拟空间”而不愿直面现实生活，加入一个BBS或聊天室，再取一个标新立异的网名猫起来和对方神聊，让心情放松，将本性放纵，少了伪装，多了轻松。你不得不承认，这是现代人缓解压力、进行能量释放的绝好方式。它的存在，是因为符合了现代人自由至上的审美标准——每个人都有发表意见的权利，每个人都是传播者，每个人都是受众，都可以在这个自由王国里享受言论自由的舒畅。

4. 年轻人对传统教化方式的反叛

和其他时尚、流行的事物一样，年轻人对网络可以说是趋之若骛。网民中青少年占的比例最高，他们的认知能力不强，主观自控能力较弱，心理需求与现实文化教育往往产生矛盾，凡此种种都会促使他们逃避现实；另外，他们怀有强烈的好奇心和创新能力，渴望接触更多的人，体验各种新奇的感觉，网络就成为他们诉说、交流或宣泄的场所，网络语言的发展在他们的推波助澜下势必愈演愈烈。网络语言是时代变迁的记录，更是社会文化的载体，它彰显了当代年轻人的思维习惯和言语方式，也传达出属于这个时代、年轻人专属的人文精神。年轻一代对网络语言的热衷、标新立异与叛逆的精神跃然纸上，这充分折射出他们渴望被社会关注、理解和认同的迫切心情。网络语言的前卫性，标示了网络族群与传统文化的疏离趋势；网络语言的简约性，暗含着对传统教育方式的反抗；网络语言的直观性，表达出他们对社会批判的率真；网络语言的叛逆性，折射出他们积极融入成人社会的渴望。

二、网名所体现的多元化特征

自从网络诞生以后，网名作为网民的通行证，呈现出多姿多彩的面貌。下面我们通过做调查问卷和个案调查的方式，对出生于20世纪80年代的被誉为“新新人类”的一代人的网名做了调查。发放问卷800份，获得有效问卷696份，整理出网名共1077个，有效率占87%。调查对象80%来自高校大学生和研究生，20%来自高中生和中专生。男女比例大致为1:1，专业和方向涉及文科、理工科、艺术、体育方面。

（一）语言风格多样

在调查的1077个网名中，无论音节长短，还是用词和句子结构，其语言风格都呈现出多样化的特点。有的网名选用的是书面化的词语，文雅、含蓄，甚至还有象征意义。有的网名还呈现出口语化，尤其是用比较长的短语，或者比较短的非主谓句来充当的网名。还有几个网名则是方言形式，如果不懂当地的方言，估计有点不知所云。在网名中，还有个比较明显的语言形式，就是语言混杂，这里姑且称为“混合语”——有的是中英文混合，有的是拼音与文字混合，有的是符号与文字混合，有的甚至是几种形式的混合。如下表：

表一

语言风格	个数	举例
书面语	640	心无所托、昨日依旧、闵轩、饮者释然、边缘唯美
口语	108	走吧、不帅你砍我、又重修了、我觉得我的名字不是很长
方言	4	闹眼子、冒名堂、睡着鸟、肉多地筛
混合语	325	V宝贝、XIAO巫女、LU@雨

这些多样的风格形式，极大地满足了年轻人随心所欲、“我的地盘我做主”的心态，也让网名风格鲜活起来。

（二）性别特征模糊

从古到今，男性与女性的名字，在字音和字形以及词义的选择上，形成了明显的差别。一般说来，男性的名字要表现阳刚之美，要表现理想与抱负；女性的名字要表现阴柔之美，多用“女”字旁字，内容也多与花鸟、珍宝、柔情、美景有关。但是名字到了网络里，性别特征却不那么明显了，有的可以判断是男性或者女性，比如“月牙儿”、“小乖乖”是女生，“骑马扬鞭”、“足球战将”是男生，而更多的，则是呈现出“中性”来，比如“八零后”、“星空飞叶”则很难判断性别。之所以性别呈现出三足鼎立的情况，尤其是中性网名比例较高，是因为：一是网名打破了“姓+名”的固定模式，也没有字数限定，名字可以随心所欲来起；二是因为命名者受到当今社会流行的“中性”的文化理念的影响。

“中性”可以说是个时尚用词。“中性”风最初从欧美吹过来，后来日本也急起直追。比如大量的日本漫画人物的最大特点就是“男女不分”，而漫画刚好是“新新人类”们的最爱之一。事实上，当今社会很多方面都呈现出中性来。服装领域呈现中性化，T恤、牛仔裤被认为是最中性的服装，而这两样又恰好是这样一群年轻人最青睐的衣服。作为所调查的主体，他们多是学生，书写工具对他们来说也很重要，据了解，现在他们普遍使用的，是市场中流行的一种中性笔——构造简洁，使用方便，其书写效果介于圆珠笔和钢笔之间。就连他们本人的发型，也有中性的倾向，比如女生头发越留越短，男生也可以长发遮眼。曾听有关新闻报道过某高校女大学生以剃光头为美，追求中性的时尚可谓令人惊叹。

中性的流行，也并非偶然，而且有越演越烈的趋势。2005 年湖南卫视的《超级女声》选秀中，李宇春以其帅气的中性美大赚人气，最后夺冠。据说网上曾有过一个关于《超级女声》中一些女孩中性打扮的调查，51.9% 的被调查者表示这是展现个性的装扮，说明大部分人已认同中性这样一种流行趋势。

如果我们依照男性阳刚勇猛，女性阴柔乖巧，辨别不出的为中性的标准来给网名归类，那么性别比例见下表：

表二

性别	男性	女性	中性
比例	22%	30%	48%

（三）中西文化碰撞

1. 中西方颜色词象征意义的影响

在调查统计的过程中我们注意到，在网名的用字中，颜色词和表颜色载体的词语的使用频率相当高。具体统计如下表：

表三

中心字眼		个数		举例
蓝	“蓝”字	32	57	紫蓝郡、心蓝、蓝雨、蓝精灵、蓝色天空、深蓝、wǒ是蓝色、BLUT AIR
	“天”、“海”	25		缘分天空、天涯海角、蓝色天空、忧郁的海、沧浪
绿	“绿”字	4	21	海棠依旧绿、绿色心情、青苹果、绿边雨轩
	“草”、“树”	17		一棵静默的树、悄然草、杨柳依依、迷雾森林、寻找柠檬草
红	“红”字	4	23	红蔷薇、东方娇红、血色蔷薇
	“花”、“枫”	19		玫瑰泪点点、雨后荷花、枫叶漫天、英伦蔷薇
紫		3		秋叶紫、紫歆瓶、紫罗兰
白		2		深白色、白色方糖
色		5		染色体、暖色、浅色调、色－11.21oC、绯色

大千世界，丰富多彩，颜色与人类生活密不可分，我们无时无刻不在与颜色打交道。对颜色的认知，是人类最基本的认知范畴之一。颜色作为客观世界的一种特殊物质形态，不仅要依附于具体的客观事物，而且还要依赖于人的主观世界来感知、感受。这样，颜色就有了客体和主体两方面的内容。颜色词通过表达相应的颜色概念而把客体、颜色、主体三方面联系起来，使颜色词语不仅指称了颜色概念所表达的客体方面的特征，而且表达了颜色在人的主体方面所能引起的一切刺激反应的特征。主体方面的刺激反应特征，又往往通过色彩的联

觉而产生，表现在颜色词语的意义内容方面，就构成了颜色词语的联想意义。隐喻化思维是人类思维中固有的一种思维模式，隐喻化思维的认知基础是想象和联想。在隐喻化过程中，人们通过承载颜色的客观事物把颜色词的隐喻义映射到具体的颜色词上。

人类对颜色的认知，有许多共同之处，但由于各族文化风俗、地理位置、历史传统、宗教信仰、民族心理、思维习惯等方面的差异，颜色词则在不同文化中具有不同的联想，带有显著的文化烙印。下面以中英文化对比为例子。

蓝色。《说文解字》中人们对"蓝"的定义是："蓝，染青草也。"汉语中的"蓝"，原指一年生草本植物蓼蓝，其叶子干后变成暗蓝色，可以加工成靛青，用来制作蓝色染料。"蓝色"一词极具韵味，可表示"纯净、安详、美好"等意。在英语文化中，蓝色同样是非常重要的颜色。英语文化被称为"海洋文化"，蓝色显示出内向、收缩的感觉，同时还有抑郁、沮丧、悲哀的消极含义，用来表示人的"情绪低沉"、"心情不悦"、"忧愁苦闷"等。这一层含义不知不觉影响着当代的年轻人，所以透露着忧郁气质的网名也不少，比如"蓝烬"、"幽蓝色的眼睛"、"蓝色泡沫"等。

绿色，是平衡色，是植物王国的颜色，象征着生命、青春、活力、和平和希望。这点无论是中国还是西方都有着惊人的一致感受。"新新人类"的网名里用"绿"及表示"绿"的载体的字眼，正好表达了他们充沛的精力。

红色，是太阳色，比喻温暖、光明、热烈，为人们向往和追求。无论中国还是英语国家，红色都有喜庆、高兴和幸福的含义。网名中表示红色的网名，多选择各样花朵，比如玫瑰、蔷薇、荷花等，隐喻了这代人的花样年华和火红的青春。

其他颜色。比如紫色，象征着高贵、神秘、优雅；白色，高洁、纯净、飘逸，自然受到网民们的喜爱。有的颜色，比如黄色，在西方文化中，象征崇高、辉煌、欢乐、明朗、期待、智慧和光明；在古代中国，明黄色是中华民族的代表颜色，它象征着神圣、皇权、尊严、庄严；但到了当今社会，黄色却有了低级趣味、腐朽没落的象征意义，而且这种消极的含义似乎占到主流，所以没有一个网名带有"黄"字。

人类的精神观念、文化价值本身存在两极的现象，色彩本身也具有双重的特性，于是颜色词以及色彩载体们与人的主观感受相契合。不同的民族赋予同一种颜色以不同的隐喻意义，网名也就呈现出中西方色彩观念差异的碰撞与融合。

2. 爱情表达直抒胸臆

在网名中，有相当一部分内容跟爱情有关。如"等你爱我"、"一生只爱你一个"、"1000%的爱"，这是个值得关注的现象。据统计，被调查的对象，多集中在18—22岁之间，"爱情"这个字眼已经在他们脑子里形成了一定的概念。对爱情的理解，以及对性的认识，在他们的网名中可以见出一二。出生在80年代的这群学生们，毫不忌讳地在网名中说出自己的爱情宣言，这一点，主要是受到西方思想的影响。西方人思想开放，行事张扬，想做就做，不受约束。当然，在他们将"爱"字放在口头上的同时，他们也依旧表达出对爱情的那一分忠贞和专情，比如有的网名叫"永远只爱xxx（xxx是其女朋友名）"、"真爱永流传"、"真诺言"等。而这一点，又是受到中国传统爱情观的深刻影响。

另外，还有一小部分网名流露出"黄色"信息，比如"处男杀手"、"在线猛男"、"风雨—SEX"、"一夜情"等，明显与性有关。有些网名则很容易让人联想到性，比如"孤峰傲人”、“性感的小裤衩”等。此类网名据统计共10个。这一点，跟流行与网络的“黄色”文化也有很大关系。作为一个开放迅捷的媒介，网络上的内容是庞杂多样、良莠不齐的。出生于80年代的这群年轻人，爱情观尚在形成阶段，对相关的性知识也存在认识上的偏差和不足，所以需要学校、社会给予一定的帮助和正确的舆论引导。

三、结语

进入21世纪以来，尤其是在中国加入了WTO以后，可以说，现在的社会进入了信息快捷的阶段，宽容、包容性很强。所以，代表着时代潮流的网络语言所呈现出的多元化特征，从某个侧面也反映了当今社会的多元化面貌。当然，关于网络语言的研究已经不能说是一个新鲜的话题了，然而，以网络语言为标志的当今信息社会时代的语言嬗变似乎正经历着前所未有的过程，它不同于以往任何语言发展的阶段。因此，专注于网络语言，研究其衍生的习得、影响、发展等一系列语言本身的、社会的、文化的、文化研究方面的等问题，探索其中的规律，提倡新的研究态度和研究方法，建立跨学科的研究理论体系，又都似乎刚刚开始。所以，我们有理由相信，这必将成为有识之士物超所值的实践与期待。

参考文献：

[1] 曹世潮．终极竞争力 [M] 上海，文汇出版社，2004年版．

城市化进程中的农民工语言问题*

谢俊英

（教育部语言文字应用研究所）

现在，中国的城市化（或称“城镇化”）率已经接近50%。城市化率的提高，使得因为城市化而产生的问题越来越彰显。不同地区的语言差异和城市化水平的不平衡，给语言文字工作和语言文字研究提出了新的课题。农民工的语言问题也是城市化进程中语言问题的一个焦点。

尽管已经有学者开始注意到了农民工的语言状况，但研究规模远远不够。如果不及时抓住时机调查和及时分析新形势下的农民工语言状况，势必影响我国语言文字工作在国家城市化发展中发挥作用。本文仅就目前的相关调查和研究成果，结合城市化进程的大背景，分析探讨我国城市农民工抑或“新市民”的语言状况和存在问题，同时也提出作者的一些浅见，供决策者参考。

一、城市化进程与中国农民工的情况

尽管学者们对我国的城市化的理解和发展方向的认识不尽相同，但大多数人还是结合我国的社会现实，主张城市化应该包括不同层级：新农村建设、小城镇建设、中等城市建设和大城市建设以及国际大都市建设。由于我国城乡差异和地区差异比较大，同一区域的贫富差距也比较大，因此整个社会情态几乎共时呈现了城市化的所有过程。城市化、郊区化（城市中上阶层人口移居郊区，郊区乡村城市化）、逆城市化（城市人口、工商业向乡村转移）和再城市化（城区人口回流，城市中心区再现活力）在城乡间、不同地区间同时存在。当多数城市还处于城市化进程中的时候，在少数大城市，已经出现逆城市化甚至再城市化现象。而广大乡村，则还处于基础设施缺乏、拆除村落建设乡镇的阶段。

* 本文写作承蒙陈章太、李宇明先生鼓励和提出宝贵意见，特此致谢！

城市化的过程往往也是农业人口减少、城市流动人口增加的过程。在城乡之间差异巨大和农村地少人多、相对贫困的状况下，大量农村劳动力涌向大城市和发达地区进行行业性转移也就不可避免。截至2010年，国家统计局的统计数字显示，有超过两亿多的农民离开土地成为城市打工者。

农民进城务工，其身份的定义曾引起争议。他们曾是打工者、进城务工者、临时工、流动人口等称呼的主要指称对象，曾有城市为避免“农民工”一词有贬义色彩，规定官方称呼是“进城务工人员”，而“农民工”是社会对他们最常用的称谓。本文在行文中同时使用“进城务工人员”和“农民工”，二者没有意义区别。

农民进城这样的大规模人口流动常常是自发的、无组织的、分散的个体行为，这些城市的外来者往往都是通过亲属、亲戚、朋友、老乡的关系，凭着生存本能在城市中选择职业。出于谋生的需要，进城务工者，从事着城市需要的而城里人又不愿意干的、竞争性小的工作，这些工作往往脏、累、重且没有安全保障。他们被迫分散在城市的角角落落，不可能成规模地居住。即使是著名的“某某村”，也不可能形成稳定的真正意义上的村落。这种生存状态也决定了农民工的社会支持网络和交际圈以及语言交际模式。

二、城市化进程中的城乡语言生活扫描

城市化是现代化的主要特征之一，而所谓现代化必然有语言的现代化，包括语言的信息化和标准化。在我国，经过几代人的努力，语言现代化快速发展。普通话作为国家通用语言不仅是一种法定地位，更是现实社会交际的反映。普通话在国家社会语言生活中发挥着越来越重要的作用，尤其是改革开放、打破人口流动壁垒以来，普通话的跨地域、跨民族的交际功能更加不可替代。当然，普通话的普及存在城乡差异和地区差异。

2000年中国语言文字使用情况调查数据显示，全国能用普通话交谈的人口比例为53.06%，城镇和乡村能用普通话交谈的人口比例存在20%以上的差距。[①] 经过十年的发展，2010年在河北、江苏和广西进行的普通话普及情况调查显示，三个省（区）能用普通话交谈的比例分别增长20.72%、15.14%、30.36%，乡村的增幅均高于城镇，但与城镇间仍分别存在约12.86%、15.98%和12.99%的差距。

另外，三省（区）的调查还显示，十年间，能用汉语方言和少数民族语言进行交际的比例有升有降，变化幅度并不大。综观近年来的相关调查报告可以看出我国基本的语言交际状态：在大城市，普通话发挥主导作用；在农村和偏远地区，汉语方言和少数民族语言占有主导地位；而在中等城市，汉语方言作用稳定，但普通话的作用处于升势。双语双方言、通用语和区域通用语并存分用的格局表现得越来越显著。

（一）进城务工人员的加入，给城市语言生活带来新变化

关于语言生活，学界近几年使用得比较多，但给出明确定义的很少。陈章太先生早在20世纪90年代使用过这个概念，近来，陈先生又对语言生活进行理论探索，给“语言生

---

① 见《中国语言文字应用情况调查资料》，语文出版社，2006年版。

活”下了一个非常简明扼要的定义：“语言生活是人们为了生存、交际和发展对语言文字的使用状况。”① 这里，我们也试着对语言生活做一个界定，以期在语言应用研究方面更具针对性和操作性：语言生活，指一个国家、民族，或者区域、团体、家庭，在语言能力、语言使用、语言态度、语言变化等方面所呈现的一般状态。语言生活与社会和人的语言活动密切相关。

基于这样的认识来看因农民工进城而产生的语言现象，不得不说，无论对城市还是对乡村，其影响意义都是深远的。伴随着世代务农的乡里人进入城市，城市变得越来越多元。这种多元，表现在同一个城市居住的不再仅仅是具有本市户籍的居民，还有大量来自全国不同地方的外地户籍的农村人。同一个城市，“老”城里人和“新”城里人共存，城市阶层增多，社会人群更为复杂，社会生活方式更加多样。当然，这种多元性也表现在，城市语言生活也变得越来越丰富和复杂。一个城市本来相对同质的语言，开始变得口音多样，语音复杂了。

以北京为例，截至2009年底，全市户籍人口1246万人，登记流动人口763.8万人，其中在京居住半年以上的726.4万人，总量1972万。②在京农民工的数量保守估计在350万。③另据《北京日报》，目前来京农民工为400万。④ 他们绝大部分是流动人口，处在不断迁移和变动中。这样大规模的人口在北京城和众多的乡间流动，对城市语言生活的影响是不言而喻的。很多城市土著搬离市区前往郊区，原来具有共同语言的言语社区变得支离破碎。进城务工人员进入市区，即使在最核心的老城区胡同里，我们也能见到口里说着带有浓重乡音的普通话的农民工身影。城市的语言生活变得多元和复杂，城市独有的语言符号特征不复鲜明。同时，城里人见多不怪，语言态度在发生转变：对各种各样方音普通话已经从最初的嘲笑、歧视、不满变得理解、宽容甚至接纳。

（二）乡村语言状况

在我国城市化的过程中，农民是城市化的主体。农村向来有固守乡音的传统，加之城乡教育存在巨大差距，我国城乡普通话的普及水平也存在很大差距。2000年调查时，农村人口中能用普通话与人交流的比例仅占45%，尤其是年龄大的农村人，普通话普及率更低。2010年，河北、江苏、广西会普通话的乡村人口比例分别提升到69.38%、63.13%和78.31%，乡村普通话普及增幅均高于城镇。从发展趋势看，乡村与城镇相比，普通话普及程度还存在一定的差距。但随着城市化进程的加快，教育普及、经济发展、人口流动尤其是农民工的回流，会给乡村的语言生活带来非常大的变化。区域通用语和普通话会越来越占主导地位，弱势的方言和民族语言的公共交际功能会削弱。农民工回流乡村后，带来的不仅是生活方式发生改变，而且伴随着生活方式的变化，乡村语言生活也会受到影响。即使不发生语言转换，受语言接触和语言态度的影响，地方方言和民族语也会发生变化。据一项调查表

① 见陈章太《关注中国语言生活》，电子杂志《中国语言生活》2010年第3期。

② 见《北京常住人口提前10年突破国务院所批复规模》，新华网 http：//news. xinhuanet. com，2010年7月22日。

③ 见孙立平《关于农民工问题的几点基本看法》，爱思想网 http：//www. aisixiang. com。

④ 见《400万农民工就业调查启动》，《北京日报》2011年4月22日第5版。

明，进城务工人员回家乡后改变了原来的方言称谓，更靠近城市的语言表达习惯。①

三、农民工的基本语言状况

农民工的语言一端连着乡村，一端又与城镇关联，在此基础上，农民工在语言心理和语言态度等方面又具有自身的特点，其语言状况直接影响城镇和乡村的语言生活。

（一）农民工语言状况调查

影响一个国家语言生活的因素有很多，其中最重要的因素是国家的语言政策的影响。长期以来，我国把推广普通话的重点放在城市，以城市辐射农村。经过 50 多年的普及，普通话作为国家通用语言在大中城市已经基本普及，而在乡村还处于初步普及阶段。2000 年全国语言文字使用情况调查结果显示，农村的普通话人口比例为 45.06%，城镇的普通话人口比例为 66.03%。② 在国家通用语言能力方面，城乡存在较大的距离。尽管十年后的调查显示，这种差距在缩小，但差距特别是普通话交际水平的差距依然存在。

农民工进城市务工，无论对城市市民还是对他们自身，原本的生活秩序都会受到冲击。但相比而言，进城务工人员心理和语言上受到的冲击更大。

农民走进城市首先面对的就是语言交流问题。外地口音成为进城务工人员寻找工作的障碍之一。对他们中的有些人来讲，尽快学会普通话成为非常重要的问题。进城农民与城市市民的近距离接触，使得长期以来城乡二元结构造成的农民在经济、文化、生活方面的心理劣势更为凸显。这种心理劣势也影响他们的语言态度。俗语说，“物离乡贵，人离乡贱”。这种“贱”当然也包括乡音。乡土乡音本是人们精神存在的依据，外来务工者到了陌生的城市，从生活方式到语言交流都会发生改变。首先要改变的是把沟通范围有限的家乡话改变为沟通范围更广的国家通用语言——普通话，或者改为所在城市的区域通用语言。在改变的过程中，内在和外在的冲突不可避免。为了适应新的工作和生活环境，和更多人交往，放弃可以说是与生俱来的家乡话，改操不熟练的普通话，其心理感受肯定是不平静的。正如李宇明先生所说：“离乡背井的进城务工人员，从农村语言生活急剧跳跃到城市语言生活，语言生活呈现‘断裂型’。”③

通用语言普及程度在城乡之间的距离，在大量农村务工人员进入城市后，表现得更加突出。一方面，城市大的语言环境，对不掌握通用语言或者还不能熟练使用通用语言的进城务工者而言是不利的，局限了其交际范围，增加了其心理焦虑感；另一方面，城市的很多工种对务工者有具备通用语言能力的要求，不具备通用语言交际能力的务工者，在就业方面也受到很大局限。进城务工人员虽然生活在城市里，但仍处于城市里的村民状态，和城里人处于截然分开的局面。虽然造成这种局面有很多原因，但是语言确是阻碍进城务工人员和城里人交流、沟通的很大障碍。很多进城务工人员坦言，他们不愿意开口说话，怕自己的方音和蹩

---

① 见李洁：《城市化农村亲属称谓的演变》，《汕头大学学报》2003 年第 2 期。

② 见《中国语言文字使用情况调查资料》，语文出版社，2006 年版。

③ 见李宇明：《关注中国城市化进程中的语言问题》，《中国语言生活状况报告（2009）》（上编），商务印书馆，2010 年版。

脚的普通话遭到城里人的歧视，虽然很多年轻的进城务工人员非常向往城市的生活，但是他们碰到了包括语言在内的很多束缚。进城务工人员在穿衣打扮上，可以很容易掩饰自己的外来者身份，但家乡的口音则是很难改变的。有些排斥外来务工人员的城里人很可以根据口音做出选择：接受或者排斥。

根据笔者2004年在北京市进行的一项农民工语言状况调查结果，在问及“找工作时雇主是否有必须会说普通话的要求”时，79.2%的被调查者回答在找工作时有“很多”和“有一些”雇主要求必须会说普通话，尤其是餐饮业，90%以上回答雇主要求必须会说普通话。①

这个调查还显示，进城务工人员进入城市后，有73.8%的人语言上不习惯，通过“社会交往”学会普通话的进城务工人员的比例高达61.6%，他们在经历了艰苦的自学后，90%以上的农民工具备了用普通话交际的能力。但同时，如同身份的模糊，农民工生活在乡村和城市边缘，他们的乡音也在城市里逐渐失去交际交流的功能，成为维系同乡间“老乡”情感的认同符号。选择留下还是离开，都是一个“艰难的决定”：留下，获得城市人身份的路还很漫长；离开，意味着放弃已经适应的城市生活方式。对第一代农民工来说，可能是改变口音，由家乡话变为普通话或者打工地语言的问题，但对他们的第二代来说，还会引起身份认同的问题，尤其是在城市长大的孩子：除了父母的打工者身份和没有城市户籍以外，他们和城里人的孩子没有区别。在城市里上学，从小学说普通话，不会用家乡话交流。在城市里他们是什么身份？回到乡村，他们又是什么角色呢？失去了家乡的语言标签，他们已经没有了识别自己家乡的凭证。如同一个新生代农民工所说：“我户籍还在村里，但村子位置我已经记不清了，村里人我认识的人少。我连说话口音都变了，阜阳方言我讲不好了。”②

（二）新生代农民工的归宿和语言保持问题

能够进城务工的农民往往是青壮年，作为社会生产和社会生活主力的缺失，使得作为社会最基层组织细胞的村庄越来越衰败，变得荒凉、颓败甚至消失。即使最古老的村落，也在以每月一座的速度消失。③ 逐渐失去活力与生机的村庄，成为进城务工者心头的长久牵挂和每年一度春节返乡时歇息身心的落脚点。即使选择回乡的农民工，其家乡话也已经悄然发生改变。④

近年来，农民工的回乡意愿逐步降低。据笔者2004年的调查，在京农民工选择安家北京的有16.5%，66%的进城务工人员选择老家作为将来的安家之地，另有17.5%的比例选择在其他地方。2006年国家统计局服务业调查中心进行的调查显示，有55.14%的农民工设想未来在城市发展、定居，有28.55%的农民工想赚钱或学到技术后回家乡生活。2009年江苏省进行的一次青少年农民工调查，15%的青少年农民工表示不愿意回到农村。2009南京师范大学《江苏省当代农村进城务工青年价值观研究——基于江苏省苏南、苏北新生代农民工群体的抽样调查》的调查结果显示，新生代农民工对于农民身份普遍没有认同感，只

---

① 见谢俊英：《在京务工人员语言状况调查与分析》，《语言规划的理论与实践》，语文出版社，2004年版。

② 见《无地农民工成城市新群体 移民化倾向引担忧》，http://www.sina.com.cn，2009年10月19日。

③ 见《古村落正在成为“摇钱树”》，《北京晚报》第11版，2011年1月15日。

④ 见李洁：《城市化农村亲属称谓的演变》，《汕头大学学报》2003年第2期。

有 8.7% 的人认为自己是农民身份，75% 的人认为自己属于工人群体。绝大多数新生代农民工已经把自我身份定位为产业工人，仅有较少一部分新生代农民工对“农民工”这一身份名词持认同态度。2010 年深圳的一项调查显示，新生代农民工的被调查者仅有 1% 表示今后愿意回乡务农。他们普遍认为，“农民”户籍让他们目前面临既难融入城市，又难回归农村的尴尬。① 2011 年，“据国家统计局监测分析，多半新生代农民工基本不愿意从事农业生产，接近一半人有在城市定居的打算，新生代农民工脱离农业生产并向城市流动已成一种趋势”②。在这种心境下，他们对祖上传下来的家乡话的态度又是怎么样的态度呢？

夏历 2006 年进行的进城务工人员语言状况调查显示，只有 50% 左右的进城务工人员明确表态要子女保持住家乡话，同时有 50% 左右的进城务工人员对子女保持住家乡话持“无所谓”或是“反对”的态度。③ 离开故土，乡音无存，这部分务工者的归宿存在着非常大的变数。

四、农民工语言状况的启示

（一）结合新的社会语言生活状况，需要对语言文字工作进行反思

农民进城务工这样的人口大流动带来的社会语言生活的变化，应该引起语言文字工作者思考，如语言文字工作与建设和谐社会总目标之间的关系，与建设社会主义文化体系的关系，与提高国民语文素质的关系，与语言本体研究工作的关系。过去语言文字工作的重点放在城市，以城市工作辐射农村，现在的工作重点是否需要调整，城市化进程对语言文字工作提出了哪些新要求，都需要认真厘清和仔细谋划。在新形势下，语言文字工作方式也面临挑战，需要改变。过去大刀阔斧式的文字改革工作早已经结束，从 20 世纪 80 年代转移工作重心以来也取得了非常大的成绩，但这种转变远未结束，语言文字工作还需要强调精细化。精细化包括调查研究工作更加细致而不是粗放型的座谈会或者运动式的大检查。如，在建设服务型政府目标下，如何通过语言服务解决农民工的语言困难，能否借鉴奥运语言服务的经验通过语言服务志愿者的方式帮助语言交流障碍者，能否学习其他国家的做法建立语言服务专家团队利用网络为社会提供语言咨询服务，等等。

（二）农村语言教育问题

中长期教育事业改革和发展规划把农村教育作为重点之一，农村的语言教育问题应该是其中的内容。现在农村的语言教育比较关注外语和普通话的教育，忽略语言资源和语言文化意识的培养，缺乏对方言的文化意义和情感认同意义的认识。对国家通用语言教育的重视程度也还需提高，尤其需要强调在初中阶段完成国家通用语言能力的培养。运用国家通用语言与人沟通的能力应该纳入到对农民工的技能培训内容中，而且需要制度化和常规化。当然，不同地区的通用语言培训工作要结合实际情况具体实施，不能一刀切，更不能运动式地“大拨哄”。

---

① 见《调查称仅 1% 农民工愿意回乡务农》，http：//www.sina.com.cn，2010 年 07 月 19 日。

② 见《新生代农民工融入城市面临落户难》，http：//news.sina.com.cn/c/2011－03－23/102822165831.shtml。

③ 见夏历：《在京农民工语言状况研究》，中国传媒大学博士论文。

（三）农民工语言变迁值得关注

农民工的语言，如同其身份牵涉农民和工人，其语言状况的影响也牵涉着城市和乡村。作为城市没有明确身份的一分子，他们的语言状况也构成了城市语言状况的一部分。作为经常性和潜在性回流乡村的一分子，他们的语言状况也会对根深蒂固的乡村语言产生影响。因此对农民工的语言调查很有现实意义和学术价值。现在的有关调查，不成规模，不能形成有影响力的成果。而且现有的语言调查结合社会学、人口学和统计学等的成果不多，为政策提供参考的价值存在局限，因此建议进行具有统计意义的农民工语言状况调查。

（四）建设以县（市）级为单位的全国语言普查和数字化方言和语言资源库

人口的流动，使双语双方言的人口增多。双语或双方言人以及多语人的语言相互影响的结果是，通用语言越来越常用，区域通用语受国家通用语言影响逐渐扩大，而小方言会像消失的村庄一样逐渐消失。国家“十二五”发展规划把发展中小城市和城镇作为我国城市化的重点。可以预见，今后五年全国小城镇会加速发展，小城镇会发展成为城乡一体化网络的“链接”或者说结合部，全国的城乡语言生活会面临空前巨变。因此加快以县（市）级为单位的全国语言普查和数字化方言和语言资源库的建设是当务之急。

（五）加紧城市方言的调查研究

农民工“新市民”的加入，会使对某一城市的语言本体研究变得越来越困难。可以想见的是，带有各地口音的通用语言会越来越普及，而“纯正”的城市方言存在的空间越来越小。因此必须加紧对城市方言的本体调查的工作，建设城市方言音档数据库。

参考文献：

[1] 陈章太：《关注中国语言生活》，《中国语言生活》2010 年第 3 期。

[2] 莫红霞：《城市化进程中农民工语言接触与语言认同研究——以杭州市农民工为调查样本》，《文教研究》2010 年第 14 期。

[3] 李洁：《城市化农村亲属称谓的演变》，《汕头大学学报》2003 年第 2 期。

[4] 李宇明：《关注中国城市化进程中的语言问题（代序）》，《中国语言生活状况报告（2009）》（上编），商务印书馆，2010 年版。

[5] 林斐：《中国农民大分流》，黄山书社，2008 年版。

[6] 孙立平：《关于农民工问题的几点基本看法》，爱思考网——孙立平专栏。

[7] 夏历、谢俊英：《农民工语言状况》，《中国语言生活状况报告》（2006），商务印书馆，2007 年版。

[8] 谢俊英：《在京务工人员语言状况调查与分析》，《语言规划的理论与实践》，语文出版社，2004 年版。中国语言文字使用情况调查领导小组办公室：《中国语言文字应用情况调查资料》，语文出版社，2006 年版。

河北省普通话普及情况的调查分析*

普通话普及情况调查项目组

孙曼均

一、河北省人口状况及语言状况

河北省地处华北平原北部，兼跨内蒙古高原。全省中环首都北京和北方重要商埠天津市，北与辽宁、内蒙古为邻，西靠山西，南与河南、山东接壤，东临渤海，是东北地区与关内各省区联系的通道，也是西北地区通往北方海上门户天津港的必经之路。河北省幅员辽阔，总面积19万平方公里，在全国各省、市、自治区居第14位，现辖11个省辖设区市、23个县级市、115个县（含6个少数民族自治县）、35个市辖区、910个镇。

2009年河北省总人口近7000万，其中，男性人口为3438万，女性人口3406万；15岁到64岁人口5077万，占比74.18%，14岁以下人口为1208万，65岁及以上人口为559万。全省人口中九年义务教育完成率达93.8%，全省具有小学程度的人口数量为1920万，初中程度人口2955万，高中程度人口769万，大学程度人口302万。与第五次人口普查相比，出生人口性别比、人口老龄化水平、大学高中初中受教育程度人口均有所上升，小学受教育程度人口有所下降。

河北省除汉族外，还有满、回、蒙、朝鲜、壮、苗、土家等55个少数民族。全省汉族人口6546万人，各少数民族人口298万人，约占总人口的4.01%；其中，满族人口最多，其次为回族、蒙古族和朝鲜族。除几个世居少数民族相对聚居，其他少数民族人口多散居在

---

* 河北省普通话普及情况调查得到了河北省语委的大力支持和协助，在此谨致谢忱！普通话普及情况调查领导小组组长李卫红，项目组组长姚喜双，副组长魏晖，行政协调刘朋建，业务协调谢俊英，项目组成员苏金智、孙曼均、郭龙生、肖航、戴红亮、宗欢记、张淑敏、赵晓群、张跃，项目学术顾问佟乐泉，抽样统计顾问冯士雍。孙曼均，教育部语言文字应用研究所副研究员，主要从事社会语言学和应用语言学研究。

城乡各地。

河北省属于北方方言区，除满族、回族已全部转用汉语，其他 53 个民族都有自己的语言。

二、河北省调查数据分析

为落实《国家中长期教育改革和发展规划纲要》，制定《国家中长期语言文字事业改革和发展规划纲要》，进一步摸清我国普通话普及的情况，了解普通话在我国语言生活中的实际状况，经国家语委批准，普通话普及情况调查项目于 2010 年 8 月开始立项调查。普通话普及情况调查项目组根据调查的要求和目的，确定河北省的调查任务为：入户调查 810 户，调查人数 2334 人，涉及 4 个市、6 个县，基本涵盖全省范围。本文介绍河北省此次调查的基本情况，对河北省入户调查问卷的相关数据进行统计分析，在此基础上考察河北省普通话普及情况，并与 1998—2004 年进行的“中国语言文字使用情况调查”（调查项目持续时间较长，但大多数省、自治区和直辖市完成实地调查的时间是在 2000 年前后，所以下文一律用 2000 年来指这次调查的时间）河北省相关数据相比对，分析总结现阶段普通话使用的基本状况以及十年来普通话普及的大致趋势。关于调查设计、抽样方法将另文说明，此处不再赘述。

（一）普通话作为母语的情况

表 1 小时候最先会说普通话、汉语方言和少数民族语言的比例（%）

时间	普通话	汉语方言	少数民族语言
2000	18.00	84.03	0.10
2010	18.55	84.79	0.02

调查数据显示，18.55% 的人小时候最先会说的是普通话，84.79% 的人小时候最先会说的是汉语方言，0.02% 的人小时候最先会说的是少数民族语言。与 2000 年的数据相比，小时候最先会说普通话和汉语方言的比例均略有上升，小时候最先会说少数民族语言的比例略有下降，但上升和下降的幅度都不明显，方言仍然具有绝对优势。

1. 城乡分布情况

不同居住地的数据显示，从小最先会说普通话的比例，城镇为 27.70%，乡村为 14.54%；城镇高于乡村 13 个百分点。从小最先会说汉语方言的比例，城镇为 75.18%，乡村为 89%。与 2000 年的数据相比，从小最先会说普通话的比例，城镇下降近 1 个百分点，乡村上升明显，增幅约 7 个百分点；从小最先会说汉语方言的比例，城镇上升近 1 个百分点，乡村下降近 5 个百分点。

2. 年龄分布情况

与 2000 年中国语言文字使用情况调查相一致，此次调查将 15—69 周岁的人群分为 15—29、30—44、45—59 和 60—69 四个年龄段。不同年龄段的数据显示，各年龄段从小最先会说普通话的比例均低于 24%，从小最先会说方言的比例均高于 80%。表明年龄越低，从小最先会说普通话的比例越高，从小最先会说方言的比例越低；年龄越高，从小最先会说普通话的比例越低，从小最先会说方言的比例越高。与2000年的数据相比，15—20岁年龄段从小最先会说普通话的比例下降2个百分点，从小最先会说汉语方言的比例上升4个百分点；其他年龄段变化不明显。

（二）普通话能力情况

表2　能用普通话、汉语方言和少数民族语言与人交谈的比例（%）

时间	普通话	汉语方言	少数民族语言
2000	52.58	81.81	0.79
2010	73.30	86.31	0.03

调查数据显示，73.30%的人能用普通话与人交谈，86.31%的人能用汉语方言与人交谈，0.03%的人能用少数民族语言与人交谈。与2000年的数据相比，能用普通话与人交谈的比例显著上升，增幅近21个百分点，能用汉语方言与人交谈的比例增加5个百分点，能用少数民族语言与人交谈的比例略有下降。数据表明，十年来推广和普及普通话成效显著，普通话的普及程度有了很大的提高，能用普通话进行交际的人数大大增加，大多数人已经具备普通话能力。同时，能用汉语方言进行交际的人数也有所增加，大多数人既能说普通话，也能说汉语方言，人们的双语能力有所提高。

1. 城乡分布情况

不同居住地的数据显示，能用普通话与人交谈的比例，城镇为82.24%，乡村为69.38%；城镇高于乡村近13个百分点。能用汉语方言与人交谈的比例，城镇为75.1%，乡村为91.22%，乡村高于城镇16个百分点。与2000年的数据相比，能用普通话与人交谈的比例城乡均增幅明显，乡村增幅达31%；能用汉语方言与人交谈的比例城镇有所上升，增幅为5%；乡村略有下降，降幅约2%。表明十年来普通话普及速度加快，范围扩大，尤其是农村推普进展迅速，农村人群普通话能力有了很大的提高，多数农村人群、绝大多数城镇人群都具有普通话能力；城镇人群使用汉语方言的能力也有所提高，汉语方言在乡村仍具明显优势。

2. 性别分布情况

不同性别的数据显示，男性能用普通话和汉语方言与人交谈的比例均略高于女性。普通话的使用不仅在一定程度上体现出接受文化教育的情况，也体现出人际交往、人员流动以及接受各种信息的情况，男性在这方面占有一定优势。这一数据也间接表明男性使用双语的比例略高于女性。与2000年的数据相比，无论男女，能用普通话与人交谈的比例都有明显上升，增幅均达20%；能用汉语方言与人交谈的比例也有所上升。

3. 年龄分布情况

不同年龄段的数据显示，会说普通话的比例随年龄下降而递增，59岁以下能用普通话与人交谈的比例超过60%，其中15—29岁的为90%；60岁以上者则不足50%。各年龄段之间差异较大，其中30—44岁与45—59岁两个年龄段之间差异最大，相差16个百分点。会说汉语方言的比例各年龄段均在80%以上，虽然随年龄下降而递减，但其间差异不大；即使差异最大的30—44岁与45—59岁年龄段，也仅相差6个百分点。这种分布趋势与我国推普时间表相一致，普通话能力随年龄下降而递增，随年龄增高而递减，表明随着时间的推移，普通话逐步普及，人们对普通话逐渐认可；同时，大多数人具有方言能力，双语能力随年龄下降而提高。与2000年的数据相比，各年龄段能用普通话与人交谈的比例均明显上升，其中30—44岁年龄段增幅最大，达27%；各年龄段能用汉语方言与人交谈的比例也有所上升，其中15—29岁年龄段增幅最大，近9%。

4. 职业分布情况

不同职业的数据显示，能用普通话与人交谈的比例，教师和学生较高，均高于96%，其中教师的比例最高；公务员、党群组织负责人及其他专业技术人员次之，均超过90%；生产和商业行业人员、办事人员及管理行业人员接近或超过80%；农林牧渔水利业生产人员及不在业人员的比例较低，在50%—60%之间。能用汉语方言与人交谈的比例各职业人群均在70%以上，行业之间差异不是很大。数据表明，普通话在教育领域得到了最好的普及，教学领域人们的普通话能力最高；政府部门、科技文化领域和窗口行业的普通话水平较高，农林牧渔水利等行业的普通话水平则相对较低。与2000年的数据相比，能用普通话与人交谈的比例各职业人群均增幅明显，其中农林牧渔水利业生产人员、生产运输设备操作人员等增幅为34%，表明人员流动频繁、人际交往扩大等社会因素与人们普通话能力的相关性。能用汉语方言与人交谈的比例，除企事业单位负责人及农林牧渔水利业生产人员外，其他职业人群均有所上升；方言使用比例与普通话使用比例未呈现明显的正负相关，间接表明人们的汉语方言能力并未受到普通话能力的明显影响。

5. 受教育程度分布情况

不同受教育程度的数据显示，会说普通话的比例随着受教育程度的提高而明显递增，小学以下人群为23%，小学人群为35%，初中人群为68%，高中（包括中专）人群为87%，大专及以上人群达97%；不同受教育人群差异较大，其中初中以下与初中及以上人群差异显著，相差33个百分点。会说汉语方言的比例，初中及以下人群随受教育程度的提高而递增，初中以上则随受教育程度的提高而递减，但不同受教育人群均在70%以上。说明人们的语言能力与受教育程度有着密切的关系，尤其是普通话能力更是与受教育程度密切相关。与2000年的数据相比，不同受教育人群能用普通话与人交谈的比例均有明显提高，其中初中人群增幅最大，为21%；小学和高中人群次之，分别为18%和17%。能用汉语方言与人交谈的比例，小学及以下人群略有下降，初中及以上人群有明显上升。这一方面表明我国教育领域，尤其是基础教育领域推普工作取得的巨大成绩；另一方面也表明人们的普通话能力并未对其方言能力造成明显影响。

（三）普通话在不同场合的使用情况

本次调查将普通话使用场合从非正式、较正式到正式，依次分为家庭、本地集贸市场、本地医院、本地政府部门、单位等五种不同的交际场合。

表3 不同交际场合最常说普通话的比例（%）

时间	在家里与家人交谈	到集贸市场买东西	到医院看病	到政府机关办事	在单位谈工作
2000	27.66	31.22	35.54	38.16	51.97
2010	24.48	43.81	56.50	65.53	60.03

表4 不同交际场合最常说汉语方言的比例（%）

时间	在家里与家人交谈	到集贸市场买东西	到医院看病	到政府机关办事	在单位谈工作
2000	75. 82	72. 36	68. 54	65. 99	54. 29
2010	75. 39	56. 09	43. 50	34. 47	39. 97

调查数据显示，使用普通话的比例依使用场合的正式程度而递增，在非正式场合使用普通话的比例较低，如在家中经常说普通话的人数比例最低，不足25%。从集贸市场到医院再到政府部门，普通话使用频率逐渐增加，如到医院看病、到政府部门办事以及在单位谈工作，使用普通话的比例均在55%—66%之间；其中到政府部门办事使用普通话的比例最高，达65. 53%；但在单位谈工作使用普通话的比例低于政府部门，这可能与单位相对封闭且多为熟人有关。使用汉语方言的比例则依使用场合的正式程度而递减，在家庭这样的非正式场合使用汉语方言的比例最高，达75. 39%；在医院、政府机关及单位这样的公共场合或比较正式的场合，使用汉语方言的比例较低，分别为43. 50%、34. 47%和39. 97%。数据表明，普通话的使用与语言环境有着密切的关系，人们使用普通话的比例与使用场合的正式程度呈正相关。

与2000年的数据相比，说普通话的比例在家里有所下降，其他场合均有所上升；其中，到医院看病和到政府部门办事分别增加了21%和27%。说汉语方言的比例除在家里无明显变化外，其他场合均有所下降；其中，到医院看病和到政府部门办事分别减少了25%和31%。说明十年来多数人已经逐渐认同普通话是工作用语和公共场合的交际用语，说普通话的习惯已经初步养成。语言环境对个人语言习惯和语言态度有较深刻的影响，在公共场合或比较正式的场合，多数人能够自觉主动地使用普通话。方言仍然是人们日常生活的主要用语，在非正式场合或私人空间，使用方言的比例仍然高于使用普通话的比例，方言和普通话在功能上逐渐有所分工，各自在不同的空间发挥作用。

1. 城乡分布情况

不同居住地的数据显示，在家最常说普通话的比例，城镇为44%，乡村为16%；在家最常说汉语方言的比例，城镇为56%，乡村为84%。与2000年的数据相比，在家最常说普通话的比例，城镇有所下降，乡村有所上升；在家最常说汉语方言的比例，城乡均有所下降，但与普通话相比，方言仍优势明显。

2. 性别分布情况

不同性别的数据显示，男性与女性在家最常说普通话和汉语方言的比例无明显差异。与2000年的数据相比，无论男女，在家最常说普通话的比例均有所上升，最常说汉语方言的比例均有所下降。

3. 年龄分布情况

不同年龄段的数据显示，在家说普通话的比例随年龄降低而递增，但各年龄段均不足30%；其中，15—29岁和30—44岁两个年龄段比例接近，在28%—29%之间；45—59岁与60—69岁两个年龄段在12%—20%之间。在家说汉语方言的比例则随年龄增高而递增，各年龄段均高于70%；其中，15—29岁和30—44岁两个年龄段比例接近，在70%—72%之间；45—59岁与60—69岁两个年龄段在80%—88%之间。与2000年的数据相比，在家说普通话的比例各年龄段均有所下降，在家说汉语方言的比例除 30—44 岁年龄段外，其他年龄段均略有上升。表明在家庭环境中，方言不但仍具优势，而且还有增强的趋势。

4. 职业分布情况

不同职业的数据显示，在家说普通话的比例，各职业人群的比例总体偏低，均不足 55%，且差异不是很大；其中，教师以外的其他专业技术人员和公务员较高，均略高于 50%；企事业单位负责人、教师和学生次之；农林牧渔水利业生产人员最低，不足 13%。在家说汉语方言的比例，各职业人群均高于 45%；其中，农林牧渔水利业生产人员最高，约 87%；教师以外的其他专业技术人员和公务员最低，分别为 46% 和 49%。与 2000 年的数据相比，在家说普通话的比例，除教师以外的其他专业技术人员及农林牧渔水利业生产人员外，其他职业人群均有不同程度的下降，其中教师降幅最大，近 13%；在家说方言的比例，教师、其他专业技术人员、公务员、企事业单位负责人、办事人员及农林牧渔水利业生产人员均有不同程度的下降，党群组织负责人、商业服务业人员、生产运输设备操作人员及学生等则有不同程度的上升。

5. 受教育程度分布情况

不同受教育程度的数据显示，在家说普通话的比例随受教育程度的降低而相应下降，小学及以下和初中人群与高中、大专及以上人群差异较为明显，前者在 10%—13% 之间，后者则分别为 31% 和 51%。在家说汉语方言的比例随受教育程度的降低而相应增高，初中及以下人群均高于 85%，高中人群为 69%，大专及以上人群为 49%。表明即使在家庭这样的非正式场合，普通话的使用仍然与受教育程度密切相关。与 2000 年的数据相比，在家说普通话的比例除小学人群外，其他受教育程度人群均有所下降，大专及以上人群下降近 9 个百分点；不同受教育人群在家说汉语方言的比例略有上升或无明显变化。

（四）普通话程度情况

本次调查将普通话程度分为能流利准确地使用、能熟练使用但有些音不准、能熟练使用但口音较重、基本能交谈但不太熟练、能听懂但不太会说、听懂一些但不会说、听不懂也不会说等七种情况。其中，1—4 项为会使用普通话的情况，5—7 项为不会使用普通话的情况；在会使用普通话的情况中，1—2 项为普通话水平较高，3—4 项为普通话水平较低。在调查中，除了让调查对象对其普通话程度进行自我评价，还请调查员对调查对象的普通话程度进行评价，以与调查对象的主观评价相互印证。

1. 普通话程度的主客观评价

表 5 是调查对象对其普通话程度的自我评价和调查员对调查对象普通话程度的大致评价。

表 5　普通话程度主客观评价的比例（%）

对普通话程度的评价	能流利准确地使用	能熟练使用但有些音不准	能熟练使用但口音较重	基本能交谈但不太熟练	能听懂但不太会说	听懂一些但不会说	听不懂也不会说
主观评价	23.98	31.86	14.75	15.20	12.04	2.18	0.00
调查员评价	19.37	34.08	18.37	16.43	9.24	2.51	0.00

数据显示，所有调查对象都认为自己能够听懂普通话，听不懂也不会说的比例为0；约70%的人认为自己能够熟练使用普通话，但能够流利准确地使用普通话的人数比例只有24%；30%的人带有较重口音或不能熟练使用普通话，约14%的人不太会说和不会说普通话。调查员的评价与调查对象的主观评价有一些差距，在能流利准确地使用普通话这一项上差距最大，调查员的评价比调查对象的主观评价低4个百分点。

2. 普通话程度对比情况

表6是能用普通话与人交谈的人群普通话程度的比例。

表6　能用普通话与人交谈的人群普通话程度的比例（%）

时间	能流利准确地使用	能熟练使用但有些音不准	能熟练使用但口音较重	基本能交谈但不太熟练
2000	32.42	36.53	13.00	18.05
2010	27.95	37.14	17.19	17.72

数据显示，在会说普通话的人群中，65%的人普通话水平较高，其中能流利准确地使用普通话的比例为28%；35%的人普通话水平较低，或带有较重口音或不能熟练使用普通话。与2000年的数据相比，能流利准确地使用普通话的比例下降近5个百分点，能熟练使用但有些音不准的比例上升不到1个百分点，能熟练使用但口音较重的比例上升4个百分点，基本能交谈但不太熟练的比例下降不到0.5个百分点。表明与十年前相比，虽然普通话普及范围扩大，但普及程度并不高；在会说普通话的人群中，普通话水平较高的人数比例略有下降，普通话水平较低的人数比例略有上升；约1/3的人因口音较重或不太熟练而影响交际，其普通话程度有待提高。

（五）普通话学习情况

本次调查将普通话学习情况分为学习普通话的最主要途径、学习普通话遇到的最主要问题、学习普通话的动机、对学习普通话的期望值以及对本地中小学教学语言的态度等五个方面。

1. 学习普通话的最主要途径

调查显示，约55%的人通过学校学习普通话，约25%的人通过看电视、听广播学习普通话，约14%的人通过社会交往学习普通话。数据表明，学校仍然是人们学习普通话的最主要途径，是普及和推广普通话的主要阵地，学校的推普工作收效显著；广播、电视等现代传媒是向社会，特别是向广大农村和少数民族地区普及和推广普通话的重要途径；随着人员流动的频繁与社会交往的增多，社会交往已经成为人们学习普通话的主要途径之一。与2000年的数据相比，通过学校和社会交往学习普通话的比例有所下降，通过培训班、看电视听广播学习普通话以及受家庭影响的比例均有不同程度的提高，其中看电视听广播的比例增幅明显，增加近11个百分点。这一方面显示出广播电视对于普及普通话的巨大作用；另一方面表明学习普通话的途径呈现出多样化的趋势，人们通过多种途径主动学习普通话，学习普通话的自觉性有所增强。

2. 学习普通话遇到的最主要问题

调查发现，对于学习普通话遇到的最主要问题，约54%的人是受方言影响，约41%的人因周围人不说而没有说普通话的机会。说明方言口音的影响是普通话水平难以提高的主要因素，语言观念和语言环境是影响人们使用普通话的重要因素。与2000年的数据相比，受汉语方言影响的比例上升了8个百分点，说普通话的机会少和说普通话怕别人笑话的比例均有所下降。表明十年来人们的语言观念逐步转变，对普通话的认同感逐步增强。

3. 学习普通话的动机

调查发现，对于为什么要学习普通话，约48%的人是为了与人交往，约41%的人是工作业务的需要。与2000年的数据相比，工作业务需要、学习要求和个人兴趣的比例均有所下降；其中，工作业务需要由第一位降至第二位，学习要求的比例下降近13个百分点，个人兴趣的比例下降3个百分点；为了同更多人交往的比例则由第二位升至第一位，增加约17个百分点。表明与十年前相比，我国社会人际交往扩大，人员流动频繁，人们对普通话的需求不断增大，已经普遍认同普通话是全国人民交流的重要工具，更多的人学习普通话是为了人际交流的需要，学习普通话的主动性有所增强。

4. 学习普通话的期望值

调查发现，对于希望自己的普通话达到什么程度，约50%的人希望能流利准确地使用，约23%的人希望能熟练使用，约24%的人希望能进行一般交际。与2000年的数据相比，对学习普通话没有要求的比例明显下降，减少近23个百分点；其他各项比例均有所上升，其中希望流利准确使用的比例增幅明显，增加近15个百分点。这一方面表明，与十年前相比，普通话的地位有了较大的提高，人们对普通话的认同感和学习的自觉意识增强，对学习普通话有着较高的期望值；另一方面也说明，人们实际的普通话水平与其期望值之间存在一定的差距。

5. 对中小学教学语言的态度

调查显示，有99%的人选择普通话作为中小学的教学语言，只有1%左右的人选择了汉语方言和外语，其中选择外语的比例略高于汉语方言；选择外语作为教学语言的比例，中学略高于小学；选择汉语方言作为教学语言的比例，小学略高于中学。与2000年的数据相比，希望以普通话作为中小学教学语言的比例继续上升，近100%；选择汉语方言、少数民族语言或外语的比例均有所下降。表明人们普遍认同普通话是我国的教学用语，普通话在教学领域的法定地位已经得到人们的普遍承认与尊重。

三、普通话普及的基本情况及相关建议

这次普通话普及情况调查反映了十年来普通话在河北省及城乡以及不同性别、年龄、职业、受教育程度等人群中的分布情况。通过对河北省普通话普及情况调查数据的统计与分析，我们可以了解并掌握河北省乃至全国普通话使用的基本状况和普通话普及的大致趋势，进而总结取得的成绩，分析存在的问题，并据此对今后的推普工作提出相关对策，为语言文字政策制定部门和语言文字研究机构提供客观的依据和参考，为今后的普通话调查积累宝贵的经验。

（一）普通话普及速度加快，接近基本普及

十年来河北省普通话普及成绩显著：18.55%的人具有普通话背景，73.3%的人会说普

通话，其中城镇 82.24%，乡村 69.38%；无论城乡，能够用普通话交流的人群比例均已超过 65%，普通话在河北省的城镇已经基本普及，在乡村已经接近基本普及。普通话在各领域的使用有了明显的进步，在语言生活中居于主导地位，发挥重要作用，并具有较高的认同和声望；普通话正在成为公共场合的基本交际语言，大多数人已经形成说普通话的习惯，能够在公共场合或正式场合自觉使用普通话；普通话作为教学语言地位的巩固，作为工作语言，正在形成人们的共识。

调查结果充分说明，40 多年尤其是近十年来，我国推普工作取得了巨大成绩。2001 年《中华人民共和国国家通用语言文字法》的颁布与实施，对推普工作提出更高要求，普通话推行力度加大，普及范围扩大，普及速度加快。1995 年 9 月《中华人民共和国教育法》的实施，确定了普通话作为教学语言的地位，学校成为推普的主要阵地，教育领域推普成效显著。1998 年“广播电视村村通工程”的实施，全面加强了农村广播电视无线覆盖，解决了广大农民群众听广播、看电视难的问题，极大地扩大了普通话对我国社会尤其是广大农村和偏远地区的影响，作用巨大，效果良好。随着我国城市化进入加速提高阶段，大量农村人口向城镇转移，人员流动频繁，人际交往扩大，人们对普通话的需求大大提高，学习普通话的自觉意识日益增强，促使普通话以前所未有的速度迅速普及。随着我国社会经济文化的迅速发展，普通话的重要性已经日益凸显，学习普通话已经成为社会经济文化发展的必需，广大人民群众对普通话有着较高的认同感和较强烈的学习愿望。因此，在工业化、现代化、信息化的进程中，要善于利用市场经济活动发展的有力契机，从我国社会的实际情况和发展需要出发，以更强的使命感、更高的要求和更大的力度积极推广和大力普及普通话。

（二）双语格局形成，普通话与方言和谐共存

调查显示，会说普通话的人数比例为 73.3%，会说汉语方言的人数比例为 86.31%，均比 2000 年有不同程度的提高，各年龄段会说方言的人数比例均超过 85%。虽然在公共场合或正式场合说方言的比例明显下降，但在非正式场合使用方言的比例仍高于使用普通话的比例，甚至还有增强趋势。这些数据说明，河北省同时掌握普通话和汉语方言的人数正在不断增多，人们的语言能力有所提高，普遍具备双语能力，河北正逐渐过渡到普遍性双语双方言阶段，语言使用呈现出“双语化”的趋势。普通话的迅速普及并未导致汉语方言的消失或衰亡，汉语方言仍然具有较大的空间和较强的势力，在一些非正式场合方言的优势还有增强的趋势。普通话与方言在功能上逐渐分化，普通话是公共场合和正式场合的基本交际语言，是教学语言和主要的工作语言；方言是人们日常生活的主要用语，是特定范围内人们的交际用语和工作用语；普通话和方言各有其适用范围，在不同的空间发挥着作用，满足着不同层面的需求。今后语言政策的制定要充分考虑到当前这种以普通话为主体、双（多）语双（多）方言渐成主流的社会语言生活状况，在积极推广和普及普通话的同时，注意保护方言的话语权，满足并体现现代社会人们的语言权利，使普通话与方言在不同的空间和谐共存，共同发展。这是新的时代面临的重要问题，需要认真思考并加以研究。

（三）学习途径多样化，主动性与自觉性日益增强

调查显示，近 54% 的人通过学校学习普通话，约 24% 的人通过看电视、听广播学习普通话，近 14% 的人通过社会交往学习普通话，学校仍然是普及和推广普通话最主要的阵地，广播电视逐渐显示出其面向社会大众，尤其是面向农村和少数民族地区的不可替代的巨大优势，学习普通话的途径呈现出多样化的趋势；近48%的人学习普通话是为了与人交往，近40%的人是工作业务的需要，人们学习普通话的主动性与自觉性日益增强；期望“能流利准确地使用”和“能熟练使用”普通话的人数比例为72.38%，比2000年的52.31%有明显提高，人们对普通话的认同感增强，学习期望值增大。这一形势为今后普通话的普及和学习奠定了良好的基础，同时也对推普工作提出了更高的要求。为了更好地适应国家的发展，满足社会的需求，今后的推普工作应有新思路，推普途径也应灵活多样，这是推普工作需着力研究与加强的重要方面。

（四）改变推普重点，着力提高普通话水平

调查数据显示，普通话水平较高的人数比例略有下降，普通话水平较低的人数比例略有上升，“能流利准确地使用”和“能熟练使用但有些音不准”两项占比为65.09%，比2000年的68.95%下降约3个百分点，与人们期望达到同等程度的比例72.38%尚有距离，约1/3的人因口音较重或不太熟练而影响交际。调查数据还显示，在非正式场合使用普通话的比例较低，有的场合使用普通话的比例还有所下降，即使在比较正式的场合，使用普通话的比例也在65%以下；近半数的人说不好普通话是受汉语方言的影响，比2000年有所上升，有39%的人是周围的人都不说而没有说普通话的机会，比2000年有所下降，普通话使用率偏低与方言影响及语言观念和语言环境的影响密切相关。虽然人们普遍能够听懂普通话，使用普通话的人数显著增加，人们的普通话能力明显提高，普通话普及范围扩大；但是，普通话的普及程度并不高，多数人的普通话水平仍有待提高。虽然人们对普通话的认同感有所增强，语言观念有所转变，使用普通话的环境有所改善；但是，人们的普通话意识仍然比较薄弱，说普通话的社会习惯尚未形成主流，方言口音的影响仍是人们普通话水平难以提高的主要因素，语言观念和语言环境的影响则是制约人们使用普通话的重要因素。由于北方方言与普通话比较接近，人们在感觉上容易出现偏差，往往自我评价偏高，自认为自己说的方言就是普通话。而河北省是内陆省份，改革开放30多年来，全省经济、文化、科技等各个方面发生了天翻地覆的变化，但由于此前长期生产力低下，经济文化相对落后，一些人的语言观念和语言意识相对滞后，语言环境相对封闭，这些主客观因素都成为影响人们普通话水平提高和普通话使用的重要因素。因此，加强推普的针对性与科学性，继续加强基础教育阶段的普通话教育，加大普通话社会培训的力度，进一步改变人们的语言观念和语言意识，努力营造使用普通话的良好环境，大力提高人们的普通话水平，应成为今后推普的工作重点。

（五）加大农村推普力度，早日实现普通话基本普及

调查显示，十年来通过城市辐射农村、“广播电视村村通工程”以及农村人口向城市流动，农村推普进展迅速，农村人群的普通话使用能力有了显著提高，使用普通话的比例达到69.38%，相比2000年增幅达31.37%，从小最先会说普通话的比例为14.54%，相比2000年的7.43%增幅明显，农村的普通话普及水平提高幅度大于城市，城乡差距有所缩小；但是，在普通话的能力与使用上，城乡差别依然显著，农林牧渔行业人员的普通话水平仍相对较低，农村推普工作仍显薄弱，推普任务依然十分繁重。这也提醒我们，推普工作的重心应向广大的农村地区倾斜。加大农村推普力度，探索农村推普的有效途径，切实提高农村人群的普通话能力和水平，应成为今后推普的重要任务。

参考文献：

[1] 中国语言文字使用情况调查领导小组办公室：《中国语言文字使用情况调查资料》[C]，语文出版社 2006 年版。

“别解”造词理据及规范问题分析*

刘楚群

（江西师范大学文学院）

汉语的造词方法有很多，任学良（1981）指出：“汉族人民极其巧妙地运用汉语各种因素及其各个组成部分的手段和方法创造新词，形成了完整的造词法体系。这个体系包括五大方法：词法学造词法、句法学造词法、修辞学造词法、语音学造词法、综合式造词法。”[1] 别解造词属于修辞学造词法，即运用“别解”这一修辞手法创造新词语。别解造词是伴随着网络语言的流行而出现的，近年来造词数量很多并有泛滥的趋势。本文试图探究别解造词的构造理据，同时讨论新词语的规范问题。

一、关于别解

（一）作为修辞格的别解

别解作为语言运用的手段在古代灯谜中早就出现，但直到20世纪90年代学界才把它作为一种修辞格来研究。较早进行研究的是谭永祥先生，他认为，别解就是运用词汇、语法或修辞等手段，临时赋予一个词语以原来不曾有的新义的辞格。别解出来的词义往往与传统意义不符，能收到比较特殊的表达效果，但其词义是临时的、不确定的，其效果只在特定的语境中才生效。如：

（1）朋友们背后曾说她这样漂亮而无儿女，真是个“绝代佳人”。（钱钟书《猫》）

（2）“在北大荒一走就是十八里呢，你走过吗?”我想起通往咱们北大荒新开荒地边的那条尘土飞扬的土道。“当然走过！那是‘水泥马路’。一下雨，连泥带水，能把你的长筒雨靴都粘下来！”（肖复兴《达紫香》）

---

* 本文是江西省社会科学“十二五”（2011）规划项目“新词语构造理据的多视角研究”和江西省2011年度高校人文社会科学研究项目“语言生态视野下的当代汉语新词语研究”（项目编号 YY1104）的研究成果。

很明显，上述例句中的"绝代佳人"、"水泥马路"的特殊含义都只有在这种特定的语境中才能出现，或者说其别解的意义在语境中已有告知，离开了这种语境，这两个词语的特殊含义也就不存在了，这就是作为修辞格的别解。

（二）作为造词法的别解

作为修辞格的别解对语境的依赖性比较强，别解的词义复现率不高，换句话说就是某个词的特殊意义使用还不常见，还没有词汇化，不能认定为一种造词方式。然而，在语言的使用过程中，临时性的修辞现象也可以转换成凝固的词汇现象，诚如周洪波（1994）所说："修辞现象与词汇现象密切相关，在一定条件下，修辞现象中以辞格构成的词语能够逐渐脱离语境的制约，转化为词汇现象，成为新词语产生的一种重要途径。如，'国格'最初出现时只是临时的修辞现象，由'人格'仿拟而来的，后来逐渐取得了新词语的地位，并作为一种词汇现象进入了《现代汉语词典》。"[2] 近年来，别解也正由临时的修辞现象衍生成一种新的造词方式，并且造出了大量的语义稳固的新词语。如：

（3）说到香港白领的收入，他们总是自嘲稍不留意就成了"月光族"。（《人民日报海外版》2011. 3. 29 第 3 版）

（4）从自主招生的"北约"、"华约"抱团"掐尖"，到去年北大清华公布的新生状元数相互"打架"，高分考生作为"稀缺资源"，屡屡让各个学校费尽心机。（《江南时报》2011. 7. 5 第 9 版）

上边例句中的划线部分都是人们很熟悉的词，但在此处的意义与传统意义不同，分别被别解为"每月花光"、"北京大学等七所高校组成的高考自主招生联盟"、"清华大学等七所高校组成的高考自主招生联盟"，这样的用法在报刊中已经很常见，其语义并不需要在语境中作特别的解释，基本上实现了词汇化，不再是临时的修辞格。

（三）别解造词与词义引申

别解造词与词义的引申不一样，别解的原义和新义之间没有内在的联系，是对构成某个词的词素意义进行重新解读，出现有别于传统的新义，从而产生一个新词；而词义的引申则原义和新义之间有内在的联系，新义是原义引申的结果，因此并没有产生一个新词，而仅仅是原词增加了一个新义项。如：

空调：原义指空气调控，新义指国家对房价的诸多调整政策落空。①

跳水：原义指一项体育运动，新义指股价或房价直线下跌。

很明显，"空调"的原义和新义之间没有任何联系，"空"有多个义项，在"空调"的原义中使用"空气"这一义项，而在其新义中则使用"落空"这一义项，这就是语义的重新解读，从而产生了一个新词。而"跳水"的原义和新义之间有联系，二者具有相似性，显示股价或房价像跳水一样下跌得非常快，是通过相似引申的方式产生了一个新的义项，使"跳水"由单义词变成了多义词。换句话说，"跳水"通过词义引申增加了一个新的义项，但并没有出现一个新词；而"空调"则通过别解的方式创造了一个新的词。

---

① 本文所有别解类例词都来自近年来出版的新词语词典，包括《汉语新词词典 2005—2010》（王均熙编著，学林出版社 2011），《全球华语新词语词典》（邹嘉彦、游汝杰编著，商务印书馆 2010），《2006—2009 汉语新词语》（侯敏、周荐主编，商务印书馆），"2010 年汉语新词语"（www. china - language. gov. cn）。为节约版面，文中不一一列出。

二、别解造词的语言理据分析

从语言本体的角度来看，别解造词的构造理据主要涉及四个方面：语义别解、语法别解、语音别解、字形别解。

（一）语义别解

别解类新词最常见的构造理据是通过对现有词语的语素意义进行重新解读从而创造出新词。词汇系统中某个词其原有的语义已经习惯性地存在于人的知识系统中，语义别解就是要突破这种原有的习惯，对构成某个词的语素的意义进行重新分析、重新搭配组合，从而产生新的语义。如：

学位：原义指某种专业学术水平的称号，别解义指学生在教室的座位。

触电：原义指接触电流，别解义指接触电影、电视界。

很明显，上边两个词别解义的产生都是对旧词中语素意义重新分析的结果。"学位"由两个语素"学"和"位"构成，其传统的意义分别是"学术水平"和"等级"；现在重新分析，把"学"和"位"别解为"学校"和"位置"，从而产生了新的意义，新义与原义没有任何必然的联系，所以产生了一个新词。"触电"情况一样，把语素"电"由传统的"电流"义别解为"电影、电视"义。

有的语义别解仅对某个词中某一语素的意义进行重新解读。如：

产前、产后：原义指生小孩前（后），别解义指物质生产前（后）。

团长：原义指团这一军事建制单位的为首者，别解义指团购的组织者。

板车：原义指木板制的车，别解义指接送样板戏演员的车。

上边几个例子，"产前、产后"仅对"产"的语义进行别解，"团长"仅对"团"别解，"板车"仅对"板"别解。

有的语义别解则对某个词的所有构成语素都进行重新解读。如：

月光、日光：原义指月亮（太阳）的光辉，别解义指每月（每日）将薪水全部花光。

省长：原义指一省最高长官，别解义指节省之人。

麦粉：原义指小麦粉末，别解义指喜欢吃麦当劳快餐的人。

语义的别解还可以进行多重解读，从而在一个旧词的基础上产生两个新词。如：

铁丝：原义指用铁拉制成的线状成品；别解义有二：一是铁杆粉丝，二是经常乘坐地铁的人。

（二）语法别解

有时，别解不仅仅是对语素意义的重新解读，而且对现有词语的内部语法关系也进行重新解读、重新分析。如：

卖场：原义指卖商品的地方，是偏正关系；别解义指监考老师收取钱财，为考场上的作弊者提供便利条件，即出卖考场，成为动宾关系。

脱光：原义指脱掉衣服使身体溜光，是动补关系；别解义指摆脱光棍身份，即结婚，成为动宾关系。

晒黑：原义指晒成黑色，是动补关系；别解义指在网上揭露社会的阴暗面、不平事，成为动宾关系。

背书：原义指背诵书本，是动宾关系；别解义指在票据背面签字，成为偏正关系。

（三）语音别解

所谓语音别解即利用谐音关系把两个读音相同或相近而意义毫不相干的词联系在一起，把甲词别解为与其谐音的乙词的意义。如：

餐具：别解为“惨剧”。

茶具：别解为“差距”。

围脖：别解为“微博”。

河蟹：别解为“和谐”。

烤鸭：与“考雅”谐音，别解为“考雅思”。

驴：与“旅”谐音，别解为“旅游”。

街坊：与“街访”谐音，别解为“街头采访”。

床头柜：与“床头跪”谐音，别解为“怕老婆”。

把人们熟悉的“餐具”别解为“惨剧”、“烤鸭”别解为“考雅”、“街坊”别解为“街访”等，只因为二者读音相谐。

语音别解造词与仿词不同。别解造词是创造了一个与语言中某个现有词形式完全相同的新词，换句话说，别解造词的母体和子体一定得形式完全相同，否则就不是。如“餐具”是词汇系统中现成的词，用其表示“惨剧”就属于语音别解造词；但是“负翁、负婆、三清团”等就不能算是别解造词，因为这些词在传统的汉语词汇系统中是没有的，它们是利用谐音关系仿拟“富翁、富婆、三青团”造出来的，二者在形式上并不一样。

（四）字形别解

所谓字形别解即把某个古代汉字拿出来，根据文字的外在形式进行语义的重新解读，从而别解出新的意义，别解义和原义之间往往没有任何联系，不是字义引申的结果。如：

囧 jiǒng：原指光明；现根据外形重新解读，“囧”字像一张人脸，“八”是下垂的眉毛，“口”则是张开的嘴，貌似失意状，表示郁闷、悲伤、无奈等。

槑 méi：原为“梅”的异体字；因其字形由两个“呆”字组成，现指很呆、呆极了。

烎 yín：原指光明；现形容斗志昂扬、热血沸腾，或直接会其意，表示“开火”。

三、别解造词的社会文化理据分析

别解作为一种修辞格早就出现了，但作为一种造词方式则是近年来才正式出现的，最开始是出现在网络语言中，后来慢慢地出现在了报刊文章中，且造词很多，使用很频繁。为什么别解造词在近年来能够大行其道呢？从社会文化的角度分析，我们认为其原因有四个方面。

（一）别解造词具有客观的逻辑基础

其实别解造词并不是空穴来风，它的存在有一定的客观逻辑基础。所谓的重新解读不能理解成错误的解读，而只是一种和传统习惯不一样的解读，或者说是另类的解读，其实这种解读在逻辑上是行得通的。比如，把“背书”别解成“在票据背面签字”，在逻辑语义上是可行的，因为“背”除了“背诵”义外确实有“背面”义，“书”除了有“书本”义外也确实有“书写”义，所以语义的别解突破的不是逻辑语义的界限而是人们认知习惯的界限。

（二）别解造词具有“陌生化”的美学效果

俄国形式主义代表人物什克洛夫斯基在《作为技巧的艺术》（Art as Technique）一文中指出：“艺术的技巧就是使对象陌生，使形式变得困难，增加感觉的难度和时间长度……”[3]从语言运用的角度来看，所谓“陌生化”就是运用某些手段使本来非常熟悉的语言现象变得陌生，从而使读者在欣赏的过程中感受到一种新鲜的感官刺激，获得新的审美愉悦。别解造词恰恰就实现了陌生化的美学效果。比如，“床头柜”，人们习惯的理解是“放在床头的柜子”，现在根据谐音关系别解为“在床头下跪”，能给人耳目一新的感觉，从而获得幽默的谐趣美感，博得受众会心的一笑。正因为具有陌生化的美学效果，所以别解造词法很容易被人接受并模仿。

（三）别解造词依存于凸显个性的时代文化

别解造词方式的出现和时代文化有密切的关系，是当代突显个性的流行文化的反映。陈建民（2001）认为，“文化的创造离不开语言，语言的变化和发展，往往离不开文化的变化和发展”[4]。当今社会是一个多元文化并存的社会，在这种背景之下，人们的思想行为不再局限于传统方式，而是更多地表现出某些与传统相悖的充满个性的方式，所以人们在表达某些思想时往往喜欢用一些与传统不同的富于个性化的方式。别解造词即为这一时代文化在语言使用上的反映。如“囧、槑、烎”本来都有自身固有的含义，但网民为凸显个性，偏偏不管其原始的语义，而是从字形上重新解读，从而获得新的含义。

（四）网络媒介助推了别解造词的传播

网络的普及化是别解造词得以生存的必要条件和基础。网络时代新词语传播的过程与之前有很大的差别。在网络普及化之前，新词语的传播过程受制于文化权威人士或部门；而网络时代新词语的传播过程则表现为草根化的特征。在网络普及之前，新词语主要靠纸质文本传播或口耳相传，其传播速度往往比较慢，在其传播过程中，文化权威人士或部门往往会进行一定的操控，有新词语出现后，某些处于文化顶层地位的文人学者就会对其进行理性分析，如果认为是科学合理的，就会让其进一步传播，否则就会被扼杀掉。而今天，因为网络这一新媒介的出现并普及，新词语的传播不需要获得某些权威人士或权威部门的“许可证”，某人创造了一个新词语只要传到网上，草根网民觉得有意思，就可能在一夜之间传遍大江南北而家喻户晓。即使有权威人士认为某些词不合适或者影响了语言的纯洁性而想阻止，也往往是无能为力，只能望“网”兴叹。别解类新词语因为突破了人们的认知习惯，所以用传统眼光来看往往是不规范的。比如：把“打赌”别解为“打击赌博活动”、把“打铁”别解为“篮球打在篮圈上”，等等，用传统眼光来看确实难以接受。在没有网络媒介的时候，即使有人偶尔这么用了，也会被批为错误，根本就不可能流传开来；但是在网络时代，这种新的用法因为其新鲜而很容易被草根网民接受并推广，当千百万人都这么使用的时候，也就积非成是或者说约定俗成了。所以说别解造词的传播必须借助网络介质的助推。

四、新词语的规范问题

别解造词最初主要来自网络，网民在发挥聪明才智创造富有表现力的新词语的同时也存在盲目追新求异和粗制滥造的现象，因此，有必要加以引导和规范。对于别解造词，我们认为有两个方面必须注意规范。

（一）避免低俗化

别解类新词语的优点是新颖别致，但如果因为盲目求新求异而导致低俗化则是不可取的。比如：天才（天生的蠢才）、偶像（呕吐的对象）、神童（神志不清、精神病儿童）、天使（天上的鸟屎）、英雄（英国的狗熊）、天生丽质（天生没有利用价值）、后起之秀（爱睡懒觉，总是最晚起床的学生）、善良（善变而丧尽天良）、教授（狂叫的野兽），等等。这些都是网上流行的别解类词语，都是把表示美好事物的词语别解出让人情感上难以接受的含义，具有很明显的捉弄性、低俗化倾向，这些应该是规范的对象。于根元（2003）也认为新词语规范中“过于粗俗的要从严”[5]。也许网络上怎么用我们管不着，但在书籍报刊等正式的书面文本中一定要严禁使用，在社会舆论导向上一定要抵制，否则汉语的优雅文明将荡然无存。

（二）避免随意性

严谨认真的别解造词都具有一定的逻辑基础和审美特征，但有些别解类新词语带有很明显的随意性，是网民不假思索、随性而为的结果。如：贤惠（闲在家里、什么都不会）、帅哥（蟋蟀的哥哥）、美女（没人要的女人）、不错（长成这样真的不是你的错）、留学生（留过级的学生）、武大郎（武汉大学的男生）、情圣（情场剩下的）、蛋白质（笨蛋、白痴、神经质）、洋芋蛋（羊肉、鱼、鸡蛋）、讨厌（讨人喜欢百看不厌），很明显这样的别解带有很大的随意性，没有任何逻辑联系，也无美感可言，最多也就搞笑一下。这些词语因为太随意，有失严谨，在网络上使用尚可，但在书面语言中应该尽量避免，有时为了取得幽默的效果而偶尔出现也应该加引号标明。

很多别解类新词语也许与我们的语言习惯很不相符，但正如陈原先生（1987）所说：“也许某个词有点费解，但你理解也好，不理解也好，新词的出现是不以你个人的意志为转移的。”[6]而且，别解造词具有一定的逻辑基础、审美基础、文化基础，所以，别解作为一种新的修辞造词方式我们应该接受，符合语言规范的别解类新词语我们也应该可以接受。

参考文献

[1] 任学良．汉语造词法［M］．北京：中国社会科学出版社，1981.
[2] 周洪波．修辞现象的词汇化［J］．语言文字应用，1994（1）.
[3] 张冰．陌生化诗学——俄国形式主义研究［M］．北京：北京师范大学出版社，2003.
[4] 陈建民．中国语言和中国社会［M］．广州：广东教育出版社，2001.
[5] 于根元、王铁琨、孙述学．新词新语规范基本原则［J］．语言文字应用，2003（1）.
[6] 陈原．变异和规范化［J］．语文建设，1987（4）.

双语双方言区高校普通话教学新模式的实验研究*

——以贺州学院为研究个案

张建强**

（广西师范大学）

一、引言

双语双方言是指人们使用两种或两种以上语言或方言的现象。（陈恩泉，2000）在双语双方言区推广普通话面临着诸多困难，尤其是地处双语双方言区的高校，学生的普通话水平测试（以下简称 PSC）过级率普遍偏低。以笔者所在贺州学院为例，学校所在地贺州是广西境内较复杂的少数民族和汉族的杂居地之一，语言除汉语外，还有瑶语、壮语等少数民族语言；汉语则有客家话、粤语、官话、本地话、铺门话、九都话、坝佬话、鸬鹚话、开建话、怀集话等方言。这些少数民族语言、方言与普通话并存，构成了一个典型的双语双方言区。不论是乡镇还是县城，乃至家庭，92%以上都有使用以一种语言或方言为主，兼用多种方言的现象。因此，在这样一个典型的双语双方言区推广和普及普通话具有相当大的难度。加上贺州学院 2006 年升本扩招，招生范围从当地扩大到全国，生源来自全国各地，各种“地方普通话”汇聚一校，使学校本身也构成一个小的“双语双方言区”。这种状况对学校的普通话教学提出了新的挑战，使普通话教学模式的研究成为当前双语双方言区高校普通话教学工作的一项重要任务。

本文基于建构主义学习理论，针对双语双方言区高校的实际和学生的特点进行教学设计，并在“贺州学院中文系 2007 级普通话教学实验班”的基础上，对教学实施过程及 252

* 本文为广西教育厅新世纪高等教育教学改革工程“十一五”项目“双语双方言区高校普通话教学模式与课程改革研究——以广西东部为个案”（编号：C06－08/021）的研究成果之一。

** 张建强（1972— ），男，汉族，广西贺州市人，广西师范大学副教授，硕士，主要研究方向：语言应用。

名学生的学习过程进行深入调查，采用调查、实验、测评、统计等方式进行分析，希望能为双语双方言区高校提供有效的普通话教学新模式。

二、教学实验概况

（一）教学实验对象

贺州学院中文系 2007 级 252 名学生（均为一年级本科新生，涉及师范教育、现代文秘、新闻学三个专业）。

（二）教学实验时间

2007 年 9 月到 2009 年 12 月。教学总时间为 20 周，共 66 学时。分两个阶段，第一阶段 18 周，每周 3 学时；第二阶段两周，每周 6 学时。

（三）教学实验过程

基于建构主义学习理论，在分析实验对象的基础上进行教学设计，使用适合的教学策略和教学方法。对实验过程和教学效果进行有效分析，反馈调整教学程序。

（四）教学实验目的

形成相对完整稳定的、可操作和可推广的普通话教学模式。

三、教学实验的理论基础

教学模式是在一定的教育思想指导下，建立在丰富的教学经验基础上，为完成特定的教学目标和内容，而围绕某一主题形成的比较稳定且简明的教学结构理论框架及其具体可操作的实验活动方式。一种教学模式必有一套成型的教学操作程序、规则和方法，可以在教学实践中具体运用（李如密，1996）。

本文提出的教学模式主要基于建构主义学习理论。建构主义学习理论认为，教学应该是一个学习者主动利用经验和已有知识建构新知识的过程。教学目标应有一定的弹性和可变性，避免教学目标简单化。应强调知识的情境性、整体性，强调知识在真实任务的大环境中出现。强调“真实的学习”（authentic learning），即学习应该发生在现实情境中。强调学生的主体性，重视学生的主体作用。教学模式由以“教”为主转变为以“学”为主。

教学本身是一个由学习者、教师、教学材料、学习情境及管理者等成分构成的旨在引发学习的系统，良好的教学取决于这些成分间的有效互动。（W. 迪克等，2007）教学设计过程是教学模式建构的一部分，教学模式应涵盖教学设计，还应包括教学的具体实施过程。教学模式应该是基于教学理论指导的教学设计经过实践检验、概括、提炼形成的稳定、可推广的教学体系的实施框架和实施方式。针对双语双方言区高校学生的特点，我们认为在教学设计及教学过程中汲取建构主义学习理论的观点和教学方法，在教学时注重调动学习者本身所具有的主观和客观的优势，规避传统教学方式带来的弊端，能更好地提高教学效果。

四、教学实验对象分析

在实验过程中，我们首先对学习者的基本情况、学习环境进行分析，针对教学对象的特点，确定新的教学目标，采用新的教学策略。

对教学实验对象进行的基本情况调查包括：学习者的基本情况、学习目的、学习动机、学习态度等方面。调查结果显示，252 名实验对象，年龄均在 18—20 岁之间，男生 95 名，女生 157 名。来自北方的 45 名，南方的 207 名，其中广西的 138 名，占被调查总数的 54.8%。母语为壮语的有 28 名，瑶语的 8 名，北方方言的 45 名，西南官话（包括桂柳官话）的 32 名，粤方言的 62 名，客家方言的 38 名，湘方言的 12 名，闽方言的 6 名，赣方言的 3 名，其他地域次方言（如本地话、九都话、平话等）的 18 名。在 138 名广西学生中有 36 名学生不仅会说普通话，还会说壮语，是典型的双语人，占被调查者总数的 14.3%。会说两种或两种以上方言的学生有 56 人，即双方言人，占 22.2%。

通过对学生进行问卷调查和个别访谈，我们了解到，对于普通话的学习需求，43% 的学生认为很需要，48% 的学生认为需要，有 9% 的学生认为不需要。不同的学生对普通话的学习目的和学习动机存在差异，突出表现在南北地域和城乡的差别。来自南方乡镇、农村的学生由于普遍受地域方言的影响，普通话基础不是很好，大多处于三甲或三乙水平，具有明确的学习目的和学习动机，学习态度认真、自觉，但对学习的期望值较低，只希望通过这门课程的学习完成学分或者达到毕业所要求的 PSC 等级（中文师范生为二甲，非师范生为二乙）即可。而来自北方的学生和一部分来自南方城市的学生普通话普遍较好，入学时普通话水平大多已经可以达到二乙，少数甚至可以达到二甲。他们的学习目的和学习动机相对模糊，普遍认为普通话课程可学可不学，学习态度相对消极。只有少数几个学生对学习的期望值较高，希望通过学习进一步提高普通话水平，不仅要达到毕业所要求的 PSC 等级，还希望能取得一乙，甚至一甲证书。

针对学生的基本情况及特点，我们做了如下考虑：在正式授课前，对学生进行普通话水平摸底测试，将学生按普通话水平等级分为高级班、中级班和初级班，按不同等级的教学内容、教学重点、教学目标、教学方法进行教学，即“分级教学”。高级班学生的普通话水平相当于二乙的高分阶段（85 分以上），语音基础较好，语音错误不多，主要表现为语音缺陷，此班有学生 38 人。中级班学生的普通话水平相当于二乙的低分阶段（80—85 分），有方音，但能说比较标准的普通话，有学生 142 人。初级班学生的普通话水平处在三甲和三乙阶段，方音较重，语音基础薄弱，有学生 72 人。其中，中级班和初级班学生由于较多，我们分别分成两个班上课。

课程结束后，在 PSC 前夕开设强化辅导班，按语言、方言差异进行合理分流与科学组合，分类分班，如壮语班（28 人）、瑶语班（8 人）、北方方言班（45 人）、粤方言班（62 人）、客家方言班（38 人）、西南官话班（32 人）、湘方言班（12 人）、其他方言班（27 人），进行“分类辅导”。之所以实行分类辅导，是因为双语双方言区的人说普通话时会出现不同的中介语即地方普通话，这些地方普通话能清晰地显示民族区域和方言区域的人们学习普通话过程中出现的典型错误和关键问题，抓住这些典型错误，解决这些关键问题，对改变学生的语音面貌起着至关重要的作用。“分级教学、分类辅导”均体现了因材施教的教学原则，符合教育教学的规律。

五、学习环境与教学目标分析

学习环境的分析要考虑实施教学的学习系统：学习者、教学材料、教师、教学设备与器材、教学组织以及教学所处的范围等。对于实验班的学习环境，我们做了如下考虑：教学材料分为两部分，一部分为现有教材《普通话培训与测试》（广西教育出版社，2002 年版），另一部分根据学生的需求有针对性地随时进行选编；配备教学经验丰富、教学方法灵活、接收能力较强的、普通话口语水平高的教师，其中高级班的教师要求是国家级普通话水平测试员，中级班和初级班要求是省级普通话水平测试员，PSC 测前辅导班的教师还要求对学生的母语或母方言系统及对普通话的迁移有一定的了解和研究；教学过程为保证高效率，信息量大，训练材料丰富、形象、生动，全程配备多媒体设备，进行多媒体辅助下的普通话教学；教学组织严密，教师在教学实验组的指导下严格按照教学设计方案进行教学；充分利用国家大力“推普”的大环境和学校“推普”的小环境，通过普通话实践课程和各种实践活动提高普通话水平。

教学目标是指教学模式所能达到的教学效果，是教学活动在学习者身上产生效果的预先估计和设定，是教学模式构成的一个核心因素，对其他因素有制约作用。经过对教学对象的基本情况、学习目的和学习动机的综合分析，我们确定实验班的教学目标的设定应体现有限性和特定性原则，分层级设立具体的教学目标，体现各层级的教学重点，在此基础上实现教学总目标——能熟练地运用标准的普通话进行交际。我们将此概括为“分层达标”，即在前面分级教学和分类辅导的基础上，结合 PSC 大纲的要求与学生差异，对不同层级的学生设置不同的教学目标，选择各自的教学重点，做到有的放矢，提高考级过关率，培养一些普通话精英分子。具体操作如下：高级班、中级班、初级班确定的教学终极目标分别是一级乙等、二级甲等、二级乙等，阶段目标分别是二级甲等、二级乙等的高分（85 分以上）、二级乙等或三级甲等的高分（75 分以上）。三类班级可根据期中考试成绩进行级别滚动调整，达到阶段目标的，可继续留在原来教学班学习；如果超过阶段目标而达到高一层级的阶段目标的，可升入高一层级的教学班；如果未能达到阶段目标的，要降到低一层级的教学班学习。学期授课结束后，学生可根据自己的母语或母方言背景参加在 PSC 前夕举办的“分类辅导”培训，朝终极目标进发。已通过相应等级的学生，如果有进一步提高普通话水平的愿望，可申请继续参加低年级的相应等级的普通话课程班学习。高级班的学生则可申请选修我们专门为普通话精英分子开设的普通话高级应用课程如“中华经典诗文朗诵”、“演讲与口才”、“辩论与口才”、“实用口才艺术”、“公关语言艺术”、“职业口语实训”等。为不同层级的学生设置不同的学习目标，而且这种层次划分是呈动态变化的，这样做，使各层次的学生飞的飞、跑的跑、走的走，既可以有效地调动学生学习普通话的积极性和主动性，还可以减少学生报考 PSC 的盲目性，大大减少测试的工作量，缓解测试的压力。这样，在整个大学学习阶段，学生能接受到不间断的普通话全程教育，达到阶段性与发展性的统一。教学目标是预期的学生学习结果，教师要利用目标指导教学方法或技术的选择与应用，指导教学结果的测量与评价，指引学生学习。

六、教学设计

（一）教学过程

本模式的教学设计吸收建构主义学习理论的思想，针对实验对象的特点，强调教学是学习者主动利用经验和已有知识进行建构的过程。教师可通过多种方式来促进学生的知识建构过程，如通过普通话与各种方言的对比分析，使学生自主发现母语或母方言对普通话的正负迁移，从而发展正迁移，克服负迁移。根据我们前期构建的“分级教学、分类辅导、分层达标”的基本模式，将教学过程分为三个重要环节：

1）课堂教学，主要包括三方面的内容。一是语音的规范：声母、韵母、声调、语流音变；二是词汇和语法的规范；三是普通话口语的应用：朗读、说话。在教学中要运用现代化教学手段辅助讲解普通话知识，尽可能做到形象、具体。给学生提供各种丰富有趣的普通话训练材料和视听资料，如绕口令、相声、小品、诗歌、散文、经典的演讲词、辩论词、主持词，以及相应的名家朗诵、演讲、主持的视听资料等，要精讲多练，让学生多看多听多模仿，培养良好的普通话语感。

2）普通话实践课。充分利用国家、地区、学校大力“推普”的有利环境，通过市语委办和学校语委办、演讲协会、朗诵协会、辩论协会等各类组织举办各种普通话比赛活动。如每年十月左右举行的“推普周”活动，我们组织学生参加汉语教研室举行的“啄木鸟”行动，到大街小巷去寻找各种不规范语言和文字并进行媒体曝光；每年国家语委举办的“中华经典诗文朗诵比赛”，我们先在学校进行比赛，选拔出优秀选手参加广西赛区的比赛；鼓励学生积极参加一年一度的我校中文系大学生辩论赛、校园主持人大赛、各种主题的演讲比赛，等等。让学生在参与语言实践的过程中，主动进行学习活动，同时体验普通话的美感。

3）一对一个别辅导。个别化教学使学习者能够实行自我调节，增强个人领悟能力，把课堂教学内容充分内化，调整教学以满足个体需要。除了课堂教学中要注意一对一的个别辅导外，课外主要针对要参加各种语言实践活动的学生精英进行，实现“大众”教育和“精英”教育的有机结合。

4）PSC 测前辅导，包括测试流程、评分细则、应试技巧的讲解和介绍，对具有不同母语、母方言背景的学生进行有针对性的正音强化训练。

（二）教学内容

本模式的教学内容分三个方面：

1）普通话知识与正音训练；

2）普通话在口语中的应用；

3）PSC 前的强化辅导。

由于实施“分级教学”，实验班分成高级、中级、初级三个班上课，因此不同等级班级的教学内容、教学重点、教学方法有所差别。

高级班突出语流教学，忽略音素教学。教师略讲或不讲普通话知识的内容，主要任务是帮助学生寻找语音缺陷，纠正个别难点音，重点放在语流音变训练、语调操练和语感的模仿与把握上。在教学中增加语调教学内容，包括句调、重音、节奏、停顿、语气等，并将之放在语流音变教学之后和朗读、说话教学之前，这是由于语流音变是语调操练的基础，语调操练又是朗读和说话训练的基础，可以说是音素教学完全向语流教学过渡的一个关键环节，是真正意义上的语流教学的开端。这样安排可以克服传统教学忽视语调教学和训练的弊端。除了朗读、说话等一般性的口语项目的训练之外，增加朗诵、演讲、辩论等高级口语训练项目，强化普通话在各种口语表达中的应用训练。训练的着眼点放在“优化”二字上，也就是在准确的基础上力求优美动听，努力向标准普通话——一级乙等靠拢。

中级班教学将音素教学与语流教学相结合，把教学重点放在语流音变的训练上，加大语流音变的训练力度，适当进行语调的教学和操练，只开展朗读、说话等一般性的口语项目的训练。中级班教学要把“提高”作为着眼点，抓住“提高”二字，才有可能实现动态性变化，逐步提高中级班学生的普通话水平，使他们达到二级甲等水平。

初级班的学生数量较多，教学困难大，是普通话教学的重中之重。初级班教学尤其要讲究教学步骤的层级性，首先从音素教学入手，然后逐渐过渡到语流训练。字音是话语的细胞，是教学的基础，应把音节作为基本教学单位，遵循由基础到运用、由单项到复合的排列顺序，经过词语、语段的训练最后达到语篇（朗读、说话）的训练阶段。同时要特别注意这一层级学生的非智力因素教育，注重鼓励他们多说普通话，少说方言，激发他们说普通话的兴趣，培养说普通话的习惯。总之，夯实基础，养成习惯，达到二级乙等水平是初级班的主要目标。

在 PSC 前夕开设强化辅导班，进行分类辅导和应试技巧指导，是普通话水平培训和测试工作不可缺少的环节。辅导内容除了讲解测试流程、评分细则、应试技巧外，还对具有不同母语、母方言背景的学生进行有针对性的正音强化训练，对症下药，以克服母语和母方言对他们普通话的负迁移。教师要以不同母语和母方言背景学生的日常口语为研究对象，以 PSC 的录音档案为研究材料，考察各种地方普通话的不同表征，探寻其与普通话的对应关系，找出影响普通话水平的重点和难点所在。针对不同的辅导班设计不同的教学内容和训练重点，引导学生根据地方普通话的共性寻求自己语音中存在的问题，并比照普通话语音，找出对应规律，进行有针对性的训练。对同一辅导班中凸显的共性问题，一定要讲清练透。分类辅导对教师的要求较高，教师可根据自己对各种语言和方言及中介语的研究开设不同的考前辅导班，让“研”有专长的教师发挥自己的特长，针对不同的学生进行强化辅导。

授课是“分级教学、分类辅导”较难操作的环节，既要教同一教材的内容，还要顾及到三个层级的异步施教；既有面向全体的“合”，又有兼顾高、中、初三个层级的“分”。这对授课教师提出了更高的要求。

七、教学评价

教学模式一般都有适合自己特点的评价方法和标准。评价是以目标为导向的，评价方案必须能够检验出目标是否实现。建构主义理论指导下的教学评价主要体现在：教学评价是以学为主；教学评价标准从知识转向了能力；教学评价方法是考察学习者是否按照自己的认知结构、学习方式、需要进行学习，学习能力如何。

本模式的评价方式吸收了建构主义学习理论的评价观念，实行综合性评价，不是简单地依靠考试来评价学生的学习效果。学生最后得到的学习评价在以下基础上形成：日常出勤情况（10%）、课堂学习情况（20%）、普通话实践成绩（20%）、期中期末测试成绩（各占25%）。普通话实践成绩根据学生平时参与的各种普通话实践活动或比赛情况来评价，期中期末测试参照 PSC 进行。教师根据这几方面的因素，对学生进行综合性评价。

八、本实验的教学效果

经过一学年的教学实验，“分级教学、分类辅导、分层达标”的普通话教学模式初见成效。分级教学使不同层级的学生均有收获，分类辅导既可以使不同类别的学生得到专门的正音辅导，同时可兼顾全体学生。虽然差距仍然存在，但进步是十分显著的。笔者对 2007 级高级、中级、初级学生的第一次 PSC 成绩分别进行了统计，详见表一。

表一　2007 级高级、中级、初级学生的 PSC 成绩

班级＼PSC 等级		三甲	二乙	二甲	一乙	合计
高级	数量	0	0	30	8	38
	比例	0	0	78.9%	21.1%	100%
中级	数量	0	40	102	0	142
	比例	0	28.2%	71.8%	0	100%
初级	数量	36	30	6	0	72
	比例	50%	41.7%	8.3%	0	100%

从表一可以看到，高级和中级班的 PSC 成绩基本上达到了预期的阶段目标（高、中级班的阶段目标分别是二甲、二乙的高分），虽然未能完全达到预期的终极目标（终极目标分别是一乙、二甲），但教学效果显著，成绩喜人，如中级班大多数学生（71.8%）已经完成终极目标，高级班有 8 人（21.1%）完成终极目标，达到一乙水平，这在学校的历史上是空前的。况且这是学生第一次参加 PSC 的成绩，在毕业前还有机会再去参加测试，还有时间去争取更高的等级。令人遗憾的是初级班的教学效果不尽如人意，虽然基本上达到了阶段目标（二乙或三甲的高分），100% 的学生达到三甲的高分以上，彻底消除了三乙，但仅有一半的学生（二乙占 41.7%，二甲占 8.3%，共 50%）完成终极目标（二乙）。据任课教师分析，初级班学生普通话水平差距较大，摸底测试成绩从 60 多分到 70 多分都有，个别甚至不到 60 分，方音色彩浓厚，存在方音的“化石化”现象，纠音极为困难，导致教学效果不是太明显，建议还可对初级班进行细分。鉴于此，我们将在以后“分级教学”中进行适当地调整。

对 2007 级各班级学生的 PSC 成绩进行的比较是一种横向比较，为了进一步观察实验班的教学效果，笔者还将 2007 级（实验班）学生的 PSC 成绩跟 2005 级、2006 级分别进行了纵向比较，统计数据详见表二。

表二　2005 级、2006 级、2007 级 PSC 成绩

年级 \ PSC 等级		三甲	二乙	二甲	一乙	合计
2005	数量	57	204	106	1	368
	比例	15.5%	55.4%	28.8%	0.3%	100%
2006	数量	64	279	111	0	454
	比例	14.1%	61.5%	24.4%	0	100%
2007	数量	36	70	138	8	252
	比例	14.3%	27.8%	54.7%	3.2%	100%

为了更直观地观察和比较三个年级学生的 PSC 成绩，我们按 PSC 各个等级在各年级中所占的比例绘成以下柱形图。

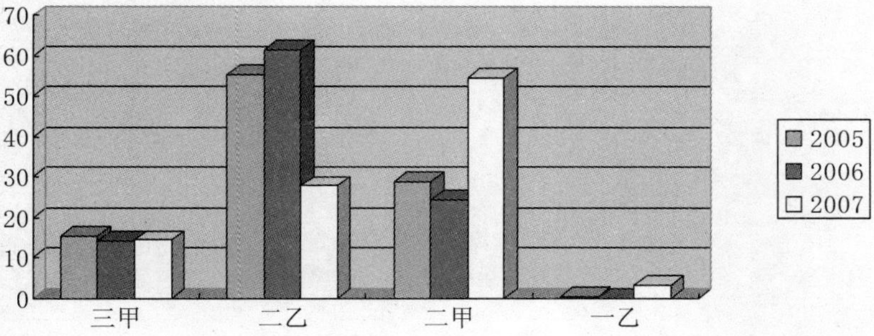

图一　2005 级、2006 级、2007 级 PSC 成绩图

从表二和图一可以看出，虽然 2007 级（实验班）PSC 成绩为三甲的学生比例（14.3%）同 2005 级（15.5%）、2006 级（14.1%）的差不多，但二甲的比例明显增多，达到 54.7%，意味着有一半以上的学生达到二甲水平，二乙的比例则大幅下降。而 2005 级和 2006 级学生二甲的比例分别只有 28.8% 和 24.4%，多数学生处于二乙水平。这说明实验班的教学突破了往届学生多数处于二乙水平的瓶颈，使多数学生的普通话水平从二乙提高到二甲，实现了质和量的飞跃。尤其值得注意的是，2007 级（实验班）破天荒地有 8 个学生达到一乙水平，虽然所占比例只有 3.2%，但相对于前两个年级来说，已经相当不简单了（尽管 2005 级也有一个学生达到一乙水平，但比例仅为 0.3%，而 2006 级没有），这直接体现了新模式实施精英教育的效果。从我们的教学实践和学生的 PSC 成绩来看，教学效果令人满意。

九、结论

通过实验，我们发现“分级教学、分类辅导、分层达标”的教学模式，符合双语双方言区高校的实际和学生的特点，立足点是因“地”制宜，面向全体学生，但区别对待，因“材”施教，能激发学生学习的积极性，变被动学习为主动学习，使每一个层次学生的普通

话能力都得到发展和提高。因此，“分级教学、分类辅导、分层达标”的教学模式是完全适合双语双方言区高校的普通话教学的。

参考文献：

[1] 陈恩泉．双语双方言研究的学科思考［J］．学术研究，2000，(9)．

[2] 国家语委普通话培训测试中心．普通话水平测试实施纲要［M］．商务印书馆，2004.

[3] 李如密．关于教学模式若干理论问题的探讨［J］．课程·教材·教法，1996，(4)．

[4] 唐择扶．贺州市志［M］．广西人民出版社，2001.

[5] W. 迪克等．系统化教学设计（庞维国等译）［M］．华东师范大学出版社。

[6] 张建强．“地方普通话”研究刍议［J］．广西社会科学，2005，(3)．

基于 Elan 的湖南省普通话水平测试等级标准样本库建设探索

李　斌[1]　高广安[2]

（1. 湖南师范大学国际汉语文化学院　2. 湖南省普通话培训测试中心）

一、引言

建立国家普通话水平测试（PSC）等级标准样本库，是国家语委普通话培训测试中心2009 年提出的工作要点之一，是一个复杂的系统工程，涉及建库原则与规划、硬件设备的选择与使用、软件系统的应用与开发、样本的录制及认定、人员的组织与培训等一系列问题。韩玉华（2010）对第一期样本库的样本采集方案进行了初步设计，样本库以普通话水平等级分布和方言区分布分别作为横轴与纵轴，计划在全国十大方言区采集至少 3000 个 PSC 标准样本，等级上涵盖普通话水平三级六等和不入级，力争勾画出一个重点突出、标准清晰、真实客观的全国 PSC 等级面貌。第一期样本库的建设方案目前还处于理论探讨阶段，还有大量的实际问题等待解决，需要我们从多个角度进行探索和研究，尤其是建库技术手段上的探索和研究。

在普通话样本库的建设上，国内已经有一些研究成果。云南师范大学和云南省普通话培训测试中心合作开发了“普通话水平测试各等级标准语言特征数据库系统”，通过对样本录音进行实验语音研究，试图使样本录音语图与测试录音语图能够相互映证，为 PSC 提供直观、可操作的依据（王渝光、姚一斌等，2006）。侯敏、邹煜等（2009）承担的教育部科学技术研究重点项目“现代汉语普通话数字化样本库”，第一期工程收集了约 2000 小时左右的广播电视、影视剧、曲艺的录音和视频，开发了一个包括存储、管理、检索、统计、分析功能在内的跨媒体语料库管理系统，对第一期工程中约 30 小时左右的核心库进行了深层标注，包括元数据标注、文本对齐、韵律标注、文本标注等。上述两个样本库可以为我们建库提供重要的参考，但它们建设的目的和PSC语音等级样本库不尽相同，技术标准和数据结构不一，还不能直接为PSC语音等级样本库建设所用。

从2010年上半年开始，湖南师范大学普通话培训测试站和湖南省语委普通话培训测试中心合作，就湖南PSC等级标准样本库的建设在录音采集的硬件、软件、建库平台的选择应用等方面进行了一些探索性的研究，提出了基于国际通用的多媒体转写标注软件Elan建设PSC等级标准样本库的初步实验方案，为全国PSC语音等级样本库建设的进一步研究和实施提供了一定的参考。

二、Elan在建立PSC等级标准样本库方面的优势

国家PSC等级标准样本库作为国家语言资源保存的一个重大项目，最好是建设在免费、开放的软件平台之上，所用的技术标准最好能与国际语言资源保存项目保持一致。Elan（EUDICO Linguistic Annotator）是由荷兰纽梅茵马克斯布朗克心理语言学研究所开发的一个跨平台（Windows、Mac OS、Linux）的多媒体转写标注软件（Annotation Software），免费开源，最初是为欧洲分布式语料库工程（European Distributed Corpus Project，简称EUDICO）开发，从2001年起，已发布多个版本，功能日益强大，在话语分析、态势语研究、语言存档、口语语料库建设等方面被广泛使用。一些有影响的濒危语言或方言的保存项目也使用Elan进行转写、标注、存档，如伦敦大学亚非学院的Hans Rausing世界濒危语言保存项目①、荷兰纽梅茵马普心理语言学研究所Dobes濒危语言存档项目②、美国德克萨斯州德语方言保存项目③等。使用Elan建立PSC等级标准样本库具有以下优势：

（一）跨平台，免费开源

Elan④可以在Windows、Mac、Linux等多个操作系统下安装使用，支持Wav、Mp3、Wma、Mpeg、Mpeg2、Mov等多种音频和视频格式的播放、转写和标注。Elan免费开源，安装程序和源代码都可以从网上自由下载，免费使用，使用者可以根据自己的需要对功能进行相应的开发和拓展，不存在技术壁垒。Elan所保存的.eaf文件，基于通用的XML语言，符合国际通用的电子文献、语料库及数字化语言保存规范，方便数据的传输与交换，可供长期保存和使用。

（二）软件接口开放，兼容性好

Elan可以导入Toolbox（原Shoebox）、Praat等一些国际语言学界知名软件的标注数据，还可以根据需要调用第三方软件对音频和视频文件进行其他多种操作。如调用Praat对音频文件的选中部分进行声学分析，得到声学参数，绘制语谱图，以进一步对某些语音现象和问题进行研究；调用免费开源音频软件Audacity⑤的时间标签进行音频分割段标记；同时Elan

---

① Hans Rausing 世界濒危语言保存项目网址：http：//www. hrelp. org.

② Dobes 濒危语言存档项目：http：//www. mpi. nl/DOBES.

③ 美国德克萨斯州德语方言保存项目：httpp：//www. tgdp. org.

④ Elan 下载地址：http：//www. lat – mpi. eu/tools/elan（截稿时最新版为4.33版）.

⑤ Audacity 下载地址：http：//audacity. sourceforge. net.

也可以把自己的分割段标记导出到 Audacity 中，批量切分音频。另外，Elan 还可以把标注内容输出为纯文本、Srt 字幕、Lrc 字幕、Quicktime 字幕、Realplayer 字幕、Html 文件等多种文件格式，方便保存、播放及各种类型的二次应用与开发。Elan 目前支持英语、法语、日语、荷兰语、葡萄牙语等 11 种语言界面的显示，笔者于 2011 年 8 月对 Elan 进行了简体中文的汉化，从 4.12 版起加入到了官方的安装文件中。在简体中文 Windows 系统中安装完成后，界面自动显示为简体中文。Elan 还支持大字符集 Unicode 编码汉字的录入和显示，支持国际音标、汉语拼音等字符的录入和显示。

（三）架构灵活，具有较强的数据管理功能

Elan 通过多层结构来进行转写和标注，可以从多个角度展示、保存、阐释语音或视频样本的原始信息，使用者可根据需要自由设定层（tier）的数量，更改层的上下顺序。Elan 的转写和标注基于时间线（timeline），有层上（沿时间线）显示、表格显示、全文显示、字幕显示等多种显示方式，使用者可以直观地了解录音或视频的内容与相关信息，并可随时点击标注内容，回放检查、浏览。根据时间标签，文本和录音（视频）可以做到精确对齐，即点即播。Elan 既是转写、标注平台，更是一个数据管理平台，内嵌的 HyperSql① 是用 Java 语言编写的一款免费开源的 SQL 关系数据库引擎，也是嵌入式数据库，支持常见数据类型，理论上最高支持达 64T 的数据量。利用 Elan 建立的本地数据库具有较完善的检索查询功能，支持正则表达式（Regula formula）检索，利用正则表达式可以快速准确地检索出符合条件的内容。检索是 Elan 管理数据的一种很好的手段，Elan 既可以在一个文件内部检索，也可以在自定义的多个文件中检索，更重要的是，通过检索，Elan 还可以对录音和视频进行精确定位、回放比较等操作。

三、基于 Elan 建立 PSC 等级标准样本库的操作步骤

从最初的样本录音到最终的等级样本数据库的建设，我们摸索总结了一套操作流程（图 1）。

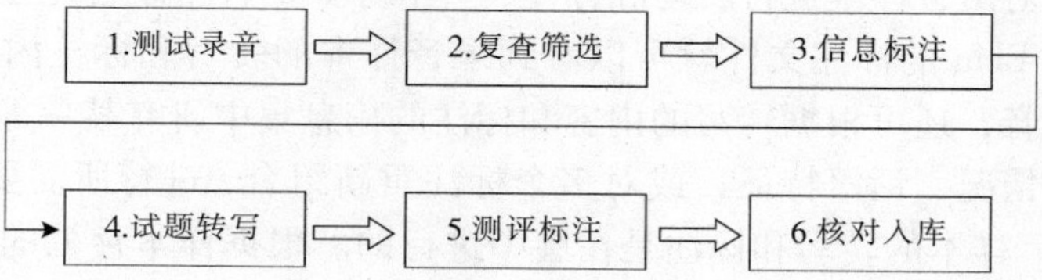

图 1　操作流程

具体操作可以概括为以下几个方面：PSC 语音等级样本的录制和认定（流程 1、2）；语音样本的转写和标注（流程 3、4、5）；建立样本管理数据库（流程 6）。

（一）样本的录制和认定

我们从测试录音中选取了三级六等及不入级的七个样本用于样本库建设的实验研究，这

① HyperSql 官方网站：http：//hsqldb. org.

些样本覆盖了普通话水平的全部等级。其中，一级甲等和不入级的录音样本由湖南省普通话培训测试中心提供，来自存档的测试录音，其余五个样本选自湖南师范大学普通话培训测试站的现场测试录音，应测人全部为本科三年级的学生。实验阶段我们暂不对录音软硬件及测试环境进行统一要求，湖南师大测试的录音环境是安静的微格教室，录音硬件的配置的是清华同方台式电脑 + Maya44V3 专业内置声卡 + 湖山桌面电容式话筒，录音软件使用 Adobe Audition1. 5，测试录音由湖南师范大学教育技术中心工作人员在测试现场录制，文件保存格式为 *. wav，采样率 44. 1Khz，采样精度 16Bit，单声道。每一名应测人的测试录音保存为一个单独的 wav 文件（如：01 - 省测中心 - - 一甲 . wav、02 - 湖南师大 - - 一乙 . wav）。根据测试评分记录，再由湖南省普通话培训测试中心组织国家级 PSC 员对所有样本进行评测，每一个录音样本由两名测试员听评，详细记录从测试第一题至第四题的错误、缺陷及其他扣分情况，对每一个样本的评分情况无异议后，就把该样本确定为最终入库的样本。

（二）下载安装 Elan

Elan 是等级样本库建设的主要软件平台，所有的转写和标注及数据管理都是基于 Elan 进行的，用 Elan 转写和标注语音样本的 PSC 相关信息是样本等级库建设的重要工作，为直观地保留和展示样本打下基础。在正式进行操作之前，我们必须先下载安装 Elan。登陆 Elan 的官方网站，选择下载使用人数最多的 windows 版本（目前最新版为 4. 33 版），下载完成后，在 windows 操作系统中双击“ELAN_ 4 - 3 - 3_ win_ install. exe”文件进行安装，再依次点击 Next—Install—Done，完成安装。接着对 Elan 的界面和快捷键进行一些简单的设置，这些设置便于我们快速地对 Elan 进行操作，提高操作效率。限于篇幅，具体设置不再赘述。为了规范转写与标注，掌握 Elan 的使用方法，我们专门对参与此项研究的相关人员进行了短期培训。

（三）使用 Elan 进行转写与标注

单纯的样本录音文件并不能为普通话语音保存和研究提供全方位的信息，如试题的信息、受测者的信息、样本中的错误和缺陷等，因为这些信息并不能直接附加到语音文件之中。这就需要我们对语音样本进行转写和标注，并和原始的样本录音建立直接关联，这样使用者或研究者打开 Elan 的标注文件就可以看到录音样本的转写和标注内容，点击相应文本就能听到对应的录音，还可根据转写的内容和标注的信息集中研究某一等级受测者的语音特点、测试得分失分情况、话语特征，或对多个标注重新组合，进行所需要的交叉对应研究。（卫乃兴等，2007）样本的转写和标注是在层中进行的。根据样本存档的需要，参照普通话水平测试大纲（2004），我们对每一个样本用七层进行全面的转写和标注（层数量可以根据实际需要增加或减少），覆盖样本的各方面信息，从而体现出样本的参考和标杆意义。从上到下依次为：第一层，样本相关信息；第二层，试题及转写；第三层，第一题标注；第四层，第二题标注；第五层，第三题标注；第六层，第四题标注；第七层，评分要点。各层具体内容见下表：

表 1　标注内容

层	内容
第一层	受测人姓名、单位、籍贯、试卷号、测试员、转写标注人等样本相关信息。使用的录音器材的型号、样本的声学参量、采样率、采样精度。
第二层	PSC 第一至第三题的所有文本，第四题命题说话的转写文本。
第三层	标注第一题（读单音节字词 100 个）中的错误与缺陷、是否超时。
第四层	标注第二题（读多音节词语 50 个）中的错误与缺陷、是否超时。
第五层	标注第三题朗读部分的错漏读、声韵母系统缺陷、语调偏误、停连、流畅度等失分情况和是否超时等信息。
第六层	标注第四题命题说话的语音标准程度（六档）、词汇规范程序（三档）、自然流畅程度（三档）、说话缺时情况等信息。
第七层	测试评分细则文本。

为了便于直观地了解样本的情况，方便研究人员和一线的测试员使用样本标注信息，我们全部使用汉字进行转写和标注，暂不使用任何标注符号体系（条件成熟时可以使用通用的标注符号体系）。这些转写和标注的内容可供直接浏览、检索和提取信息之用。

下面我们以一个二级乙等的样本录音作为例子来简单说明如何利用 Elan 对录音样本进行转写与标注。

1. 导入样本文件并进行切割标记

双击 Elan 桌面图标，运行 Elan，点击“文件”，选择“新建”，浏览录音文件所在的文件夹，弹出导入文件的对话窗口，双击二乙 . wav 文件，导入到 Elan 中（图 2），点“确定”进入 Elan 的主界面。

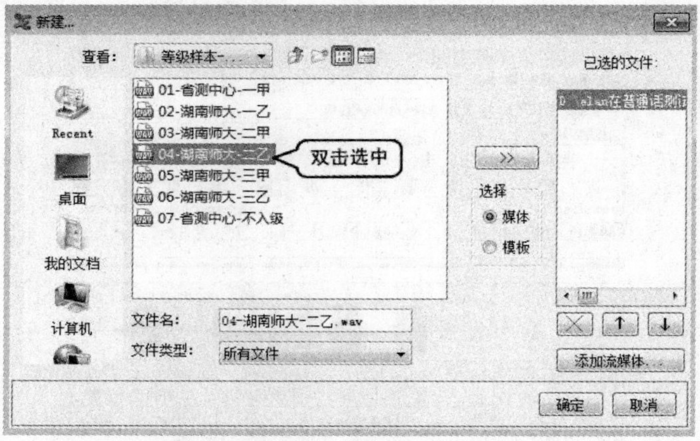

图 2　导入样本

在进行其他操作之前，先保存文件（快捷键为 Ctrl + S），文件名定为“04 二乙 . eaf”。然后从“选项”菜单中选择“分割模式”（Segmentation Mode）（图 3），对第一题、第二题分别以字、词为单位进行分割标记，对第三题和第四题以句为单位进行分割标记（时间轴下的 H 形区域），做了标记之后就可以根据标记选段对每一个字、词、句进行一一对应的标注或转写了，分割标记是后续转写和标注操作的基础。

2. 录入、转写所有测试试题

完成对样本录音的切割标记之后，我们切换到“转写模式”（Transcrition Mode）（图4），按顺序把第一至第四的文本分别录入到对应的表格中。第一题至第三题只需要根据试题的具体内容一一对应录入就可以了，而第四题需要我们根据应试者的测试录音，一句一句地转写，录入至表格。Elan 的转写模式设计非常人性化，我们点击每一个表格，Elan 就会播放我们已经分割标记的内容（字、词、句），然后我们在表格录入声音对应的文字，录入完毕按回车键（Enter）自动进入到下一格。如需回放当前格的声音，按一下“Tab”键。

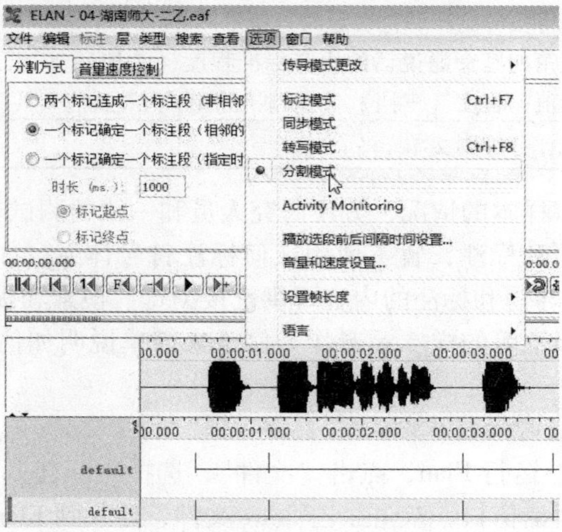

图3 选择分割模式

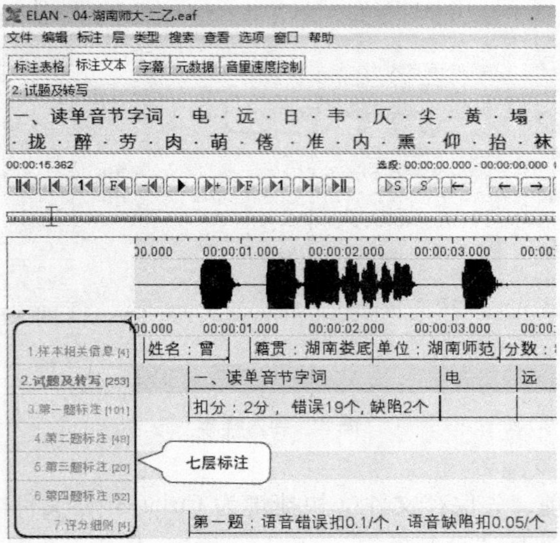

图4 转写模式

3. 样本多层标注

在 Elan“选项”菜单选择“标注模式”，然后根据分割标记时间区间，完成全部试题内容的录入和转写，把层命名为“2. 试题及转写”，处于第二层的位置。并在此基础上完成“1. 样本相关信息”、“3. 第一题标注”、“4. 第二题标注”、“5. 第三题标注”、“6. 第四题标注”、“7. 评分细则”等层的详细标注（详见图 5）。

（四）建立样本数据库

按照上述操作方法，我们共完成了七个样本的转写与转注，依次保存为“01 一甲 . eaf、02 一乙 . eaf、03 二甲 . eaf、04 二乙 . eaf、05 三甲 . eaf、06 三乙 . eaf、07 不入级 . eaf”。每一个 Wav 文件和一个 eaf 同名配对保存在一起，如“04 二乙 . wav”和“04 二乙 . eaf”保存在一起，这样使样本录音文件和转写标注数据关联到了一起。接着我们再双击打开每一个 . eaf 文件，对标注的每一题的内容进行浏览、回放，逐一检查每个样本的转写与标注内容，做到准确无误。最后把上述所有的文件复制到一个总文件夹之中，文件夹命名为“湖南省 PSC 等级样本试验库”。

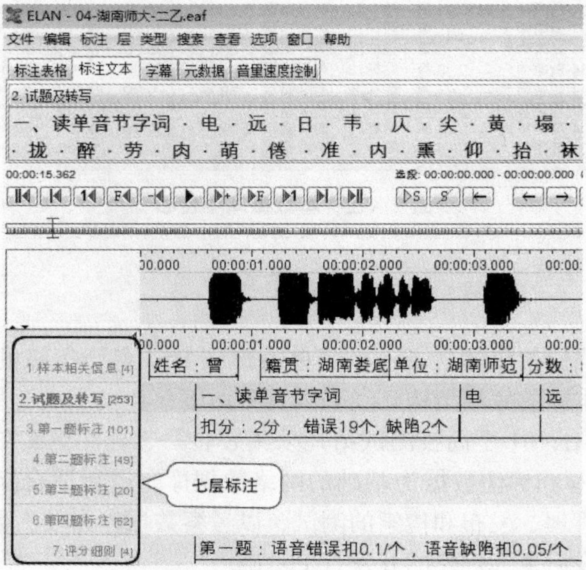

图 5　七层标注

接下来，我们在 Elan“文件”菜单中选择“多文件处理”，再点击“编辑多个文件”，接着选择“调入范围”，点击弹出的“新范围”按钮，从电脑中选择“湖南省 PSC 等级样本试验库”，调入所有包含上述七个样本文件的相关数据到检索范围中来，建立对应的数据库。这个数据库在 Elan 中称为“域”（Domain，搜索范围），我们把这个域命名为“湖南省 PSC 等级样本试验库”。在 Elan 指定这个域，通过 Elan 的多文件检索功能，我们就可以在这个域中检索、提取已经转写和标注的相关信息。比如说我们需要对所有等级在第一题中读一百个字词的错误情况进行对比的话，使用 Elan 检索中的“在多个 Eaf 搜索”选项，选择“湖南省 PSC 等级样本库测试”域，然后键入关键词“错误”，Elan 就会依次列出所有等级样本中有关第一题中的错误（图6），我们可以一个一个地查看、浏览。如需进一步回放相关录音进行核实的话，点击即进入播放。同样如果需要了解所有样本缺陷情况，我们也只需要键入关键词“缺陷”，就能检索到所有等级的缺陷标注内容。还可以根据实际需要，通过各种正则表达式进行更多的数据筛查的检索。所有的检索结果都能够输出为纯文本文件，我们可根据实际需要进行打印。另外也能把检索结果导出为Tab隔开的文本文件，导入到Excel或Access中进行数据的二次筛查。

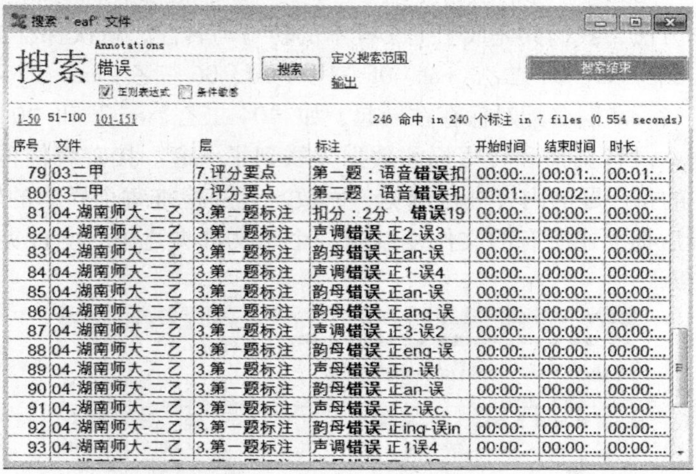

图6 在样本数据库中搜索

四、余论

通过上述操作，我们初步建立了一个简单的覆盖PSC各个等级的小型样本库，其样本量虽然有限，但是样本库的底层架构已经基本具备。下一步的研究任务就是在全省75个测试站（14个市州测试站，61个高校测试站）采集、转写、标注更多的等级样本，并在此基础上建设以Elan的转写和标注数据为基础的网络数据库，进行适合互联网环境使用的二次开发，进行网络化的管理、发布和检索的测试，以考察数据库在较大数据量下浏览、检索的稳定性和兼容性，为今后更大规模的开发打下基础。

另外，Elan还可以对视频进行转写和标注（图7）。在条件成熟的时候，在录音的同时，我们对受测者同步进行摄像，以获得受测者口形、表情、心理、生理反应等方面的信息，从文字、视频、录音等多个方面立体化地呈现PSC等级样本，使其更具有保存、开发和研究的价值。

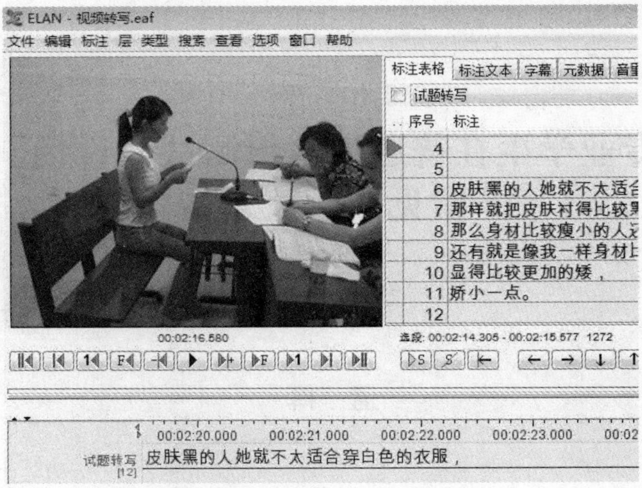

图 7　视频转写测试

参考文献：

［1］国家语委普通话培训测试中心：《普通话水平测试实施纲要》［M］．商务印书馆 2004 年版，第 1—5 页。

［2］韩玉华：《普通话水平测试等级标准样本库采集方案初探》［J］．《语言文字应用》2010 年第 3 期，第 94—104 页。

［3］侯敏等：《现代汉语普通话数字化样本库的设计与建设》［A］．《中国少数民族语言文字信息处理研究与发展》［C］．中央民族大学出版社 2009 年版，第 83—93 页。

［4］王渝光等：《PSC 等级标准的声学研究和数据库建设》［A］．《第二届全国普通话水平测试学术研讨会论文集》［C］．商务印书馆 2006 年版。

［5］卫乃兴等：《COLSEC 语料库的设计原则与标注方法》［J］．《当代语言学》2007 年第 3 期，第 235—246 页。

［6］姚喜双等：《普通话水平测试概论》［M］．高等教育出版社 2011 年版。

［7］中国语言资源有声数据库建设领导小组办公室：《中国语言资源有声资源数据库调查手册》（汉语方言）［M］．商务印书馆 2010 年版。

［8］Maddalena Tacchetti & Aarthy Somasundaram. Elan manual. http：//www. mpi. nl/corpus/manuals/manual - elan. pdf，2011.

传媒专业学生在普通话水平测试“说话”中的常见问题及对策

孟　晖*

一、引言

口语表达能力无论现在或者将来都是播音员、主持人必备的一种职业素质。播音员、主持人的主要任务是沟通信息、引导舆论和传播知识等，这些任务的完成都离不开口语这个最基本的表达方式。他们的口语表达能力决定了工作的质量和效率，他们的普通话水平的高低对整个社会的语言生活和语言规范化具有重要的示范和引导作用。有关部门对这一群体的普通话水平提出了很高的要求，《普通话水平测试实施办法（试行）》（1994）第十二条规定：“专门从事普通话语音教学的教师和从事播音、电影、电视剧、话剧表演、配音的专业人员，以及与此相关专业的毕业生应达到一级甲等或一级乙等水平。”《中华人民共和国国家通用语言文字法》（2000）第二章第十九条又明确规定：以普通话作为工作语言的播音员、节目主持人和影视话剧演员应当达到国家规定的等级标准。因此，普通话水平测试的等级标准已经成为播音员与主持人持证上岗资格的认证标准之一。然而，笔者在长期从事普通话水平测试一级甲等复审的工作中发现，近年来各地传媒学院的播音主持专业学生，作为未来播音主持工作的主体，在说话项的语言表达方面还存在某些缺憾，它们在一定程度上反映了这些应试人在普通话运用能力方面仍有继续提高的空间。

二、统计说明及“口语表达缺欠”

国家语委普通话培训测试中心是普通话水平测试的实施机构，它负责对来自全国各省市

* 孟晖系教育部语言文字应用研究所普通话培训测试中心讲师、2009 级社科院语用系博士研究生。

的一级甲等的录音材料进行复审（简称一甲复审），并最后确认应试人的普通话等级；其中，复审合格的，普通话水平为一级甲等，不合格的为一级乙等。十几年来，该中心积累了大量一甲复审音档资料。其中，各地传媒专业学生的录音材料占相当大的比例。笔者从2010年和2011年省级测试机构送交的传媒专业学生的录音材料中随机抽取各100份，总计200份，誊写、分析其中的说话项，并相信这些说话样本在一定程度上反映了近年来传媒专业学生的普通话口语表达水平。

人们通常认为，说话能直接反映一个人掌握一种语言的程度。普通话水平测试第四项“说话”主要测查应试人在无文字凭借的情况下说普通话的水平；其测试指标分别是：语音标准程度、词汇语法规范程度和自然流畅程度；测试的要求是：应试人从给定的两个话题中任选一个，连续说一段话，限时3分钟；说话方式是面向测试员或计算机辅助普通话水平测试的考试机单向说话。在普通话水平测试中，“说话”项所占分数最多（语音面貌25分，词汇语法10分，自然流畅5分，共计40分）。在这次抽取的200个样本中，普通话测试成绩平均分为95.1以上；“语音标准程度”平均扣分为2.52分，占该项总分10.1%；“词汇语法规范程度”平均扣分为0.265分，占该项总分2.7%；“自然流畅程度”平均扣分为0.185分，占该项总分3.7%。按照《普通话水平测试大纲》说话项扣分规定，这批应试人语音标准程度平均扣分归为“一档”或“二档”，语音面貌为“语音标准，或极少有失误”或“语音错误在10次以下，有方音但不明显”。词汇、语法规范程度平均扣分也归为“一档”或“二档”，基本面貌为：“词汇、语法规范”或“词汇、语法偶有不规范的情况”。“自然流畅程度”平均扣分归为“一档”或“二档”，基本面貌为：“语言自然流畅”或“语言基本流畅”。从三项指标的扣分来看，应试人语音标准程度所扣平均分最高，“自然流畅程度”平均扣分最低；应试人语音标准程度扣分占此项总分比例最高，“词汇语法规范程度”平均扣分占此项总分比例最低。这与一甲复审的通常状况相符合。

从表面上看，应试人存在的问题主要在语音面貌上，除此之外，在词汇、语法和自然流畅等其他语言表达方面都很不错，没有什么明显的错误和问题。然而，近年来，从事一甲复审的测试员在播音主持专业学生的说话项中，常常遇到类似“对我的帮助十分深厚”、“非常的多种多样”、“特别得味道鲜美”、“跟我讲说”和“我也想过说”等语言现象。由于这类语言现象往往与语义表达不顺畅有关，主要涉及普通话内部的语法和语用层面，与普通话水平测试评分标准中以普通话与方言的差异为主要参照系的“词汇语法规范程度”关系不大，在说话项中扣分很少，一般只扣1分，或不扣分。尽管如此，这些现象仍然不可忽视，它反映了应试人在普通话运用能力方面的某些缺欠，本文称之为“口语表达缺欠”。笔者认为这种欠缺对传媒专业学生能否胜任播音主持工作有一定的影响，应引起从事传媒专业教学方面的关注，并加强对传媒专业学生的普通话综合运用能力的培养。

三、表达缺欠类型及统计结果

通过对200份样本的说话录音进行誊写，笔者从中发现了63处有较为明显的口语表达缺欠。一些句子或语段中存在不只一个表达缺欠，最多的可以达到某处的语段里有4个表达缺欠，共计77个。笔者将收集到的口语表达缺欠分为五个类型：一、词语使用不当 。二、语法病句型表达缺欠，即主要涉及语法层面，不符合语法组合规则的句子，包括词性不对、虚词不妥、成分残缺、句法结构杂糅等。三、语义病句型表达缺欠，即主要涉及语义层面，不符合语义搭配要求的句子，包括搭配不当和表述歧义等。四、语用病句型表达缺欠，即主要涉及语用层面，不符合语用表达习惯的句子，包括成分多余、语序有误和语境偏误等。五、复句病句型表达缺欠，包括分句间意义缺乏联系和关联词使用不当等。这些缺欠类型占缺欠总数的比例差别较大，其中，语用病句型表达缺欠占48.1%，这一类型里的小类“成分多余”占35.1 %，居于首位；语义病句型表达缺欠占26.0 %，这一类型里的小类“搭配不当”占24.7%（具体数据见表一）。这提示传媒专业的教师和学生在提高语言表达能力的教学中应注意语用和语义的层面，同时，语法病句等问题也不容忽视。

表一　表达缺欠类型与统计数据

表达缺欠类型	问题分类	数量	百分比（占缺欠总数）
一、词语使用不当		17	22.1%
	1. 虚词不妥	10	13.0%
	2. 其他	7	9.1%
二、语法病句型		3	3.9%
	1. 成分残缺	1	1.3%
	2. 句法结构杂糅	2	2.6%
三、语义病句型		20	26.0%
	1. 搭配不当	19	24.7%
	2. 表述歧义	1	1.3%
四、语用病句型		37	48.1%
	1. 成分多余	27	35.1%
	2. 语序有误	4	5.2 %
	3. 语境偏误	6	7.8%
五、复句病句型		3	3.9%
	1. 分句间意义缺乏联系	1	1.3%
	2. 关联词使用不当	2	2.6%

四、口语表达缺欠分析

（一）词语使用不当——是指语言使用者没有准确使用某些词语表达想要表达的意思，包括虚词使用不恰当、不能区分近义词而造成误代近义词、生造词语和使用方言词等现象，但是使用的词语基本符合语法组合规则。

1. 虚词不妥

例如：（注：括号中的词语为笔者替换的恰当的词语。有些例句存在多处表达缺欠，单项分析时句尾括号中只列出正在讨论的一种缺欠的替换词语。)

(1)在平时上课，我都没有迟到。没有特殊情况也不会旷课、早退。(都)

(2)我觉得他们的形象特点对于我的性格以及我生活各方面，也是有一定的借鉴的。(都)

(3)当然，三国的历史，其中包括了三个非常著名的战役，书中也有了非常详尽的描写。(都有)

2. 其他

(1)但是这个梦想一直在我的心底深深地扎固。(扎下根来)

(2)因为我觉得动画片伴随我的成长，而少儿节目主持人也在那时深刻地种在我的心里。(印)

(3)这些全鱼宴呢，既营养又新鲜也美味，是难得一尝的食物。(很难吃到)

(二)语法病句型表达缺欠，即主要涉及语法层面，不符合语法组合规则的句子。

1. 成分残缺

(1)在描述了这么多自然的风景的语言，真的觉得特别的苍白和无力。或许，这样会有更广阔的想象空间。

2. 句法结构杂糅

(1)它的形象(指猪八戒)是最为还原为一种生活常态的。(该句把"是……常态"与"还原为……常态"两种说法硬凑在一起。)

(2)他也使得自己的亲人和家人把这个生活陷入了窘境。(该句将使动结构和"把"字结构套叠在一起。)

(三)语义病句型表达缺欠，即主要涉及语义层面，不符合语义搭配要求的句子。

1. 搭配不当

例如：(注：括号中指出搭配不当的成分)

(1)还有它虽然是在城市里边，它却隔离了城市的纷纷扰扰和隔离了城市的一些嘈杂的环境。(述语与宾语)

(2)东阿的阿胶更是不用说了。商店里摆着琳琅满目的东阿的阿胶制品，特别地营养。(《我的家乡》)(状语与中心语)

(3)还有去一些娱乐场所，这样的比较激烈的一些业余生活的活动。(《我的业余生活》)(定语与中心语)

2. 表述歧义

例句：

(1)我们的同学谁都没有告诉老师为他准备了一个很大的惊喜。

(四)语用病句型表达缺欠，即主要涉及语用层面，不符合语用表达习惯的句子。

1. 成分多余

例如：

(1)我们更喜欢的是类似于羽毛球、网球、乒乓球这样的一些灵动而且动脑子的运动项目。("灵动"与"动脑子"语义相似，"灵动"一词属生造词，可去掉。)

(2)有的人喜欢像是比如说运动，还有像唱歌。("像是"与"比如说"语义相似，但在例句中“喜欢”和“运动”之间不用出现这些成分。)

(3) 通过看了这本书,给了我很多的启发。(“通过”与“了”都表示“完成”的意思,应把“了”去掉。)

2. 语序有误

例如:(注:括号中是修改好的部分)

(1) 首先,她在学习上帮助了我很多。(给了我很多帮助)

(2)(他的女儿)因为难产,生下了一个小男孩,但是也是最后不幸大出血死去了。(大出血不幸死去了)

(3) 在我初中的时候,也就是2002年,我遇到了能让我尊敬一生的人,这就是我的英语老师。(一生都尊敬)

3. 语境偏误

(1) 但是,我对于网购有很多不同的看法。我从来不在网上买衣服。为什么呢?因为我曾经有过很不好的经历。(说话内容是讲第一次在网上购买衣服受骗的经历。问题:前后矛盾)

(2) 英语的发音好也反映出我中文的发音也很标准。(从这句话前面的叙述中,看不出“英语的发音好”与“中文的发音也很标准”之间有必然的联系。)

(3) 在我小学的时候,曾经问父母这样一个问题,为什么画儿上的天空都是那么蓝,那么清澈,而我头顶的这片天空却是如此的灰雾茫茫,可以说我的这个问题代表了我们那个时代的学生的一个看法,就是经济发展和环境保护也是密不可分。(从这段话前面的叙述中,看不出后面得出的结论性看法——经济发展和环境保护具有密不可分的关系。)

(五) 复句病句型表达缺欠

1. 分句间意义缺乏联系

例句:

(1) 大家在一起走过黄山、走过宏村,也许这样才是给我们这一次旅行留下了一个最难忘的回忆。游历了许多美丽的地方,这样也会给我们增加了许多“社会的丰富的知识”,还有对自己的一些阅历吧。(“游历了许多美丽的地方”可以增加“社会的丰富的知识”,但是不能推出“对自己的一些阅历”。)

2. 关联词使用不当等

例句:

(1) 五千年的历史不仅让我们的国家,我们自己的中国人感到非常地骄傲和自豪,也让许多外国人都喜欢上了我们的国家。(“也”应改为“还”)

(2) 他这幅作品获得了日本的选拔,并到了新加坡大赛,获得了第三名。(“并”应改为“还”)

五、思考与对策

通过对传媒专业学生在PSC说话项中口语表达缺欠的整理归纳和分析,可以看出传媒专业学生存在的口语表达缺欠主要涉及语义和语用层面,即在搭配不当、表述歧义、成分多余、语序有误和语境偏误等几个方面的问题，而极少涉及方言词汇和方言语法方面的问题。这在一定程度上说明：应试人的普通话水平达到一级乙等高分（95.0以上）之后，口语表达能力的高低已不主要通过普通话水平测试所要测量的口语规范水平反映出来，而主要体现在应试人对普通话内部词汇、语法等语言要素综合运用的口语表达水平上，更多地涉及语义和语用等方面。正是这个原因，使得测试员对这类语言缺欠在听感上觉得别扭，在理解上感到语义表达不够清晰、流畅，扣分时又无法下手，只能少扣或不扣，而应试人成绩仍能被评定为一级乙等甚至甲等。虽然，传媒专业的学生获得这样的成绩能够达到有关部门的规定，但这些语言表达问题使他们的口语表达水平离公众所期望的还有相当的距离。尽管口语和书面语在词汇和语法方面有不同的特点和使用风格，一些语序颠倒、成分冗余和形式叠加的语言现象在规范的现代汉语书面语中不会出现，而在口语表达中，特别是在事先毫无准备的情况下，却是很难避免的。作为播音主持专业的学生，由于所要从事的工作对普通话的语言综合运用能力有很高的要求，同时，播音员与主持人的语言规范和语言表达对全社会成员具有重要的示范作用，加强传媒专业学生语言素养方面的学习和口语表达能力的训练，使他们在PSC说话项中克服上述语言表达缺欠是非常必要的。

笔者认为应试人要想提高普通话口语表达水平，需加强说话项内容的准备和注重口语表达形式的提炼加工。任何一段话语都是由内容和形式构成的，如果说话人对想要说的内容都不清楚，匆忙应付，自然在语言表达上容易出现搭配不当、表述歧义、成分多余、语序有误、语境偏误以及语句间意义缺乏联系等表达缺欠；如果说话人不注重对语言表达形式的处理加工，说话时就会出现词语使用不当、成分残缺和句法结构杂糅等表达缺欠。根据以往对传媒专业学生进行测前辅导和训练的经验，笔者建议按照“内容——结构——语言表达——语音”这些序列环节对应试人的说话项进行训练。

首先，从《普通话水平测试大纲》提供的30个规定话题中选出要说的题目，进行大脑风暴，把与题目相关的、想说的内容尽可能都想出来，但不一定说出来。

把内容想充分之后，第二步，根据题目对内容进行删减，把要说的内容条理化、结构化，即：把各部分内容要说什么都想好，并把每部分内容先说什么后说什么也想清楚，然后列出提纲，但注意一定不要把要说的内容都写出来，否则，测试时容易出现依赖稿件、背书稿的情况，并被扣分。

第三步，按照提纲，把内容与有声语言形式相结合，用普通话进行表达。这个结合的过程应当多重复几次，但每次按照提纲所说的话语不一定要完全一致，使大脑对相关的内容、与内容相应的多种语言表达方式以及内容与语言相结合的过程留下比较深的记忆痕迹，但又不是死记硬背；同时，在每次练习说话的过程中，应注意对语言表达形式进行及时加工处理，避免出现种种表达缺欠，力求每说一遍都将所说的话语在头脑中进行一次修改，并让语句越改越顺畅，语义表达越来越清晰、准确。

最后，把与话题内容相应的较为完整的话语录音，分析其中的语音问题，并集中练习容易念错的字（音节）和发错的音（音素），反复练习，形成正确的发音习惯。之后，再将这些字和音放到这段话语的相关语句中，让正确的发音习惯与语句表达形式相结合，即：练习说话时，在注意内容和语言表达形式的同时，还要用正确的语音来发音；由于练习者在此之前已经完成了有关话题内容和语言表达形式的熟悉过程，在最后一个阶段，边练习叙说内容边克服语音错误或缺陷就比较容易，不会顾此失彼了。

按照上述的四个环节进行训练，可以使应试人把话题内容、语句表达形式和语音外壳比较完美地结合为一个整体；经常这样练习，对于提高应试人的口语表达水平会起到良好的效果。总之，笔者希望传媒专业的学生能够重视口语表达缺欠这类语言现象，通过对普通话水平测试的测前充分准备，不仅提高普通话的口语规范水平，还能提高普通话的口语表达水平。

参考文献

[1] 国家语言文字工作委员会普通话培训测试中心，中华人民共和国教育部语言文字应用管理司．普通话水平测试实施纲要［M］．北京：商务印书馆，2008.

[2] 教育部语言文字应用管理司．新时期语言文字法规政策文件汇编［M］．北京：语文出版社，2005.

[3] 何钦玲．对当前播音员普通话水准的分析与思考——以江西省普通话水平测试为观察试点［J］．声屏世界，2002，(10)．

[4] 刘惠彬．关于艺术院校学生普通话水平测试的几点思考［J］．新疆师范大学学学学报（哲学社会科学版），2006，(2)．

[5] 韩玉华．香港考生在普通话水平测试“说话”中几种常见的偏误分析［J］．语言文字应用，2006(3)．

21 世纪辞书标音规范调查分析

唐智燕

（湘潭大学文学与新闻学院）

《普通话异读词审音表》（以下简称《审音表》）自1985 年12 月公布实施至今已有20 多个年头了。彭红（1999）曾对20 世纪90 年代印刷出版的20 余种字典、词典中异读词的标音情况作了调查，调查结果显示只有五六种是严格依据《审音表》标音的。21 世纪出版发行的字典、词典对异读词的标音状况又是如何的呢？它们是否都严格执行《审音表》的订音标准？笔者对下列19 种权威辞书做了详尽调查。调查结果为：严格执行《审音表》订音标准的只有一种，即李行健主编的《现代汉语规范词典》，比较严格执行《审音表》订音标准的有三种，即周宏主编的《现代汉语辞海》、黄颉等编的《简明多功能字典》及赵钢立等主编的《新编说文解字字典》，其余15 种皆与《审音表》有所出入，兹将其中与《审音表》规范订音不同的条目罗列如下，以期这些辞书在修订再版时斟酌更正。

一、许嘉璐主编《现代汉语模范字典》，中国社会科学出版社，2000 年12 月第1 版，2001 年1 月第2 次印刷

（一）“澎”读 pēng、péng 二音。pēng 溅：~了一脸的水。péng ~湃／~湖列岛。笔者按：《审音表》“澎湃”词条：“取消 pēng 音，统读 péng 音。”

（二）“魄”读 pò、tuò、bó 三音。pò①迷信的人指依附在人身体上的精神：魂飞~散／失魂落~／三魂七~。②精力；精神；胆识：~力／体~／气~／惊心动~ 。tuò【落魄】luòtuò <文> ①潦倒；失意。②放荡不羁。bó【落魄】luòbó ①穷困潦倒：少时~ 。②豪放，不受拘束。‖也写作“落泊”。笔者按：《审音表》：“落魄，字典、词典注音 luò（pò，bó，tuò），新订 luòpò，附注：‘bó、tuò’分别写作‘泊、拓’。”

二、许嘉璐主编《汉字标准字典》，辽宁大学出版社，2001 年 8 月第 1 版第 1 次印刷

（一）“绩”读 jī。笔者按：《审音表》：“取消 jī 音，统读 jì。”

（二）“脊”读 jǐ、jí 二音，其中在 jí 音下曰：“用于‘脊梁’、‘脊檩’等。”笔者按：《审音表》：“脊梁，《初稿》读音（jí）liang，修订读音 jǐliang，说明：取消 jí 音，统读 jǐ。”

（三）“拎”读 līng。笔者按：《审音表》：“新订 līn。”

（四）“澎”读 pēng、péng 二音。pēng 溅：~了一身油。péng①澎湃。②澎湖列岛。

（五）“魄”读 pò、tuò、bó 三音。pò①迷信的人所指的能依附于人体而存在的精神、精气：失魂落~。②精力；气质：体~/~力/气~。tuò［落魄］luòtuò①穷困潦倒：~书生/一生~。②豪放不羁：~江湖行。bó 象声词：彭彭~~。

（六）“萎”读 wěi、wēi 二音。wěi 干枯；低落：枯~/~谢/~缩/~靡。wēi 衰落：气~了/价钱~下来了。笔者按：《审音表》：“萎缩，《初稿》读音（wēi）suō，修订读音 wěi suō，说明：取消 wēi 音，统读 wěi 音（《初稿》注：‘萎’单用念阴平，如‘气萎、买卖萎’）。”

（七）“荫”读 yīn、yìn 二音。yīn①树木遮挡日光所形成的阴影：树~/绿树成~。②遮盖：~蔽/~翳。yìn 庇护。笔者按：《审音表》：“荫蔽，字典、词典注音（yīn）bì，新订 yìnbì，附注：统读 yìn，‘林荫、树荫’写作‘林阴、树阴’。”

（八）“帧”读 zhēng。笔者按：《审音表》：“装帧，新订 zhuāngzhēn，取消 zhēng 音，统读 zhēn。”

（九）“筑”读 zhú、zhù 二音，其中在“古代乐器名；贵州省贵阳市的别称”这两个义项下标音 zhú。笔者按：《审音表》：“筑，新订 zhù（字、词典二音适用义项不同，不取）。”

（十）“卓”读 zhuō。笔者按：《审音表》：“卓见，《初稿》读音 zhuōjiàn，修订读音 zhuójiàn，说明：取消 zhuō 音，统读 zhuó。”

三、莫衡主编《当代汉语词典》，上海辞书出版社，2001 年 4 月第 1 版，2001 年 6 月第 2 次印刷

（一）“澎”读 pēng、péng 二音。pēng 溅：~了一身水。péng［澎湃］［澎湖列岛］。

（二）“魄”读 pò、tuò 二音。pò 魂~，气~。tuò［落魄］。

（三）“凿”读 záo，但在“明确；真实”义项下括注曰“也有读 zuò”。笔者按：《审音表》：“取消 zuò、zuó 音，统读 záo。”

四、商务印书馆辞书研究中心编《古今汉语词典》（大字本），商务印书馆 2002 年版；商务印书馆辞书研究中心编《古今汉语字典》，商务印书馆 2003 年版

（一）“嗟”读 jiē，但括注曰“又 juē”。按：《审音表》：“嗟叹，字典、词典注音（jiē 又 juē）tàn，新订 jiētàn，附注：取消又音 juē。”

（二）“唯”读 wéi、wěi 二音，其中在“应答声；应答；打招呼的声音”义项下标音 wěi。又“唯唯诺诺”词条中的“唯唯”标音 wěiwěi。笔者按：《审音表》：“唯唯诺诺，《初稿》读音（wěiwěi）nuònuò，修订读音 wéiwéi nuònuò，说明：取消 wěi 音，统读 wéi 音。”

（三）“荫”读 yīn、yìn 二音，其中在“树荫；日影”两个义项下标音 yīn。

五、《新华汉语词典》编委会编《新华汉语词典》（彩色版），商务印书馆国际有限公司 2004 年 9 月第 1 版，2005 年 3 月第 3 次印刷

（一）“澎”读 pēng、péng 二音。pēng < 方 > 溅：水澎了我一身。péng［澎湃］［澎湖列岛］。

（二）“魄”读 pò、bó、tuò 三音。pò ①迷信的人认为依附于人体而存在的精神：三魂七 ~ | 魂飞 ~ 散。②精力；精神：气 ~ | 体 ~ | ~ 力。bó“落魄”（luòpò）的“魄”的另一音。tuò“落魄”的“魄”的又音，且在“落魄”（luòpò）词条下亦括注曰“又读 luòtuò”。

（三）“唯”读 wéi、wěi 二音，其中，在“表示应答的词”这一义项下标音 wěi。词条“唯唯诺诺”中的“唯唯”标音 wěiwěi。

（四）“荫”读 yīn、yìn 二音，其中在“树阴”及“古时指日影”这两个义项下标音 yīn。

（五）“螫”读 shì。笔者按：《审音表》：“螫，字典、词典注音（shì），新订文读 shì，口语读 zhē。”

六、中国社会科学院语言研究所词典编辑室编《现代汉语词典》，商务印书馆 2002 年增补本（大字本），2003 年 9 月第 3 次印刷

（一）“澎”读 pēng、péng 二音。pēng < 方 > 溅。péng 澎湃 | 澎湖列岛。

（二）“唯”读 wéi、wěi 二音，其中在“表示应答的词”这一义项下标音 wěi。词条“唯唯诺诺”中的“唯唯”标音 wěiwěi。

（三）“萎”读 wěi，但在“衰落”义项下括注曰“口语中多读 wēi”。

（四）“寻”读 xún，但又括注曰“口语中多读 xín”，且在“寻思、寻死、寻开心”等

词条下也括注曰“口语中多读 xín”。笔者按：《审音表》：“寻思，《初稿》读音（xín）si，修订读音 xúnsi，说明：取消 xín 音，统读 xún。”

（五）“荫”读 yīn、yìn 二音。其中在“树阴”义项下标音 yīn，此义项下收录“荫蔽”、“荫翳”两个词条：【荫蔽】yīnbì①（枝叶）遮蔽：茅屋～在树林中。②隐蔽。【荫翳】yīnyì① 同“荫蔽”yīnbì①：柳树～的河边。②枝叶繁茂：桃李～。

（六）“凿”读 záo，但在“卯眼”与“明确；真实”这两个义项下括注曰“也有读 zuò”，且在“凿空”、“凿枘”、“凿凿”词条下亦分别括注曰“也有读 zuòkōng、zuòruì、zuòzuò”。

（七）“指”读 zhǐ，但在词条“指甲”、“指甲盖儿”下括注曰“口语中多读 zhījia”。笔者按：《审音表》：“指甲，《初稿》读音（zhī）jia，修订读音 zhǐjia，说明：取消 zhī、zhí（《初稿》有“指头”）二音，统读 zhǐ。”

七、周宏主编《现代汉语辞海》（上下册），光明日报出版社 2003 年 1 月第 1 版，2003 年 1 月第 1 次印刷

（一）“落魄”读 luòpò，但又括注曰“又读 luòtuò”。

（二）“荫”所有义项下皆标音 yìn，但在“绿”字下却收录了词条“绿荫”，且标音为 lǜyīn，释为“（名）指树阴：～蔽日”。

八、李葆嘉主编《实用现代汉语规范词典》（2004 年修订本），吉林大学出版社

（一）“魄”读 pò、tuò 二音。pò①（名）迷信的人认为依附于人体而存在的精神。②精力；精神。tuò 见［落魄］（luòtuò）。

（二）“荫”读 yīn、yìn 二音。其中在“树阴”义项下标音 yīn，此义项下收录“荫蔽”、“荫翳”两个词条：【荫蔽】yīnbì①（枝叶）遮蔽：茅屋～在树林中。②隐蔽。【荫翳】yīnyì①荫蔽①：柳树～的河边。②枝叶繁茂：桃李～。

九、中国社会科学院语言研究所词典编辑室编《现代汉语词典》2005 年第 5 版

（一）“澎”读 pēng、péng 二音。pēng <方>溅：～了一身水。péng［澎湖列岛］｜［澎湃］。

（二）“魄”读 pò、tuò、bó 三音。pò ①迷信的人指依附于人的身体而存在的精神：魂魄。②魄力或精力：气魄｜体魄。tuò“落魄”的“魄”pò 的又音。bó 见【落魄】。而“落魄”又设为两个词条：【落魄】luòbó 同“落泊”。另见 luòpò。【落魄】luòpò 又 luòtuò <书>①潦倒失意：～江湖。②豪迈，不拘束。另见 luòbó。

（三）“螫”读 shì，<书>蜇（zhē）。

（四）“唯”读 wéi、wěi 二音，其中在“表示应答的词”这一义项下标音 wěi。词条“唯唯诺诺”中的“唯唯”标音 wěiwěi。

（五）“萎”读 wěi，但在“衰落”这一义项下括注曰“口语中多读 wēi”。

（六）“寻”读 xún，但在词条“寻短见”、“寻开心”、“寻思”、“寻死”、“寻死觅活”下括注曰“‘寻’口语中多读 xín”。

（七）“荫”读 yīn、yìn 二音。其中在“树荫”义项下标音 yīn，此义项下收录“荫蔽”、“荫翳”两个词条：【荫蔽】yīnbì①（枝叶）遮蔽：茅屋~在树林中。②隐蔽。【荫翳】yīnyì＜书＞①荫蔽：柳树~的河边。②枝叶繁茂：桃李~。‖也作阴翳。

（八）“指”读 zhǐ，但在词条“指甲”、“指甲盖儿”、“指甲花”、“指甲心儿”下括注曰“口语中多读 zhī”，又在词条“指头”、“指头肚儿”下括注曰“口语中多读 zhí”。

十、黄颉等编撰《简明多功能字典》，武汉出版社 2005 年 10 月第 1 版，2005 年 10 月第 1 次印刷

（一）“魄”读 pò、tuò 二音。pò 魂~｜三魂七~｜心~｜体~｜气~｜~力｜惊心动~。tuò［落魄］（luòtuò）也作落拓：潦倒失意；颓丧散漫；豪放不羁。［注］义同落泊(bó)。

十一、赵钢立等主编《新编说文解字字典》，河南大学出版社 2007 年 4 月第 1 版第 1 次印刷

（一）“魄”读 pò、tuò 二音。pò①古人指依附于人的形体，人死后可以继续存在的精神：丧魂落~｜魂飞~散｜魂~。②精神；精力；胆识：惊心动~｜体~｜气~｜~力。另见 tuò。tuò［落魄］luòtuò 1.＜形＞颓丧失意。2.＜形＞豪放不羁。也写作“落拓”。该字典作按曰：“单用‘落魄’一词时读 luòtuò，如：落魄江湖载酒行（唐杜牧诗）；（郦食其）好读书，家贫落魄（《史记》）。但在‘失魂落魄’中应读 luòpò。”

十二、张双棣编著《古汉语小字典》，北京大学出版社 2007 年 8 月第 1 版第 1 次印刷

（一）“绩”读 jī，有三个义项：①缉麻，析麻并搓接成线。②继承。③功业，功绩。

（二）“眯”读 mǐ、mì 二音。mǐ 尘埃等进入眼中，使视线不清。mì 梦魇。笔者按：《审音表》“眯眼”词条云：“用作‘尘土入目’义时读 mí，也作‘迷’；用作‘微微合眼’义时读 mǐ。”

（三）“澎”读 pēng［澎湃］波浪相互冲击。

（四）“魄”读 pò、bó、tuò 三音。pò①阴神；古人认为可以离开形体而独立存在的精神。②月亮初出或没时的微光。bó［旁魄］广大无边无际。tuò［落魄］穷困不得志。

（五）“螫”读 shì。①毒虫或毒蛇刺、咬。②苦恼。

（六）“唯”读 wéi、wěi 二音，其中在“应答声”这一义项下标音 wěi。

（七）“荫”读 yī、yìn 二音。yīn 树荫。yìn 遮盖。

（八）“凿”读 záo、zuò 二音。záo①凿子。②凿开；挖掘。③穿凿附会。zuò 榫眼。

（九）“筑”读 zhú、zhù 二音，其中在“古代的一种弦乐器”这一义项下标音 zhú。

（十）“卓”读 zhuō，有两个义项：①高。②遥远。

十三、商务印书馆辞书研究中心修订《四角号码新词典》，2008 年 1 月第 10 版

（一）“荫”读 yīn、yìn 二音。yīn 树荫；荫蔽。yìn 荫庇。

十四、留学生汉英学习词典编写组编《留学生汉英学习词典》，上海译文出版社 2008 年 1 月第 1 版第 1 次印刷

（一）“唯唯诺诺”读 wěiwěi nuònuò。

（二）“荫”读 yīn、yìn 二音。yīn 荫蔽。yìn 荫庇、荫凉。

十五、许少峰编《近代汉语大词典》，中华书局 2008 年 8 月第 1 版第 1 次印刷

（一）“骨朵”、“骨碌”、“骨碌碌”中的“骨”标音 gǔ。笔者按：《审音表》“骨头”词条云：“除‘骨朵、骨碌’读 gū 外，其余都读 gǔ。”

（二）“汲”读 jī。笔者按：《审音表》“汲”词条云：“新订 jí。”

（三）“绩”读 jī。

（四）“眯”读 mǐ：因微物落入眼中，眼睛睁不开。笔者按：《审音表》“眯眼”词条云：“用作‘尘土入目’义时读 mí，也作‘迷’；用作‘微微合眼’义时读 mǐ。”

（五）“澎”读 pēng、péng 二音。pēng 迸，泼。péng［澎湃］。

（六）“啥”读 shà。笔者按：《审音表》“啥”词条：“《初稿》读音 shà，修订读音 shá，说明：取消 shà 音，统读 shá。”

（七）“唯唯诺诺”读 wěiwěi nuònuò。

十六、张林川主编《现代汉语成语词典》，中国书籍出版社 2000 年 7 月第 1 版，2001 年 1 月第 2 次印刷

（一）“唯唯诺诺”读 wěiwěi nuònuò。

十七、曹研编《10000 条成语》，商务印书馆国际有限公司 2006 年 8 月

（一）“唯唯诺诺”读 wěiwěi nuònuò。

十八、梅萌主编《汉语成语大全》，商务印书馆国际有限公司，2007 年 8 月第 1 版第 1 次印刷

（一）“绿叶成荫”中的“荫”读 yīn。

（二）“唯唯否否”、“唯唯连声”、“唯唯诺诺”中的“唯唯”皆读 wěiwěi。

由上可见，上述权威辞书标音与《审音表》订音的差异，主要表现在“澎、魄、唯、萎、荫、寻、凿、指”等字的读音差异上，其中“澎、魄、唯、荫”这四个字可以说是个“死角”，顶级权威辞书几乎都无视《审音表》的订音规范，这不免让国家标准陷入尴尬的境地，也致使学校师生、播音员、主持人等人员无所适从。现暂以“魄、荫”为例，来说明权威辞书标音与《审音表》订音规范的分歧。《审音表》“落魄”词条：“字典、词典注音 luò（pò，bó，tuò），新订 luòpò，附注：‘bó，tuò’分别写作‘泊、拓’。”但《现代汉语模范字典》、《新华汉语词典》及《现代汉语词典》等中“落魄”仍读 luò（pò，bó，tuò）三音；而《当代汉语词典》、《现代汉语辞海》、《实用现代汉语规范词典》、《简明多功能字典》及《新编说文解字字典》中“落魄”则读 luò（pò，tuò）二音。就连本着推广《审音表》订音规范的《现代汉语规范词典》，在“魄”的读音上也有一点拿捏不定。该词典“魄”词条云：“魄 pò ①古人指依附于人的形体，人死后可以继续存在的精神：丧魂落～｜魂飞～散｜魂～。②精神；精力；胆识：惊心动～｜体～｜气～｜～力。另见 tuò。魄 tuò 见‘落（luò）魄’。”可见，《现代汉语规范词典》也认为“落魄”可读 luò（pò，tuò）二音。但是，在词条“落泊”、“落魄”、“落拓”的解说中，似乎又主张“luòpò”一个读音，且主张“落魄”与“落拓”、“落泊”的词义也有别。如：

【落泊】luòbó①潦倒失意：半生～。②见“落拓（tuò）”①。现在一般写作“落拓”。不宜写作“落魄（bó）”。

【落魄】luòpò 失落魂魄；比喻惊慌失措：失魂～。“魄”不读 bó。

【落拓】luòtuò①豪迈，不拘束：行为～。②见“落泊”①。现在一般写作“落泊”。不宜写作“落魄（tuò）”、“落托”。

不过，《现代汉语规范词典》对“落泊”、“落魄”与“落拓”词义的解释，是严格遵照《审音表》“落魄”词条下“附注”一栏的规定的，即“落魄”只指“失落魂魄，比喻惊慌失措”之义，而“穷困潦倒”与“豪放不羁”两个义位则由“落泊”和“落拓”承担。

“荫”的读音，《审音表》在“荫蔽”词条下明确规定“统读 yìn”，而且规定：“‘林

荫、树荫'写作'林阴、树阴'。"《现代汉语规范词典》也反复重申"荫"的读音规范及"林阴"、"树阴"、"绿阴"的字形规范，其中"荫庇"、"荫蔽"、"荫凉"及"荫翳"词条中的"荫"皆注音 yìn。但是，《汉字标准字典》、《现代汉语词典》及《实用现代汉语规范词典》等权威辞书"荫"仍注 yīn、yìn 二音，其中在"树阴"（或作"树荫"）义项下皆注音 yīn，词条"荫蔽"和"荫翳"中的"荫"亦皆标音 yīn。商务印书馆辞书研究中心修订的《四角号码新词典》（2008 年第 10 版）本是比较严格执行《审音表》规定的订音标准，但唯独在"荫"的注音上没有执行，即仍给"荫"标注 yīn、yìn 二音，"荫蔽"仍标音 yīnbì。《现代汉语辞海》也本是比较严格执行《审音表》订音标准的，如将"荫"的所有义项统一注音为 yìn，词条"荫庇"、"荫蔽"、"荫凉"及"荫翳"之"荫"皆注音 yìn，但在"绿"字下却又收录了词条"绿荫"，且注音为 lǜyīn，释为"（名）指树阴：~蔽日"，其结果相当于仍认同"荫"有 yīn、yìn 二音。而且，上述辞书大多都同时收录"林阴"与"林荫"、"树阴"与"树荫"、"绿阴"与"绿荫"词条。

可见在推广《审音表》订音规范的过程中，要攻克像"荫"、"魄"这样的"死角"确非易事。大型字典、词典仍坚守自己的阵地，这难免不会阻碍《审音表》的推广。笔者对"落魄"、"落泊"、"落拓"及"林阴"、"树阴"、"绿阴"等词在顶级权威报刊《人民日报》（2002 年—2007 年）中的使用情况做了穷尽性检索考察，考察结果为："落魄"共 23 见，其中 2 见指"失落魂魄，比喻惊慌失措"，其余 21 见都指"穷困潦倒"，但"落泊"和"落拓"皆无 1 见；"林阴"1 见，"林荫"105 见，"树阴"10 见，"树荫"98 见，"绿阴"7 见，"绿荫"190 见。笔者又穷尽性检索考察了它们在《北京大学现代汉语语料库》中的使用情况，考察结果为："落魄"共 480 见，其中指"失落魂魄，比喻惊慌失措"254 见，指"穷困潦倒"224 见，指"豪放不羁"2 见；"落泊"共 15 见，指"穷困潦倒"；"落拓"共 116 见，指"豪放不羁"96 见，指"穷困潦倒"20 见；"林阴"12 见；"林荫"451 见；"树阴"63 见；"树荫"469 见；"绿阴"24 见；"绿荫"516 见。可见，"林阴"、"树阴"、"绿阴"等规范字形反而用得少。

而笔者所做的另一项调查，其结果更令人深思和忧虑。我们抽查了本校研一（汉语言文字学专业）、大二（汉语言文学专业）及本校子弟学校高二、初二、小学六年级学生各 12 名（其中研一、大二学生都是"85 后"，而高二、初二、小学六年级学生，其语文成绩都在中等以上水平），让他们完成以下测试题：

1. 把括号里的词选择一个正确读音，并写出正确的汉字。

（1）有一个（　　）潦倒的穷画家，一直坚持着自己的理想，除了画画之外，不愿从事其他任何工作。

A. luò pò　　　　B. luò bó

（2）他有着（　　）不羁的名士作风。

A. luò pò　　　　B. luò tuò

2. 注音：（1）"荫凉"中的"荫"　　（2）"荫蔽"中的"荫"

3. 听写："林阴大道"中的"林阴"、"在树阴下乘凉"中的"树阴"、"小楼掩映在绿阴下"中的"绿阴"。

调查结果如下表所示：

作答者＼作答情况＼题号	1（1）		1（2）		2（1）		2（2）		3	
	A 落魄	B 落泊	A 落魄	B 落拓	yīn	yìn	yīn	yìn	林荫、树荫、绿荫	林阴、树阴、绿阴
研一学生	12	0	5	7	5	7	10	2	12	0
大二学生	12	0	1	11	11	1	6	6	11	1
高二学生	4	8	0	12	3	9	0	12	3	9
初二学生	2	10	0	12	3	9	0	12	0	12
小六学生	2	10	0	12	0	12	0	12	0	12

调查结果显示，学历与答题正确率成反比。中小学生答题的正确率远远高于在读硕士研究生和大学本科生。中小学生觉得这些测试题太简单了，而硕士研究生和大学本科生觉得很难，他们在答题纸上涂了又涂，改了又改。对于这一调查结果，推究其因，我们认为主要有以下几点：一是，自《审音表》公布以后，中小学教材已严格按照《审音表》的相关规定做了全面修订；二是，以上测试题涉及的异读词的读音和字形问题常常出现在中小学考试试题中；三是，研究生和大学生一般都使用电脑打字书写，而各类汉字输入法（如智能 ABC 输入法、微软拼音输入法、搜狗拼音输入法等）也存在不规范之处，比如输入 linyin，弹出的词条中有“林荫”；输入 shuyin，弹出的词条中有“树荫”，等等，这也致使电脑使用者深信“林荫”、“树荫”这些写法是正确无误的。另外，调查结果还折射出一个令人担忧的问题，那就是只为考试服务的思想和做法。接受调查测试的研一、大二的 24 名学生都是“85 后”，他们所学的中小学教材也都是按《审音表》的规范修订的新教材，而且异读词的相关问题也应曾经常出现在他们的语文测试题中，因此按理来说，他们也应能轻车熟路地完成上述测试题，但结果却是一塌糊涂。在中小学阶段为了应付此类考试，于是必须刻意去记忆它们，但等到不用考它们了，也就渐渐淡忘了它们的正确读音和写法。

综上所述，推广《审音表》和标准普通话任重而道远。各大字典辞书若能率先严格执行并积极推广《审音表》的订音标准，对加快异读词的规范读音无疑将会起到举足轻重的作用。目前不少辞书在异读词的标音上与《审音表》的订音标准存在一些分歧，如何解决这些分歧，应是当前要做的头等大事。如果《审音表》确有尚待修正和完善之处，那么也应积极听取不同意见，试着重新修订某些字的读音。比如，“螫”的读音，《审音表》规定：“新订文读 shì，口语读 zhē。”但《现代汉语词典》、《新华汉语词典》等权威辞书却一如既往地坚持读“shì”一音。余中明（1998）指出：“‘螫’本来没有 zhē 一音，读 zhē 的字写作‘蜇’。只因为杨朔《荔枝蜜》的‘螫’字‘无法听懂’，就专门为‘螫’增加 zhē 一音，实在不妥。”对于诸如此类的读音分歧，确实可以深入商讨。

参考文献：

[1] 彭红. 辞书标音规范与《普通话异读词审音表》[J]. 语言文字应用，1999，(2).

[2] 余中明.《现代汉语词典》与《普通话异读词审音表》订音的差异 [J]. 语文建设，1998，(8).

普通话水平测试试卷题面刍议*

云天骄

（中国社会科学院研究生院语言文字应用系）

普通话水平测试（以下略作“PSC”）是对应试人运用普通话所达到的标准程度和熟练程度的检测和评定。PSC 采用口试方式进行，但题面以汉字为依托。在单音节字、多音节字词、选择判断和朗读中，应试人需依托题目中的汉字，读出字音，以使测试员对其普通话水平做出等级评判；“说话”测试项是无文字凭借的测试，但其话题题目也以汉字为题面。据此，有的学者提出，① 既然单音节字题考察的是应试人普通话声母、韵母和声调的发音，为了剔除文化考核的内容，避免应试人因为不熟悉字形而造成失误，应该把单音节字题改成以汉语拼音为题面。笔者认为，此种改变是否科学，是否具有可操作性，尚值得思考。本文拟就此问题进行探讨。

一、以汉字作为试卷题面的理据基础

刘照雄先生曾经阐明，在设计之初，PSC 测试对象实际包含三个前提条件：（一）应试人的母语（第一语言）为汉语；（二）应试人一般通晓汉语书面语；（三）应试人不仅能听、会说普通话，而且他们所从事的职业要求他们必须能说标准的或比较标准的普通话。② 从 PSC 的设计理念，我们可以得知，实际上，PSC 的测试对象一般为具有中等以上文化水平的人群。尤其是前提（二）中指出，PSC 的设计已经暗含了对应试人识认汉字能力的要求。以我国目前所处的普通话推广阶段来看，PSC 并非是要求人人参与的“全民测试”，而

---

* 本文承蒙导师王晖指导、修改，并在写作过程中得到谢俊英老师的建议和意见，谨致谢忱！

① 转引自毛世桢著：《从 PSC 重新审视普通话》[A]，《首届全国普通话水平测试学术研讨会论文集》[C]，语文出版社，2003 年 7 月，第 26 页。

② 刘照雄：《推广普通话的重要举措——普通话水平测试简论》[J]，《语言文字应用》，1994 年第 4 期。

是针对一定的测试人群，并且应试人群具有相当的文化水平。《中华人民共和国国家通用语言文字法》明确规定，“以普通话作为工作语言的播音员、节目主持人和影视话剧演员、教师、国家机关工作人员的普通话水平，应当分别达到国家规定的等级标准”。可见，针对这样已具有相当文化水平的群体，由于不熟悉汉字字形而给应试人带来的失误，应该在一个合理的范围内。

试看 PSC 的测试用字来源——《普通话水平测试用普通话词语表》（以下简称《词语表》）是怎样设计的。林杏光的研究指出，一个以汉语为母语的人，掌握汉语的词约 6000 到 9000。以汉语为母语的大作家掌握的词汇，可以达到两万多。陈章太先生指出，现代汉语通用词表中使用频率最高的前 12000 条词语至 15000 条词语是测试内容应当包括的基本词汇。为了普通话学习和测试的实际需要，《词语表》的容量被确定为 15000—18000 条。依据词频，分为［表一］和［表二］。［表一］为常用词语表，［表二］为通用词语表。人工干预之后，［表一］收词 6595 条，［表二］收词 10460 条，总计 17055 条。① 此外，PSC 测试用字表共收字 3795 个，仅比收字 3500 个的《现代汉语常用字表》多 295 字。对于一个具有中等及以上文化水平的人来说，掌握测试用字并非难事。同时，作为一些职业的资格性选拔考试，应试人如果不能掌握《普通话水平测试用普通话词语表》中所要求的词汇量，其文化程度恐怕也难以胜任工作。从我们目前的测试实践来看，PSC 的测试对象——具有中等及以上文化水平的人，其中的大部分应该是可以满足《词语表》所提出的识字量的要求的。

我们依据 PSC 的设计前提，并和《普通话水平测试用普通话词语表》所要求的识字量相比对，得出“汉字字形对应试表现影响不大”的结论，似乎显得有点想当然。但不可否认，PSC 的题库当中包含一些比较冷僻的词语，测试中也确有应试人因不熟悉部分字的字形而失误的情况。但是，这样的字、词在整个题库中占有多大的比例？一个应试人的测试失误，有多少是由于不熟悉字形而造成的？测试用词的词频的高低如何影响应试人的表现？我们应当从测试科学的角度，量化分析实际的测试样本，根据细致的、科学的分析结果来删改对信度、效度都产生强烈干扰的字、词，进而在科学分析的基础上不断完善和建设题库及《词语表》。任何一个测试，都不可能完全、彻底地排除掉各种干扰应试人测试表现的因素，仅仅因为冷僻汉字有可能使应试者出现失误，就彻底剥夺汉字作为 PSC 题面的资格，是一种因噎废食的做法。

二、以汉语拼音为题面的局限

汉语拼音是人们学习普通话的好工具。它是我国的汉字注音拉丁化方案，于 1955 年—1957 年文字改革时由原中国文字改革委员会（现国家语言文字工作委员会）汉语拼音方案委员会研究制定。1958 年 2 月 11 日全国人民代表大会批准公布了汉语拼音方案。该拼音方案主要用于汉语普通话读音的标注，作为汉字的一种普通话注音工具。汉语拼音方案制定、实施 50 多年来，成为以汉语为第一语言的学习者学习普通话和汉字的工具，也是许多第一语言为非汉语的人士学习汉语的必备帮手。但是我们也看到，由于种种原因和条件的限制

① 参见王晖：《关于普通话水平测试用普通话词语表的答问——普通话水平测试漫谈（之四）》［Z］。

(如历史原因、地区教学水平差异等原因)，许多人并没有学好汉语拼音，甚至根本不懂、不会使用汉语拼音。根据笔者在日常生活中的观察，这样的人并不鲜见，尤其在年龄为50多岁的群体中，这种现象更加常见。

如果以汉语拼音作为PSC试卷题面，那么将会有多少普通话水平良好的人因不熟悉汉语拼音而无法完成测试？一个测试，如果因为应试者不懂汉语拼音而将其拒之门外或低估应试者的普通话水平，这将大大影响测试评价结果的信度和效度。目前，一些人不懂、不会使用汉语拼音只是一个阶段性现象，我们坚信，在不远的将来，汉语拼音一定能够成为人人都掌握的工具。但是我们不能脱离这个现状，更不能不顾测试实际而跳跃这个阶段，贸然将PSC的题面改作拼音，这将给PSC的实际操作带来不少困难。一个人不懂汉语拼音，这并不意味着他不可以说一口标准、流利的普通话。汉语拼音和普通话之间的关系即，汉语拼音的确对人们学习普通话起着积极的促进作用，但不是会汉语拼音就一定能学好普通话，普通话说得好也不见得其拼音一定学得好。说好普通话不是掌握汉语拼音的充分条件，掌握汉语拼音也不是说好普通话的充分条件。

如“拼音题面说”者所言，以汉字作为题面会在PSC中掺杂许多“文化考核”的因素，而“文化考核”并非PSC的测试目标，因此应该将此因素剔除。那么，反言之，以汉语拼音作为题面，汉语拼音作为一种并非人人掌握的知识，会不会也给PSC中掺进了“文化考核”因素？更换题面后，普通话水平测试会不会从一种文化考核（考汉字）变成了另一种文化考核（考拼音）？

虽然《普通话水平测试总论》指出：“普通话水平测试不是普通话系统知识的考试，不是文化水平的考核，也不是口才的评估，是应试人运用普通话所达到的标准程度的检测和评定。”[①] 但语言作为人类独有的思维活动，是一个十分复杂的综合体，可以说，语言既是知识，又是能力。现在，到底什么是语言，某种语言的习得和应用需要调动哪些因素，语言和文化的关系，语言和文字、社会交际能力、思维水平、思想水平、知识面的关系，都是学术界激烈争论和积极研究的论题，似无定论。PSC所要测试的，是应试人的普通话水平。我们希望通过应试人测试中的表现，推论其掌握、运用普通话的能力。而普通话作为应试人的母语，其运用一定和文化背景、文化环境息息相关。那么，在母语测试中，我们应该把文化因素视为非测试目标而剔除吗？所谓的“文化考核”因素又可以真正地被剔除掉吗？我们认为，语言是文化的载体，文化是语言的根基，PSC完全剥离文化影响，非但不可取，实际上也不可能。

三、改用汉语拼音做题面，将对现有的普通话水平测试的可操作性、科学性产生冲击

如果我们没有充分认清目前普通话、汉语拼音推广所处的客观阶段，未经认真研究、推敲、试测，便将PSC的题面改作汉语拼音，会给PSC的实际操作带来很多困难，直接影响

① 转引自毛世桢著：《从PSC重新审视普通话》[A]，《首届全国普通话水平测试学术研讨会论文集》[C]，语文出版社，2003年7月，第25页。

到测试的实施范围和等级评价。让一个不懂汉语拼音的人来参加以汉语拼音作为题面的测试，无疑将使测试无法操作；在以汉语拼音做题面的 PSC 中，如果应试人对拼音掌握得不够纯熟而造成失误，既影响到等级评价，又会对信度和效度产生较大的影响。此时拼音题面对于信度、效度的干扰，未必就比用汉字做题面时，字形对于信度、效度的干扰小。

同时，普通话水平测试的第一、二项，包含着对轻声、儿化等项目的考察要求，若将第一、二项的题面改为拼音，就存在这样一个问题：这些轻声、儿化词语的拼音怎么标注呢？如果标注为拼音，就相当于告诉了，或至少是提示了应试人答案，这样就失去了考核的意义。

如果更换题面，不仅会造成 PSC 实际操作的困难和应试人的困惑，对于求职者来说，题面影响到的，更是应试人的普通话等级评定，更妨碍了相关求职者的求职、入职和职业能力评定。对于某些特定职业而言（如教师、公务员等），PSC 是一种门槛和职业标准，应试人只有在普通话水平测试中取得一定的等级后，才有资格从事该行业；普通话水平，对于相当一部分人来说，也是一种职业能力的参照标准。改换题面后，又将有多少未能掌握拼音、实际上已经符合相关普通话水平标准的从业人员，因为不能在 PSC 中发挥出实际水平，而被挡在职业门槛之外？更换题面的做法，是否对这些人员有失公平？

经过多年的测试实践，人们对于以汉字作为题面的 PSC 做了大量的信度、效度、区分度等统计学数据的评估工作，可以说，目前我国的普通话水平测试工作的信度、效度处于一个相对稳定、良好的水平。改换题面后，将对信度、效度的稳定性产生影响。更改题面后，应试人的失误率会不会更高（“汉语拼音”不是文字，不符合母语持有者的阅读习惯。对母语持有者进行一种母语标准语的测试，不采用其熟悉的文字形体，转而使用间接的标注工具，是不恰当的。试想，人们习惯于阅读汉字，生硬地改变人们的阅读习惯，通篇长读拉丁化字母，会对以汉语为第一语言的应试人产生什么心理影响？会不会反而造成更多不应有的失误）？所以，我们一定要对更改题面一事慎之又慎。

其实，更改题面的想法，旨在排除测试的干扰因素，提高测试质量。关于题面的讨论，其实质是分析出普通话水平测试的干扰因素，通过改进、调整，诱导应试人表现出真实的语言能力，测出我们真正想要测试的内容，并保证评价分数可信有效。例如对于第二项“多音节词语”来说，目前就有这样的一个问题：100 个音节要求保证每个声母、韵母都出现，而某些声韵组合下的汉字数量很少，它们所能组合的词语也很少，比如“阄”，除了“抓阄”、“阄儿”似乎很难再组合为其他词。于是为了声母、韵母的全面覆盖，可能这一类词在各个试卷中重复出现的几率就会增高。某些词语在不同试卷中反复出现，就有可能引起应试人的格外注意，对这些容易出现的词语多加以应试性的练习。此时，应试人的表现到底是其真实的普通话水平还是应试技巧造成的假象？除此之外，又还有哪些因素干扰着应试人在普通话水平测试中的应试表现呢？这些干扰因素都需要我们不断观察、总结和研究、纠正。

综上，笔者认为，根据目前的学理分析和测试实践，将 PSC 题面改作拼音的做法并不可行。但是，这并不意味着更换题面的做法完全不可取。在日后的测试理论研究中，倒不妨采用改换题面等方法，观察测试用字的通用度对 PSC 试卷信度、效度的影响，进而更加科学合理地建设、完善词表，调整词表的容量和内容。这样，到那个时候，到底选用什么作为 PSC 的题面，题库和词表应该如何建设，将会有更加科学、扎实的数据作为依据，供大家讨论、改进。

在普通话水平测试的研制、研究工作中，我们也应该坚持“两个凡是”：凡是有利于促进普通话水平测试科学发展的模式，我们都要大胆探索；凡是改进、建设普通话水平测试的手段、措施，我们都要充分认证、讨论、研究，谨慎决策、科学取舍。

参考文献：

[1] 国家语委普通话水平测试中心课题组：《普通话水平测试实施纲要》[M]，商务印书馆，2004年1月。

[2] 国家语言文字工作委员会普通话培训测试中心：《首届全国普通话水平测试学术研讨会论文集》[C]，语文出版社，2003年7月。

[3] 国家语言文字工作委员会普通话培训测试中心：《第二届全国普通话水平测试学术研讨会论文集》[C]，商务印书馆，2006年12月。

[4] 李筱菊著：《语言测试科学与艺术》[M]，湖南教育出版社，2001年5月。

[5] 刘润清著：《语言测试和它的方法》[M]，外语教学与研究出版社，2000年5月。

[6] 刘照雄著：《推广普通话的重要举措——普通话水平测试简论》[J]，《语言文字应用》，1994年第04期。

[7] 宋欣桥著：《创建国家普通话水平测试（PSC）的理论体系——纪念普通话水平测试（PSC）开展15周年》[A]，《第四届全国普通话培训测试学术研讨会论文集》[C]，2010年12月。

[8] 王晖著：《关于普通话水平测试用普通话词语表的答问——普通话水平测试漫谈（之四）》[Z]。

通用型汉语中介语语料库的标注模式*

张宝林

（北京语言大学 汉语水平考试中心）

一、引言

语料标注在汉语中介语语料库建设中占有极为重要的地位，其内容与质量决定着一个语料库的功能与使用价值。然而，对汉语中介语的语料标注却至今没有统一标准，标注内容与方式因建设者的主观认识不同而存在极大差异，在建库实践上带有很强的随意性，导致产生了一系列问题。其中主要是：

（1）语料标注内容差异很大，导致一些语料库的功能不完备。例如大多数语料库只有偏误标注，只能进行偏误分析，而无法进行表现分析；可以检索、提取有标志词的中介语现象，而无法检索并提取那些缺失关键词的偏误现象。例如该用“把”、“被”、“比”、“是”、“得”而未用的“把”字句、“被”字句、“比”字句、“是”字句和“得”字补语句的偏误句，就无法提取。

（2）标注只限于文字、词汇、语法层面，而没有语义、语用层面的标注。

（3）对语篇、语体的标注仅见于个别语料库且十分简单。

（4）对同样的偏误现象认识不同，归类不同，采取的标注方式也不同。例如“是”字句缺“是”，有的标为缺词，有的标为缺述语，有的标为句式错误。

（5）标注代码各异，给用户造成了不必要的记忆负担与混乱，也不便于资源共享。

（6）标注质量受标注方式制约，存在较大问题。自动分词与词性标注的正确率虽已达到很高水平，但错分错标的绝对数量仍然不可小觑，人工校对的工作量巨大；句法以上标注皆为手工标注，标注效率不高。

* 国家社会科学基金项目资助，项目批准号：11BYY054。

如何解决这些问题，对汉语中介语语料库的建设意义重大，对基于语料库的相关研究具有直接影响，需要进一步深入研究。

二、标注模式的提出

中国大陆第一个汉语中介语语料库——“汉语中介语语料库系统”，对语料只经过断句、分词和词性标注等加工处理（陈小荷，1996）。其后的汉语中介语语料库则对语料中的各种偏误现象做了不同程度的标注，在很大程度上满足了偏误分析的需要，对汉语中介语的各类偏误研究起到了很大的推动与促进作用。

然而，偏误分析只关注语言学习者错误的语言表现，而完全忽略了学习者正确的语言表现，因而其认识是不全面的，其所做出的判断是不准确的。例如我们对外国汉语人习得“把”字句的情况可能就并不十分清楚（张宝林，2010a）。汉语习得研究需要观察两方面的中介语材料，一是学习者使用汉语的偏误，二是其正确的语言表现，进而把偏误分析提升为表现分析。表现分析是从正、误两个不同的角度对中介语进行观察，看到的情况更加全面，做出的判断也就更加准确，因而是更为优越的研究方法。而进行表现分析的前提，就是在语料库的建设中，对语料中的偏误与正确的语言表现进行全面标注。

基于这种认识，我们首先提出了“基础标注”的概念，所谓“基础标注”亦即对语料中正确的语言现象进行的标注，进而提出了“偏误标注＋基础标注”的语料标注模式（张宝林，2008），并对这一标注模式进行了若干探讨（张宝林，2010b），特别是对基础标注进行了较为深入的阐述（张宝林，2010c）。我们认为，从语料库建设的宏观角度来看，基础标注概念的提出是汉语中介语语料库建设的一个重要突破，“偏误标注＋基础标注”将成为汉语中介语语料库语料标注的新模式，并为其他语料库的建设提供借鉴（张宝林，2008）。我们在“首都外国留学生汉语文本语料库”的建设中尝试了这一标注模式，效果良好。实践证明这一标注模式符合外国人汉语学习的实际情况，是完全可行的。

三、“偏误标注＋基础标注”模式的内涵

（一）标注原则

1. 全面性

全面性指语料标注的内容全面，目的是保证语料库功能的全面，避免某些语言现象因未做标注而无法查询的尴尬情况。

作为通用型汉语中介语语料库，语料标注的内容必须全面，应在字、词、短语、句、篇、语体、语义、语用、标点符号等各个层面上对相关的语言现象进行标注，这样才能保证语料库功能的全面，从而更好地为汉语的教学与研究服务。

2. 科学性

首先，语料标注要正确、准确，符合汉语字、词的相关规范，符合一般的语法规则。“标注规范”在繁简字体、异体字、新旧字型、数字用法、标点符号用法、异形词的判定方面均应以国家相应的语言文字规范为标准；分词及词性标注应以教育部、国家语言文字工作

委组织研制的语言文字信息处理国家标准——《信息处理用现代汉语词类标记规范》为标准；语法系统应以学术影响大、采用范围广、具有行业标准意义的语法著作和语法大纲为主要依据，例如国家对外汉语教学领导小组办公室组织编写的《汉语水平等级标准与语法等级大纲》（刘英林主编，1996）、《高等学校外国留学生汉语言专业教学大纲》（李杨主编，2002）等。

其次，标注要具有一致性。对同一种语言现象，不论是词性、短语类型、句类句型句式，还是语体、语义、语用，所做的标注都应该是一致的，而不能此处为此，彼处为彼，前后不一，自相矛盾。标注代码的前后完整、形式统一，也属于一致性的范畴。

3. 忠于原作

忠于原作指忠实于外国汉语学习者的原始语料，在语料的收集、录入、标注等各个环节均需最大限度地保持其汉语中介语的"原汁原味"，而不能使原始语料变得面目全非。

4. 标准化与通用化

标准化与通用化指语料标注代码应符合标准化与通用化要求，使用通用代码，以便于用户使用，也有利于语料的资源共享。由于目前只有"北京语言大学的'HSK 动态作文语料库'的偏误标注规范已在网上公布，这个标注规范进行了篇章、句、词、字四个层面的标注，规则比较系统、全面，因此许多中介语语料库的标注，比如胡晓清等介绍的'韩国留学生汉语中介语语料库'和陆庆和等介绍的'小型口语语料库'，都是在此基础上进行适当修改进行的"（周文华、肖奚强，2011）。我们可以北京语言大学的"HSK 动态作文语料库"的标注规范为基础，研制能为学界普遍接受并乐于使用的语料标注规范与代码，从而实现语料标注的标准化与通用化。

（二）标注内容

1. 从语言文字的各个层面进行标注，贯彻全面性原则

为了满足教学与研究的各种需要，语料标注的内容必须全面，既做"偏误标注"，又做"基础标注"，从语言文字的各个层面对语料中的偏误现象与正确的语言表现进行全面标注。具体包括：

（1）汉字标注，含错字、别字、繁体字、异体字、拼音字、漏字、多字；

（2）词汇标注，含错词、缺词、多词、外文词、离合词；

（3）语法标注，含词、短语、单句、复句、语篇；

（4）语体标注，含口语词与书面语词、口语句式与书面语句式等；

（5）语义标注，含词语的语义色彩、句子成分的语义角色、动宾结构的语义关系、修饰语的语义指向、词语重叠的语义、歧义句、句式义等；

（6）语用标注，含语言单位的语篇功能、指示语与先行词的指代关系、信息结构、省略、语言运用的得体性、语用失误等；

（7）标点符号标注，含错误标点、缺失标点、多余标点。

2. 突破以往的标注范围，增加新的标注内容，深化部分原有标注内容

1）增加新的标注内容：语义标注和语用标注

语义、语用标注在汉语中介语语料库建设中尚无先例，但这些方面的偏误在汉语中介语中是广泛存在的。例如：

（1）老师，你媳妇漂亮吗？

（2）哪儿的话。（用于回答老师的称赞）

（3）老师，把空调开开！（李宁、王小珊，2001）

（4）那时候我就给全家带来了蓬荜生辉！

（5）时常在家里弄得乱七八糟。

（6）把20年以来一直住的地方离开，您感觉舍不得。

“媳妇”是一个“土俗之词”，不正式，不庄重；“哪儿的话”含有“哪里有这样的话”的贬斥之意；例（3）表达支使别人做事的意思，均可以用于上对下或平辈之间，而学生对老师这样说显然是不合适的。“蓬荜生辉”表示对别人的恭敬与自谦，可以用于人，不可用于己。例（5）的“家里”在句中并非表示处所，而是“弄乱”的受事，原句混淆了句子成分的语义关系，因而错误。例（6）说明一种令人难以割舍的情况，并不是要对“20年以来一直住的地方”加以处置，使其发生某种变化，所以不应使用把字句。

外国学生之所以会说出上述不得体的句子，就是因为不知道这些词语和句子的语义语用含义。以学界普遍关注的“把”字句为例，学生的偏误正是因为不了解什么时候应该使用“把”字句，不知道用与不用“把”字句在表达上有什么区别。因此，“解决‘把’字句教学的根本途径是要揭示‘把’字句的语义特征，使学生掌握表达什么意义时须用‘把’字句，同时还要指出使用‘把’字句的语境背景，使学生掌握在什么情况下用‘把’字句”（吕文华，1994：174）。“我们不仅要让学生清楚‘把字结构’的种种结构形式，还要告诉学生它的语义本质及其语用上的基本规律……”（张旺熹，1999：15）由此可见，为了了解、掌握外国汉语学习者对汉语语义、语用的习得情况并进而改进语义语用教学，进行语义标注和语用标注是非常重要的。

2）深化部分原有的标注内容：语篇标注和语体标注

语篇标注和语体标注在以往的语料库建设中很少被顾及。“HSK动态作文语料库”虽然对句间连接不顺畅之处加上了错篇标记，但做法并不严谨。“首都外国留学生汉语文本语料库”有所进步，把语篇偏误分为形式连接偏误和语义连接偏误两种类型。同时为了给国家社科基金重大项目“外国学生汉语书面语习得与认知研究”提供语料支持，又进行了语体标注，标记了口语词与书面语词、口语句式与书面语句式。

上述做法对外国人汉语语篇和语体的教学与研究是有益的，但语料的加工深度还不够深，分类也不够细，对汉语教学与相关研究的帮助也就比较有限。

我们认为，可以从偏误类型的角度深化与丰富语篇标注的内容，例如由于关联词语、某些起关联作用的句式、话题连接、位置连接等方面的使用不当导致的语篇偏误，均应予以标注。

语体标注可以从再分类的角度进行深化，例如口语词句还可以分为口语正式语体和口语日常谈话语体，书面语词句也可以分为书面语正式语体和书面语日常交流语体。

（三）标注方法

标注方法现有手工标注、人标机助、机标人助、计算机自动标注等。

手工标注即由人对各种语言现象进行判断，然后用预先设定的一套代码对相应的语言现象进行加工处理。这种标注方法费时费力，对标注者而言是一项十分繁重的工作，而且会受到标注者的语言文字水平、工作态度、精神状态的制约，标注的一致性较差，标注质量难以保证。

为了减轻人的记忆负担，提高标注效率，也为了保证标注代码形式上的一致性，软件研制人员开发了一些辅助人工的标注工具，在一定程度上减轻了标注者的工作强度。这种标注方式就是所谓的“人标机助”。

“机标人助”则是由计算机根据预先制订并植入其中的标注规范自动进行标注，然后由人工进行检查校对和补充修改。这本来是非常理想的标注方法，但限于中文信息处理的发展水平，目前机器自动标注只在分词和词性标注这一层面进入到了实用阶段，正确率已达99%（黄昌宁、李涓子，2002：145）。这听起来很让人振奋，然而对于以百万、千万计的语料来说，1%的错误率依然是一个庞大的数字。在标注实践上，“多数熟语语料库的加工深度，也长期停留在自动分词和词性自动标注，经费与人力充足的单位，分词和标注后的语料要组织人工校对，否则，就听其自然。”（张普，2008）“听其自然”所造成的结果是相当严重的，因为“底层不一致性在上层应用中会被放大几倍到几十倍”（宋柔，2010）。

在目前的实际情况下，应在总体上采用“人标机助”的标注方式，同时，在分词和词性标注层面使用“机标人助”的方法，并在“人助”环节上对机器的标注结果进行严格的审查与修正。

随着科学技术的发展，新的技术手段不断涌现，为语料标注提供了更多的方法，可以帮助我们把语料标注工作做得更好。例如可以基于编辑距离算法，实现偏误句与修正句的自动比对并添加标记（王洁、宋柔，2008），可以采用数字墨水技术进行标注，以提高语料标注的效率与质量；还可以把数百万字已标注语料作为训练语料，尝试进行计算机自动标注（张宝林，2010b）。

四、结语

“偏误标注＋基础标注”模式源于汉语中介语语料库的建库实践，汉语习得研究从偏误分析到表现分析的学术发展是形成这一模式的根本原因。我们希望有更多同道关注这一问题，对标注模式的探讨能够不断深入，以使语料标注更加完善，进而推动汉语中介语语料库的建设，促进基于语料库的汉语教学与习得研究。

参考文献：

[1] 陈小荷：“汉语中介语语料库系统”介绍［A］，第五届国际汉语教学讨论会论文选［C］，北京：北京出版社，1996.

[2] 张宝林：“回避”与“泛化”——基于“HSK动态作文语料库”的把字句习得考察［J］，世界汉语教学，2010a，(2).

[3] 张宝林：“外国留学生汉语学习过程语料库”总体设计［A］，数字化汉语教学的研究与应用［C］，北京：清华大学出版社，2008.

[4] 张宝林：汉语中介语语料库建设的现状与对策［J］，语言文字应用，2010b，(3).

[5] 张宝林：基础标注的内容与方法［A］，数字化对外汉语教学实践与反思［C］，北京：清华大学出版社，2010c.

[6] 周文华，肖奚强：首届汉语中介语语料库建设与应用国际学术讨论会综述［A］，首届汉语中介语语料库建设与应用国际学术讨论会论文选集［C］，北京：世界图书出版社，2011.

[7] 李宁，王小珊：“把”字句的语用功能调查［J］，汉语学习，2001，(1).

[8] 吕文华：对外汉语教学语法探索［M］，北京：语文出版社，1994.

[9] 张旺熹：汉语特殊句法的语义研究［M］，北京：北京语言文化大学出版社，1999.

[10] 黄昌宁，李涓子：语料库语言学［M］，北京：商务印书馆，2002.

[11] 张普：基于动态流通语料库的现代汉语词语研究［R］，北京：北京语言大学，2008.

[12] 宋柔：文本语料库建设同语言教学和语言研究［R］，北京：北京语言大学，2010.

[13] 王洁，宋柔：HSK动态作文语料库偏误标注方法研究［A］，“第四届全国学生计算语言学研讨会”论文集［C］. 太原：中国中文信息学会，2008.

一部解决汉语汉字初学难的教材

——《基础汉语（华文）丛书》编写说明

杨洪清　朱新兰

人们都说汉字难教难学，尤其是在初学阶段。张志公先生曾分析：开始学的阶段，大概在五百字以内直到千把字以内，学起来相当困难，因为在这个阶段，学习汉字是很难和语言联系起来的。由于初学难，很容易损害孩子的自信心和自尊心，损伤他们的学习兴趣，压抑他们的智力发展。（《汉字鸟瞰》1985 年）我们在国内教学语文半个世纪以及七次出国推广汉语中遇到的问题确实如此，不仅仅是孩子，成人亦然。我们还了解到美国选修汉语的大学生，有一半以上不能坚持到底，也主要是因为学字开头难。

语言学界的前辈泰斗、中国语文现代化学会会长周有光先生为了方便全世界的华人学习华文，认为先认识一千个汉字，能够使学华文趋向简易，于是联络鲍明炜、苏培成等共计52 位专家学者提出编写“基础华文丛书”等的倡议（见附录 1：中国语文现代化学会《通讯》2003 年 9 月第 35 期《提倡基础华文的缘起》）。我们认为这是一个解决汉语汉字初学难，适应祖国和平崛起，为汉语走向世界提速的重要倡议。在我会筹组写作班子成立之后，我和老伴朱新兰从自身做起，挑起了这副重担。8 年来，我们经过多方求索和不懈努力，到2011 年为止，完成了 54 万余字，基本上写出了《基础汉语（华文）丛书》，现说明一下它的五个特点：

一、确定“基础汉字”

最先应该认识哪一千个汉字？大有讲究。因为同是常用字，有的使用得多，有的使用得少，相差悬殊。它们是现代汉字的主要部分，或者说是“主体汉字”而不是“基础汉字”。字频是反映每个汉字的使用频度的。一个高频字和一个低频字的作用不可同日而语。例如“的”、“芹”同是常用字，在频度统计中第 1 号的“的”字的频度为 3.59%，第 2498 号的“芹”字的频度仅为 0.0003%。等于平均在 100 字的文章中，“的”字平均出现 3.59 次，

“芹”字只平均出现0.0003次。如果会认头一千高频字，就会读100字文章的87.39个字，见《现代汉语常用字频度统计》。如果会认的不全是头一千高频字就达不到这个效果。高频字和低频字就像百元大钞和一角小票一样，价值不可同日而语。初学者无疑应该最先学1—1000高频字，但是我们统计了全国语文教科书主要四种版本的收字情况，没有一家留意在两年内安排学完头一千高频字的。这就使识字的效果大打折扣。请看下表：

表1　一、二年级语文教科书选用1000高频字统计表

生字类别	人教版	苏教版	北师大版	语文版
1000字以内	895	753	821	691
1000字以外	905	698	677	529
生字总数	1800	1451	1498	1220

据上可知，利用高频字是化难为易、提高初学汉字效率的一大诀窍，潜力很大。头一千高频字的组词造句能力最强，笔画最少，结构最简单，在读写当中发挥作用最大，只有它才能担当“基础汉字”的光荣任务。本丛书由高到低按频度将头一千高频字从常用字中分离出来自成一类，理清序列，确定为“基础汉字”。这是汉字教学现代化的一大依据，对解决“初学难”意义重大。

二、突破字形难点

一千基础汉字也不是可以随便教好学好的，汉字由于笔画繁多、结构复杂，形、音、义三方面比较起来，字形是教学的难点，中外研习者概莫能外。文字（汉字）学就是突破字形难点的法宝，《说文》系列的著作就是它的主要载体，东汉以降的历代读书人都是依靠它化难为易的。继承传统文字学的是现代汉字学，它是突破现代汉字字形难点的法宝。例如苏培成先生提出的“新六书”就解决了现代汉字分类解形的首要理论问题。据此，“鹅”是从鸟、“我”是记号（声旁丧失表音作用而来）的存形（废声）字而不是杜撰的“我的鸟”的“新会意字”，更不是没有意义的纯记号字。遗憾的是，当前相当多的中小学教师不讲字形或乱讲字形，也就是把有理据的表意的汉字教成了没有道理的纯记号字或随便怎么讲都可以的文字。在字理识字流派主办的汉字知识竞赛中，小学低年级学生能答出“解”是会意字，而观赛的大学毕业的老师们竟面面相觑，是非莫辨。因为他们上学时没学过，一般字典上也查不到，无法作出明确的判断。再说，考试考不到，检查查不到，“文字学”失去了用武之地，他们没有必要多此一举，作出判断。教学汉字不讲科学的后果就是分解字形失去规范，学生比着葫芦画瓢，死记硬写，错别字多，负担加重。天天喊“减负”而效果相反，主要原因概出于此。

编写本丛书意味着不再跟着考试的指挥棒转圈子，而是转移到科学解字、教字的轨道上来。首先明确现代汉字表意（形声字兼及表音）的性质没有改变，但是表意的方式和类型随着大批简化字的出现而有所变化，“新六书”就是继往开来、推陈出新、最能反映这种变化的理论。我们据以改进了20年前就开始的解形为本、字理识字的某些做法，将一千基础汉字重新划分为“新六类”，其中又分三种情况：（2）会意字、（3）形声字共493个，古今性质相同；（4）存形（废声）字、（5）存声（废形）字共189个，古今性质半同；（1）独体记号字、（6）合体记号字共318个，古今性质全异。这种分法，从宏观看，使现代汉字六大系统展示分明，各系统自有共性，合起来构成汉字总体表意的特性。从微观看，既能充分揭示多数字的字形与字音、字义的内在联系，方便教学；又能如实反映少数字的字形讹变为记号的部分已经失去与音、义的联系，而不必再妄加附会；使每个字的个性鲜明。对独体记号字等还配有插图，形象直观。力争使读者触类旁通，明察秋毫，认得真切，记得牢靠。

丛书的第1分册《四言识字歌》是专门用来识字的。它综合清代文字学家王筠《文字蒙求》和“三、百、千”等蒙学读物的长处，先将一千基础字按“新六书”分为六大类。各类字的特点突出，再加上注明了组字的偏旁，部首的音、义，利用偏旁带字，效率倍增。

（1）从微观上分析字形，揭示字形所蕴含的信息，即字形所要表示的字音、字义线索。首先解释偏旁：形旁表意，声旁表音。如“扌”是“手”的变形，做形旁组成“举”；“昜”是古“阳”字，做声旁组成“扬”等。其次通过组词，揭示合体字整字的意义和用法，使学生明了字理，易记难忘。

（2）从笔画到独体（字），从独体到合体（字），理顺了识字教学的序。四字一句，押韵合辙，朗朗上口，饶有趣味，科学性与艺术性兼备。

本书通过降低识字难度，切实减轻要学两种语言的小学生的负担，提高教学效率；又通过主要用这一千高频字编写的《多种趣味读物》与它配套。认识了这本书的一千字，就会读和会做《读物》中的诗文、游戏，为教改取得突破性进展创造了条件。

三、深层利用，识（字）少读（文）多

国家规定的农村扫盲标准是掌握1500字，基础汉字数只有它的2/3，一般人会认为用它不能说明较为复杂的问题，编不成什么像样的文章来。这是对基础汉字组文能力之强、在读写中发挥作用之大估计不足的结果。本丛书14个分册基本上都是由这一千字组成，就是很好的证明，目的就是要解决初学阶段汉字很难和语言联系起来的问题。当前的做法是课堂上读的文章长而识字少，即学一篇文章只识几个生字，以“文”为中心，带出几个生字。几节课才教一篇课文，而要求课外完成的阅读量往往完成不了，甚至形同虚设。学生读的文章不多，难以学好语言；认的生字更少，无法巩固，读、写能力提高迟缓。蜻蜓点水、认而不识（不理解字形）的结果还导致似是而非的错别字与识字量同步增多，“水涨船高”。

本丛书另辟蹊径，反其道而行。它以“字”为中心，进行深层利用，先识字，再读文。读一句识一字，读千句识千字，识的问题很快解决。然后将所识的每一个字组成了十几种读物，一个分册就是一种。识一字、读十几种形式的语句和文章，常读常新，在不断翻新的阅读中既学习、积累了语言，也巩固了识字的成果。

四、无障碍阅读

我们在编写十几个分册当中，用字常常超过了一千基本字的圈子，如果不加控制，出圈的“拦路虎”就会增加阅读的难度，削弱基本字的作用。因此，我们采取了两项措施：一

是限制使用出圈的生字（一般以2500常用字为限），每篇、段不超过3个，以黑体标明，再加注音。二是将超过限量的生字改换成基础字。这像是削足适履，其实是由繁化简。这项工作很难做，但是，我们勉为其难地做到了。用基础汉字表现基础汉语，基本适应，换掉的正是非“基础”的部分，从而实现了基础阅读无障碍，快速提高阅读能力。这给初学者做出了示范，写作也只要求用这一千字，简洁通顺就是目标，不要求精美绝伦。因为那不是初学者的任务，只凭一千字读不懂更写不出《红楼梦》那样的作品。

确定基础汉语、基础汉字、基础阅读，就是要明确初学者的任务：一方面限制了广度和深度，将超出了一千基础字（包括每段3个附加字）的词句段全部删去；另一方面在限度内充实了内容，例如我们只用了895号以前的基础字，就创作了一首回文诗（见第4分册《学字游戏·三、词语游戏》），使识、读任务丰富多彩而又“适度”。本丛书就是为完成这些任务提供教材，读者一旦完成，确能打好基础，提高质量并且降低难度，加快速度，真正减轻学习负担。

五、学、习、读、做配合，促进乐学、快学

本丛书分为四类15个部分。一类：学汉字，包括：（1）四言识字歌、（2）快速学拼音。二类：习汉语，包括：（3）对韵识字歌、（4）儿歌识字、（5）常用谚语、（6）常用成语、（7）常用格言、（8）常用惯用语、（9）常用歇后语、（10）趣味绕口令。三类：读诗文，包括：（11）古典诗词、（12）故事类编。四类：做游戏，也就是做趣味练习，包括：（13）学字游戏、（14）成语游戏、（15）基础汉字字谜。已完成541147字。各部分皆另有详细目录，方便查检。

以上四类紧密配合，促进乐学、快学，从学汉字、汉语到学中华文化，融会贯通，打好基础。期盼它不仅对海外五千万华人，也对所有初学汉语的外国朋友提供方便，同时也为国内的亿万少儿在学习母语中减负增效开辟新路。

八年来，我们节假不休，常常每周工作七天，为本丛书投入了大量的时间和精力。由于能力所限，习作难超平庸，距离发出倡议的前辈、时贤的期盼相差尚远，出版困难。亟盼上述明公和与会诸公指导帮助，以竟全功。

参考文献：

[1] 国家语言文字工作委员会汉字处编．现代汉语常用字频度统计[R]，北京：语文出版社，1989，18.

[2] 周有光：提倡基础华文的缘起，载中国语文现代化学会编，通讯，2003-09（25）.

[3] 杨洪清，朱新兰：基础汉语（华文）丛书样稿.

谈国际汉语教师教学汉字应具备的素质及能力*

周金声 张 茜**

对外汉字教学是对外汉语可持续教学的一个重要环节，要想汉语大发展就得培养既能听说又能读写的人才。也就是说，对外汉语的教授不能只停留在解决汉语文盲的层次上，还应对汉字进行系统的教授，使汉语学习者掌握相当数量的汉字，获得汉语读写能力，从而能够不间断地学习汉语。尤其在如今网络社会，人们越来越依赖网络文本和文字对话交流信息，培养汉语习得者认读汉字的能力可以大大拓展汉语传播的时空。

然而，现阶段对外汉字教学还处于初始阶段，汉字难学的问题没有完全解决。目前，汉语习得者中达到汉字中级水平的不多，高级水平的更少，不少学习者甚至始于初级，也止于初级，这是现阶段普及型、大众化汉字国际教学的实际情况。这种情况若不改善，将长期阻碍汉语教学的发展。如何改变这种状况？一要专家多研究出简便易行的好办法，二要有一批善于教授汉字的师资。其中最根本的还是师资。要能够高效教会学生认读汉字，对外汉语教师必须具备相应的素质和能力。

一、对外汉字教学教师应具备的基本素质

韩愈说过："师者，所以传道授业解惑也。"作为对外汉字教学教师，其传道授业解惑，首先就得具备相应的基本素养，才能胜任汉字教学的任务。

第一，满怀对汉字的崇敬和神圣的传承使命感。文字，是文明时代的标志，它本身既是一个民族智慧的结晶，又是传统文化信息的工具。世界最古老的文字有三种，即巴比伦的楔形文字、埃及的图画文字和中国的方块字。这三种文字虽然都从图画发展而来，但中国文字

---

* 该文为湖北省教育厅教研项目《面向国内外市场改革对外汉语人才培养模式的研究与实践》（省 2010230）成果之一。

** 周金声（1957— ），男，湖北枝江人，湖北工业大学对外汉语系教授，主要从事汉语国际教育，人文素质教育研究。张茜（1988— ），女，西安人，湖北工业大学汉语国际教育方向的硕士研究生。

的发展却是特殊的，在世界上许多民族都用拼音文字的时候，中国却独立应用了注音文字，表现了中国人与众不同的认知世界的方式。在巴比伦的楔形文字、埃及的图画文字早已在人类文明的进程中消失殆尽的时候，惟有汉字依旧使用至今。汉字体现了中国人精细入微的观察力，是中华民族想象力的产物。因此，教师在教学中通过对汉字的敬畏、触摸和感受，具有一种让汉字这个富有深厚积淀的文字更容易被人理解和认同的使命感，才会潜移默化地感染汉字习得者，影响教学对象欣赏汉字热爱汉字，从而使汉字这一东方文化的瑰宝愈来愈受到广泛的关注。

第二，正确掌握汉字，规范使用汉字。所谓正确地掌握汉字，就是掌握汉字的形音义，即在形方面要注意汉字的笔画和构件，音方面则要读得准确，义方面既要掌握准确，又要区分出细微的差别。除此之外，教师还应对汉字符号体系的形成、汉字的性质、汉字的发展演变有所了解，对汉字教学的重点和难点有自己的见解，对现代汉字的使用情况熟练掌握。简言之就是教师应具备扎实的汉字学理论知识，要想给别人一杯水自己首先则要有一桶水的沉淀才行。与此同时，教师还要掌握规范书写汉字的基本功，如掌握正确的执笔方法、写字姿势和用笔方法，写出笔画正确规范、清楚有力、结构工整匀称而美观的汉字。对中国特有的书写工具——毛笔要有所掌握，因为通过使用毛笔，能更充分地体现出汉字的体圆锋尖、刚柔相济、富有弹性的特点，有利于加深外国学生对汉字的感知。正确掌握汉字，规范使用汉字，是一个教师在教学汉字时应具备的最基本也是最重要的素质，不仅有助于使汉字教学做到深入浅出，还能让教师自己在教学过程中感到得心应手。

第三，系统掌握文字学知识，对汉字义理有一定研究。汉字是世界上最独特的文字系统，著名语言学家索绪尔说："表意字和口说的词都是观念的符号……在他们（用汉语者）看来，文字就是第二语言。"① 因此，要教好汉字，首先要对汉字这个第二语言系统有较深入的了解，才能够随时对各种汉字运用的规律作出合理的解释。许多人并不了解对外汉字教学的性质和特点，认为只要会写某种文字就能教这种文字，这种观念严重地影响了对外汉字教学的发展。一个合格的对外汉字教师应该掌握专业的汉字学知识，了解汉字形音义之间的密切联系和相互影响，对现代汉字的规律性要有理性的认识，不但应该知其然，还要知其所以然。例如，在现代汉字里，"二"和"两"怎么区别？为什么在写汉字时一定要按正确的笔顺书写？姓氏中的"解"姓读"谢"，不读"解放"的"解"，"区"姓，读"欧"，不读"地区"的"区"，这些都是学习汉字应该注意的。合格的对外汉字教师对它们的认识应该上升到理论高度，讲出规律性来，这样才能对学生提出的问题给予负责任的回答，揭示汉字的奥秘，解开学生的疑惑，就更有利于激发他们的好奇心，使学生真正把握汉字的认知规律，提高学习效率。

第四，掌握一定的汉外文字对比的知识。在学习外语时，人们会不自觉地将其与自己的母语相联系或进行对比，他们的母语和固有的学习经验在整个学习过程中起着重要的作用。母语的迁移在外语学习中影响巨大，尤其是成人。因此中文教师如果能在汉字与学习者的母语文字之间找出一些共同点而后建立一定的联系，取得的效果就会更好。从文字的角度来讲，汉字与英语文字有一定的相似之处。比如，汉字部分字之间的类似关系，与英文部分单

① 索绪尔：《普通语言学教程》，北京：商务印书馆，1980 年，第 51 页。

词的拼写类似是一样的，所有语言都有部分形似字。如：英文有 big、pig，区别仅仅是第一个字母，记住这一点区别，就会记住两个词。汉语也有这样的情况，比如“入”和“人”字，头部一个向右一个向左，又如“大”、“犬”、“太”、“头”等字，一“点”区别构成了多个不同的字。又如形似字“辩”和“辨”很容易被弄混，在英语中也会出现这样的情况，如“prosector”和“prosecutor”，只是多了一个“u”，前者的意思是“解剖员”，后者的意思是“起诉人”。但是汉字相对于字母具有一种优势，就是在汉语中重要的偏旁具有其自身的意义，而一个字母是没有意义的，就如上面所举的“u”。对于“辨”和“辩”来说，区别了它们的部首的意义，两个字也就容易区分了。

再如，汉字的偏旁部件与英语的字母相似，汉字整字与英语单词相似。汉字偏旁可以是一个独体字，也可以是笔画，或是由笔画组成的具有组配汉字功能的构字单位。英语字母是构成英语单词的基础，通过不同数量、不同形式的字母组合构成了成千上万的单词。一个合体字会由几个部件构成，相同的几个部件按不同的结构组合会构成不同的字，但并不能随意地构造，否则将结构搞错了，写出来的也就根本不是汉字了。例如有时学生会把“另”写成左右结构或将“口”和“力”的上下位置颠倒，这是没有明白结构在汉字中的重要性。在英语中单词是线性排列的，容易出现的错误是字母间左右位置之间的混乱，例如：“eat”和“ate”，虽然字母相同，但意义不同，前者是“吃”的一般式，后者是“吃”的过去形式，因此可以通过字母顺序不同而造成的单词错误来对比汉字结构不同造成的错误，使学生注意到在汉字中结构的重要性就如同单词中字母的顺序不容有错是一样的。

第五，具备一定的对外汉字教学经验及教学准备。如果教师只空有一大堆的理论，没有实际操作过，这就像看熟了地图，知道各地的方位，没能亲临其境，又怎能看见真风景呢？又像念熟了菜谱，没有实际吃过，又哪能尝到真滋味呢？荀子《劝学》中说：“不登高山，不知天之高也；不临深溪，不知地之厚也。”[①] 教师只有亲身实践过，才有真真切切的感受，才知道在汉字教学过程中应该怎样教，哪些教学内容是要精教精学，哪些只需要略教略学，以便在教学中做到有的放矢，有针对性地开展教学，而不是胡子眉毛一把抓式地盲目教学。

二、对外汉字教学教师应掌握的基本能力和技巧

教师具备了上述所提的相应素质只能说是有了汉字教学的资格，但要想成为一名合格优秀的对外汉字教师，除了这些素养之外，还要掌握与其相关的教学能力和技巧。教师所具备的素质就像厨师做菜的食材，虽然必不可少，但要菜做得色、香、味俱全，还得看师傅做菜的功夫。汉字教学同样也是这个道理，教师教学的效果还是得依赖于其教学能力，就像有的教师自己本身知识渊博，但就是有货倒不出，缺乏教学能力，只能是纸上谈兵。因此汉字教学的能力和技巧也是教师在教学准备中的重中之重。

首先是课堂教学能力。教师是教学的灵魂，要发挥良好的组织作用，教学要会以不变应万变，在宗旨目的不变的前提下灵活教学。在一堂汉字教学课中，教师在课堂的组织和教学内容上要有自己的思考和一些特别的设计。这样学生才会在教师的指挥下，“独唱”、“重

① 方勇、李波译著：《荀子》，北京：中华书局，2011 年，第 67 页。

唱"、"合唱"交替上演，此起彼伏，保持愉悦的心情，体会到汉字真学起来也未必很难。在课堂的导入部分教师不妨采取一些迂回的引导方式，避免单刀直入，使汉字不那么有隔膜，不那么陌生。比如在开始上课前教师可以引导说："My first English word is 'I'. What would you like your first Chinese character to be?"意思是我学的第一个英文单词是"我"，你们想说的第一个中文汉字是什么呢？学生觉得好玩，就会在思考之后七嘴八舌地交流起来。可能有的人会问，用汉字怎么写"好"，怎么写"你"，怎么写"爱"，等等，可能还有的汉字笔画比较复杂。这时教师可以把这些字都写下来，注音时告诉他们"这是帮你们发音的"，标调时告诉他们"这可以帮你们说得富有韵律和节奏"，顺便在写汉字时简单介绍一下汉字的特点和书写规则。在提问方式上可以采取 Name Spinner 的方法：制作一个 PPT，颜色尽量明快（黄色，或浅绿色），上面每页写一个学生的名字，然后播放中有一个快速播放，每个名字一闪而过，学生按一下 S，就停止，这时候 PPT 显示谁就是谁。每个同学回答完问题，再用同样的方式，叫出下一个同学。这样的提问方式会显得比较刺激有趣。总之，组织教学不是教师的机械施教行为，而是师生在教学活动中多种心理能力的协同作战，实现情与理的交融。当然，在营造轻松愉快的学习氛围的同时也要对教学内容加以适当的控制，做到心中有数，松弛有度。

其次，激发和保持学生对汉字的学习兴趣和能力。我们都有过这样一种经历，小时候生病要吃药，因为药苦，小孩子大都不愿吃，这时妈妈就会在药里放点糖，这样孩子就会吃下去。汉字的教学也同样是这个道理，因为汉字难学，学生大都有畏难情绪，不愿学，这时教师就要想方设法调动学生的积极性。比如让他们身临其境，熟悉汉字。教师可以在环境的布置上下一番工夫，在教室的墙上有秩序地贴一些中国书法、国画和象形汉字：人、日、月、山、水、木、火等，再配上象形的图画；还可以让学生自己动手用毛笔写一些汉字挂在教室里，等等。这样可以让学生不自觉地感受到汉字的情结。再者，通过游戏帮助学生识字。教师可以采用竞赛识字法，学生的好胜心强，在竞赛中识字，热情更高，比如小组竞赛、男女竞赛等。教师出示一幅画着大树的画，树上挂着写有生字的苹果，让学生举行摘苹果竞赛，看哪组摘的苹果多。还可以让学生按顺序读字音、组词语分析字形、接龙竞赛，在激烈的竞赛中学生自主识字，这样学生就不会把练习当作负担，而是当成游戏的一部分，荣誉的一部分。还有就是要教给学生识字的方法。虽然教学是以动态形式呈现出来，但结果则以静态形式存在于学生的主观世界之中。为了让学生都想学，都会学，在教学中，教师应根据不同的学习内容，指导学生掌握学习汉字的方法与规律，使学生在学习过程中能举一反三，触类旁通。如在"江、河、海"，"跑、跳、跃"两组形声字的教学中，教师应先分析并区分"三点水"旁和"足"字旁的表意功能，告诉学生"三点水"旁表示与水有关的意义，"足"字旁表示与"足"或"脚"有关的意义，然后要求学生正确区分这些部首并加以掌握。

再次，运用现代教育技术的能力。根据心理学中动态的变化着的事物容易引起学习者的注意的这一现象，在识字教学时，可以多媒体声像系统为先导，通过多彩的画面和美妙的音乐，诱发学生学习汉字的愿望。如教学"笑"字，可以根据汉字象形字的构字特点，先由投影出示一个卡通脸谱，然后依次将眼、眉演变成"竹"字头，将鼻子演变成"丿"，将嘴演变成"一"，脸谱笑时，两个嘴角也演变成"丿"和"㇏"，转眼一个"笑"字就出现了。在艺术的感染、熏陶、启迪下，学生在快乐中不知不觉地记住了这个字，掌握了字义，达到了事半功倍的效果。在我国汉字系统中，有相当一部分形近字，它们或换偏旁，或加偏旁，或区别仅在于点横、长短之间，对于学生来说肯定是难分伯仲。而多媒体的使用却让这一难题迎刃而解。如“睁、挣”两字，读音相同，字形相似，极易混淆。为了区分这两个字，教师可运用多媒体先出示“睁”、“挣”两个醒目的大字，其偏旁颜色各不相同。接着展示两幅动画：一个小女孩紧闭的双眼睁开了，告诉学生睁开眼睛的“睁”是目字旁；另一个小男孩掉进池塘里大喊救命，两只手伸出水面用力地支撑着，这个小男孩在水里挣扎，让学生明白“挣扎”的“挣”是提手旁。通过多媒体图文结合的动态画面，能让学生更直观、更形象、更生动地体会汉字各自不同的含义，学生在理解字义后还会准确地运用，这样既提高了学生的识字效率，又培养了学生分辨字形的能力。此外，多媒体技术还有助于静态显示汉字笔画分解图，动态演示笔画和笔顺，可以在学生的心理上形成一种直观的心理演示，使学生对笔顺的记忆更加深刻。而且实验也证明，使用多媒体方式来呈现的教学内容比传统的纸笔教学方式有效，因此教师应不断地提高自己使用计算机技术的能力。

最后，汉字教学研究创新能力，这一点也是最难能可贵的能力。教师不能只让学生靠死记硬背来学习汉字，这种土法炼钢的方式在初级汉语课汉字学习数量较少时还勉强可以应付，一旦学生进入中高年级，汉字与词汇量大增时，便无法应付甚至会感到学不下去。根据初、中、高各年级学生人数统计资料显示，每年几乎将近 2/3 的学生退出中文课，究其原因，由于学习汉字的困难而半途而废的比例是相当高的，这是值得从事对外汉字教学的教师深思的。中国有句古话“穷则变，变则通，通则久”。其实识字教学的方法有很多，教师应通过各种各样的形式让学生有耳目一新之感，维持学生的学习热情，帮助学生掌握汉字。比如，教师可以把学唱中国歌巧妙地引入日常的汉字教学中。当学习了“几”、“多”等疑问词后，引入一首《月亮代表我的心》：“你问我爱你有多深，我爱你有几分?”外国学生觉得这首爱情歌曲很浪漫，对这两个疑问词的使用也就加深了印象。此时还可以顺便讲一下“嫦娥奔月”的美丽传说，让他们体会中国文化中月亮代表的爱情、团圆、思乡等意境，也就明白了中国为什么会有中秋节。此外，教师更应鼓励学生用自己独特的方法识字，让学习者能主动“参与”汉字教学，在教学中，调动学生的联想积极性，发动学生来参加“认字”、“造字”、“正字”和“背字”。比如，给出一个义符，任由学生加上其他声符或其他部件；或者给出一个独体字，任由学生加上其他部件。用这种类似“游戏”的方法，来让学生构成新字，甚至“创造”新字。尽管学生的识字方法还不成熟，有些甚至还幼稚可笑，例如：给学生一个提手旁，学生会加上另一个部件，构成“打”、“提”、“抱”，也可能想象出“扌”加一个“水”字，表示“舀”的意思。学生当然不知道正确的“舀”字，他们会自认为“创造”的这个新字合乎汉字造字“逻辑”。在这过程中，学生的构字结果很可能是乱七八糟、错误百出的。但没关系，重要的是让学生从中感受到学习和创造的快乐，激发学习的主动性，提高识字的效率。毕竟这个“创字”教学活动要求他们动脑筋，要回想出很多已学过的汉字和有关的汉字知识，才能“逻辑性”地“创造”新字。一旦创造错了，教师立即纠正，让学习者在自身参与后，体会正确的汉字，印象颇深，强化了记忆。这种“开放式”的教学法虽然“荒谬”，但其过程本身却达到了让学生在汉字记忆和理解上的“温故”而“知新”，对认知汉字起到了一定的促进作用。总之，让学生真正掌握运用汉字并形成自学汉字的能力就是教师教学汉字的宗旨。

黄炎培先生说过："语小，个人之生活系焉，语大，世界国家之文化系焉。"① 对外汉字教学任重而道远，我们亟需一批充满青春朝气、积极进取的汉字教师奋斗在汉字教学与研究的前线，致力于使国际汉语教学能成为一门长青的学科，使汉字能进一步走向世界。对外汉语教师在教学汉字中如果都能秉承着蔡元培先生所说的"捧着一颗心来，不带半根草去"的精神，何愁汉语的国际推广没有一个美好的明天呢。

参考文献：

[1] 卞觉非．汉字教学：教什么？怎么教？[J]．语言文字应用．1999（1）．

[2] 曹艳．初级班非汉字文化圈留学生辅助性汉字课课程设计［D］．上海：复旦大学．

[3] 冯凌宇．略论对外汉语教学初级阶段汉字教学的若干问题［J］．长江学术．2010（1）．

[4] 顾安达、江新、万业馨主编．汉字的认知与教学［M］．北京：北京语言文化大学出版社．2007.

[5] 刘社会．谈谈汉字教学的问题［J］．语言教学与研究．1990（2）．

[6] 吕必松．汉字教学路子研究刍议［J］．暨南大学华文学院学报．2003（1）．

[7] 赵明德．对外汉字教学改革探索［J］．语言教学与研究．1993（3）．

[8] 周健．汉字教学理论与方法［M］．北京：北京大学出版社．2007.

① 黄炎培：《中华职业教育社宣言书》，北京：人民教育出版社，1983年，第386页。

信息时代台湾语言文字工作新态势

王晓明*

信息时代始于20世纪50年代末期，在欧美及发达国家兴起是于20世纪60年代末，而在我国及部分发展中国家则始于20世纪80年代中前期。

自从人类步入信息时代，语言文字就紧紧地与信息技术捆绑在一起，二者息息相关。语言文字是信息的主要载体和处理对象，而汉字是中文信息的主要载体和处理对象。为了迎接信息时代的到来，我国台湾地区也开始思考语言文字工作的新思路，至此，语言文字的很多工作都在围绕着信息技术这条主线而展开。

一、组织模式

早在1990年，财团法人资讯工业策进会就开始规划推动台湾信息及通信标准的架构蓝图，并向所谓的“经济部中央标准局”建议成立“资讯及通信国家标准推行委员会”，以加速推动我国台湾地区资讯及通信标准的编制与推广工作。“经济部中央标准局”于1992年成立“资讯及通信国家标准推行委员会”，当下推行委员会下设有10个分组委员会，各分组委员会分工明确，职责清晰。中文信息相关事宜由中文资讯分组委员会负责组织实施。

中文资讯分组委员会成员包括：“经济部”标准检验局、“教育部”国语推行委员会（简称“国语会”）、研究发展考核委员会资讯管理处、“内政部”户役政资讯小组、文化建设委员会资讯小组、“财政部”财税资料中心、“国家图书馆”资讯组、“中央研究院”计算中心、财团法人中文数位化技术推广基金会（简称“中推会”）、财团法人资讯工业策进会（简称“资策会”）。

“资讯及通信国家标准推行委员会”对应ISO/IEC JTC1/SC2，而“中文资讯标准分组委员会”对应ISO/IEC JTC1/SC2/WG2。

---

* 王晓明，女，1965年出生，国家语委语言文字规范标准测查认证中心副主任，教育部语言文字应用研究所高级工程师，硕士生导师，主要研究汉字标准及中文信息处理。

为推动中文信息通用环境建设，“行政院”主计处电子处理资料中心于2000年8月成立了“中文环境建置工作小组”，并下设ISO10646（Unicode）等技术组。

从以上的组织模式建构上不难看出，台湾对新兴事物的感悟是敏锐的，行动也是迅速的。为迎接信息时代的到来，迎合信息时代的新特点，台湾打破了部门界限，对整个信息化工作做了全面的统筹规划，形成了产、学、研、政一体化的新的运作模式。真正能消除其部门界限，保障其运作模式正常运转的主要杠杆是自上而下的经费统一管理，下达渠道归一。

二、文字的搜集与整理

由于组织结构完善，分工明确，避免了工作上的相互交叉、推诿及重复性劳动造成的浪费，从而确保了资金的合理运用，提高了工作效率，台湾在文字的搜集与整理，乃至整个中文信息处理工作上都取得了丰厚的成果。更重要的是：确保了各项成果的协调一致性，避免造成不必要的混乱。

（一）“国字标准”字表研制

台湾的“国字标准”制定工作始于1969年，1984年完成，前后历经了15年。

“国字标准”字表在研制过程中的每一步工作都做得十分细致、扎实，目的明确，规则清晰。

“国字标准”字表的研制目的有四：（1）台湾语文教育及学术研究的需要，（2）台湾人民生活使用的需要，（3）中文信息输入、编码及字型的需要，（4）《姓名条例》的需要。

“国字标准”字表的研制原则分三个层次：基本原则、通则和分则。基本原则用于确定标准字，也就是选字，基本原则5条。通则和分则用于确定字形，主要说明笔画间的相对关系，通则40条，分则120条，为便于理解，均以举例方式说明。

1975年9月15日，“教育部”社教司印发了《国民常用字表初稿》，分赠各界参考，总计收入4709字。1978年5月20日发布时，将字表定名为《常用国字标准字体表》，总字数为4808字。1979年8月1日公布《常用国字标准字体表（订正本）》试用本。1982年9月1日正式公布《常用国字标准字体表》，该表共收汉字4808个，简称甲表。

1981年3月29日，“教育部”发布了《次常用国字标准字体表稿》，内收7894字。1982年10月，公布了《次常用国字标准字体表》，简称乙表，内收汉字6343个，另附4399个罕用字。

1983年10月公布了《罕用国字标准字体表》，简称丙表，内收汉字18388个。

1984年3月公布了《异体字表》，简称丁表，内收汉字18588个，补遗22字。2002年，“教育部”颁布了《异体字表修订版》，该表系国语会根据《异体字字典》正式第五版所收异体字编录，共收70833字。

以上四种字表（其中《异体字表》为1984年版）共整理出标准汉字48149个。这四个字表所收的字，也正是中文标准交换码CNS11643收字的依据。

（二）CNS11643中文标准交换码的扩编

CNS11643的编码工作，始于1980年，历经多次转折，直到1986年才由“中央标准局”

公布，取名为《通用汉字标准交换码》（简称通用码）。通用码原来只收录13051个汉字（第1及第2字面），但“行政院”主计处电子处理资料中心于1988年另外公布了6148个使用者加字及其编码（于1992年版编入第3字面）。1990年，“中央标准局”委托资策会首度扩编通用码为48027个汉字（第1至第7字面），于1992年公布，同时更名为《中文标准交换码》（CSIC，Chinese Standard Interchange Code）。

为解决中文信息用字不足问题，2003年初，台湾的“经济部标准检验局”委托中推会修订了CNS11643中文标准交换码，已于2007年正式颁布，其字量再度扩编。CNS11643－2007从原来的1～16字面扩编至80字面，第1～15字面新增欧元符号、中文数字零、日语音标和罗马拼音—台湾方言用字符号，补齐注音符号和康熙部首、已编入UCS但未编入CNS11643的符号及表意文字（中文字）、户政姓名用字及其他罕用字；第16字面为使用者造字区；第17～80字面保留供未来扩充字集使用，目前搜集的总字数为81275个字。

第一字面：共编入汉字5401个；是在“教育部”《常用国字标准字体表》的基础上扩编而成的。

第二字面：编入汉字7650个；是在“教育部”《次常用国字标准字体表》的基础上扩编而成的。

（三）未编码字的搜集与整理

2005年，台湾“官方”就开始向各大“行政机关”及学校等征集新增字的需求资料，同时，在全汉字库网站上开通“新增字申请”功能，旨在更广范围全面征集社会用字。此事由中推会负责，将征集到的字先作学术上的整理，再与国际标准ISO10646进行比对，未编码的字准备提交国际标准化组织汉字工作组IRG。

（四）字形整理——标准字体母稿制作

台湾标准字体表的研制历经十余年，包含常用、次常用、罕用及异体（1984年版）四个字表，共计四万余字。

台湾中小学教科书已采用国字标准字体，为进一步推广使用于印刷界及信息界，决定将“常用”及“次常用”两类标准字体之楷体、宋体、黑体及隶书四种字体制作“国字标准字体母稿”。

1986年，国语会委托台湾师范大学国文研究所进行《次常用字表》的修订，将修订成果与其他三个字表请专人以毛笔楷体书写。同时国语会成立专案小组，聘请文字、美术、书法、印刷等学者专家，对字表逐字核检，所有笔画、笔型等问题皆予以彻底规范。

1991年开始制作《常用字表》及《次常用字表》楷、宋、黑、隶等体的电脑母稿。同年，“教育部”将《常用字表》及《次常用字表》毛笔本少量印行，作为制作电脑母稿的蓝本及提供资策会扩编CNS11643《中文标准交换码》参考。

1993年6月16日，《常用字表》及《次常用字表》的楷体和宋体字母稿正式对外公布启用。《国字标准字体楷书母稿》11151字（包括常用字4808字，次常用字6343字），《国字标准字体宋体母稿》17266字（包括常用字4808字，次常用字6343字，为配合国际标准组织于1993年5月公布的ISO10646之需要，另增宋体母稿5860字）。

1994年7月22日，“教育部”发布《国字标准字体楷书、宋体母稿（修订版）》，楷体母稿13067字、宋体母稿17266字。

1996年12月3日再次公布《国字标准字体楷书、宋体母稿（修订版）》，楷体母稿13051字，宋体母稿18369字（为配合国际标准ISO10646扩编，新增1103字）。

1997年为配合国际标准IS010646扩编，国字标准字体宋体母稿又增加了5879字，至此，宋体字母稿共计24248字。

1996年12月5日公布了《国字标准字体黑体母稿》，收录13051字。

1998年12月公布了《国字标准字体隶书母稿》，收录4808字。

（五）字音——《国语一字多音审订表》

为解决一字多音在教学及使用上的困扰，使多音字标准化、单纯化，1987年7月“教育部”聘请对国语语音学有研究的专家学者，以及实际从事国语教学的教师，共同组成审音小组，进行多音字的整理与审订工作。经过六年多的研究，于1994年5月公告试用三年，并根据其间搜集到的各方意见进行了修改完善，于1999年3月正式发布使用。

此次审音，是以台湾公布的《常用国字标准字体表》、《次常用国字标准字体表》和《重编国语辞典》的收字为依据。

此次审音工作，遵循以下三项原则：（1）将多音字之音读简单化、标准化，以利教学。（2）以日常用语为主，过于生僻者暂时不收。（3）以口语音读为主，古典诗词格律与古人名、地名的特殊音读，原则上不收。另定七条审订细则，涉及语音与读音、正读与又读、歧音异义、通假字音、外文译音、轻声、连读变调变音等。此次审音工作，还参考了《现代汉语词典修订本》、《普通话异读词三次审音总表初稿》、《普通话异读词审音表》等资料。

《国语一字多音审订表》自1999年公布实施后，社会反映强烈。根据各界的反映意见，国语会于2006年开始着手《国语一字多音审订表》的重新修订工作，以符合社会需要。《国语一字多音审订表》修订版于2009年五六月间分别在台北（2009年5月26日台湾师范大学）、台中（2009年6月9日台中教育大学）、台南（2009年6月2日高雄师范大学）三个区域召开三场公开征求意见会，听取各界意见。因意见颇多且存在分歧，目前正审慎通过专家会议就各界反映的意见进行最后审订。

（六）形音义综合整理——《异体字字典》

1994年9月，台湾师范大学陈新雄教授赴韩参加由中国大陆和台湾、韩国、日本组成的亚洲汉字协会召开的“第二届汉字文化圈内生活汉字问题国际研讨会”，与会代表基于目前对亚洲各国所用的汉字字形颇见参差，决议作一统整。陈教授返台后，即向国语会提出建议。国语会召集相关学者专家研议后，决定推动《异体字字典》编写工作，并于1995年成立编辑委员会，委任台湾师范大学李鍌教授担任主任委员。

本部字典共收录十万多字，包括常用字、次常用字、罕用字三个正字表所带领的异体。所利用的文献除字书外，也涵盖方言、民俗资料，总量超过上千本。这部字典的内容十分繁复，每一个异体字都交代了对应正字的音义、异体字出现的关键文献，因此它可以说是一部字典，同时也是一个中文字形资料库。此项工程十分庞大，其光盘版和网络版，单是字形超链接结点就超过百万，从原始文献的收录到异体字的挑选、审定、定稿编辑直至数字化制作，历经五年，于2000年6月发行了试用版，于2001年6月发行了正式网络版V1.0。

最新版是2004年1月发布的正式版V5.0，共收录106230字，其中正字29892字，异体字76338字（含待考之附录字）。

透过它所展示的，不仅是一部工具书，也是台湾语文建设力量的象征。因为像这么庞大的资料库，所反映的不但是内容品质，更是一种文化成就，值得我们语言文字主管部门深思。

三、相关规范标准的研制

（一）《部首手册》

国语会于1993年2月发布。《部首手册》依据《康熙字典》214个部首而编写，以说明部首形体结构、音读、异形及用法为编辑目的。

（二）《常用国字标准字体笔顺手册》（简称《笔顺手册》）

国语会于1995年2月发布。笔顺基本规则共17条。《笔顺手册》详细列出了《常用国字标准字体表》中4808字依笔顺规则的书写过程。

（三）CNS11643－2－2007 中文字基础部件及部件属性

《中文字基础部件表》，是以CNS11643第1及第2字面13051汉字逐一进行分析、归纳与统计后所制定，总计385组，517个基础部件。

《中文字部件属性表》是将CNS11643第1及第2字面的13051个汉字逐一分析成由基础部件组成的部件属性。

（四）CNS11643－3－2007 中文字笔画分类

本标准所包含的基本笔画以横（一）、竖（丨）、撇（丿）、点（丶）、折（乛）五大类为主，其下再分为31个附笔形。本标准适用于笔顺排序编码及检索等各项中文信息处理。

（五）CNS14754－2009《中文资讯排序属性标准》

本标准所包含的汉字是以CNS11643第1至第7字面的48027字为基础，逐字确定排序所需的属性，包括CNS11643编码、总笔画数、部首、部首笔画数、部首外笔画数、注音、笔顺等属性。

（六）CNS14838－2004《域名专用中文字码对照表》

此标准规定了专用于网络中文域名的中文字码及其对照中文字码，可作为域名注册及解析之用。

（七）中文译音使用原则

"教育部"于2009年2月发布，原则共7条。总的指导思想是：除个别特殊情况外，均以汉语拼音为准。后附《汉语拼音方案》、《常用汉字汉语拼音译音表》、《常见四百家姓氏汉语拼音译音表》。

（八）台湾闽南语推荐用字700字词

"教育部"于2009年10月发布。

四、服务与推动措施

（一）制作网上电子辞书

为了通过电脑网络推广语文教育，国语会组织编制了不同类型、规模的字词典，并建网站供全民使用。目前完成的电子词典有如下几部：

1.《重编国语辞典（修订本）》

《重编国语辞典（修订本）》是在1945年出版的《国语辞典》基础上修订而成，1994年完成网络版，收单字11930个，词152398条。

2.《国语辞典简编本》

《国语辞典简编本》主要是针对中小学生及外国人学习国语文的需求而编的，是在《重编国语辞典（修订本）》的基础上缩编而成，收单字6500个，收词45000条。

3.《国语小字典》

《国语小字典》是专为小学生编辑的一部小型字典，收字4305个。

4.《异体字字典》

共收录106230字，其中正字29892字，异体字76338字。

5.《成语典》

正文收录成语共5123条，并附上《附录》及《重编国语辞典修订本》的成语23385条。

6.《台湾闽南语常用词辞典》

收词约15000条。

7.《台湾客家语常用词辞典》

收词约15000条。

（二）建立中文服务网站

1. 建立CNS11643中文标准交换码全字库网站

为解决电脑缺字、信息交换等中文信息应用问题并协助推动CNS11643中文标准交换码的应用，“行政院”主计处电子处理资料中心于1999年以CNS11643中文标准交换码为基础，建立了CNS11643中文标准交换码全字库网站，提供字型下载安装、自造字共享、中文码转换、网页自造字显示、新增字申请等功能，供社会使用。

2. 建立ISO10646汉字库网站

目前ISO10646已编码汉字达7万之多，为协助各相关单位核查未编码字符，特建立该网站。

3. 建立两岸名词对照查询系统

为解决两岸名词翻译不一致的问题，自1997年起，台湾与大陆的各学科专家不断地就科技名词的编译技术进行交流协商，以期减缓名词分歧的不断恶化。

2003年元月，台湾建立了两岸名词对照查询系统，透过网络供全民使用。网站中设有中、英文名词查询对照功能，除了增加使用上的便利之外，更可以减少同一个名词出现不同的翻译版本。

4. 建立常用国字标准字体笔顺学习网

“教育部”为建立社会大众对标准字的认识，并利于写字教学，建立常用国字标准字体笔顺学习网，2008 年 5 月发布了试用版，2010 年 9 月完成了正式版。每个字与注音符号皆附有发声，并提供全字笔顺提示、生字练习本等功能，可直接在线学习。

5. 建立《异体字表（修订版）》检索网

2002 年“教育部”发布了《异体字表（修订版）》，同时制作了网络初版，详细列举了修改内容，并提供了便捷的查询方式，供社会查询、使用。最新版本为 2004 年修订的网络二版。

（三）字库免费下载使用

为落实国字标准化政策，配合推广标准字体，“教育部”制造了两套国字标准字库——“教育部”标准楷体、“教育部”标准宋体。此两套字形作为国小教科书的印制标准及政府单位的公文字形使用，现已将其放于网络上，供全民下载使用，非商业目的可以免费使用。

五、几点建议

（1）信息时代，语言文字工作应围绕信息技术这条主线展开，更多关注信息领域的现实需求。它代表了绝大部分的社会现实需要。这是当前语言文字工作的重中之重。这件事情做好了，就从源头上把好了语言文字政策关，从而也能促进我国中文信息技术的良好发展。

（2）充分利用新技术手段，对语言文字工作做出全面系统的规划，避免不必要的重复投入，加快语言文字工作进程，确保各项成果的协调一致，避免给社会应用造成不必要的混乱。

（3）加快语言文字工作的步伐，促进语言文字研究工作尽早跟上中文信息技术发展的需要，从而避免语言文字乱象在虚拟空间蔓延。

（4）加大资金投入，组织得力的研发团队，加强基础建设工作，夯实语言文字工作基础。

（5）在宣传、推行措施上，应充分发挥网络的优势，通过提供服务的方式，把国家的语言文字政策渗入其中。

语料库在线网站用户及检索热点分析*

肖　航**

（教育部语言文字应用研究所　北京师范大学中文信息处理研究所）

一、前言

语料库在线网站（网址：www. cncorpus. org）是教育部语言文字应用研究所计算语言学研究室建设的一个免费的综合性汉语语言资源网站，提供现代汉语语料库、古代汉语语料库、字词典、字词表等语言资源的在线检索服务。

网站于2010年10月开通试运行，截至2011年10月17日已经有约14万人次的有效访问，注册用户超过5000人，成为重要的汉语语言资源服务网站之一，在百度、谷歌等搜索引擎的语料库相关关键词检索结果中名列前茅。

为了解汉语语料库的用户特点，语料库在线网站通过要求用户输入简单背景信息进行注册、记录检索关键词等多种方式对用户使用情况进行了采集。采集这些信息的目的是为了了解语料库应用的特点，以期由此改进网站建设及服务质量。

本文尝试通过对语料库在线网站用户的分布、流量来源和检索关键词的分析，了解用户对语言资源应用的需求情况，并通过分析用户检索热点，探讨语料库等语言资源应用和服务的重点和方向。

* 本项研究得到国家语委“十二五”科研规划项目“基于云计算平台的语言资源整合应用方略研究”项目（编号YB125－38）的支持。

** 肖航，男，教育部语言文字应用研究所副研究员，北京师范大学中文信息处理研究所在读博士研究生，主要研究方向是计算语言学、语料库语言学。

二、网站主要内容和功能

语料库在线网站提供现代汉语语料库、古代汉语语料库、字词典、字词表等语言资源的在线检索和下载服务，主要由如下几个功能模块组成：

（一）现代汉语语料库检索

现代汉语语料库包括约2000万字的国家语委现代汉语通用平衡语料库数据。语料经过分词和词性标注，可以进行更准确的按词检索和分词类的检索。提供全词匹配、全文检索、模糊检索三种检索方式，支持以字、词、词类为单位检索，可多关键词组合检索。检索结果以语句为单位给出。

（二）古代汉语语料库检索

古代汉语语料库包含自周至清各朝代的约一亿字语料，含《四库全书》中的大部分古籍资料。语料库未经分词标注，采用全文检索、模糊检索两种方式检索。检索结果以语句为单位给出。

（三）字词典检索

提供《说文解字》、《康熙字典》和汉字属性库检索。

（四）字词表检索

提供现代汉语语料库和古代汉语语料库字词频率数据检索。字词检索可以检索包含某字、以某字开头、以某字结尾的词，并提供语料库出现频次。

（五）资源下载

提供语料库字频表、词频表下载，现代汉语常用字表、通用字表等资源下载；提供网站开发的分词和词性标注软件下载、字词频统计工具软件下载。

从网站运行一年来的情况看，网站的各个功能模块基本符合用户对语料库等资源的检索需求，各模块都接受了相当数量的用户检索。

三、网站用户及访问情况分析

为记录分析语言资源网站用户来源及分布情况，语料库在线网站通过两种方式对网站访问情况进行了记录：

（1）要求用户进行免费的简单注册后使用网站资源，注册时填写职业、学校、单位等信息，这些信息只用于了解用户的研究背景；

（2）通过网页中嵌入谷歌网站分析[①]（Google Analytics）代码，记录访问流量来源和用户的地区分布。

---

① 谷歌网站分析（Google Analytics）是谷歌公司提供的一个分析网站流量的工具，可查看并分析流量数据，网址为：http：//www. google. com/intl/zh－CN/analytics/。

下面分别就获取的数据进行统计分析：

（一）网站访问情况

语料库在线网站于 2011 年 10 月开通，运行一年来访问计数情况如下：

1. 注册人数：至 2011 年 10 月 17 日，约 5600 人注册。
2. 访问计数：总计 134242 人次有效访问。
3. 检索次数：约 18 万次检索。
4. 下载次数：字词表、工具软件等资源共下载约 4500 次。

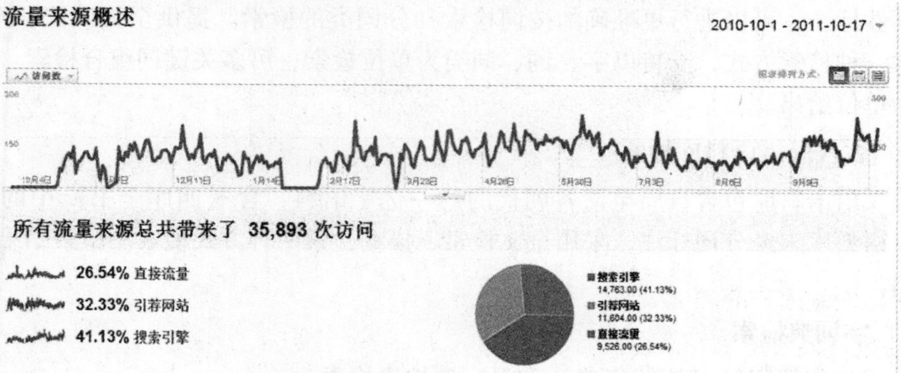

图 1 Google Analytics 流量统计数据

（说明：网站访问计数器记录了不分地址的用户访问数，Google Analytics 记录了单一 IP 地址的访问情况。记录方式不同，因此两个访问数数字不同。）

（二）网站用户类型

开通一年来，网站共有约 5600 个注册用户。单用户最高登录 199 次，平均每一用户登录约 3.93 次。

根据用户注册信息统计得到的前十类主要用户如下：

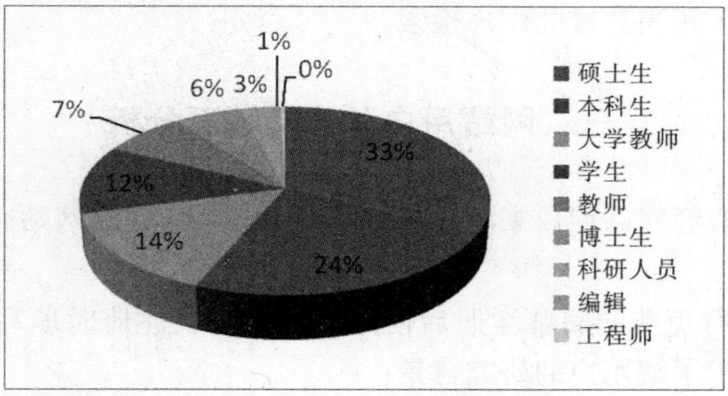

图 2 网站主要用户类型

由于注册时用户的职业一栏由用户自由填写，用户可提供或不提供准确信息，因此存在不一致的情况，统计时做了适当归并。上表列出了用户注册信息的职业栏目频次最高的十个类别。数据反映，高校师生、科研人员、开发人员是网站主要使用者。

（三）网站用户来源

从注册情况来看，高校师生是网站主要用户群体，占到用户总量的95%以上。其中排名靠前的大学如下图所示：

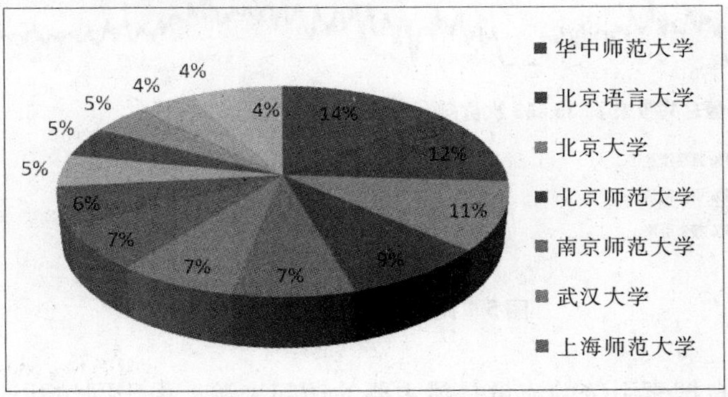

图3　网站主要用户来源

（四）网站用户的地区分布

经谷歌网站分析工具的统计，2010年10月17日至2011年10月17日，共有来自51个国家/地区的用户访问了网站。前十名的国家/地区如下所示：

访问数	每次访问页数	平均网站停留时间	新访问次数百分比
35,893 网站总额百分比：100.00%	10.88 网站平均数：10.88 (0.00%)	00:08:34 网站平均数：00:08:34 (0.00%)	51.31% 网站平均数：50.94% (0.74%)

详细程度：国家/地区	访问数 ↓	每次访问页数	平均网站停留时间	新访问次数百分比
1. China	30,962	11.18	00:08:37	51.20%
2. South Korea	1,197	12.94	00:10:22	43.61%
3. Hong Kong	796	10.70	00:10:51	55.90%
4. France	466	3.36	00:02:32	84.76%
5. United States	446	5.26	00:03:21	45.52%
6. Singapore	430	5.89	00:08:11	30.47%
7. Japan	415	12.08	00:09:16	49.40%
8. Taiwan	197	6.60	00:05:24	64.97%
9. Thailand	179	7.92	00:10:09	36.31%
10. United Kingdom	109	9.88	00:07:47	77.06%

过滤"国家/地区"：包含　转到　高级过滤器　转到：1　显示行数：10　51个中的第1-10个

图4　网站用户的地区分布

从中可见汉字文化圈是网站用户的主要来源，而来自法国、美国、英国等国家的访问者也占了相当大的比例。

（五）网站访问的流量来源

网站访问的流量来源主要是三种类型：1）直接通过域名访问；2）通过关联网站访问，如网站在中国语言文字网的链接；3）通过搜索引擎访问。

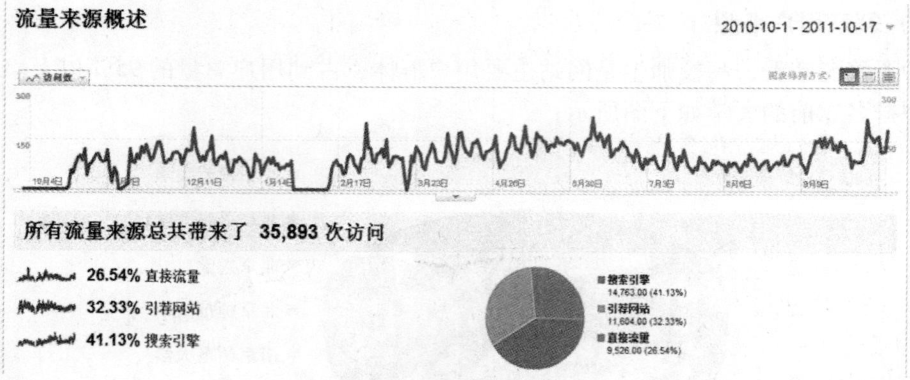

图 5　网站主要流量来源类型

各来源中，来自搜索引擎的流量是最主要的访问来源。由于网站开通时间不长，语言研究者主要通过在搜索引擎搜索并访问语料库网站。据统计，通过搜索引擎访问语料库在线网站时，“语料库、国家语委语料库、语料库在线、现代汉语语料库、汉语语料库”是五个最主要的检索词。

四、用户检索行为及热点分析

为了解汉语语料库的用户特点，语料库在线网站要求用户进行简单注册后使用网站资源。网站记录了用户检索语料库所用的主要关键词，主要用于了解用户对语料库应用的需求情况，用于分析用户检索热点，探讨语料库应用和服务的重点和方向。

（一）各资源的检索次数

表 1　网站各资源检索次数

资源	检索次数	所占比例
现代汉语语料库	约 95000 次	63. 76%
古代汉语语料库	约 25000 次	16. 78%
字词表检索	约 26000 次	17. 45%
字词典检索	约 3000 次	2. 01%

上表数据说明：

（1）从现代汉语语料库和古代汉语语料库的检索数量和比例来看，反映了以现代汉语语料库为主，古代汉语语料库为辅的特点，说明更多的用户使用语料库进行现代汉语相关研究。

（2）从字、词、词性、搭配的检索比例分布来看，体现了以词为主，词性其次，搭配占较大比例的检索特点，说明词级的标注是语料库最为重要的标注层级。

（二）用户检索条件分析

通过对用户检索条件的统计，共得到 176161 个检索条件，其中约一半的检索条件被重复检索，经过去重、归并，得到约 80887 个条件。网站设计初期设想用户的检索条件可能会具有某种规律性的特征，但从实际情况来看，用户检索条件复杂多样，总体来看不具备正太分布统计特征。

检索条件中有特点的检索关键词举例如下：

（1）高频检索词语：大、把、被、吃、就、拿、除非、至于、莫不、进行、立刻、毕竟等。

（2）新词新语新义的检索：山寨、给力等。

（3）高频搭配检索：

连词组合：一…就 …、因为…所以…、既…又…；

的字结构：是……的、像……似的、瞧你……的；

同类一组词：发挥、发出、发扬、发展、发表。

（4）古代汉语、现代汉语语料综合检索：皮、肤、就、拿、将、把等。

（5）带词类的检索条件占相当大的比例。

（三）检索需求分析

网站设置了用户留言板，供用户咨询、交流并征求意见。一年来，用户通过留言板及电子邮件提出的意见主要有希望提供更灵活的检索功能、提供更全面的语料样本信息和提供语料下载等几个方面。

在扩展检索功能方面的意见主要有：（1）希望网站提供正则表达式检索，正则表达式可以更准确地描述检索条件，具备适当计算机技能的研究者可以更准确地获取所需要的信息；（2）希望网站提供更正确的搭配信息检索。

在丰富语料信息方面的意见主要有：（1）检索结果中有更全面的语料样本信息，即详细的语料来源与出处；（2）能够标注细分信息如字母词、外来词等，以便准确检索。

在提供更多资源下载方面的意见主要有：（1）提供更完备的字词频率表下载；（2）提供全文或篇章下载，或提供语料库全库下载。

此外，用户还希望网站能够整合更多资源，如口语语料库、词典资源等。

根据用户需求，网站开通以来在功能和内容方面陆续做了相应的调整。

五、对语言资源类网站建设的启示

通过对网站开通一年来的运行情况统计分析，根据用户检索行为的特点，我们认为对于汉语语言资源类网站：

（1）分词和词性标注语料库是最基础、最重要的加工层次；

（2）句法信息标注有较大的需求，可用于提供更准确的搭配检索；

（3）对外来词、字母词、新词新语的标注有助于语料库提供更好的服务；

（4）例句的全面性和优选需并重，例句数量过多时需通过优选减少数量；

（5）用户对新词新语使用有较强烈的检索愿望，语料库应当与时俱进及时补充新时期的语料。

这些特点对语言资源建设和应用提出的要求主要是：

（1）语料库的精加工；

（2）分层级的语料库深度标注；

（3）对重要语言点的专门标注；

（4）语料库数据的不断更新，体现最新的语言变化和特点；

（5）网站虽然只提供汉语类数据，但用户来源广泛，采用适当的编码模式（如 Unicode）可以为使用非汉语计算机环境的用户提供更好的服务。

参考文献：

[1] 语料库在线网站：http：//www.cncorpus.org.

[2] Google Analytics 网站：http：//www.google.com/intl/zh-CN/analytics.

[3] 刘连元：现代汉语语料库研制，语言文字应用，1996（3）.

[4] 靳光瑾等：现代汉语语料库建设及深加工，语言文字应用，2005（2）.

[5] 肖航：现代汉语通用平衡语料库建设与应用，华文世界（台湾），2010（106）.

西双版纳傣文语料库的建设*

戴红亮　高廷丽**

一、引言

随着少数民族语言信息化的发展，少数民族信息化已由字处理向语言处理转变，我国少数民族语言中，蒙、藏、维吾尔、朝鲜语以及彝语等有传统文字的民族都建立了语料库，目前唯独傣语没有语料库。2009 年 10 月，西双版纳傣族自治州建立了第一个西双版纳傣文网站，该网站是一个多语网站，包括新傣文、老傣文、汉文、英文和泰文；主要包括 12 个方面内容：贝叶文化、傣乡资讯、东盟之窗、科技动态、旅游资讯、民族宗教、农业之窗、社会论坛、社会新闻、生活常识、文化生活、重要新闻；基本涵盖了傣族社会生活方方面面。其中贝叶文化、傣乡资讯、农业之窗、重要新闻、民族宗教五个板块占语料量的 70% 左右。西双版纳网站的开通，使傣族语言信息化成为可能。我们以西双版纳傣文网的新傣文语料为基础，建立了第一个傣语语料库。语料时间段 2009 年 10 月—2011 年 11 月共两年，采取了分段处理、逐步累积的方式，语料总音节数 727923 个。

二、傣语语料的预处理

傣语是一种有声调的单音节语言，声调有 9 个，实际调值 6 个。傣文属于印度字母体系，它与泰文、老挝文、缅甸文、柬埔寨文都属于同一个系统，而且关系较近，是随着南传佛教传播而带到傣族地区的。1955 年老傣泐文进行了改进，改进后的傣泐文主要变化有三：其一，以西双版纳傣族自治州政府所在地景洪语音为标准音，依据语音实际情况，增添了老

* 本研究受到 2010 年度国家社会科学基金项目《傣汉双语语料库建设及现代傣语词汇研究》（批准号：10MZ005）资助，在此表示感谢。

** 戴红亮，男，博士，教育部语用所研究员。高廷丽，女，中国社会科学院研究生院硕士生。

傣泐文没有的辅音字母；其二，依据一声母、一韵母、一声调一种写法的原则，选择老傣文中使用频率高的字母作为声母书写形式，改变了大部分元音和韵尾的写法，重新规定了声调的写法；其三，改变了老傣泐文以声母为核心的书写形态，将傣文声韵母线性化。傣文没有词形变化。

老傣文在书写过程中一般是连写，音节与音节之间连接在一起，新傣文在拼写过程中则依个人习惯，音节之间有的加空格，有的不加空格，书面语一般都加空格。从网站上下载到的文章来看，音节之间有些出现多个空格，有些没有空格，还有些构成一个音节的字符之间出现了换行情况，有些文章中还夹杂着不少 html 标记。傣文网站中绝大多数傣文是音节与音节之间分离（大约占 90% 语料），剩下 10% 左右连在一起。因此在进行傣文分词之前，音节分离成为傣语预处理的重要内容，也成为影响分词准确性的关键因素，这是傣文信息化需要特别面对的问题，如：

[illegible]

[illegible]

[illegible] , [illegible] ,

[illegible]

[illegible] , [illegible]

[illegible]

[illegible] , [illegible]

[illegible]。

因此除了一般的预处理外，预处理的主要任务是将音节分开。我们基于傣文的特点，在标注过程中，制定了以下六条规则对相连的音节进行了分离：

规则一：字符ᧈ、ᧉ、ᦰ是词尾标志，如果这三个字符后面还有其他字符，则这三个字符与其他字符之间必须加入空格。

规则二：在没有字符ᧈ和ᧉ出现的情况下，遇到ᧁ、ᧂ、ᧃ、ᧄ、ᧅ、ᧆ、ᧇ、[illegible]这些字符，则这些字符与后面的字符之间也必须加空格；

规则三：字符ᦵ、ᦶ、ᦷ、ᦺ是一个音节开始的标志，如果出现这三个字符，这三个字符前面要加空格。

规则四：如果以下字符ᦀ、[illegible]中的任意两个前后出现，则这两个字符之间要加空格。

规则五：᧞、᧟必须与前后字符分开单独成音节。

规则六：᧑、᧒、᧓、᧔、᧕、᧖、᧗、᧘、᧙（“一”到“九”）与前面任何一个字符连在一起时可分开，但他们之间也可以不分开。我们在标注数词时是“十”为单位，如᧖᧘表示六十八，还是放一起。由于᧑也是傣语元音 a，因此在处理时再做进一步处理，即与辅音相连时，不分离，与数字词相连时，以“十”为单位分离。

通过这些规则，我们很好地进行了预处理，使傣文能够进行分词等工作。

三、傣语语料库的标注

我们以 2009 年 10 月至 2010 年 10 月，约一年的语料共计 30 万音节进行了人工标注，主要标注项包括以下内容：

1. 词性标注（依据词义判断）。有多个词性的中间用分号隔开，词性标注参考国家语委制定的词性标准。

2. 音标标注。对每个音节标注音标，为标注方便，某些字母采用了变通形式，但与国际音标之间存在一一对应关系。

3. 汉语意义标注。汉译主要基于《傣汉词典》和《傣仂汉词典》，有多个义项的用分号隔开。两部词典中不出现的词主要是汉语新借词，尤其是人名、地名、机构名和巴利语借词。汉语新借词很好分辨，我们依据意义直接标注，并保证一致性，巴利语借词则借助《巴利语词典》进行标注。

4. 来源标注。傣语主要有壮侗语族本族词（壮、老挝、泰语）；巴利语借词（梵语近亲）；古汉语借词（同源词不好区分）；现代汉语借词；还有一部分缅甸语和英语借词（很少）等。我们对其进行了标注，有多个来源的用分号隔开。标注符号如下：巴利语：bl；傣文，dw；古汉语借词，hg；现代汉语借词，hj；缅甸语借词，mj；英语借词，yj。如一个词出现多来源，采用 bl，dw，hg，hj 等顺序依次标注。例如：

<[illegible] # v # pha1kot7thuang1 # 实现;达到 # bldw> <[illegible] # n # taa1di1 # 效果;好处 # dw> <[illegible] # a # mean1kan1 # 一样，相同 # dw> <[illegible] # n # tseau5hau4 # 我州 # dwhj> <[illegible]#v#tsu4#组织#hj> <[illegible] # q # mu2 # 群 # dw> <[illegible] # v # phia2peai1 # 宣传 # dw><[illegible] # n # kaan1 # 事情 # bl> <[illegible] # i # iau2loa5phoa2toang5 # 旅游观光 # dw> <[illegible] # p # thuang1 # 到，到达 # dw> <[illegible] # n # baan3meang4 # 地区;社会 # dw> <[illegible] # nd # hun1neal # 上边，北边 # dw> <[illegible] # ns # pha1tet8thai4 # 泰国 # bldw> <[illegible] # nt # mea5don2 # 最近 # dw>，<[illegible] # n # tseau5hau4 # 我州 # dwhj> <[illegible] # v # tsu5aul # 组织 # hghj> <[illegible] # n # phu3koan2oan1 # 领导 # dw> <[illegible] # n # si5ne6 # 企业 # hj> <[illegible] # n # faai2 # 方,方面 # dw> <[illegible] # n # paai4 # 方面，方向 # dw> <[illegible] # n # hong4nam4xiak9 # 旅行社 # dwhg> <[illegible] # i # iau2loa5phoa2toang5 # 旅游观光 # dw>、<[illegible] # n # ti5 # 处，地方 # dw> <[illegible] # i # iau2loa5phoa2toang5 # 旅游观光 # dw>、<[illegible] # n # hong4xiak9 # 饭店 # dwhg>、<[illegible] # n # hong4 # 机构，机关 # dw> <[illegible] # v # toa6laak8 # 运输 # dwhg> <[illegible] # n # xiak9 # 客人 # hg> <[illegible] # r # fung1ni5 # 这些 # dw> <[illegible] #r#laang4

phoang2#某些，有些#dw>，<ᦺᦔ # v # pai1 # 走，去 # dw> <ᦑᦹᧂ # p # thuang1 # 到，到达 # dw> <ᦵᦋᧂ ᦣᦻ # ns # tseng4haai4 # 清莱 # dwhg>、<ᦵᦋᧂ ᦺᦙ # ns # tseng4mai2 # 景迈 # dwhg> <ᦕ ᦵᦑᧆ ᦺᦑ # ns # pha1tet8thai4 # 泰国 # bldw> <ᦵᦕᧀ ᦵᦔᧀ # v # phia2peai1 # 宣传 # dw> <ᦂᦱᧃ # n # kaan1 # 事情 # bl> <ᦵᦍᦱᧁ ᦟᦸ ᦗᦸ ᦎᦸᧂ # i # iau2loa5phoa2toang5 # 旅游观光 # dw>。

四、傣语语料库的加工

我们以2009年10月至2010年10月的语料为基础，对其进行语料标注，总共标注了近30万音节的傣文语料。由于傣文语料目前数量有限，采用统计的方式人工标注语料数量还不够。我们从标注的语料中提取了8500个词语，形成傣语词表，选择利用逆向和正向混合算法对剩下的40多万进行分词。目前来看，分词取得了良好的效果，45万音节近28万词中，未登录音节只有17789个，约10378个词，标注有效率达到96%强。

未登录词主要有以下类型：汉语借词，数量最大，主要是一些人名、地名、机构名；傣语和巴利语生僻词，主要出现在诗歌体和民族宗教中；词形错误词，如声调、声韵母其中一个出错等。未登录词我们统一采用一个标记null进行说明（例见画线部分）。例如：

<ᦂᦱᧃ # n # kaan1 # 事情 # bl> <ᦈᦱᧄ ᦞᦸᧃ # nt # jaam4voan4 # 春季 # dw> <ᦋᦲᧄ ᦟᦲᧃ # v # team2lean4 # 支援;声援 # dw> <ᦟᦳᧅ ᦵᦠᧃ # n # luk8hen4 # 学生 # dw> <ᦗᦸᧅ ᦓᦲᧉ # r # poak8ni5 # 这次 # dw>，<ᦎᦲᧈ ᦓᦰᧅ # n # ti5nak7 # 重点 # dw> <ᦺᦂ ᦵᦋᧉ # v # kai4tse6 # 解决 # hj> <ᦂᦱᧃ # n # kaan1 # 事情 # bl> <ᦟᦳᧅ ᦀᦸᧃ # n # luk8oan2 # 小孩，儿童 # dw> <ᦈᦱᧁ ᦠᦲᧃ # n # jaau3hean4 # 家庭 # dw> <ᦆᦳᧃ ᦵᦞᧅ # n # kun4vek8 # 工人 # dw> <ᦑᦸᧅ #a#tok8#穷，贫苦> <u>*<ᦍᦲ null>*</u>、*<ᦈᦱᧁ ᦠᦲᧃ #n#jaau2? Hean4# 家庭 #dw> <ᦗᦸᧈ ᦺᦠᧈ ᦵᦙᦲᧈ ᦓᦱ # i # poa5hai5mia5naa4 # 农民 # dw> <ᦑᦸᧅ #a#tok8#穷，贫 #bl>* <u>*<ᦍᦲ null>*</u>。

五、下一步拟开展的工作及建设傣语语料库的意义

下一步我们将主要开展以下工作：

1. 由于目前傣语语料数量有限，我们拟全部进行校对，形成一个较好的傣语训练语料库（大约在60万词左右，符合国际惯例）。

2. 以该训练语料库为基础（60万词），拟用CRF等模型对2011年8月以后的语料进行算法分析，比较各种分词方法的优劣。

3. 扩大语料库规模，一方面继续跟踪傣文网傣族语料，另一方面收集新中国成立以来八套傣汉双语教材和一些专家学者翻译的傣汉对译语料，对语料库进行扩充完善，逐步扩大

规模和完善质量。

傣语语料库的建设，具有重要的意义：

1. 填补了我国传统少数民族文字中唯独傣语缺少语料库的空白。
2. 傣语语料库包含了诸多信息，为傣语词汇研究打下了较好的基础。
3. 语料库专门进行了傣汉间句对句翻译，为将来傣汉机器翻译打下了很好的基础。

参考文献：

［1］刘开瑛．中文文本自动分词和标注［M］．北京，商务印书馆，2000.
［2］西双版纳傣族自治州人民政府编．傣汉词典［M］．云南民族出版社，2002.

基于 HSK（高等）考试的数据研究

李　航

（北京语言大学汉语水平考试中心）

一、问题的提出

高等 HSK 施测以来，考生数量一直比较稳定，但对考生的基本情况却少有了解。为此我们特意选取了在北京语言大学参加高等考试考生的实考数据，同时参考考生自己填写的信息，从中对实考成绩及背景情况做出相关分析。

首先本文对考生的总体人数、获证情况、客观题题目正确率进行了统计，通过数据反馈，得出不同来源考生在成绩上的分布特点，并从另一角度检测了出题质量；其次特意筛选了一些有代表性的考生群体进行比较，可以看出不同来源的考生分数差别还是相当大的；再次，对不同于初中等考试的主观性考试部分，本文也加以分类比较和统计，计算了相关数据；最后对考生的年龄构成、学习时间、考试目的等方面进行了相关的简要研究。

二、HSK 高等考试介绍

高等汉语水平考试由相对独立的三套试卷构成：①120 题笔试；②作文考试；③口语考试。

笔试部分包括三项内容：①听力理解（1—40 题，共 40 题）。②阅读理解（41—80 题，共 40 题）。阅读理解考试分两部分，第一部分 41 题到 55 题，共 15 题，这部分试题的答案要用汉字写在答卷的横线上；第二部分 56—80 题，是多项选择题。③综合表达（81—120 题，共 40 题）。其中 81—100 题是多项选择题；101—110 题，每题有四个语句，请考生按一定顺序排列成一段话；111—120 题，请考生在答卷的空格中各填写一个恰当的汉字。

作文考试 30 分钟。

口语考试总共 20 分钟：准备 10 分钟，考试 10 分钟。考生共有两项内容：①朗读一段文章；②口头回答知道的两个问题。

三、总体情况分析

（一）实考人数

参加本次高等考试的考生（包括国家、地区或民族）共 1915 人，来自 41 个国家和地区。

国籍	人数
韩国	1351
日本	262
维吾尔族	94
泰国	27
越南	25
印度尼西亚	22
美国	18
蒙古国	15
加拿大	10
俄罗斯	8
哈萨克斯坦	7
澳大利亚	7
朝鲜	6
朝鲜族	5
哈萨克族	5
法国	4
菲律宾	3
缅甸	3
土耳其	3
西班牙	3
巴西	3
德国	2

国籍	人数
瑞典	2
瑞士	2
英国	2
新西兰	2
古巴	2
东乡族	1
回族	1
新加坡	1
叙利亚	1
印度	1
中国香港	1
吉尔吉斯斯坦	1
爱尔兰	1
比利时	1
波兰	1
荷兰	1
捷克	1
葡萄牙	1
意大利	1
乌克兰	1
巴拿马	1
阿根廷	1

（二）总体获证情况

全部考生（包括中国国内的五个少数民族的考生）来自 41 个国家和地区，包括亚洲的 18 个、欧洲的 15 个、大洋洲的 2 个、北美洲的 3 个、南美洲的 3 个国家。

从国家和地区分布来看，亚洲和欧洲持平。这点只有在国内考试中才可以见到，HSK 在国内的发展比较均衡，来中国学习的欧洲人参加考试的机遇比在境外大很多。

我们选取了参加考试获得证书人数前十名的国家做了如下的分布图。

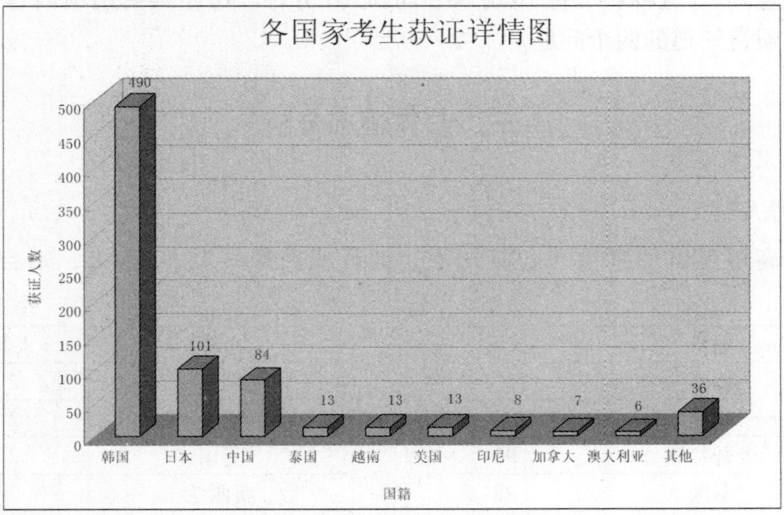

从上图可以看出，考生获证人数的排名先后分别是韩国、日本、中国、泰国、越南、美国、印度尼西亚、加拿大和澳大利亚。韩国占总人数的70.6%。

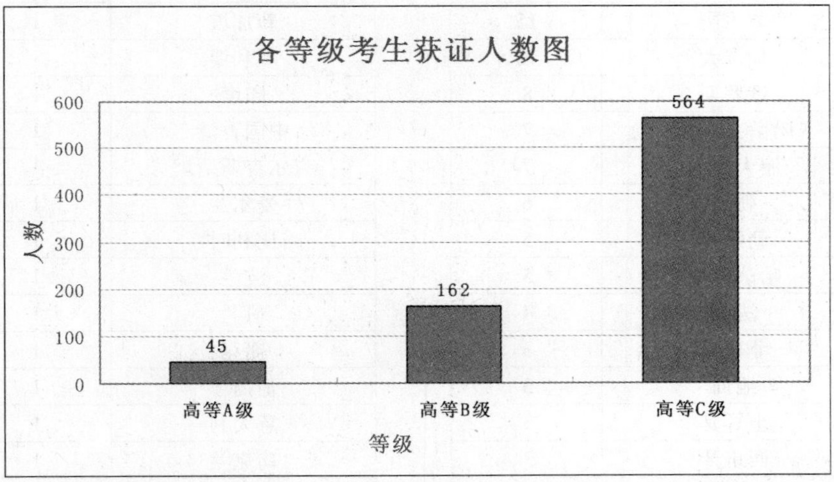

上图是全部获证考生的人数分布图，总体获证人数是771人，其中高等C级的564人，占获证人群的73%，高等B级162人，占获证人群的21%，高等A级45人，占全体获证人数的2%。

四、HSK高等考试客观题考试情况分析

（一）客观试题题目答对率分析

高等考试客观题部分共120题，其中听力理解40题，阅读理解40题，综合表达40题。下表是120题各题的答对率总表。用深色标注的31题是答对率低于30%或者高于70%的题目，可作为出题质量的参考。其中低于30%的11题，分别出现在听力理解1题，阅读部分

6 题，综合表达 4 题。答对率最低的题目是第 115 题（写汉字题目），12.75%。同样高于 70% 的题目出现在三部分的题目分别是 10 题、8 题和 2 题。最高值在第 16 题，85.89% 的考生答对此题目。

题 1	45.61%	题 33	58.73%	题 65	80.15%
题 2	71.42%	题 34	58.93%	题 66	58.83%
题 3	66.77%	题 35	34.06%	题 67	32.86%
题 4	73.20%	题 36	57.52%	题 68	38.61%
题 5	64.05%	题 37	33.12%	题 69	62.59%
题 6	37.04%	题 38	72.31%	题 70	49.06%
题 7	32.86%	题 39	54.39%	题 71	46.03%
题 8	73.30%	题 40	52.19%	题 72	47.75%
题 9	37.20%	题 41	76.23%	题 73	54.18%
题 10	46.66%	题 42	80.46%	题 74	41.85%
题 11	63.58%	题 43	76.23%	题 75	56.95%
题 12	79.62%	题 44	50.42%	题 76	24.14%
题 13	56.37%	题 45	48.80%	题 77	26.44%
题 14	43.31%	题 46	22.99%	题 78	44.57%
题 15	47.96%	题 47	53.24%	题 79	45.35%
题 16	85.89%	题 48	29.31%	题 80	40.18%
题 17	72.73%	题 49	25.60%	题 81	71.26%
题 18	52.04%	题 50	70.17%	题 82	62.85%
题 19	48.01%	题 51	70.17%	题 83	52.04%
题 20	44.93%	题 52	48.01%	题 84	64.11%
题 21	38.98%	题 53	31.92%	题 85	41.07%
题 22	56.53%	题 54	24.66%	题 86	34.64%
题 23	78.32%	题 55	36.15%	题 87	39.86%
题 24	37.04%	题 56	38.45%	题 88	48.33%
题 25	22.36%	题 57	71.47%	题 89	64.52%
题 26	85.16%	题 58	54.49%	题 90	51.93%
题 27	84.01%	题 59	64.84%	题 91	45.61%
题 28	44.67%	题 60	46.55%	题 92	48.54%
题 29	53.19%	题 61	62.28%	题 93	56.95%
题 30	67.29%	题 62	60.29%	题 94	55.38%
题 31	66.93%	题 63	63.01%	题 95	50.26%
题 32	57.84%	题 64	71.68%	题 96	33.44%

题 97	48.64%	题 105	58.05%	题 113	27.90%
题 98	42.79%	题 106	41.54%	题 114	43.10%
题 99	46.71%	题 107	47.70%	题 115	12.75%
题 100	42.06%	题 108	45.40%	题 116	15.78%
题 101	59.82%	题 109	39.18%	题 117	38.30%
题 102	61.65%	题 110	40.96%	题 118	25.29%
题 103	67.08%	题 111	33.12%	题 119	50.21%
题 104	51.25%	题 112	37.67%	题 120	77.53%

下表是各个百分比段答对题目的总数统计：

答对率	个数
<10%	0
10%—19%	2
20%—29%	9
30%—39%	19
40%—49%	30
50%—59%	25
60%—69%	15
70%—79%	15
80%—89%	5
> =90%	0

120 题按照题型细分后的统计结果如下：

部分	题号范围	正确率均值
听力理解	1—40 题	56.40%
阅读理解	41—80 题	50.67%
综合表达	81—120 题	46.88%
阅读理解	41—55 题	49.62%
	56—80 题	51.30%

（二）考生按各大洲区分后的统计数据

我们把考生按民族和各大洲区分开后，得到以下的总体数据：

部分	题号范围	正确率均值				
		少数民族	亚洲	欧洲	大洋洲	美洲
听力理解	1—40 题	68.77%	55.27%	53.87%	71.95%	73.21%
阅读理解	41—80 题	60.94%	49.74%	45.32%	66.95%	66.14%
综合表达	81—120 题	62.59%	45.23%	48.39%	71.95%	73.07%
阅读理解	41—55 题	61.45%	48.74%	35.05%	67.41%	65.71%
	56—80 题	60.64%	50.35%	51.48%	66.67%	66.40%

从数据看出，欧洲考生的正确率基本是最低的（除综合表达略高于亚洲外。阅读理解第一部分快速阅读的成绩最低），美洲考生的正确率最高。少数民族在高等考试中仍然领先亚洲及欧洲考生一大截。而大洋洲和美洲的考生人数较少，但这较少的人数却有着很高的正确率，甚至比中国少数民族的正确率还要高。这是因为美洲的考生基本是美国和加拿大的华裔，所以数据异常也是可以理解的。

（三）韩国考生数据结果

从考生构成中可以看出亚籍韩国学生的总人数占全体考生人数的70%，我们把这一特质群体提取出来进行分析，再与全部的相关数据进行比较，看结果如何。

	韩国（1351 人）	全部考生	差值
题 1	47.30%	45.61%	1.69%
题 2	70.76%	71.42%	-0.66%
题 3	66.10%	66.77%	-0.67%
题 4	72.17%	73.20%	-1.03%
题 5	62.99%	64.05%	-1.06%
题 6	33.60%	37.04%	-3.44%
题 7	32.79%	32.86%	-0.07%
题 8	71.80%	73.30%	-1.50%
题 9	35.23%	37.20%	-1.97%
题 10	45.60%	46.66%	-1.06%
题 11	62.10%	63.58%	-1.48%
题 12	80.38%	79.62%	0.76%
题 13	57.59%	56.37%	1.22%
题 14	42.56%	43.31%	-0.75%
题 15	45.15%	47.96%	-2.81%
题 16	86.16%	85.89%	0.27%
题 17	73.58%	72.73%	0.85%
题 18	47.45%	52.04%	-4.59%
题 19	45.15%	48.01%	-2.86%
题 20	40.41%	44.93%	-4.52%
题 21	42.41%	38.98%	3.43%
题 22	56.70%	56.53%	0.17%
题 23	77.35%	78.32%	-0.97%
题 24	35.31%	37.04%	-1.73%
题 25	20.50%	22.36%	-1.86%
题 26	83.49%	85.16%	-1.67%
题 27	84.83%	84.01%	0.82%
题 28	42.71%	44.67%	-1.96%
题 29	52.33%	53.19%	-0.86%
题 30	66.54%	67.29%	-0.75%
题 31	65.66%	66.93%	-1.27%
题 32	56.25%	57.84%	-1.59%
题 33	57.51%	58.73%	-1.22%
题 34	58.11%	58.93%	-0.82%
题 35	31.61%	34.06%	-2.45%
题 36	56.55%	57.52%	-0.97%
题 37	27.98%	33.12%	-5.14%
题 38	71.21%	72.31%	-1.10%
题 39	52.26%	54.39%	-2.13%

题 40	50.41%	52.19%	-1.78%
题 41	75.94%	76.23%	-0.29%
题 42	80.16%	80.46%	-0.30%
题 43	77.72%	76.23%	1.49%
题 44	49.96%	50.42%	-0.46%
题 45	48.11%	48.80%	-0.69%
题 46	20.13%	22.99%	-2.86%
题 47	50.56%	53.24%	-2.68%
题 48	27.24%	29.31%	-2.07%
题 49	22.95%	25.60%	-2.65%
题 50	71.13%	70.17%	0.96%
题 51	72.17%	70.17%	2.00%
题 52	50.56%	48.01%	2.55%
题 53	33.31%	31.92%	1.39%
题 54	23.39%	24.66%	-1.27%
题 55	35.23%	36.15%	-0.92%
题 56	34.72%	38.45%	-3.73%
题 57	71.43%	71.47%	-0.04%
题 58	49.44%	54.49%	-5.05%
题 59	60.47%	64.84%	-4.37%
题 60	42.26%	46.55%	-4.29%
题 61	61.36%	62.28%	-0.92%
题 62	58.25%	60.29%	-2.04%
题 63	64.91%	63.01%	1.90%
题 64	72.98%	71.68%	1.30%
题 65	79.35%	80.15%	-0.80%
题 66	59.07%	58.83%	0.24%
题 67	32.05%	32.86%	-0.81%
题 68	38.93%	38.61%	0.32%
题 69	60.18%	62.59%	-2.41%
题 70	44.49%	49.06%	-4.57%
题 71	39.90%	46.03%	-6.13%
题 72	42.71%	47.75%	-5.04%
题 73	50.33%	54.18%	-3.85%
题 74	40.19%	41.85%	-1.66%
题 75	59.81%	56.95%	2.86%
题 76	18.50%	24.14%	-5.64%
题 77	24.87%	26.44%	-1.57%
题 78	42.93%	44.57%	-1.64%
题 79	45.00%	45.35%	-0.35%
题 80	38.19%	40.18%	-1.99%
题 81	70.69%	71.26%	-0.57%
题 82	62.84%	62.85%	-0.01%
题 83	49.37%	52.04%	-2.67%
题 84	59.73%	64.11%	-4.38%
题 85	38.12%	41.07%	-2.95%
题 86	31.09%	34.64%	-3.55%
题 87	37.08%	39.86%	-2.78%
题 88	44.49%	48.33%	-3.84%
题 89	61.81%	64.52%	-2.71%
题 90	50.33%	51.93%	-1.60%
题 91	42.64%	45.61%	-2.97%
题 92	46.71%	48.54%	-1.83%
题 93	51.81%	56.95%	-5.14%
题 94	49.74%	55.38%	-5.64%
题 95	42.86%	50.26%	-7.40%
题 96	28.35%	33.44%	-5.09%
题 97	45.00%	48.64%	-3.64%
题 98	36.71%	42.79%	-6.08%
题 99	43.89%	46.71%	-2.82%
题 100	39.90%	42.06%	-2.16%
题 101	59.29%	59.82%	-0.53%
题 102	57.07%	61.65%	-4.58%
题 103	63.58%	67.08%	-3.50%
题 104	49.30%	51.25%	-1.95%
题 105	57.81%	58.05%	-0.24%
题 106	34.12%	41.54%	-7.42%
题 107	42.93%	47.70%	-4.77%
题 108	40.56%	45.40%	-4.84%
题 109	34.86%	39.18%	-4.32%
题 110	38.56%	40.96%	-2.40%
题 111	30.50%	33.12%	-2.62%
题 112	36.49%	37.67%	-1.18%
题 113	21.69%	27.90%	-6.21%
题 114	41.23%	43.10%	-1.87%
题 115	9.18%	12.75%	-3.57%
题 116	10.66%	15.78%	-5.12%
题 117	33.83%	38.30%	-4.47%
题 118	22.28%	25.29%	-3.01%
题 119	45.52%	50.21%	-4.69%
题 120	74.76%	77.53%	-2.77%

作为亚洲考生中人数最多的韩国，其考生平均每题的正确率比全部考生的正确率要低 2.01%。分析其原因，考生基数大是主要原因，尽管有不少高分的考生，但平均以后的成绩要差一些，而且在第三大部分，所有的成绩差都是负值。

（注：在这里我们把韩国考生的 120 题的全部数据罗列出来了，因为篇幅的原因，下面各组只写分析的结论，不再详列各种统计数据。）

（四）维吾尔族考生数据结果

维吾尔族考生平均每题的正确率比全部考生平均正确率要高出 12.43%。这与他们在日常生活中经常能接触汉语语境有关。

（五）欧洲俄罗斯考生数据结果

作为欧洲高等考试考生最多的国家，俄罗斯考生共 8 人，平均每题比全部考生每题答对率要低 7.15%。在 120 题中，有 53 题差值数据是负值，差距最大的是第 50 题，全部考生答对率 70.17%，俄罗斯考生 12.5%，差值为 -57.67%，特别是第 44、46、77 题无一人答对。反之，也有高于全部考生平均值的题目，如第 56 题，俄罗斯考生答对率 75%，平均值是 38.45%，差值为 36.55%。

（六）大洋洲澳大利亚考生数据结果

作为大洋洲参加高等考试考生最多的国家，澳大利亚考生共 7 人，每题平均正确率要高出全部考生平均正确率 16.42 个百分点。差距最大的数值分别是 52.59%（第 37 题）和 -27.8%（第 13 题）。120 题中只有 18 题的差值是负值。

（七）美洲美国考生数据结果

美国考生共 18 人。作为美洲考生最多的国家，美国考生平均每题的正确率比全部考生正确率要高 19.73%。这个数据结果有些出乎意料，但细琢磨也有可以解释的理由。美国华裔背景的考生比较多，直接说中文的家庭也不少，因而数据表现在听力理解部分只有 3 道题差值是负值，阅读理解有 7 题，对于大部分考生得分率比较低的综合部分只有 1 题。而且在 93 题以后全是正值，汉字书写的能力明显高于平均考生的成绩。

五、HSK 高等考试主观题考试情况分析

高等考试除笔试部分外，增加了主观性考试——口试和作文。那么在这两个环节上，考生成绩的情况如何呢？因为高等考试的难度比较大，获证人数总体比初中等要少很多，所以选择获证的考生数据做一些分析似乎更有说明性。高等的等级从低到高分为高等 C 级、高等 B 级和高等 A 级。首先来看看总体得分情况：主观分一共分为 12 个等级，按 5 分制如下表，分值从 1 分到 5 分。

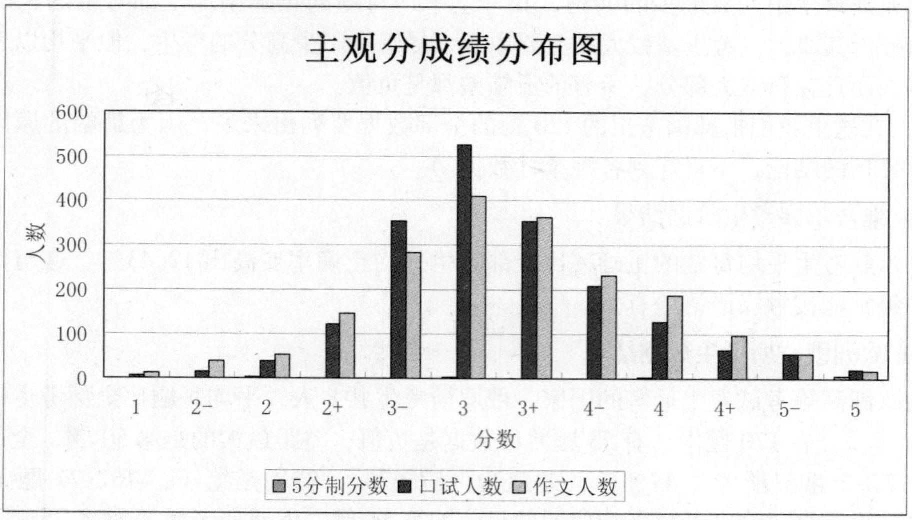

通过上图大家可以看到，波形全部呈正态分布并且十分相似。两端的极端分数得分人数少，中间高。对于口试成绩来说，3 分者最多，达到 526 人，作为它的邻居 3 - 和 3 + 的人数也基本持平，分别是 352 人和 354 人。作文的基本情况类似，也是 3 分者最多，411 人，这分数段的人数比口试部分少了 115 人，而从 3 分以上（不含 3 分、5 分）分数图形上看，作文略高于口试相对应部分的人数。口试达到及格水平的人数 1357 人，占全部考生的 70. 8%；作文达到及格水平的人数为 1363 人。

参照高等《汉语水平证书》获证条件，获证必须满足以下条件：总分必须达到与证书等级相对应的等级分数；五个单项分中，听力、阅读、作文和口试四项，必须有三项达到相对应的等级分数；五个单项分中，允许有两项低于相对应的等级分数（听力、阅读、作文和口试四项中，只允许有一项低于相对应的等级分数），但降低幅度均不得超过 1 级，如果超过 1 级，只能得到低一个档次的证书；五个单项中，不能有任何一项低于 C 级以下的分数底线。考试的项目类别多了，难度自然加大了很多。

（一）口试成绩

1. 口试成绩达到 C 级—— 880 人

口试成绩达到 C 级的占了全体考生的 46%，来自 28 个国家。最终获得证书的有 376 位，获证率在 43%。（这里需要说明的是，尽管有 880 人达到了口试的合格线 C 级，但因为颁发证书时要全面均衡考生的水平，因此可能因为其他 4 项中的成绩未达到要求，出现了不获证和降级的现象是正常的。因此获证人数肯定会比达到该证书等级的人少很多。）亚洲国家的考生占了 368 人，其他国家的 8 人。

2. 口试成绩达到 B 级 ——337 人

口试成绩达到 B 级的人数有 337 人，占了全体考生的 17. 6%，来自 27 个国家。其中亚洲 13 个国家，欧洲 9 个国家，大洋洲 1 个国家，美洲四个国家。这 337 人中最终获得证书的有 236 位，获证率在 70%。其中高等 C 级 146 人，高等 B 级的 86 人，高等 A 级的 4 人。亚洲国家的获证考生占了 218 人，欧洲 5 人，大洋洲 4 人，美洲 9 人。

3. 口试成绩达到 A 级水平——140 人

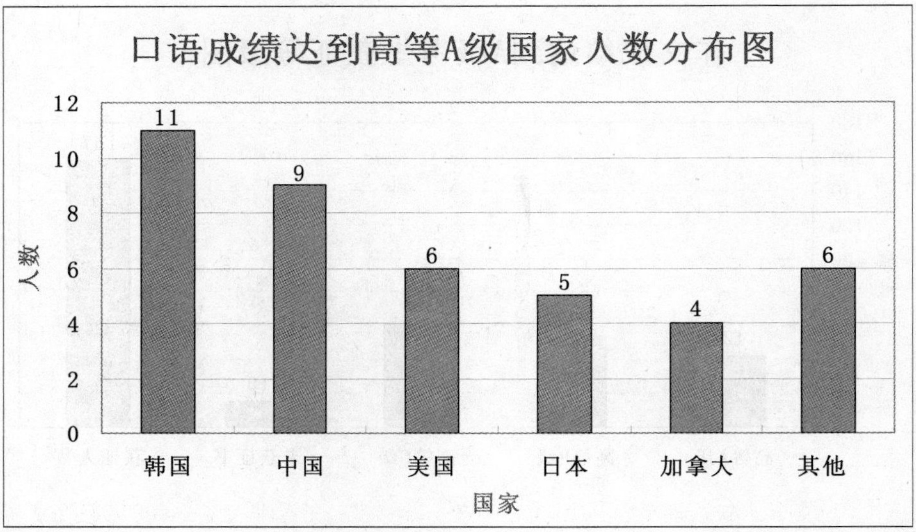

从图上看出韩国的人数优势没有那么明显了。含在“其他”国家的 6 人分别来自朝鲜、缅甸、爱尔兰、新西兰、巴拿马和印度尼西亚。尽管我们不知道这些人是否具有汉语母语背景，但至少分布也较广泛及均衡，此等级考生来自亚洲 10 个国家，欧洲 5 个国家，大洋洲 1 个国家，美洲 4 个国家。由此可以看出高分人群受区域语言环境的影响并不是很大。获证的比例也是逐步升高，从 C 级的 43% 到 B 级的 70%，最终 A 级的达到 84%，获证人数在口试达到 A 级水平的 140 人中占 117 人。获得高等 A 级证书的 41 人，占 29%；高等 B 级的 51 人，占 36%；高等 C 级的 25 人，占 18%。

（二）作文成绩

1. 作文成绩达到 C 级——772 人

作文成绩达到 C 级的人数略低于口试达到 C 级的人数，为 772 人，其中最终得到高等证书的 296 人，获证率 38%，高等 C 级 278 人，高等 B 级 18 人。这个群体来自 22 个国家，其中有 8 个国家的考生无一达到获证水平，亚洲国家占一半。

2. 作文成绩达到 B 级——419 人

作文成绩达到 B 级的人数比起口试来多了近 80 人，但获证比例仍基本持平为 67%。考生来自 23 个国家，其中获证人数占该国总人数 100% 的就有 14 个，接近一半，不像 C 级的比例比较零散。只有两个国家的全部考试未达到获证水平，剩下各国的获证率都超过了该国参试人数的 55%。

3. 作文成绩达到 A 级水平——172 人

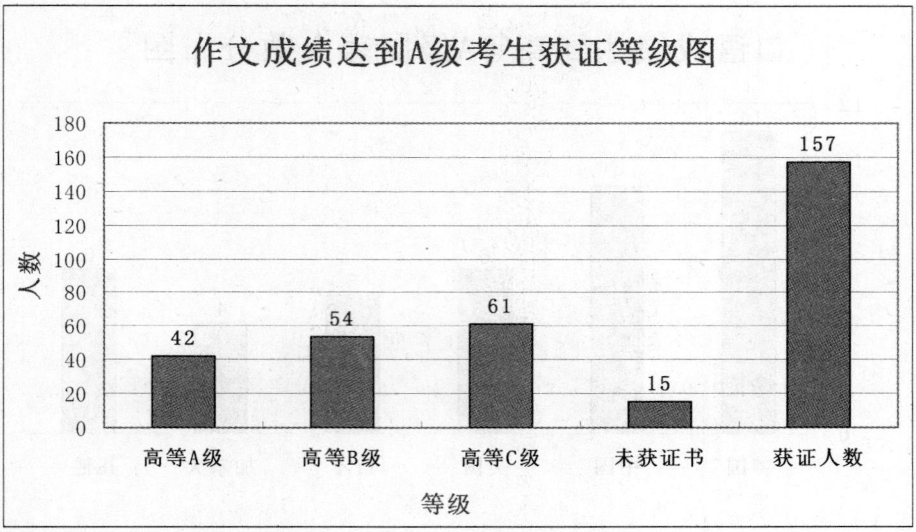

这 172 名考生来自 20 个国家，获证水平高达 91%，获证分布分别为高等 A 级 42 人，占 24%，高等 B 级 54 人，占 31%，高等 C 级 61 人，占 35%。未获证书的有 15 人，而他们的写作水平已经达到了高等的最高等级 A 级，未获证的原因只能是被降级或者未能达到底线而直接出局。

六、考生年龄构成

年龄分段	人数	年龄分段	人数
10 岁以下	1	40—49 岁	23
10—19 岁	418	50—59 岁	3
20—29 岁	1267	69 岁以上	1
30—39 岁	144		

我们只探讨人数集中的几个年龄段，少于 100 人的在这里不再做详细分析。

10 ~ 19 岁　418 人是本次参试考生人数的第二峰值所在。此年龄段的考生获证率为 45%。高等 A 级、高等 B 级、高等 C 级的获证人数分别为 16 人、42 人和 129 人。

20 ~ 29 岁　是本次考试考生人数的最高峰值所在，达到 1267 人，占全体考生人数的 66%。考生分布广泛，来自 34 个国家，总体获证率达到 38%（注：全体考生的获证率在总体说明中已提升到 40%），这说明本年龄段的考生是 HSK 高等考试的主体所在，这与他们就学的年龄分布也是一致的。

30 ~ 39 岁　经历了上个年龄段的高峰值后，本段考生人数锐减到 144。考生来自 13 个国家，此群体多为合资企业工作族。

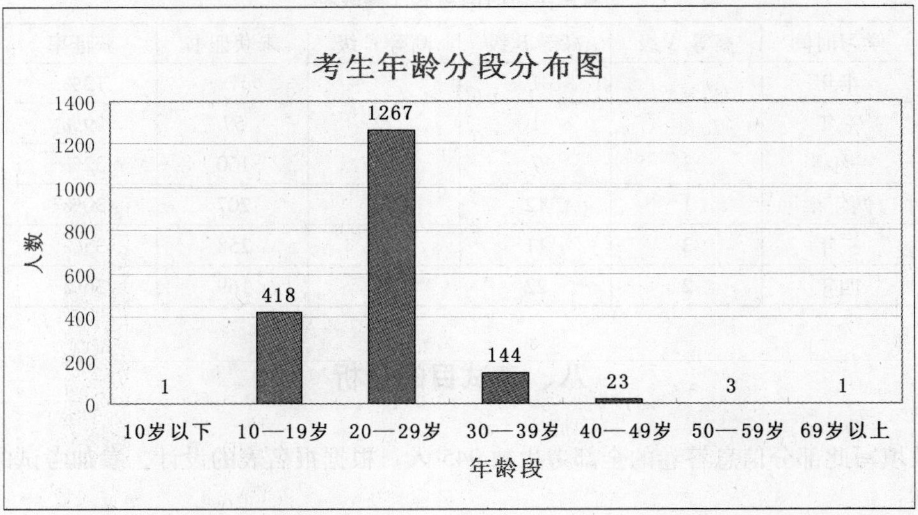

七、学习时间与参加考试兴趣的比较

学习汉语时间	人数	考生百分比
不到半年	8	0.4%
半年到一年	80	4.2%
一年半	235	12.3%
两年半	297	15.5%
三年	397	20.7%
四年	266	13.9%
四年以上	442	23.1%

高等考试的特殊性决定了其适用于具有高等汉语水平的汉语学习者，也就是接受过3000学时及以上的现代汉语正规教育的学习者（包括同等学历者），只有这样才有可能获得高等证书所要求的水平。按照一天正规学习4小时计算，3000学时意味着要学两年以上（何况有的还达不到一天4小时），因此受试群体的峰值出现在三年以上就不足为奇了。

而从学习时间达到一年半开始，参试的考生就陆续增加，这是由与HSK初中等考试衔接而引起的。从理论上说，只有拿到中等B级以上证书的考生参加高等水平考试，才有可能拿到证书，否则尽管参试人不少，但真正拿到证书的考生并不多。

考生学习时间与获证等级表

学习时间	高等 A 级	高等 B 级	高等 C 级	未获证书	获证率
半年		1		7	13%
一年		1	22	57	29%
一年半	3	7	65	160	32%
两年半	1	12	77	207	30%
三年	3	11	125	258	35%
四年	2	22	73	169	36%

八、考试目的分析

有效填写此部分信息答卷的全部考生数945人。根据报名表的设计，参加考试的目的共分为五类：

1. 求职：195人，占全体填此信息考生的20.6%；
2. 了解自己的汉语水平：563人，占全体填此信息考生的59.6%；
3. 申请加入中国的大学学习：81人，占全体填此信息考生的8.6%；
4. 从事商贸活动：22人，占全体填此信息考生的2.3%；
5. 其他：84人，占全体填此信息考生的8.9%；

结　语

我们对参加高等考试的考生的实考数据和基础信息进行了相关的统计，针对考生的总体考试情况和客观题答对率、主观性考试情况、应试目的、学习汉语时间与获证等级的相互关联等内容进行了趋势性分析，得出不同来源考生在成绩上的分布特点，也从另一方面认证了HSK命题的科学性。我们试题的总体质量是非常好的，题目难度控制严格，对不同母语背景的考生也是很公平的。这些问题的剖析为HSK考试的研究分析多元化解决了一些基础问题。

小学语文教材用字频次与分布的对比分析*

郭曙纶** 李愚中

（上海交通大学国际教育学院）

一、引言

关于汉字使用统计的讨论有很多，从最早的频度统计，到使用度、通用度、流通度统计等，一般说，计算公式有复杂化的趋势。本文则想回归简单，看看就频次和分布这两个维度而言，哪种会更好一些。

本文将通过对八个版本的小学语文教材用字频次与分布的数据对比，具体分析频次与分布这两个维度在汉字常用度方面的差异，看看小学语文教材用字中哪些字是最常用的，或者说哪些字是最有用的。具体说来，就是要通过统计数据的对比，分析确定在小学语文教材用字中哪些字的使用频次高，分布也高；哪些字学了最有用；哪些字只是使用频次高，而分布并不高；哪些字则相反，分布高，但使用频次并不高。

二、用字基本数据统计与分析

我们来看看八个版本教材用字的基本数据。

* 基金项目：2011 年度上海市哲学社会科学规划课题（项目编号 2011BYY005）、2011 年度上海市教育科学研究市级项目（项目编号 B11008）、上海市教育委员会科研创新项目人文社科类重点课题（项目编号 12ZS018）。

** 郭曙纶（1967—）：男，江西遂川人，博士，上海交通大学国际教育学院语言学及应用语言学副教授、硕士生导师，多元文化研究所所长，主要研究方向为对外汉语教学、语料库语言学、汉语语义分析。

表 1　小学语文教材用字统计表

文件名	汇总	BSD	GDJ	JSJ	RJL	RMJ	SJS	YWA	YWS
总字种数	4636	3468	3243	3215	3206	3507	3979	3430	3676
总字次数（万字）	148	17	15	12	14	20	32	16	22
总文本数	2910	331	303	301	295	353	629	337	361
只出现 1 次的字数	347	489	475	425	436	453	470	488	457
1 次字种数百分比	7.48	14.10	14.65	13.22	13.60	12.92	11.81	14.23	12.43
1 次字次数百分比	0.02	0.30	0.32	0.36	0.30	0.23	0.15	0.31	0.20
只出现 2 次的字数	219	331	282	339	304	314	314	300	289
2 次字种数百分比	4.72	9.54	8.70	10.54	9.48	8.95	7.89	8.75	7.86
2 次字次数百分比	0.03	0.40	0.38	0.57	0.42	0.32	0.19	0.38	0.26
只出现 1 次或 2 次的字数	566	820	757	764	740	767	784	788	746
1 次或 2 次字种数百分比	12.21	23.64	23.34	23.76	23.08	21.87	19.70	22.97	20.29
1 次或 2 次字次数百分比	0.05	0.70	0.69	0.93	0.72	0.55	0.34	0.68	0.46
25% 的字数	23	23	23	27	21	22	23	24	24
50% 的字数	121	116	118	137	109	114	122	122	124
60% 的字数	211	202	205	231	193	198	210	210	216
70% 的字数	355	335	340	377	325	333	354	351	365
75% 的字数	459	431	439	480	418	433	458	452	474
80% 的字数	603	567	569	617	549	565	601	590	619
90% 的字数	1104	1035	1005	1086	991	1030	1098	1060	1102
95% 的字数	1622	1504	1444	1539	1434	1505	1612	1532	1583
96% 的字数	1787	1654	1580	1679	1571	1652	1770	1677	1732
97% 的字数	1994	1840	1751	1852	1745	1835	1969	1859	1922
98% 的字数	2274	2090	1979	2080	1980	2081	2239	2102	2172
99% 的字数	2724	2482	2334	2424	2333	2464	2659	2474	2570
99.9% 的字数	3857	3303	3094	3097	3062	3311	3656	3271	3452
99.99% 的字数	4488	3452	3229	3204	3192	3488	3947	3415	3654
99.999% 的字数	4622	3467	3242	3214	3205	3506	3976	3429	3674

说明："汇总"列数据是把八个版本语料集中在一起后统计的数据。"文件名"行的字母"BSD、GDJ、JSJ、RJL、RMJ、SJS、YWA、YWS"分别表示"北师大版、广东教育版、江苏教育版、人教六年制、人教课标版、上海教育版、语文 A 版、语文 S 版"。具体参见附录。

分析：

这里只简单分析一下总字种数、总字次数、总文本数，其余数据分析此处从略。

从"汇总"列数据可知，本次统计的语料总字种数为 4636 个，总字次数为 148 万，总文本数为 2910 个。

从总字种数看，最多的上海教育版将近4000字，而最少的人教六年制只有3206字，二者相差773个字。

再从总字次数看，最多的上海教育版32万字，而最少的江苏教育版只有12万字，前者是后者的2.67倍。

最后从总文本数看，最多的上海教育版629个，而最少的人教六年制只有295个，前者是后者的两倍多。

从总字种数、总字次数、总文本数，我们可以看到，小学语文教材用字相差非常大。这正反映出小学语文教材虽然有所谓的课程标准，然而缺乏明确的数量标准，导致不同版本之间课文数量以及用字数量都相差非常大。

接下来，我们看看这八个版本小学语文教材用字中共用字的情况。

共用字是指在不同版本中都出现的字，有出现在所有八个版本中的，有只出现在七个或六个、五个、四个、三个、两个版本中的，只出现在一个版本中的，则是所谓独用字。下面是具体数据。

表2　字种共用情况表

出现次数	字种数	百分比	累计字种数	累计百分比	BSD	GDJ	JSJ	RJL	RMJ	SJS	YYA	YYS
8	2441	52.65	2441	52.65	2441	2441	2441	2441	2441	2441	2441	2441
7	370	7.98	2811	60.63	321	306	254	314	344	362	334	355
6	253	5.46	3064	66.09	207	161	129	166	206	232	192	225
5	254	5.48	3318	71.57	158	124	128	121	175	223	148	193
4	223	4.81	3541	76.38	120	75	88	56	123	179	112	139
3	280	6.04	3821	82.42	100	70	72	69	111	187	99	132
2	271	5.85	4092	88.27	65	30	53	23	60	150	60	101
1	544	11.73	4636	100.00	56	36	50	16	47	205	44	90
合计	4636				3468	3243	3215	3206	3507	3979	3430	3676

说明：从最后一行“合计”，也可以知道各版本的总字种数，表1已经列出这些数字，这里为便于比较，重新列出。“字种数”和“累计字种数”列是汇总的总数，“BSD、GDJ、JSJ、RJL、RMJ、SJS、YWA、YWS”列分别表示不同版本所包含的共用字数或独用字数。

分析：

八个版本的共用字2441个，占总字种数4636的52.65%，一半多一点；累计上只出现在五、六、七个版本（超过一半的版本）中的共用字，也只占71.57%；即使再加上只出现在四个版本（达到一半的版本）中的共用字，累计也只占76.38%，3/4强一点，而只出现在一个版本中的独用字有544个，占11.73%。这说明不同版本的用字差别较大，各版本课文用字的选择存在较大的随意性。其中一个可能的原因就是不同版本的总字次数相差较大，从而总字种数也就相差较大，导致各版本间的共用字较少。

三、两种维度下二者的比较分析

本节讨论教材用字的频次和分布情况。

根据频次和分布高低的结合情况，从组合上可以分为四种情况来讨论：一种是频（次）分（布）双高的字（简称为频分双高字），一种是频分双低字，一种是频高分低字，一种是频低分高字。但最后一种频低分高字是不可能出现的，因为频次低（这里的“低”特指频次为1）的字，其分布也必然低（这里的“低”特指分布为1）。此外还将讨论频（次）分（布）字秩相差很大、较大和很小三种情况下的字。下面分别予以讨论。

（一）频分双高字

为了使讨论的问题集中一些，我们这里只取前100个字来讨论。

我们把八个版本中按频次排序和分布排序字秩都小于101的字，全部挑选出来，八个版本中共有103个字种，722字次（平均每个版本有90个字），其中有80个字种在八个版本中都出现了，占89%。这80个字是：“把、边、不、长、成、出、从、大、到、道、得、的、地、都、多、儿、发、个、过、好、和、很、后、还、回、会、家、就、开、看、可、来、里、了、么、没、们、面、那、能、你、年、起、前、去、然、人、上、生、声、时、是、水、说、他、天、头、为、我、下、想、像、小、心、样、要、也、一、以、用、有、又、在、这、只、中、着、子、自、走”。

我们把八个版本中按频次从高到低排序字秩小于101（即前100）的字全部挑选出来，八个版本中共有118个字种，800字次，其中有84个字种在八个版本中都出现了，占118个字种的71.19%，占总800字次的84%。这84个字除了前面的80字以外，另4个字是：“花、老、树、它”。

我们把八个版本中按分布从高到低排序字秩小于101的字，全部挑选出来，八个版本中共有118个字种，798字次（少两个字是因为我们对于分布相同字的字秩采取了加权的方式，即如果两个是并列第二，则其字秩为2.5，这样就可能造成前100字中实际少于100字的情况），其中有85个字种在八个版本中都出现了，占118个字种的72.03%，占总798字次的85.21%。这85个字除了前面的80字以外，另5个字是：“动、对、高、见、身”。

由此可以看出，对于频分双高字，按频次和分布这两种排列方式排列出来的结果，数据相差不是很明显，但二者有差别这一点却是很明显的。

（二）频分双低字

为便于统计，我们选取了频次或分布都是最低的那些汉字，即频次只出现1次和分布只出现在1个文本中的字。

在八个版本中这样的字共有1972字种，3693字次。1972字种中有将近一半的字种只在一个版本中出现，1/4多的字种只在两个版本中出现，近15%的字种只在三个版本中出现，而只出现在四到七个版本中的字种只占9.08%。这说明频分双低字在不同版本之间存在较大的差异，基本上是以只出现在一个版本中的字居多。具体数据见表3。

表 3 频分双低字种统计表

版本数	1	2	3	4	5	6	7	合计
字种数	983	520	290	113	51	12	3	1972
百分比	49.85	26.37	14.71	5.73	2.59	0.61	0.15	100.00
累计百分比	49.85	76.22	90.92	96.65	99.24	99.85	100.00	

（三）频高分低字

频高分低字这里指的是频次不是最低（即不是1）而分布是最低（只有1）的汉字。经过统计，在八个版本中这样的频高分低字共有949字种，1443字次。949字种中将近七成的字种只在一个版本中出现，将近两成的字种只在两个版本中出现，6.22%的字种只在三个版本中出现，而只出现在四到六个版本中的字种只占5.79%。这说明频高分低字在不同版本之间存在很大的差异，只出现在一个版本中的字占有绝对多数。具体数据见表4。

表 4 频高分低字种统计表

版本数	1	2	3	4	5	6	合计
字种数	650	185	59	36	12	7	949
百分比	68.49	19.49	6.22	3.79	1.26	0.74	100.00
累计百分比	68.49	87.99	94.20	98.00	99.26	100.00	

频高分低字显然都是一些在某个特定版本中只在一篇课文出现的字（但可能出现在多个不同版本中，这种情况往往是不同版本都选择了同一篇课文）。下面我们来具体讨论一些频高分低字。

表 5 多版本频高分低字统计表

字	琥	珀	璧	缶	渑	蔺	詹	膑	昙	奄	彬	吒	醺	唑	镭	猹	竽	嗷	骞
版本数	6	6	6	6	6	6	6	5	5	5	5	5	5	5	5	5	5	5	5
频次之最大值	10	10	26	3	6	33	12	10	2	2	3	34	2	2	15	6	11	2	10
频次之最小值	4	4	2	3	4	25	9	9	2	2	2	7	2	2	3	6	3	2	2

表5是出现在五至六个版本中频高分低字统计表，共有19个字，占整个949字种的2%。这19个字，其中“琥”、“珀”二字组成“琥珀”这个单纯词，是一个专门用词，“璧”、“缶”基本上都是出现在同一篇课文《将相和》（“璧”在北师大版是出现在课文《和氏献璧》）中，可认为是两个古语词。其他的字，多是人名（包括姓和名）和地名用字，如“渑”、“蔺”、“詹”、“膑”、“彬”、“吒”、“骞”，有的是常出现在成语中的用字，如“昙”（花一现）、“奄”（奄一息）、（文质彬）“彬”（彬有礼），还有的是拟声词用字（“唑”、“嗷”）、术语用字（“镭”、“竽”）、叠音词用字（“醺”）、作家专用字（“猹”）等。这些频高分低字显然都不需要作为生字来教学，也不需要学生掌握，不应该作为考核的内容。

另外从表5中的频次之最大值和频次之最小值可以看出这些频高分低字是否出现在同一篇课文中：一般说，频次之最大值和频次之最小值这二者如果相同，则可以比较肯定地说该频高分低字是出现在同一篇课文中；如果不同，相差较小的话，则说明该频高分低字大多数时候是出现在同一篇课文中；如果不同，相差较大的话，则说明该频高分低字基本上不是出现在同一篇课文中。

四、小结

本文统计了八个版本共148万字的小学语文教材语料用字，总字种数为4636个，总文本数为2910个。从总字种数、总字次数、总文本数可以看到，小学语文教材用字相差非常大。这八个版本的共用字为2441个，占总字种数的52.65%，说明各版本间的共用字较少。

就频次和分布来说，频分双高字，按频次和分布这两种排序方式排列出来的结果，数据相差不是很明显；频分双低字，在不同版本之间存在较大的差异，基本上是以只出现在一个版本中的字居多；频高分低字，在不同版本之间也存在很大的差异，只出现在一个版本中的字占有绝对多数。这说明，不论是按频次还是按分布来统计，对于常用字来说，二者在不同版本间的差异不大，但对于分布低（频次也不会很高）的字而言，只出现在一个版本中的字占了多数或绝大多数，不同版本间的差异比较明显，很少共用字。

本文这还只是初步的统计，限于篇幅，不能展开更详细的统计与分析，我们打算另外撰文做进一步的研究。

参考文献：

[1] 安华．汉字频度统计，出版工作，1985（10）．
[2] 贝贵琴，张学涛．汉字频度统计——速成识读优选表，电子工业出版社，1988.
[3] 费荣昌．谈谈汉字研究中的统计方法，语言文字应用，1995（1）．
[4] 国家语言文字工作委员会，国家标准局．现代汉语字频统计表，语文出版社，1992.
[5] 刘洪波．词频统计的发展，图书与情报，1991（2）．
[6] 尹斌庸．常用度和通用度，语文建设，1990（1）．
[7] 游荣彦．一种新的汉字字频统计方法，中文信息学报，1998（1）．
[8] 张普．关于语感与流通度的思考，语言教学与研究，1999（2）．

附录：小学语文教材版本说明

由于涉及版本较多，各版本教材又在不断地修订，因此这里用表格形式列出教材版本的年份，不标明其版数。

版本名称	代码	出版起止年份
北师大版	BSD	2006年到2009年
广东教育版	GDJ	2000年到2002年
江苏教育版	JSJ	2005年到2006年
人教六年制	RJL	1995年到1998年
人教课标版	RMJ	2001年到2006年
上海教育版	SJS	2004年到2006年
语文A版	YWA	2003年到2007年
语文S版	YWS	2005年到2007年

美国海外英语推广策略及特征分析*

李英姿**

一个交际网络为了实现特定的交际功能而采用某种语言或语言变体，随着时间的推移，该网络的规模得以扩大，这种现象就是语言传播。[1]语言传播政策（language - spread policy）或者语言推广政策（language promotion）指的是为了自身利益有目的地扩大其民族语言或者优势语言的传播并制定一定政策来巩固语言地位、加速语言发展的措施。广义的语言推广既包括对国内不同民族语言的统一和规范，也包括面向国外的语言教育和传播。狭义的语言推广主要指面向国外的语言教育和推广活动。

一、美国英语海外传播的背景

库尔马斯（Coulmas）认为政治和经济的双重原因使得一些国家认为值得推广本国语言。一份关于法语经济价值的报告指出，目前海外的法语不仅仅事关传统和荣誉，而且直接或间接地引导人们认识法国、享用商业服务、消费法国产品等一系列行为。[2]波恩外交部的文化部门认为说德语的人往往比忽视德语的人更愿意购买德国产品，结论就是花钱推广德语是值得的。[3]另外，在国际交往中通过学术和文化交流活动可以为本国语言谋求更高层次、更多领域的话语权，同时让本国、本民族的文化价值观念得到国际社会更多群体的认同和接受。

历史证明，当一个国家经济强盛时，都会带来主动性的语言和文化的对外传播。早期的语言传播和推广都是为国家的殖民扩张服务的，表现出明显的攻击性、强制性和国家目的性。[4]二战以后，旧的殖民体系被打破，发达国家以“文化交流”、“援助”等温和、隐蔽的

* 本文受南开大学2009年度人文社会科学校内青年项目（项目编号：NKQ09000）、教育部2010年度人文社会科学青年基金项目（项目编：10YJC740061）、2010年度教育部哲学社会科学重大课题攻关项目“新形势下国家语言文字发展战略研究”（项目编号：10JZD0043）与“国外语言文字发展战略研究”子课题资助，谨致谢忱。

** 李英姿（1979.4—），女，博士，现任职于南开大学跨文化交流研究院，助理研究员，主要研究领域为语言政策与规划、跨文化交际等。

方式来推广自己的语言。美国在20世纪中期之后，在国内继续加强英语地位，同时也开始谋求英语在美国境外的扩张。[5]

二、美国英语海外推广的策略

（一）官方机构

20世纪中叶之后，美国基于政治和经济利益考虑的文化融合性质的外交政策在大西洋两岸同时进行。1948年，联邦政府制定了重在援助欧洲的“马歇尔计划”，也称“欧洲复兴计划”；1949年，杜鲁门政府制定了旨在对亚洲、非洲和拉丁美洲进行教育援助和文化渗透的“第四点计划”。这些计划对英语推广起到了积极作用；20世纪70年代，美国议会通过了《对外援助法》。

在政府的支持下，国际发展机构（the Agency for International Development，AID）、美国新闻处（the United States Information Agency，USIA）、和平队（the Peace Corps）、国务院（the State Department）、国防部（the Department of Defense）、内政部（the Department of the Interior）等机构专门负责海外英语推广工作。教育部（Department of Education）成立于1979年，主要负责制定政策，统筹、管理150多个联邦教育援助计划。这些政府机构奉行的政策是将英语推广与传播美国的价值观、工作体制和生活方式等结合起来进行。

（二）非官方机构

在二战之前，美国政府并不十分欢迎私人机构，尤其是慈善基金会所进行的一些英语推广活动。事实上在美国，民间机构比官方机构更积极，这是一种把美国的教育系统、价值观、学术机构和工作方式联系起来的策略。[6]1961年富布赖特计划（Fulbright - Hayes Act）对美国文化外交政策的目的阐述非常明确：“……增进美国人民和其他国家人们的相互理解……促进教育和文化提升的国际合作；发展美国和世界上其他国家友好的、易接受的和平的关系。”[7]卡耐基和平基金会（the Carnegie Endowment for International Peace）成立于1910年，是成立较早的推广英语的民间机构，主要负责资助美国和海外的学术交换项目。[8]基金会持续资助如美国学术委员会（American Council of Learned Societies）、美国图书馆联合会（American Library Association）等团体组织的活动。1959年，福特基金在华盛顿建立应用语言学研究中心（U. S. Center of Applied Language Study，CALS），以促进研究非欧洲语言和英语教学、出版应用语言学著作和杂志等，这是英语作为外语在教学方面（EFL）的第一个重要研究机构。还有其他很多以促进美国语言和文化理解为目的的私人组织资助的类似活动，比如校际交换项目。另外还有一些专门从事推广英语的民间机构，比如他语人英语教师协会、美国双语教育协会（Association for Bilingual Education，ABE）、美国英语学校（English Language School，ELS）等在全美各个州、市都设有培训中心，还在全球50多个国家和地区设有顾问代表，负责向这些国家和地区提供教材、ELS的课程计划、关于入学条件及手续等详细情况的咨询服务及资料。

除以上专门的语言推广机构外，美国的各州、各大学和其他的各种组织机构都可以直接对外进行语言推广和进行语言教学活动。在美国境外，政府支持创办海外英语学校和英语教学点，与当地的学校联合办学，大量派遣英语教师和英语顾问、语言专家到海外举办各式各样的英语教师训练班，提供教材和现代化的教学设备，制定课程计划，进行海外招生宣传等。大型跨国语言文化推广机构具有天然的优势，在海外广泛地实体性存在，更有利于适应当地需要，调动当地资源，全方位开展工作，最大限度地发挥综合效益。

（三）英语作为第二语言教学体系的形成

美国的基金会在促成英语作为第二语言教学成为一个学术分科独立出来的过程中起到了决定性的作用。20 世纪 50 年代 ELT/EFL 开始得到基金会稳定的资助，逐渐成为一种“独立的职业”，[9] 美国还聘请了许多语言学、心理学、教育学和应用语言学等领域的专家担任语言推广的指导和顾问人员，以保证对外英语教育的顺利进行。美国高校里的第二语言研究系前身都是以英语作为第二语言教学系。国际学术交流从 20 世纪 60 年代开始繁荣，这些活动都大大提高了英语作为第二语言教学的影响。[10]

（四）英语评估标准的确立

除了为海外英语教学提供师资、教材等，美国还重视英语评估标准体系的确立。美国大学理事会（College Board）是美国联邦政府授权的、制定学前班至 12 年级以及高等教育的政策的最高教育机构，多年来致力于教师培训和教材的研制编写。美国大学理事会和美国教育考试服务中心（Educational Testing Service，ETS）合作，共同举办 GRE、GMAT 以及 TOEFL 等考试。“英语作为外国语的考试”——TOEFL 考试（Test of English as a Foreign Language），是出国留学（美国、加拿大）的必备考试成绩。其他很多国家的政府部门、私人、机构奖学金、执照证明机构等，很多都是依据托福考试成绩来评定申请人的英语程度的。此外还有“研究生入学考试”——GRE 考试（Graduate Record Examination）。TOEFL 考试是美国应用最广的一种英语作为外语的水平测试，考点遍布全球；GRE 考试是针对非英语国家的留学生去美国各大学研究生院深造而提供的英语考试成绩。

（五）奖学金

为吸引更多海外学子来美学习，美国制定了完善的奖学金制度。美国的奖学金种类繁多，大致可分为非服务性奖学金（Non - Service Scholarship）、服务性奖学金（Service Assisantship）和学校贷款（loan）三种。奖学金吸引各国优秀留学生前往美国学习，一方面为日后国家经济建设等储备人才，另一方面也促进了英语学习和传播。美国政府采取一系列措施对前往美国留学的外国留学生和移民到美国的人员进行英语教育。此外，美国还通过了《授予英语作为第二语言的学分决定》以及《关于语言权利的决定》等规定，为在美国本土向非英语国家的人推广英语提供了法律保障。

（六）文化产业

美国通过图书、广播、互联网、影视等传播媒介向国内和世界传播英语和英语文化，引导大众舆论。美国新闻出版、报业系统庞大，2000 年全国发行量最大的英文报纸有《今日美国》、《华尔街日报》、《纽约时报》、《洛杉矶时报》、《华盛顿邮报》等。全国共有广播电台近 9000 家，对外广播电台 19 家。最大的两家对外广播机构是美国之音和美军广播电视网，均属官方电台。作为重要的文化产业，英语的推广带动了一系列相关产业的蓬勃发展，比如图书出版、英语评估体系等，获得了巨大的经济收益。美国图书出版业在世界图书出版业的地位举足轻重，自 20 世纪 90 年代初起，一直稳居世界图书出版的霸主地位。美国好莱坞电影风靡全球，也为英语语言文化的传播起到了不可估量的作用。

三、美国英语国际推广政策的特征

克洛斯（Kloss）认为语言“不能单独存在，一种语言总是在地理上或者在功能上试图驱逐另一种语言”[11]。语言传播的实质是一种语言获得更多的说这种语言的人或者说话人获得了其他的语言，有时候不是建立在有目的的地位规划或本体规划基础上的，在某种程度上看是一个不加引导的过程，是无意识的，但是在参与者有意识的干预下，语言传播或推广在范围和速度上会发生变化。总体来看，美国的英语国际传播有如下一些特征：

（一）显性政策与隐性政策的结合

从广阔的历史角度看，存在着一个很奇怪的悖论：尽管已经十分成功地实现了英语为主导的语言事实，拥有如此大面积和众多人口的国家却未颁布一个全面的、清楚的语言政策。克洛斯认为美国的非英语民族被英语同化不是因为国家法律对他们语言的不赞同态度，而是相对的赞同态度。[12]美国在政府机构通力合作的基础上制定强有力的法律法规为语言推广提供制度保障，并结合隐性政策使得美国的英语海外推广能够顺利进行。不是因为立法的允许和权威的措施，也不是政府强迫国家同化，而是高度发达的美国社会强大的吸收力量驱使人们向英语靠拢。即使是面对海外依然如此。虽然联邦政府没有明文规定其语言倾向，但是美国对语言的基本立场和观点已经体现在语言文化中。这种隐性的方式对于一个由多民族构成的国家来说更具有隐蔽性，对英语的推广更持久，也更有效。

（二）以民间力量为主，政府与民间互补

在民间机构向其他国家推广英语的这个过程中，政府机构只是起到了协助的作用。美国的政府机构掌握语言推广机构运营的大方向，民间组织仍具有相对的独立性。卡耐基国际和平基金会、福特基金会和洛克菲勒基金会等每年都大量赞助开发国外英语教学资源的项目，大大降低了政府的开支，还可以达到官方机构达不到的效果。颇耐人寻味的是掌握政治和贸易重要命脉的个人同时可能也是卡耐基、洛克菲勒和福特基金会的理事，他们是美国权力精英阶层的缩影。[13]通过这样的模式，在英语的国际推广问题上，民间的声音可以很快传达给政府，官方和民间很容易达成一致，并付诸行动。从本质上看，美国的官方语言推广政策机构与民间语言推广机构、基金会是合三为一的，只是表现为几种不同的形式，代表的其实是同一利益集团。

（三）国内与国外语言政策的一致性

美国国内的语言政策和国际推广战略保持了目标一致性和政策连贯性。20 世纪中叶以前，美国致力于在美国境内坚持维护英语为中心，20 世纪中叶以后，美国开始大举对外推广英语。在语言的海外传播中，有一个强大的母语国家做后盾至关重要。过去，语言的传播主要以侵略和文化同化为主要手段，政府通过出动军事力量进行武力征服或派遣传教士的方式进行文化同化，而现阶段语言的海外传播主要以文化吸引、文化交流和文化渗透为手段。虽然美国的语言政策在美国境内总是引起争论，但是在英语的海外推广问题上，美国上下似

持了惊人的一致性。

（四）语言与文化的同步传播

英语国际推广不仅仅是单纯语言的传播，更是美国文化、美国精神、美国意识的传播。美国自身的优越感、欧洲中心主义的思想始终在作祟，欧洲语言文化观念中的自褒性在作祟，即认为语言有尊卑善恶之分，代表西方先进文化的语言被认为是最文明最高贵的语言，而以印第安语言为代表的少数民族语言被认为是落后的、野蛮人的语言，应该废弃。美国一直用欧洲人的文化体系和价值观念衡量和塑造美国公民，却没有充分考虑和尊重文化背景和民族心理迥异的少数民族的语言和文化。美国历史上所实施的针对印第安语言的种种政策表面上是帮助印第安人摆脱落后的思想观念和生活方式，让他们融入美国主流社会，实际上还是为了达到同化的目的，来巩固统治。

四、余论

美国的海外英语推广得以稳步前进，除了其综合国力带来的影响之外，更得益于组织机构的保证、经费调拨上充足、研究布局上合理、资料信息准确。美国英语的国际推广体现出全方位、多层次、立体化、民间化的特点，极具创造性和启发性，因其强大的综合国力背景，目前来说难以为其他国家复制和效仿。

语言作为人类沟通、交流和获取信息的工具，也决定了语言的国际推广是全球化良性发展的必然需要。讲不同语言的不同个体、不同国家和民族之间只要有交流的需求，就无法拒绝了解和学习对方的语言，只要有语言学习的需求就有语言推广的需要。语言本身就是文化的重要组成部分，文化的继承、传播和发展都有赖于语言的存在和推广，推广一种语言远远不只是其他文化吸纳、认同本文化的一个工具，更有政治、经济方面的收益。全球范围内，只有很少的语言参与语言竞争。从人类有意识推广某种语言的历史看，一种语言上升成为世界上最受欢迎的语言，不代表它永远可以占据这个位置。

没有人能否认英语传播在推动全球经济一体化发展过程中发挥的巨大作用。英语文化的传播一方面便利了世界各国人民的交流与合作；另一方面也对全球的语言多样性、他国的意识形态和主流文化构成了威胁。我们应该以辩证和积极的态度从强势语言或文化国家的传播的过程或效益中汲取经验和教训，从理性和正面的角度理解和支持世界各国，特别是与英语或西方文化相比之下的一些弱势语言或文化的国际传播工作，以利于世界各国更好地推动本民族和文化在国际社会的传播。这一点，无论是对当前处于强势地位的英语与西方文化，还是对世界其他语言或文化来讲，都是十分重要的。有人从文化生态理论角度分析语言推广对于保持语言文化多样性的积极意义，认为语言生态带来的文化生态会极大地影响到人类社会的和谐与稳定，继而极大地影响到人类社会进步与发展的建设成本，[14]所以有必要进行语言的国际传播与推广。世界只有语言多样，文化多元，不同语言和文化间交流畅通，才谈得上世界的稳定与和平（许嘉璐，2005）[15]。

库尔马斯（Coulmas）认为从世界范围看，汉语作为外语教学的需要并不那么大，因为汉语潜在的经济利益有限。[16]这个论断现在看来有失偏颇。汉语是一种有深厚文化传统的被最多人说的语言，随着中国今天在世界上的政治、经济、文化的影响越来越大，汉语的影响也越来越大，在有的国家汉语已经被纳入国民教育体系。“明了各国国情，特别是与语言传播密切相关的国情，是制定汉语国际传播方略、促进汉语顺利传播的基础。”[17] 同美国的英语传播相比，我们的汉语传播还是滞后和不足的。我们应该对美国的英语国际传播策略进行深入研究，我们应该更充分地发挥地方和民间的力量参与到汉语的国际教育与传播中来，使我国的汉语国际传播事业更上一层楼。

参考文献：

[1] Cooper, Robert L. A Framework for the Study of Language Spread. In R. L. Cooper eds. *Language spread: studies in diffusion and social change.* Bloomington: Indiana University Press, 1982.

[2] Coulmas, Florian. *Language and Economy.* Oxford: Blackwell Publishers, 1992: 112.

[3] Coulmas, Florian. *Language and Economy.* Oxford: Blackwell Publishers, 1992: 142.

[4] 宁继鸣、王海兰 . 汉语国际推广的公共产品属性分析，东岳论丛［J］. 2009 年第 5 期，178.

[5] 李英姿 . 美国语言政策：“容忍”中的同化，中国社会科学报［N］，2010 年 12 月 21 日第 8 版 .

[6] Berman, Edward H. The foundations' role in American foreign policy: the case of Africa, post 1945. In R. F. Arnove eds., *In Philanthropy and Cultural Imperialism.* Bloomington: Indiana University Press, 1982: 203—232.

[7] Coombs, Philip H. *The Fourth Dimension of Foreign Policy: Educational and Cultural Affairs.* New York: Harper and Row (for the Council on Foreign Relations), 1964: 154.

[8] Braj, Kachru. *The Alchemy of English.* Oxford: Pergamon Press, 1986.

[9] Ninkovich, Frank A. *the Diplomacy of Ideas. US Foreign Policy and Cultural Relation*, 1938—1950. Cambridge: Cambridge University Press, 1981: 12.

[10] Howatt, A. P. R. *A history of English Language Teaching.* Oxford: Oxford University Press 1984: 112.

[11] Fox, Melvin. The Ford Foundation and CAL. Linguistic Reporter. 1979. 21 (7): 37.

[12] Coulmas, Florian. *Language and Economy.* Oxford: Blackwell Publishers, 1992: 184.

[13] Kloss, H. *The American Bilingual Tradition. Rowley.* MA: Newbury House, 1977: 283.

[14] Fishman, Joshua A. Sociolinguistics and the language problems of the developing countries. In J. Fishman, C. Ferguson, & DasGupta eds. *Language problems of developing nations.* New York: John Wiley & Sons 1968: 3—16.

[15] Berman, Edward H. The foundations' role in American foreign policy: the case of Africa, post 1945. I R. F. Arnove eds., *In Philanthropy and Cultural Imperialism.* Bloomington: Indiana University Press, 1982: 204

[16] 宁继鸣 . 汉语国际推广：关于孔子学院的经济学分析与建议［D］. 济南：山东大学，2006: 17

[17] 许嘉璐：首届世界汉语大会闭幕式上的讲话［N］，2005 年。中国语言文字网 2005 年 7 月 25 日发布的《首届世界汉语大会闭幕，中国将推动对外汉语教学》.

[18] Coulmas, Florian. *Language and Economy.* Oxford: Blackwell Publishers, 1992: 79.

[19] 李宇明 . 明了各国国情，顺利传播汉语 . 世界汉语教学［J］，2007 (3): 12—14.

我国医学院校医学（西医）专业留学生医学汉语教材述评

倪军红

（北京大学医学部应用语言学系）

一、引言

随着国际汉语教育的大力发展，“孔子学院”的广泛建立，全球范围内学习汉语的人数逐年增加，学习汉语的目的性和实用性日趋明显。因此，对外汉语教学已不仅是单一的语言教学，多元化、专业化也是其主要特点。这其中，医学院校为留学生开设的医学汉语课就是非常有特色的一门课。

教育部国际交流与合作司的统计表明：（1）2011 年招收本科临床医学专业（英语授课）来华留学生的人数为5010 名，有招生资格的高校共有49 所，几乎涵盖了各省市的著名的医学院校。（2）近几年来，在我国招收留学生的 11 类学科中，医科留学生的比重仅次于文科类，居第二位。其中，西医一直高于中医。

这充分说明，医学留学生的教育大有前途。在这种情况下，作为必修课而贯穿学习过程的医学汉语课也越来越受到重视，而医学汉语教材作为一种专门用途的汉语教材，也必然会在对外汉语教材领域开辟一块新的天地。

二、医学汉语教材的现状

教材是国际汉语教育的“三教”问题之一，是教与学的依据，是教学活动的枢纽。“一门课程开设得成功与否，很大程度上取决于所用教材，教材直接影响教学的质量和效率。”教材发展的情况主要体现在数量、种类、理论研究（广度与深度）、评估等方面。我国对外汉语通用教材发展至今，其成绩不言而喻。但作为专业汉语教材的医学汉语教材，相对比较落后。下面我们就通过两者的对比来探讨医学汉语教材的基本情况。

（一）教材的数量、种类

根据统计，1998 年—2008 年出版的汉语第二语言教材“总数为 548 种”，在种类上，“初步形成多种层次、多种类型，基本满足多种需求的教材体系”。而根据我们的搜索，目前医学汉语教材只有 6 种且种类单一，情况如下：

教材	出版年代	教材情况
大学医用汉语教程	1990	短文体，已断版
新编医用汉语	2002	短文体，少数民族双语教材
医学汉语教程	2007	同上
医学汉语实习篇	2007	对话体，重交际能力的培养
医用汉语教程入门篇	2008	对话体，零起点汉语教材
实用医学汉语（语言篇、基础篇、临床篇）	2008—2010	系列教材，对话体，重交际能力的培养

（二）理论研究

据统计，1980 年—2000 年，发表于各类核心刊物和论文集上的论文约 216 篇以上。研究内容涉及各个层面，有全面综合的论述，有针对某类教材的研究，有教材编写理论的研究，有教材评估研究等等。关于医学汉语，根据我们的搜索，1979 年—2011 年间的论文共有 6 篇，内容多是教材的编写理念、原则及感受。

（三）对教材的评估

“对教材的评估也是必需的，这对促进教材建设和教材编写进步是不可缺少的。”“教材编写是否遵循了教学理论，是否体现了第二语言学习的规律，语料选取、注释说明以及练习设计是否科学合理等等，这些都是我们要考虑的。”通过评估，一些教材才会不断修订，成为经典教材。通用汉语教材的评估论文之多，研究之透彻，都是医学汉语教材望尘莫及的。这可能是因为医学汉语教材数量少而不可避免地带来教材评估的缺失。

总之，目前，医学汉语教材“严重缺氧”：数量少、种类单一、理论研究贫乏，没有普适性的教材，更不用说经典教材，不能满足教与学的双重需要。之所以出现这种现象，可能是因为从事医学汉语教学的一线教师大多是语言专业出身，编写医学汉语教材并非易事，毕竟“隔行如隔山”，从而导致医学汉语教材不能解决教学“温饱”的现状。

三、医学汉语教材现状的具体分析

根据调查，大多数高校并没有使用前面提到的那几种教材，而是使用结合本校实际情况自行编写的讲义。鉴于此，我们认为有必要对现有的医学汉语教材进行分析，以期能为今后的医学汉语教材的编写尽一己之力。

因为《新编医用汉语》、《医学汉语教程》主要是针对少数民族学生编写的，《医用汉语教程入门篇》、《实用医学汉语》（语言篇）是为汉语水平零起点学生编写的，所以我们分析的教材主要是《大学医用汉语教程》、《实用医学汉语》、《医学汉语实习篇》（以下简称《大学》、《实用》、《实习》）。这几种教材在不同的编写理念的指导下，对语料进行了不同的处理，针对性与目的性都得到了很好的体现。因此我们将从编写体例方面来进行分析。

教材编写的体例体现了教材内容的编排方式，这几种教材基本上都涵盖了生词、课文、语言点注释、练习、阅读课文等几个方面。

（一）生词

关于生词部分我们主要关注了医学词语的设计。在这几本教材中：

《实用》分两个部分，第一部分是单独的医学词汇，每课 25 个左右，其中的 40% 左右会在课文中出现；第二部分是课文中的生词，每课约二三十个，这其中又约有 50% 左右的医学词语。

《大学》虽然也有医学词语，但未明显标注，且在数量上比较随意，每课三四十个生词中，医学词语多的将近 20 个，少的则只有三四个。

《实习》每课 20 个左右的生词中大约 90% 以上是医学词语。

（二）课文

这方面涉及语料的选取与安排、篇幅的长短、课文的表现形式等。

1. 语料的选取与安排

语料的取舍是教学内容设计的具体体现。这几种教材或选取了与医学基础课程相关的内容，或选取临床实习的内容。

《大学》第四册是文化读本，前三册是医学基础课程的内容，但有 30% 的内容是一些科普文章、民间故事以及成语故事，涵盖的基础医学的内容十分有限。

《实习》的内容编排是根据“我国三甲医院住院部各科室纵向排列，比较重要的科室（如内、外等）用课较多”。

《实用》的基础篇“学习内容与基础医学主要课程的学习顺序基本同步”；临床篇“学习内容与临床医学主要课程如诊断学、内科学、外科学等学科的学习程序基本同步”。

仅从课名设计看，《实用》比较全面，比较契合学生本科学习的内容，编排比较理想，但具体来看，每课的实际内容有些“实”不符“名”。以基础篇第一册第二课为例，课题是“运动系统”，对话一内容如下：

大夫：您好，怎么了？
病人：胳膊受伤了。
大夫：我看看。……先拍个 X 光片吧。
病人：大夫，拍了，给。
大夫：哦，桡骨没问题，尺骨骨折了。
病人：严重吗？
大夫：别担心，不用住院。
病人：谢谢。

我们从对话中看不到有什么运动系统的知识（对话二也是同样的），反而是课后的阅读课文介绍了一些。

2. 篇幅的长短

“学习者所能付出的有效的学习时间决定着教材的容量。”因此，教材的总容量及课文的长短应该作为评估和编写教材的一个重要内容。容量太大，篇幅太长，学生学习起来太困难，就一定会给学生带来压力。我们对这几种教材进行了统计，结果如下：

大学	实用		实习
	基础篇	临床篇	
3 册，21 课/册	4 册，10 课/册	4 册，10 课/册	3 册，17 课/册
一篇短文约 1500 字/课	2 个对话 300—600 字/课	2 个对话，1 个小结 1000—2500 字/课	2 个对话，1 个成段表达 500—800 字/课

目前一般院校的医学汉语课只安排两三个学期，平均 4 学时/周，时间非常有限，而教材设计的教学进度基本上都是 4 个学时一课。如果综合考虑各种因素，如学生的水平等，要达到较好的教学效果，4 个学时显然不够。即使学生的水平较好，每课 4 学时的学习结果也只能是囫囵吞枣。因此，教材的容量与篇幅长短必须要进行合理的安排与设计。

3. 课文的表现形式及语体形式

“语料的取舍往往是在一定的教学理念的指导下完成的。当人们把语言教学看成是一种知识的传授时，语料取舍的依据是语言点的安排；当人们把语言教学看成是交际能力的培养时，语料取舍的依据就会倾向于一定的话题和语言表达的功能。”这虽然说的是语料的取舍问题，但同样能够说明语料的两种表现形式：短文叙述体和对话体。

这两种形式反映了教材编写者编写理念的不同。短文叙述体注重知识的整体传授，侧重综合能力的培养，如《大学》以短文叙述体的形式比较完整地介绍了每课的内容，比较严密，逻辑性强，更有利于医学知识的整体呈现；对话体注重交际性，侧重于培养学生的语言交际能力，如《实习》与《实用》基础篇、临床篇，围绕门诊部、住院部等，侧重培养学生的语言交际能力，但对于医学知识的介绍是片断、零散的。在语体形式上，前者采用书面语，后者则较多采用口语或口语书面语。

那么，专业性、目的性极强的医学汉语教材究竟使用哪种形式更为合适？我们认为，除了考虑教学理念，还要考虑教学目的。医学汉语教学的目的是帮助学生尽早适应专业学习，尽快适应专业教材的表达方式，因此宜采用书面语、短文体的表现形式。

（三）词汇、语法注释

医学汉语教材虽然是“为特殊目的服务的”专业汉语教材，但仍属于第二语言教材，因此，词汇、语法注释依然是重点。

《大学》的词语注释比较随意，“包罗较广”，但设计了语篇分析的内容。我们认为很有必要，这便于学生学习如何梳理语句之间的关系，提高理解文章的能力，对于专业的学习及将来的临床实习都有帮助。

《实用》基础篇在课文之前安排了核心句型，这些句型包括了医学学习常用句型，例如

“……是由……组成的”、“……的可能性最大，不过……也不能完全排除”等，对医学留学生来说，非常实用。

《实习》既有医学词语的注释，又有疾病名称的解释，还有某个句型或句子的解释。

（四）练习

“练习是语言教材不可或缺的内容，练习题型的设计体现了编写者对课堂教学活动安排的思考。”练习既能检验学生对课文内容的理解情况，也能帮助学生进一步掌握课文。现有的这几种教材的练习，无论是形式还是内容，都与通用教材无异，少有创新，甚至很多练习与课文内容无关。比较而言，《实用》增加了“听和说”的内容，“听”就是听录音选择、判断；“说”就是朗读词语。虽然有些简单，但在一定程度上复习了课文的内容，可以说是一个进步。

（五）阅读课文

这几种教材在课后都安排了阅读课文，与主课文相配合，都采取了短文叙述体形式，在内容上更专业，更概括，更利于学生掌握，甚至记忆。

此外，这几种医学汉语教材普遍缺乏图例。而实际上，在课文中插入图例，既可增加课文的生动性，又可帮助学生理解，直观、明了，有“四两拨千斤”的功效。

四、关于医学汉语教材的设想

以上分析说明，由于受到各种因素，比如学生情况、授课时数、编写者情况、编写理念等的影响，现有的医学汉语教材普适性差，满足不了教学的需要，因此有必要结合医学专业教师的力量，编写新的教材。而在编写之前，必须要做好以下几个方面的工作：

（一）做好前期调研

我们必须对医学汉语的现状，包括留学生的实际情况、医学汉语教学中存在的问题、现有医学汉语教材的情况等进行全面的分析，之后才可以继续下一步的工作。

明确医学汉语教学中“教什么”、“怎么教”、“怎么学”的问题。

语言教学中的“教什么、怎么教、怎么学”这三个核心问题涉及教学内容、教学目的、教学对象、教学方法等各个方面，因此，确定了医学汉语教学中的这三个问题，自然就确定了医学汉语教材的内容与编写体例等，自然也会为教学大纲的制定提供依据。

制定教学大纲及词汇、语法大纲：

1. 教学大纲

《中国大百科全书》中关于“教学大纲”的解释是：“教学大纲是编写教科书和教师进行教学的主要依据……规定着本学科的教学目的，本学科教材的编写原则、教材的排列、教学中应注意的问题……”可见，教学大纲是教学活动中所有问题的核心。而医学汉语教材存在着诸多不足的一个根本原因是缺少明确的专门的教学大纲。如果有了教学大纲，我们就能明确“教什么”、“怎么教”，比如语料的选取与设计，每课医学词汇的数量、医学汉语常用表达式、练习的形式与内容，等等。

2. 词汇、语法大纲

医学汉语中大量的词语是使用频率极高的专业词语，而这些词语在《汉语水平词汇与汉字等级大纲》中，基本属于超纲词。语法虽然不存在超纲的问题，但医学汉语自有一些固定的常用的句式，这需要进行总结。因此我们必须确立详细、规范、科学的教学大纲及词汇、语法大纲，今后的医学汉语教材编写才会有章可循，才会更有效地促进医学汉语学科的建设与发展。

（二）搭建交流平台

理论既来源于实践，又指导着实践。定期召开学术研讨会，为各位一线教师提供一个交流的平台，将他们的经验教训及时总结，结合专家的理论指导，对医学汉语教材进行定量、定位、定性地定向研究，可为今后医学汉语教材的编写提供更好的理论基础。

（三）编写必要的教师参考书

由于很多从事医学汉语教学的教师要么不是医学专业出身，要么不是汉语专业出身，都是“一手软，一手硬”，很不利于教学，有时甚至会出现捉襟见肘的窘况，因此，编写配套的教师参考书，可为教师提供更多的资料。

教材既包括以教科书为主体的各种文字教材，又包括各种视听教材、电子教材以及来源于生活实践的现实教材等。多媒体教材“信息量大，具有跨时空的特点，可以变平面教材为多元立体化教材，更符合语言学习的心理过程”。因此，对于医学汉语教学来说，使用多媒体教材，应该会收到事半功倍的效果。

参考文献：

［1］李泉．论对外汉语教材的针对性［J］．世界汉语教学，2004（2）（68）．

［2］朱志平，江丽莉，马思宇．1998—2008 十年对外汉语教材述评［J］．北京师范大学学报（社会科学版），2008（5）（209）．

［3］李泉．近 20 年对外汉语教材编写和研究的基本情况述评［J］．语言文字应用，2002－08（3）．

［4］赵金铭．论对外汉语教材评估［J］．语言教学与研究，1998（3）．

［5］赵金铭．教学环境与汉语教材［J］．世界汉语教学（第 23 卷），2009（2）．

［6］莫秀英，林华生．论医学专业汉语课本的编写［A］．中国高等教育学会外国留学生教育管理分会 2006 年会［C］．2006.

［7］于根元．应用语言学概论［M］．商务印书馆，2011.

HSK 动态口语语料库的语料转写研究*

胡凡霞　王雪莹

（北京语言大学汉语水平考试中心）

一、引言

学习者语料库是按照一定的原则和设计标准，通过科学抽样方法采集、编制而成的学习者语言（口语或书面语）电子文本库（卫乃兴、李文中、濮建忠，2007）。它的研究对象是第二语言学习者的语料，所以它对二语习得和外语教学等很多方面都有重大意义。正因为如此，近年来关于它的开发和利用也越来越引起人们的重视。

国际上，比利时鲁汶（Louvain）大学英语语料库中心建立的国际英语学习者语料库（ICLE）和国际英语口语过渡语语料库（LNDSEI），是关于这一领域的最早尝试，收集了来自十几种母语背景的学习者资料。除此之外，日本还建立了日本人英语学习者语料库（Corpus of English by Japanese）和日本初高中学生日英翻译语料库（Japanese Junior High School Students' Japanese/English Translation Corpus），英国建成了剑桥学习者语料库（Cambridge Learner's Corpus）。我国国内，英语学界主要有广东外语外贸大学和上海交通大学合作建成的中国学习者英语语料库（CLEC），上海交通大学建设的大学英语学习者口语语料库（COLSEC），香港科技大学建设的香港科技大学学习者语料库（HKUST Learner Corpus），南京大学建设的中国英语学习者口语语料库（SECCL），华南师范大学建设的国际外语学习者英语口语语料库中国子语料库（LINSEI - China）等；对外汉语界"中国大陆已经建成并可以实际使用的汉语中介语文本语料库只有 5 个"（北京语言大学的汉语中介语语料库、南京师范大学的外国学生汉语中介语偏误信息语料库、中山大学的留学生中介语语料库、暨南大学华文学院的留学生汉语中介语语料库和北京语言大学的 HSK 动态作文语料库）。"汉语中

---

* 国家社会科学项目基金资助，项目批准号：11BYY054 。

介语口语语料库只有一例，即北京语言大学的汉语学习者口语语料库”（张宝林，2010），但是，令人遗憾的是，这仅有的一例汉语学习者口语语料库至今没有对外开放，不能公开使用。

杨翼、李绍林、郭颖雯、田清源（2006）认为：“目前第二语言的口语习得研究在国际上也日益得到关注，建立大型口语语料库并基于语料库开展口语研究正是近年来国外语言教学界口语研究的新趋势。”“然而，在对外汉语教学界，有关口语习得和口语测试的研究，在数量和质量上，都处于令人遗憾的状态。”由此，建立大型的汉语中介语口语语料库是非常必要和迫切的。与汉语中介语文本语料库相比，汉语中介语口语语料库的建设严重滞后，目前已建成并产生较大影响的都是文本语料库。

北京语言大学建成的HSK动态作文语料库已经投入使用并取得了良好的社会效果，作为其姊妹库，HSK动态口语语料库也已开始了小规模样本建库实验。考虑到取样方便，我们抽取了参加HSK高等口语考试的日韩考生的各50个样本文件进行了转写（即将音频文件转写为文本文件）。在转写的过程中，遇到了很多问题，而前人在关于建设汉语口语语料库的研究中极少涉及这方面的内容。像杨翼、李绍林、郭颖雯、田清源（2006）的《建立汉语学习者口语语料库的基本设想》是关于建设汉语中介语口语语料库方面的一个很好的探索，但是也只是提到“录音材料需要人工转写，耗费大量人力和财力”，一句带过，并没有细说。而卫乃兴、李文中、濮建忠（2007）曾指出“口语语料库建设最关键也是最耗时、耗力的工作是语料的转写与标注”。转写作为建库的第一步，转写内容的准确度以及转写规则的科学性将直接影响后续工作的顺利进行，其重要性不容忽视，这不能不引起我们的重视。本文将借鉴国内外相关语料库的做法，重点探讨这个问题，主要包括转写内容、转写中遇到的问题和转写规则三个部分。后面两个部分将是我们研究的重点。

二、转写内容

所谓“转写内容”即转写什么。关于这一点，我们要在两个原则的指导下进行。

（一）真实性原则

真实性原则又叫实录原则，通俗地讲，即考生说什么就记什么，完全忠实于原话。包括两方面的内容：第一，因为要完全忠于原始语料，所以一些重复性的词语，“嗯、啊”之类的语气词都要进行转写；第二，因为是留学生中介语，所以里面一定会有很多错误，在转写的时候不能回避错误，对学生所说语句的任何错误不做纠正和修改。总之，就是要做到不添加、不减少和不修改三方面。

语料库研究的特点和优点之一在于能提供大量客观、真实的语料。真实的语料才能反映语言学习者真实的水平，也是语料库建设的灵魂和关键，否则语料库就失去了其研究意义。

（二）完整性原则

语料转写不仅要真实还要完整。转写时，不仅要转写考生所说的语句，对于口语表达中所产生的一些非言语交际成分，如笑、咳嗽、深呼吸等也应该进行适当标注。

另外，HSK高等口语考试的结构分为两部分：第一部分是朗读一篇文章；第二部分是回答两个问题，这两个问题可能是一个明确的话题，也可能是对一定的话题范围的描述。鉴于第一部分朗读部分对所有口语被试者来说都是统一的，同时也不能真实地反映考生的口语水平，而"'回答问题'由于是口语被试自主说出来的，因此风格更接近自然语流，从中可发现一些'朗读'类无法反映的现象，对于研究口语语篇的衔接与连贯、口语词汇、口语语法等有较高价值"（杨翼、李绍林、郭颖雯、田清源，2006），所以在转写的时候，我们只转写了第二部分。这样，既抓住了重点，又避免了大量的重复，节省了人力物力。

三、转写中遇到的问题

以上述两个原则为指导，我们在这个小规模的样本文件转写中遇到了很多问题，主要有以下几个：

（一）单纯汉字转写的不准确性

这是我们在转写中遇到的最大问题。在这个样本建库实验中，我们仅仅采用了汉字转写，发现很多地方用汉字转写后是很不准确的，并没有反映出学生的真实发音，而这恰恰违反了转写的真实性原则。下面我们选取两例来说明这个问题：

（1）刚到北京，我的 bi（51）物钟，不习惯。

根据语境我们不难推断，此处学生想表达的是"生物钟"，但学生的真实发音是"bi（51）"，这时候我们该如何转写呢？

（2）爸爸每天努力工作，在这个过程中 hua（51）掉了身体。

根据语境我们推断，此处用"垮"是非常合适的，考生想表达的可能也是这个意思，但是他的真实发音是"hua（51）"。如果我们转写的时候写的是汉字"垮"，这虽然可以保证内容的连贯性和阅读的通顺性，但却不能准确真实地反映学生的发音状况和口语水平，这是与我们的建库目的相违背的。

汉语是一种有声调的语言，汉语的发音对一些学生来说，一直都是学习的难点，而且一些发音错误一旦形成，就容易"化石化"，很难改正，所以有些学习者即使到了高年级，仍然有很多发音问题。如果我们在转写的时候，遇到不确定或听不懂的地方，就根据上下文语境进行主观臆测，然后写出正确的汉字，这就没有遵守真实性原则，没有忠于原始语料，这样建成的语料库也是没有价值的。所以，如何解决单纯汉字转写不准确这个问题是非常重要的。

（二）如何转写非正常停顿

"在语料库转写过程中，'停顿'指能让转写者明显意识到的语流停滞，即我们通常所说的'卡壳'现象。"（卫乃兴、李文中、濮建忠，2007）这些"停顿"不同于母语者说话时的正常停顿，它们大多是由于学习者对第二语言掌握不够扎实而导致的不流利输出，属于非正常停顿。

口语中的停顿是自然交际中话语流利性的必要组成部分，是分析口语流利性的一个关键指标，所以，转写时对于非正常停顿的呈现是非常必要和有意义的。而在学习者的口语表达中这种现象也是大量存在的，该停顿的地方不停顿，不该停顿的地方停顿，停顿的时间也有长有短，如（括号内的时间是我们借助 Cool Edit 计算得出的）：

（1）这是很好的事如果（此处停顿 6 秒）他也喜欢。

（2）制定短期内的（此处停顿 3 秒）计划，对我们来说很好的方法。

（三）怎样表现重复

除了非正常停顿，学习者在口语表达中还会出现各种重复，它也不同于自然表达中的正常重复，主要也是由于非流利因素导致的，如发音不流利、词语选择不熟悉等。这既是考生思考过程的体现，也是其口语流利度的表现，具有重要意义，在转写过程中也应该进行相应的呈现。

在这次小规模的语料转写中，我们发现学习者的重复主要分以下三种：

（1）单音节字词重复，如：

自己清楚自己该，该做什么，自己知，知道自己做什么。

（2）短语重复，如：

这个，这个，这个，这个，这个，这个情况也值得学习。

（3）句子重复，如：

他没去，他没去，最后我也不去。

（四）如何转写那些无法分辨或完全听不清的内容

有些学习者，特别是口语水平较低的，他们的发音非常不准确，转写者完全听不清他们表达的内容；另外，还有一些学习者在遇到不确定或完全忘记某些内容的情况下，会用一些含混不清的音搪塞过去，导致转写者无法分辨。当遇到这样的情况时，不能弃之不管，这也是他们口语表达的一种表现，也要在转写时体现出来。

（五）如何转写数字

关于数字的转写，一般我们会考虑直接用阿拉伯数字，这样既方便，又节省时间。但有些学习者由于对第二语言知识掌握得不够扎实，在一些数字的发音上也会出现各种各样的问题，如：

（1）老人长寿，一百二岁。

根据上下文语境，我们无法推测学习者要表达的是“102 岁”还是“120 岁”，而不管我们转写成了二者中的哪一个，都不能如实地反映学习者的发音状况。

（2）坐车花了两、三十分钟。

在“二”和“两”的使用上，很多学习者会出错，这也一直是他们学习的一个易混点。如果我们把上面句子中的“两、三十分钟”转写成了阿拉伯数字的“20、30 分钟”，这一点就不能体现出来，不利于以后的研究。

（六）怎样表现非言语交际成分

学习者在进行口语表达时，会产生大量的非言语交际成分，有些没有多少意义，或者意义难以判断；但有些是有意义的，我们可以从中看出学习者的语篇表达能力和交际策略的运用能力等。这也是他们口语水平的一种表现，所以转写时也应该适当标示。目前我们遇到的主要有笑、咳嗽、深呼吸、噪音等几种。

以上是我们在进行小规模语料转写中遇到的主要问题，当然，由于样本容量等原因，这仅仅是部分问题，随着后期样本容量的增加，可以预见，会有更多的问题暴露出来。

四、转写规则初探

转写是建设口语语料库的第一步，转写的准确与否直接影响到后续工作的顺利进行，只有很好地解决了转写中遇到的问题，才能为后面的标注和检索提供便利和条件。为此，针对上面在小规模转写中总结出来的问题，我们开始考虑解决方案，探讨转写规则的制定。

（一）针对单纯汉字转写的不准确性问题，我们建议采用拼音汉字双重转写。第一层是汉语拼音层，第二层是汉字层。

首先，当我们根据学习者的发音无法确定用哪个汉字时，就可以用拼音转写，这就可以更加准确真实地反映学生的发音状况和口语水平，避免太多的主观臆测以及因转写者不同而造成的转写不统一的问题。这正是我们建库的目的和初衷，也是语料库的价值所在。

其次，学习者在说的过程中有很多重复的地方，很多时候是学习者自己意识到自己的发音错误，然后及时纠正的过程，如：

（1）全 qu（35）部，全 quan（35）部的时间用在学习上。

（2）这就是我今年的目 mu（35）标，目 mu（51）标。

这是考生自我纠正的一个过程，如果我们只是用汉字转写，就看不到其中的区别。

综上，我们建议采用拼音汉字双重转写的方法，这样更能真实地反映学生的发音状况，提高转写的准确性和科学性。

（二）关于停顿，前人研究中也有涉及，大都同意短时停顿和长时停顿的二分法，但具体停顿多长时间属于短时停顿和长时停顿，却尚未达成一致。

卫乃兴、李文中、濮建忠（2007）指出，“我们的先导研究表明，时间为 1 秒的停顿往往感觉不到，而超过 6 秒，则会被别的谈话者插话甚至夺走话轮权”。因此，他们将 2—3 秒定义为短暂停顿，将 4—6 秒定义为较长停顿。同时，他们也指出，这只是一种较为模糊的定量标准。

在汉语学习者的口语表达中，到底停顿多长时间属于非正常停顿，会影响表达的流利性，由于我们还没有进行相关的实验研究，所以还不能随便下结论。在接下来的工作中，我们将运用语图仪等设备，采用科学的研究方法，研究停顿的时间问题，探讨其可能负载的语用意义，进而进行科学有效地转写。

（三）关于重复的问题，我们建议只转写一次，然后在重复的单音节字词后面加［wr］，短语后面加［pr］，句子后面加［sr］，如：

（1）自己清楚自己该［wr］做什么，自己知［wr］道自己做什么。

（2）这个［pr］情况也值得学习。

（3）他没去［sr］，最后我也不去。

这样做既便于以后使用者的阅读和分析，同时也在转写时节省了大量的人力和时间。因为重复的情况在二语学习者的口语表达中是普遍存在的，有的重复次数较多，如果重复几次，转写者就要转写几次，那转写者需要反复地听同一个部分，在这个过程中会耗费大量的时间和精力，同时也没有多少意义。

（四）对于内容无法分辨或完全听不清的部分，我们借鉴英语口语语料库的转写方法，无法辨别的用“<？ >”表示，一个“<？ >”代表一个音节，像一些人名地名；如果是整个语句没有听清，我们用［X］表示，如：

（1）我的家乡是韩国的<?? >，它真的很漂亮。

（2）我的朋友叫<??? >，她非常地热情。

（3）如果你不知道，［X］。

（五）对于数字的转写，我们建议不用阿拉伯数字，而使用汉字。

这样，首先可以保证转写的统一，不会因为转写者不同而出现汉字和阿拉伯数字混用的情况；其次，可以更加保证转写的准确性，像上面我们举的两个例子：“老人长寿，一百二岁”和“坐车花了两、三十分钟”，这样的情况就很容易解决。当然，全部用汉字转写也存在一个问题，如果学习者的发音是准确的，而所说的数字又非常的复杂，如8673，用汉字转写就会显得啰嗦和没有必要。

（六）关于非言语交际成分。

实际上，这是很复杂的一类现象，它的分类也很难确定，我们很难准确地说出汉语口语中有多少种非言语交际成分。目前我们只能根据小规模转写中遇到的情况，进行讨论研究，确定出一个转写标准，以保证转写的统一性。以后在转写中遇到了新的情况，再进行讨论研究，加以补充修正，以保证转写的唯一性和准确性。

目前我们遇到的非言语交际成分主要有笑、咳嗽、深呼吸、噪音等几种，我们同样借鉴英语口语语料库的做法，用［laugh］、［cough］、［breath］和［noise］来表示。可以预见，随着后续样本容量的增加，暴露出来的情况会越来越多，这也将有待于进一步的研究。

五、结语

以上是我们在HSK动态口语语料库小规模语料转写中发现的一些问题，并初步提出了解决方案，还很不成熟。在接下来的工作中，我们会进一步地实践、验证、修改和补充，然后尽快提出完整的解决方案，以期能对汉语学习者口语语料库的建设起到一定的参考和促进作用。HSK动态口语语料库建成后，将和HSK动态作文语料库一样免费对外开放，相信它的建成对二语习得、汉语本体研究、教材设计以及汉语口语教学等都将产生很大影响，有很大帮助。

参考文献：

［1］储诚志，陈小荷．建立汉语中介语语料库系统的基本设想［J］．世界汉语教学［J］．1993（3）．

［2］黄昌宁，李涓子．语料库语言学［M］．北京：商务印书馆，2002.

［3］王芳，王晔，李文中．COLSEC的转写与标注对口语语料库建设的启示［J］．天中学刊［J］．2005（9）．

[4] 卫乃兴，李文中，濮建忠．COLSEC 语料库的设计原则与标注方法［J］．当代语言学，2007（3）．

[5] 杨惠中．语料库语言学导论［M］．上海：上海外语教育出版社，2002.

[6] 杨翼，李绍林，郭颖雯，田清源．建立汉语学习者口语语料库的基本设想［J］．汉语学习，2006（3）．

[7] 张宝林，崔希亮，任杰．关于“HSK 动态作文语料库”建设构想［C］．第三界全国语言文字应用学术研讨会论文集，香港：香港科技联合出版社，2004.

[8] 张宝林．“外国留学生汉语学习过程语料库”总体设计［J］．数字化汉语教学的研究与应用，北京：清华大学出版社，2008.

[9] 张宝林．汉语中介语语料库建设的现状与对策［J］．语言文字应用，2010（3）．

[10] 张普．关于大规模真实文本语料库的几点理论思考［J］．语言文字应用，1999（1）．

HSK动态口语语料库的标注研究*

王之岭　杨　雯

（北京语言大学汉语水平考试中心）

一、引言

20世纪90年代北京语言大学建设了第一个汉语中介语语料库。至今，汉语中介语语料库已经建成多个，如HSK动态作文语料库、南京师范大学留学生语料库、哈萨克族学生汉语中介语语料库系统。这些语料库为对外汉语研究和教学提供了客观可靠的资料。但是这些已经建成并投入使用的语料库大多是文本语料库，而汉语中介语口语语料库的建设相对滞后，至今尚无可以公开使用的中介语口语语料库。而口语是完成交际的最直接最主要的形式，在教学中占有重要的地位。因此，建设汉语中介语口语语料库，为研究者提供真实的汉语中介语口语语料，是十分重要的。

北京语言大学举办的HSK高等考试，在过去的20年间拥有了大量的来自不同国家学生的口试资料，是不可多得的资源。因此我们欲以HSK的高等考试的口试资料为资源，建立一个主要为语法研究和对外汉语教学服务的口语语料库——HSK动态口语语料库。

未经任何处理的电子文本语料库叫做生语料库，这样的语料库尤其是汉语的生语料库包含很少关于语法和词法等相关信息（黄昌宁，李涓子，2002），其应用价值是有限的。而经过标注的语料提供了大量有价值的附加信息，可以反复使用，研究者基于这些标注信息可以进行全面而深入的研究。从某种程度上来说，标注的范围和深度决定了语料库的价值大小。因此本文欲探讨口语语料库的标注问题，期望为建设大规模的语料库提供参考。

* 本文获国家社会科学项目基金资助，项目批号：11BYY054 。

二、标注

HSK 口语语料库的标注建立在语料转写的基础之上，遵循真实性、科学性和全面性的原则。标注过程中只标示偏误，不改动原文，尽量保持学习者的语言原貌。为了便于电脑软件的识别，所有的标注代码都采用国际通用代码——置标语言（XML）进行赋码。为了能够全面地表现学习者的语言面貌，语料库既对偏误现象进行标示，也对正确的语言现象进行标示，并且对于汉字层存在多种的偏误可能的现象，我们将标出所有的偏误类型。

标注的范围包括拼音层和汉字层两个层面。拼音层标注的内容包括声、韵、调的偏误标注。汉字层标注的内容包括字、词、句、篇章等层次的标注。

（一）拼音层标注

目前国际上通用的中介语语音的分析方法基本上有两种，一种为听辨分析，即请一定数量的操母语者对学习者的发音进行听辨，或作辨别选择，或作等级评分；另一种是利用声学仪器对发音进行物理分析，得到声学参数，与操母语者的参数进行对比。第二种方法虽然比较准确，但是无法实现对大规模语料库的分析，因此我们决定采用人工听辨的方法。

曹文、张劲松（2009）提出了面向计算机辅助正音的“汉语中介语语音语料库”的标注规范，对指定的发音内容采用人工听辨的方法做了声、韵、调、语音协变等九个层次的标注，标注内容非常全面。而我们所做的是自然语言语料库，发音内容不确定，规模至少在 47 万字以上，远多于指定的几百个句子。假如本语料库采用这样的标注方式，耗费的时间多，标注的质量也会受到影响，并且我们将要建设的语料库以语法研究为目标。因此，本语料库主要采取人工听辨分析的方式对声韵调等基本信息进行标注，不考虑单音节以上的问题。

根据学者以往的语音偏误研究和对语料的观察，我们初步将语音的偏误类型分为混用、发音不到位、增音和减音几种类型。混用又细分为声母的混用（用 < wpi >代表）、韵母的混用（用 <wpv> 代表）、声调的混用（用 <wpt>代表），发音不到位又分为声母发音不准确（用 <aci>代表）、韵母发音不准确（用 <acv>代表）和声调不准确（用 <act>代表），增音和减音又细分为韵头的增加（用 <adhv>代表）、减少（用 <rehv>代表）和韵尾的增加（用 <adtv>代表）、减少（用 <retv>代表）。标注实例如下：

（1）wo214 < wpi > dui55 <wpi，tui55> jian51 de shi51 san214 san214 bu51。

我推荐的方法是散散步。

（2）na51 ge51 shi35 hou ni214 ke214 yi214 liao35 tian55 gen55 ta55 men ，gou55 < wpi > dong55 < wpi，tong55 > yi51 xie55 。

那个时候你可以聊天跟他们，沟通一些。

（3）wo214 jin55 tian55 xiang214 gei214 ni214 men jie51 shao51 yi35 ge51 bao214 yang214 shen55 ti214 ，< wpt > yan214 < wpt ，yan35 > nian35 yi51 shou51 de yang214 sheng55 fang55 fa214 。

我今天想给你们介绍一个保养身体，延年益寿的养生方法。

（4）qing214 ni214 gei214 zhong55 <adhv> liao214 <adhv，lao214> nian35 ren35 jie51 shao51 yi35 ge51 bao214 < wpt > yang35 < wpt，yang214 > shen55 ti214 、yan35 < wpt > nian214 < wpt，nian35 > yi51 shou51 de < wpt > yang35 < wpt，yang214 > sheng55 fang55 shi51 。

请你给中老年人介绍一个保养身体、延年益寿的养生方式。

（二）汉字层的标注

汉字层的标注分为两部分——基础标注和偏误标注。“偏误标注”是指标注错误的语言现象，“基础标注”是指标注正确的语言现象，这样可以全面地反映学习者的语言面貌。偏误标注包括字、词、句、标点、篇、语体色彩几部分的信息。基础标注的内容包括分词及词类标注，句子成分标注，句型、句类、句式的标注，语体标注和简单的语篇标注。考虑到如果基础标注和偏误标注放在同一版语料中，会信息杂乱，不便阅读，所以基础标注和偏误标注将在两版语料中进行。

汉字层标注的流程按照以下几个流程进行：（1）根据音频校对语料；（2）整理语料；（3）偏误标注；（4）基础标注。

1. 语料整理

1）针对只是语音出现偏误的现象，我们要求写出正确的字，然后在这个字的前后标出实际的发音，以便研究者进行查询和研究。如：

（1）我今天想给你们介绍一个保养身体，< wpt >延< wpt ，yan214 >年益寿的养生方法。

（2）我< wpi >推<wpi ，dui55 >荐的（方法）是散散步。

（3）那个时候你可以跟他们聊天，多沟< wpi >通< wpi，dong55 >一些。

如果考生不知道这个词，用词错误，我们按照词语误用（代码为<ww>）处理。

2）对于无法识别的读音，用<？ >标示，对无法识别的音我们将用多个“?”标示无法识别的字数。例如：

通过运动保持健康，才能<?? >。

3）转写时我们发现，口语中存在很多非正常的停顿或拖音现象，但是用汉语标点符号又无法准确地标示，而且影响句法分析。在标注过程中我们将对非正常的语音停顿做出统一的标注。

用［BR］标示短暂的停顿；用［PIS］标示句内时长超过5秒的停顿；用［PBS］标示句间停顿时间超过10秒的停顿；还有一些拖音现象用［DS］标示。比如：

（1）然明显的目标是，是自己感觉压力。恩［BR］当［PIS］当［PIS］。

（2）嗯［DS］［PIS］恩［DS］对那个目标，明显有，有明显的目标的话……

（3）我建议早［DS］上去公园。

4）由于考生的自我监控和思考，口语中出现了大量重复的现象。比如：

（1）呃，我的家里，从爷爷，今年是八十岁，他是，呃，保养，他的保养身体的方法是打网球。

（2）第一，呃，制定短期内实现成功的规，计划，呃，规划，我觉得利大于弊。

（3）嗯……中国街上，在中国，街上，嗯……看到到处有，那个，在运动的老人，对我们日本人来说，［这个，这个，这个，这个，］这个情况也值得借鉴。

(4) 不管结果怎样，为了提高自己，[为了，呃……为了，为了，为了,] 为了自己的未来，给自己一些压力，也是一种好方法，我自己这么觉得。

这样的重复成分会影响句法成分分析，因此我们把重复多余的部分标示出来，但并不对其进行分析。

另外，口语中包含大量无意义的音节，比如日语中日本人停顿或思考时经常出现的[e]：

(1) [e]，现在我，我回答二，第二回答问题。

日本留学生在说话时总是带有 [e] 这样的语气词。

(2) [e]，第一，[e]，制定短期内实现成功的规，计划，[e]，规划，我觉得利大于弊。

(3) [e]，每个国家，[e]，[e]，每一年开始的时候制定自己国家的经济增长率的目标。

这些音节的研究价值比较小，而且影响我们进一步的标注，因此，我们将其清理掉。

对语料进行上述处理后，可以开始正式的文字层的标注方面。

2. 偏误标注

目前我们能够看到的中介语语料库，以 HSK 动态作文语料库的偏误标注内容为最多，标注符号最为全面，但是它依然存在一些问题，而且口语和书面语之间存在很多不同。因此，本语料库汉字层的标注，在 HSK 动态作文语料库的基础上，根据口语和书面语不同，进行了进一步的完善。

汉字层的偏误标注是标注最重要的部分。我们所建的口语语料库不存在汉字书写层的问题，因此我们考虑词层面及以上的问题。每一部分具体包括：①词处理的内容有错词标注、缺词标注、多词标注。②句子层的标注包括句子成分残缺或多余的错误标注，各种特殊句式的错误标注，语序、动词重叠、句式杂糅、未完句等方面的错误标注。③篇章标注包括句间连接手段的错误标注、语义表达方面的错误标注。

1）在以往的标注工作中我们发现某些词类（如介词）的误用率很高，因此我们决定在以往的标注规范基础上，把这些词类的误用从词语误用的大类中细分出来，作为单独的一项。标注方法如下：

(1) 所以再想一想 <prep，与 >成语关联的合适的题目#。

(2) 大约 1 个星期以后，<prep> 从 <prep>办公室通知我的论文导师#。

(3) 老师给我的材料 <prep> 对 <prep>我很多帮助 #。

2）短语层偏误标注对十类搭配错误进行标示，过去的标注都只是在偏误的后边标示偏误类型。例如：

(1) 笔者认为现代印尼社会的人可以借鉴电影里人物的积极性格 {CZdz} {CZsb} 来面对全球化的时代转折#。({CZdz} 代表定中短语搭配存在问题。{CZsb} 代表述宾短语的搭配存在问题。)

(2) 通过向雅加达地区发问卷调查分析 {CJx} 来了解印尼现代社会的情况#。({CJx} 代表语序存在问题。)

为了能够让使用者清晰地看到错误位置，我们在标注时在短语的首尾都做出标示。

例如：

（1）笔者认为现代印尼社会的人可以 <phrase>借鉴电影里人物的 <phrase>积极性格 <phrase，定中 > <phrase，述宾 >来面对全球化的时代转折#。

（2）通过向雅加达地区发问卷调查 <order>分析来 <order>了解印尼现代社会的情况#。

3）句子层的标注，除了对有标记的句型句类做出标示外，对没有标志的特殊句式我们也将其标示了出来。如：

每天继续的话，不如家里、在家的看电视 <ws，比 >。

3. 基础标注

基础标注采用机标人助的方式，先使用机器自动分词，然后人工切分句子成分。在标句子成分时，标示出了主语、谓语、述语、宾语、补语、定语、状语、中心语大句子成分。而鉴于口语中存在很多表达个人观点的提示语和插入语，除了标示以上几类句子成分外，本语料库还对提示语和插入语进行了标示。如：

打网球的特点是，[我觉得] -par，两个。

由于述语、宾语、补语和主语、谓语是属于两个层次的，因此本语料库中决定分层标注，先标主谓这一大层次，然后再进一步分析述宾、述补、偏正这些层次。

如，[去年/nt 放假/v 的/u 时候/n] -zy，/w 我/r -zhy [去/v -sy 外地/nl -by 旅游/v -sy] -wy #。/w

三、不足

（1）由于标注员的听音辨音能力有限，无法精确地记录语音原貌，势必对标注的深度和层次有所限制。

（2）由于计算机技术的限制无法实现机器的自动标注，口语语料的标注也将主要依靠人工标注，这样需要耗费大量的人力和时间。

上述问题仅仅是我们建立“汉语学习者口语语料库”标注时面临的困难和挑战。我们希望这些思考能够为对外汉语口语教学研究、口语中介语研究、口语测试研究提供宝贵资源，并为上述研究提供科学便捷的集成环境和先进的技术手段。

参考文献：

[1] 黄昌宁，李涓子．语料库语言学 [M]．北京：商务印书馆，2002.

[2] 张宝林，崔希亮，任杰．关于“HSK 动态作文语料库”建设构想 [A]．第三界全国语言文字应用学术研讨会论文集 [C]．香港：香港科技联合出版社，2004.

[3] 田清源．汉语学习者口语语料库计算机系统设计 [A]．全国第八届计算语言学联合学术会议(JSCL-2005) [C]．

[4] 王韫佳，李吉梅．建立汉语中介语语音语料库的基本设想 [J]．世界汉语教学，2001，(1)．

[5] 张宝林．汉语中介语语料库建设的现状与对策 [J]．语言文字应用，2010，(3)．

[6] 储诚志，陈小荷．建立汉语中介语语料库系统的基本设想 [J]．世界汉语教学，1993，(3)．

[7] 杨翼，李绍林，郭颖雯，田清源．建立汉语学习者口语语料库的基本设想［J］．汉语学习，2006，(3)．

[8] 俞士汶，段慧明，朱学锋，孙斌．北京大学现代汉语语料库基本加工规范［J］．中文信息学报，2002，(5)．

[9] 崔刚，盛永梅．语料库中语料的标注［J］．清华大学学报（哲学社会科学版），2000，(1)．

[10] 李斌．中介语语料库建设中的语言错误标注方法［J］．暨南大学华文学院学报，2007，(3)．

[11] 曹文，张劲松．面向计算机辅助正音的汉语中介语语音语料库的创制与标注［J］．语言文字应用，2009，(4)．

[12] 李大忠．外国人学汉语语法偏误分析［M］．北京：北京语言文化大学出版社，1996，(1)．

[13] 吕效东．汉语作为外语学习过程中的错误类型分析［J］．北京师范大学学报（社会科学版），1992，(6)．

汉语中介语语料库文本句标注问题初探*

徐枫洁**

一、引言

中介语语料库的句标注，即对语料从句层面进行的语言信息标注，是语料标注的重要组成部分，它涉及句子成分、句类、句型、句式、相关句误等多项目的标注。根据标注模式的不同，分为句偏误标注和句基础标注两种，其中的偏误标注（error tagging，又称语误附码）（王建新，2005），一般来说是学习者语料库标注的最主要组成部分，是针对学习者语料中出现的语误而设计的标注，如语音误、字误、词误、短语误、句误、语义误、篇误、修辞误、标点误、格式误，等等。除语误附码外，也可对语料进行与上述语误类相对应层面的基础标注，即学习者语料库中“对语料中正确的语言现象的标注”（崔希亮、张宝林，2010）。

目前国内已建成并投入使用的汉语中介语文本语料库有北京语言学院的汉语中介语语料系统和“HSK 动态作文语料库”、鲁东大学的韩国留学生汉语中介语语料库、南京师范大学的汉语中介语偏误信息语料库、苏州大学的外国学生口语中介语语料库、暨南大学的留学生汉语中介语语料库、中山大学国际汉语学院的中介语语料库系统等。而由于开放程度的不同，本文能够接触到句标注完整方案的只有“HSK 动态作文语料库”和正在建设中并初步成形的“首都外国留学生文本语料库”。所以本文以北京语言大学建设的带有人工标注的“HSK 动态作文语料库”（以下简称“HSK 库”）和“首都外国留学生文本语料库”（以下简称“首都库”）为研究基础（以下称为“两库”）。在表 1、表 2 中，本文将“HSK 库”和“首都库”的句标注情况进行了对比。表 1 反映了“HSK 库”与“首都库”的标注背景，表 2 反映了“HSK 库”与“首都库”句标注内容的基本情况。此二表主要根据语料库

* 本研究受到“国家社会科学基金一般项目”资助，项目名称：“通用型汉语中介语语料库标注规范研究”，项目批准号：11BYY054，特致谢忱。

** 徐枫洁，女，北京语言大学汉语水平考试中心 2009 级硕士研究生。

建设者文章，即张宝林（2006，2008，2009，2010）的文章以及笔者调查整理而形成，所调查之规范版本截至2011年1月。

二、汉语学习者语料库文本句标注的基本问题

从广义的角度看，语料库语境下的“标注”，是一项系统性工程，它包括标注原则的确定、标注内容的确定、标注语言的确定、标注方式的选择、标注规范的成形、标注的实施、标注员培训、标注成果与用户的接触、标注的后期维护等几个因素，这些方面共同决定了各层次标注的质量和实用性。语料库的建设者们一旦下定决心要建设带标注的语料库（下文简称“带标语料库”），首先要考虑三个问题，这三个过程囊括了标注实施的全过程，我们称之为“标注三问”，即“为何而标，标什么，怎么标”，分别主要指三个方面：标注的宏观设计、标注内容、标注方式的选择。“标注三问”是语料标注工作的中心问题和基本问题，是语料库的灵魂，它应当明确地体现在语料库的标注规范中；而语料库建设的重要文件——“标注规范”则主要是“标注三问”的外化。

（一）“为何而标”

“为何而标”的问题，也就是标注的宏观目的问题。就语言标注语料库而言，标注目的的确定，可以有以下两种相对的分类：“专用型标注”和“通用型标注”。“专用型标注”是指根据具体的研究需要，专注于个别语言现象而进行的标注。比如某研究者需要研究留学生汉语学习各阶段某一种句式的习得情况，并愿意为此自建一个专用语料库的话，他就要对语料中的该句式进行标注，产生“专用型标注”。“通用型标注”是指根据通用的研究需求，专注于较普遍的语言现象而进行的标注。若语料库的建设者们构建语料库是为通用需求服务的，将会倾向于更广泛、更全面地设定语料的标注项目，从而形成某领域内的“通用型标注”。“首都库”是通用型汉语中介语语料库标注的典型代表，比如它在句层面有84项标注，句标注下分五个一级类：单句、错句和其他句误，句子成分，句类，句型，句式，各一级类下分别有二级类。

（二）“标什么”

“标什么”的问题，就具体在语料库标注规范的制定上了。中介语语料库标注规范（包括标注内容、标注程序、项目代码以及注意事项等）应该坚持客观、全面呈现所标注语料语言特征的原则，它代表着所建设的带标语料库所能够提供的对中介语进行描写的深度和广度。它的制定，需要结合已有的语言学本体研究①中的语言描写处理方法以及中介语、二语习得等理论②，还要参考相关比较成熟的母语者语料库建设中的标注原则和规范等信息③。规范的制定过程简要来看是：对现有语言描写研究成果和语料研究需求进行总结，形成预备

---

① 无论是普通语言学还是专语语言学理论，普通语言学的能够为我们提供宏观、基础的描写骨架，而专语语言学的能够为我们提供微观、精细的描写细则。

② 参考中介语、二语习得等理论能够使我们建设的带标语料库更加贴近第二语言研究以及教学的实际需要。

③ 这能够为我们进行中介语语料库标注规范建设省去不少力气，而这一过程同时也是母语者及其语言同中介语者及其语言的一个较好的对比发现研究的过程。

标注规范，在此基础上选取一定数量的语料进行逐句试标注，总结标注点，进而形成正式标注规范并发布，在进一步的标注实践检验和专家论证之后，可以不断完善，成为标注标准。

1. 语言学依据

语料标注作为对语料的描写深度的外现，必须而且首先要有自己的语言学依据，而且还要使它能够随着语言学相关研究的更新而不断更新。这里所讲到的语料标注的语言学依据是指语料库建设者根据语料库建设的实际，参照某一种或某几种语言学理论所形成的语料标注的语言学指导，换言之即所进行的语料标注是以哪种或哪几种语言学理论为背景的。语言学依据的选择就现在来看，是一件并不容易的事情，正如本文开头所指出的那样，本体方面对汉语特性的说明和解释的有待深入，在一定程度上为汉语中介语语料标注选择语言学依据增加了难度，或者造成了一些“瓶颈”。下面以句式标注语言学依据的选择为例来说明问题。

首都库曾规定要对15种句式进行基础标注。从静态的角度看，在实际操作过程中，我们发现，在标注过程中，会出现两种“句式类型”：A. 句法研究常见句式。这类句式的相关研究成果较多，在标注中频度高且标注员较为熟悉，诸如“把字句”、“被字句”、“比字句”、“连字句”等带标志的句式和“双宾句”、“兼语句”、“存现句”、“连动句”等不带标志但是目前语法学界对其内涵已取得广泛共识的句式，属于即使不进行标注培训也是比较容易进行标注操作的；B. 非句法研究常见句式但是有标注需要的句式。这类句式的相关研究成果较少，在标注中频度低且标注员对之并不十分熟悉，比如“供用句”由于语法界研究不足，标注规范中没有给予确切详细的定义，标注员在标注实践时多有疑惑，标注质量较其他句式稍显不足。

对于A类句式来说，也存在一些问题。比如“把”字句，汉语本体研究范式有许多种，具体到同一流派之下所做出的成果之间有大同也有小异，加之汉语中介语语料库本身具有不同于汉语母语语料库的一些特殊性，在选择具体依据上难度更大，往往需要博采各家之长，有所取有所不取，从而最终形成一种理论的“杂交”来做为语料标注的语言学依据；而且，不同语料库的建设者们见仁见智，所秉持的标注规范之依据自然也会各有千秋。

对于B类句式来说，比如上文提到的“供用句”，目前对于什么是“供用句”、“供用句”同“主宾易位句”及“可逆句”是不是同一个概念、“供用句”都有哪几种类型、它们的特征是什么，等等问题，本体方面尚无统一和清晰的认识。对此，在期望本体研究取得比较成型的研究结果供语料库建设者们吸收、采纳之余，我们有两种解决方案：一种是，放弃对“供用句”的标注，这样我们就可以避免面临在标注过程中的一些“拿不准”或“不知所措”的情况。但是这是一种消极逃避问题的办法，不是科学研究应有之态度，也不符合语料库标注建设不断深化发展的大方向。另一种方案是，归纳整理学界现时对该句式的研究成果，在母语者语料库中寻求语料，自主形成对“供用句”的句式标注规范。

而从动态的角度看，即使已经形成了适合的语言学依据，也依然需要随着相关语言学理论的发展而不断更新。

2. 汉语作为第二语言教学依据

说到语料句标注项目的形成过程，张宝林（2009）对HSK库的情况有过介绍（详见表1），其过程是“基于语料标注”的。但是我们认为，我们也应该结合对外汉语教学实际来形成“基于语料标注＋教学调查”的标注项目集，建议根据对外汉语教学影响较大的大纲，如《对外汉语教学语法大纲》（王还，1995）、《中高级对外汉语教学等级大纲：词汇、语法》（孙瑞珍，1995）、《汉语水平等级标准与语法等级大纲》（1996）、《对外汉语教学初级阶段教学大纲：语法大纲·功能大纲·情景大纲·考试大纲》（杨寄洲，1999）、《高等学校外国留学生汉语教学大纲：长期进修（附件）》（2002）、《高等学校外国留学生汉语言专业教学大纲（附件二）》（2002）、《国际汉语教学通用课程大纲》（2008）；根据影响较大的对外汉语语法教材，如《实用现代汉语语法》（刘月华、潘文娱、故韡，1983）、《实用汉语语法》（房玉清，2001）；并参照相关母语者教学大纲，如《中学教学语法系统提要（试用）》（1984），形成相关标注项目集。

（三）“怎么标”

“怎么标”的问题，主要是标注的方式和技术问题。语料库的标注方式共有四种：人工标注、机器标注、人标机助、机标人助。前两者分别指不借助机器辅助的标注员手工标注，和不需要人力参与的纯机器标注处理。后两者具体为：人标机助即人工借助特定的标注工具进行标注；机标人助即先使用设计好的机器标注工具对语料进行标注，然后进行人工校对。根据附表1可知，“两库”使用的标注方式就是人标机助的方式。

语料库的标注技术涉及标注语言的选择、标注检索系统、标注软件的设计等问题。其中标注语言的选择直接体现在语料中并且会影响到语料标注的流通性。标注语言分通用标注语言和自定义标注语言两种，前者作为国际标准的标注语言，体现了国际化标准化的趋势，如：SGML、HTML、XML、MARTIF，它们常用于语料的元语言标注；后者是语料库建设者们根据特定需要，为所建语料库设计的独立标注代码或语言，体现出了一定的灵活性和专业性。从表2中可知，“HSK库”和“首都库”使用的是自行设计的偏误标注符号系统。

三、余论

语料库是一种新兴的语言研究方法，汉语中介语语料库的建设与研究除了有利于语言教学的实际以外，亦有利于帮助国内学人从更加开阔和崭新的视角、结合先进理论来了解和认识汉语、研究汉语，进而产生自己的创新性成果。汉语中介语语料库的成功建设和共享使用必然有利于未来汉语、语言学理论和汉语中介语习得研究，前景将是非常乐观的，值得我们对它给予重视。句标注是汉语中介语语料库标注的重要组成部分，本文的目的是对汉语中介语文本句标注及其现状进行初步的认识，以为今后的相关深入研究提供参考。

参考文献：

[1] 崔希亮，张宝林．全球汉语学习者语料库建设方案［J］，语言文字应用，2011（2）．

[2] 金澎，吴云芳，俞士汶．词义标注语料库建设综述［J］，中文信息学报，2008（3）．

[3] 任海波．关于中介语语料库建设的几点思考——以“HSK动态作文语料库”为例［J］，语言教学与研究，2010（6）．

[4] 王建新．计算机语料库的建设与应用［M］，北京：清华大学出版社，2005.

[5] 王洁，宋柔．HSK动态作文语料库偏误标注方法研究［A］，第四届全国学生计算语言学研讨会会议论文集，2008-07-01.

[6] 张宝林．“HSK动态作文语料库”的标注问题［A］，数字化汉语教学的研究与应用，北京：语文出版社，2006.

[7] 张宝林．外国人汉语学习过程语料库总体设计［A］，数字化汉语教学进展与深化，北京：清华大学出版社，2008.

[8] 张宝林．“HSK动态作文语料库”的特色与功能［J］，汉语国际教育，2009（4）.

[9] 张宝林．汉语中介语语料库建设的现状与对策［J］，语言文字应用，2010（3）.

[10] Karin Aijmer, Bengt Altenberg. 语料库语言学的进展（何安平导读）［M］，北京：世界图书出版公司北京公司，2009.

附录：

表1：“HSK库”与“首都库”句标注背景情况

语料库 项目	“HSK库”	“首都库”
语料规模	424万字（字总数：4240043；词总数：2825427）	100万字
总篇数	11569（文本）	2247（文本）
标注形成过程	“由三批不同的专业人员（均为现代汉语相关专业方向的研究者和学习者，包括专职研究人员、教师和研究生）对1600多篇作文答卷进行试标。通过三次实验性标注，并吸取语言研究和语言信息处理研究方面的最新成果，形成了一个比较完备、实用的标注规范，标注必须严格按照规范进行。”（张宝林，2009）	在“HSK库”标注规范和标注实践基础上，专业人员不断参与细化形成的标注规范。
标注规范参照	《信息处理用现代汉语词类标记规范》、《简化字总表》、《第一批异体字整理表》、《标点符号用法》、《现代汉语词典》等，并采用教育部语言文字应用研究所的系统进行自动分词和词性标注。	同“HSK库”，仅更换《现代汉语词典》参考版本为第五版《现代汉语词典》。
标注方式	人标机助	人标机助
标注工具及其特点	自行设计，“一键OK”，无数字墨水技术。	工具异于“HSK库”，其他同。

表2："HSK库"与"首都库"句标注

项目 \ 语料库		"HSK库"	"首都库"
偏误标注	单句	无	# 单句
	成分误	(16项) {CJ-/+zhuy} 主语、{CJ-/+wy} 谓语、{CJ-/+sy} 述语、{CJ-/+by} 宾语、{CJ-/+buy} 补语、{CJ-/+dy} 定语、{CJ-/+zy} 状语、{CJ-/+zxy} 中心语	(16项) {CJ-/+zhuy} 主语、{CJ-/+wy} 谓语、{CJ-/+sy} 述语、{CJ-/+by} 宾语、{CJ-/+buy} 补语、{CJ-/+dy} 定语、{CJ-/+zy} 状语、{CJ-/+zxy} 中心语
偏误标注	句式误	(11项) {Cjba} 把字句、{CJbei} 被字句、{CJbi} 比字句、{CJl} 连字句、{CJy} 有字句、{CJs} 是字句、{CJsd} "是……的"句、{CJcx} 存现句、{CJjy} 兼语句、{CJld} 连动句、{CJshb} 双宾语句	(13项) {CJba} 把字句、{CJbei} 被字句、{CJbi} 比字句、{CJl} 连字句、{CJy} 有字句、{CJs} 是字句、{CJsd1} "是……的"句(一)、{CJsd2} "是……的"句(二)、{CJcx} 存现句、{CJjy} 兼语句、{CJld} 连动句、{CJchd} 重动句、{CJshb} 双宾语句
	句型误	(1项) {CJxw} 形容词谓语句	(7项) {CJdw} 一般动词谓语句、{CJxw} 形容词谓语句、{CJmw} 名词谓语句、{CJzww} 主谓谓语句、{CJmzh} 名词主语句、{CJdzh} 动词主语句、{CJxzh} 形容词主语句
	其他句误	(4项) {CJcd} 句中词语重叠使用错误、{CJzr} 句式杂糅错误、{CJx} 语序错误、{WWj} 未完句	(4项) {CJx} 语序错误、{CJ?} 错句存疑、{CJzr} 句式杂糅错误、{WWj} 未完句
	错句	无	* 错句
基础标注	成分	无	(9项) -zhy：主语、-wy：谓语、-sy：述语、-by：宾语、-buy：补语、-dy：定语、-zy：状语、-zxy：中心语、-?：存疑
	句类	无	(8项) {Jshf}：双重否定句、{Jyws}：是非疑问句、{Jywt}：特指疑问句、{Jywz}：正反疑问句、{Jywx}：选择疑问句、{Jywf}：反问句、{Jqs}：祈使句、{Jgt}：感叹句
	句型	无	(11项) {Jxw}：形容词谓语句、{Jmw}：名词谓语句、{Jzhw}：主谓谓语句、{Jdzh}：动词主语句、{Jxzh}：形容词主语句、{Jzhzh}：主谓主语句、{Jfzwn}：名词性非主谓句、{Jfzwd}：动词性非主谓句、{Jfzwx}：形容词性非主谓句、{Jfzwt}：叹词非主谓句、{Jfzws}：象声词非主谓句
	句式	无	(15项) {Jba}：把字句、{Jbei}：被字句、{Jbi}：比字句、{Jlz}：连字句、{Jy}：有字句、{Js}：是字句、{Jsd1}："是……的"句(一)、{Jsd2}："是……的"句(二)、{Jcx}：存现句、{Jjy}：兼语句、{Jld}：连动句、{Jchd}：重动句、{Jgy}：供用句(指主宾位置可颠倒句)、{Jshb}：双宾语句、{Jjs}：紧缩句(内部不再标句子成分)

后 记

2011 年 10 月 22 日至 23 日，第七届全国语言文字应用学术研讨会在湖南省湘潭市举办。本届研讨会由中国应用语言学会（筹）、教育部语言文字应用研究所主办，湖南省语言文字工作委员会、湘潭大学承办。研讨会的主题是：语言文字法制化、规范化、标准化、信息化建设。时任教育部语言文字信息管理司司长李宇明教授（现任北京语言大学党委书记），时任教育部语言文字应用研究所所长姚喜双教授（现任教育部语言文字应用管理司司长），湖南省语委副主任、教育厅副厅长王键教授，湘潭大学副校长王继平教授，时任湘潭大学文学与新闻学院党委书记李剑波教授（现任湘潭大学文学与新闻学院院长），湖南省语委办谭知和主任，时任湘潭大学文学与新闻学院院长季水河教授等领导和专家分别出席会议开幕式和闭幕式。

在为期两天的会议中，来自全国的 110 余名专家学者和高校研究生围绕主题结合语言文字应用的相关领域展开了积极的讨论。

会后，经征求论文作者的同意，中国应用语言学会（筹）秘书处编辑整理了 46 篇参会论文，形成本论文集。目录按照研讨会主题报告，研讨会第一分组、第二分组、第三分组、第四分组的顺序编排。

感谢湖南省语言文字工作委员会、湘潭大学文学与新闻学院、教育部语言文字应用研究所、中国应用语言学会（筹）秘书处等单位的多方面支持，感谢湘潭大学出版社陈美桥编辑认真负责的编校，感谢中国社会科学院研究生院语言文字应用系硕士研究生霍慧娜、赵思、李子漫、聂雪萌等同学在论文集编辑、刊印过程中付出的辛勤劳作。

中国应用语言学会（筹）秘书处

2013 年 3 月

图书在版编目(CIP)数据

第七届全国语言文字应用学术研讨会论文集 / 中国应用语言学会编. 一 湘潭：湘潭大学出版社,2013.9

ISBN 978-7-81128-533-8

Ⅰ.①第… Ⅱ.①中… Ⅲ.①汉语一语言学一文集②汉字一文字学一文集 Ⅳ.①H1-53

中国版本图书馆 CIP 数据核字 (2013) 第 216432 号

责任编辑：陈美桥
封面设计：周 颖
出版发行：湘潭大学出版社
社 址：湖南省湘潭市 湘潭大学出版大楼
电话(传真)：0731-58298966 0731-58298960
邮 编：411105
网 址：http://press.xtu.edu.cn/
印 刷：长沙瑞和印务有限公司
经 销：湖南省新华书店
开 本：787×1092 1/16
印 张：21.25
字 数：530 千字
版 次：2013 年 9 月第 1 版 2013 年 9 月第 1 次印刷
书 号：ISBN 978-7-81128-533-8
定 价：56.00元